受中国人民公安大学 2019 年度新入职教师科研启动基金（2019JKF411）"中国公司资本制度改革实证研究" 资助

法学文库

中国人民公安大学
法学文库

公司分配规制初论
——基于对美国51个州及特区的立法分析

GONGSI FENPEI GUIZHI CHULUN

–JIYU DUI MEIGUO 51GE ZHOU JI TEQU DE LIFA FENXI

林 凯 ◇ 著

中国政法大学出版社

2023·北京

图书在版编目（ＣＩＰ）数据

公司分配规制初论：基于对美国 51 个州及特区的立法分析/林凯著.—北京：中国政法大学出版社，2023.12
ISBN 978-7-5764-0790-7

Ⅰ.①公… Ⅱ.①林… Ⅲ.①公司法－研究－美国 Ⅳ.①D971.222.9

中国国家版本馆 CIP 数据核字(2024)第 022791 号

出 版 者	中国政法大学出版社
地　　址	北京市海淀区西土城路 25 号
邮寄地址	北京 100088 信箱 8034 分箱　邮编 100088
网　　址	http://www.cuplpress.com (网络实名：中国政法大学出版社)
电　　话	010−58908285(总编室) 58908433（编辑部）58908334(邮购部)
承　　印	固安华明印业有限公司
开　　本	880mm×1230mm　1/32
印　　张	13.875
字　　数	380 千字
版　　次	2023 年 12 月第 1 版
印　　次	2023 年 12 月第 1 次印刷
定　　价	65.00 元

摘要

公司资本制度意在应对"权益投资人–债权人"之间的利益冲突。公司分配制度是公司资本制度的核心规则，意在保障公司债权人优先收回投资成本与利润，阻止权益性投资人反先。美国公司分配制度独树一帜。1975 年《加利福尼亚州普通公司法》（以下简称《加州普通公司法》）提炼出大分配概念，针对"公司财产利益单向度向股东转移"一大类现象，制定统一的财务约束机制，后经 1984 年版美国《示范商业公司法》（Model Business Corporation Act，MBCA）推广至全美。大陆法系则有所不同，一来区分规制分红、回购、减资；二来淡化财务标准，突出法定事由限制模式以及债权人干预模式。近年来，美国公司分配规则在全球影响广泛。欧盟等地的封闭公司主题立法，正在试用美国式分配的思路。

公司分配规则含三项要素：（1）公司分配的定义；（2）分配测试；（3）非法分配民事责任。美国法的特色集中于前两项。其对分配的界定，颇能切中分配行为的经济本质，发挥了普通法系功能主义路径的优势。分配测试体系借鉴了破产法、反欺诈转移法的判例经验，也比较完备。至于非法分配民事责任体系，或许并非美国法所长。在请求权基础理论的协助下，中国公司法应能设计出更清晰严密的责任机制。

公司分配规制的重心，在于分配测试。偿付能力测试、资产负债表测试、盈余测试，并列为三项子测试。美国各州从中取材，微调而组合，以构建自身的分配约束规则。其中，偿付能力测试是美国分配规则的灵魂，甚至是代名词。该测试常与资产负债表测试结对出现，称"双重破产测试"。盈余测试与大陆法系资本维持原则理念相通，不过业已式微。

业界对偿付能力测试的研究较多。从规则要素来看，该测试要求评估公司信用时，增加未来信息的权重，尊重商业惯例与会计实践。从立法目的来看，该测试意在预防法律规避，为此不惜放弃自由裁量空间更小、更易循规操作的盈余测试。从利益风险的变动来看，该测试使董事的分配决策权力与责任同步加重，公司债权人则相应淡出；司法裁判的权力与负担同步加重，立法权则有所谦退。

2023版的中国公司法，其分配制度依然采用大陆法系模式。实务中，非法超额分配的诉争并不多见。更多的分配纠纷，是因基本的违约、侵权而起。比较研究显示，我国分配纠纷的发展阶段偏低，解决债务纠纷的社会成本偏高，自由裁量空间较大，法律规避与扭曲的系数偏高。学界对偿付能力测试预期利益的畅想较多，对其制度成本、费效比的计算较少。对我国而言，偿付能力测试的意义更多在于储备素材，而非引进"药方"。

尽管如此，美国法仍有参考价值。首先，在分配定义上，分红、回购、减资在经济上类似，可以一体考虑；回购、减资在股权结构、公司治理、公司税等方面与分红有别，宜另行设置规则。其次，在分配测试上，反直觉结论有两项。一是盈余测试仍有生命力，只需解决该测试与特定公司的错配，例如处于迅速扩张期的成长型公司。二是偿付能力测试与资产负债表测试并非泾渭分明。当资产估值足够灵活，而且考虑或有负债时，两种测试无限接近。最后，非法分配责任体系分三个层次。从权利视角看，第一层包含公司的请求权，以及公司债权人对董事的独立请求权。两种权利只能存在其一。第二层包含公司对董事的违信赔偿请求权，以及对股东的不当得利请求权。两种权利属于不真正连带关系；获分配股东为终局义务人。第三层是董事对获利股东的内部追偿权。

目　录
Contents

1 引言与文献综述

1.1 研究对象

本书的研究对象是美国公司法上的一项具体规则：公司分配测试。该规则旨在：（1）界定什么是分配行为；（2）明确合法分配的条件；（3）规定非法分配的民事责任。实质性的分配规则在两大法系都存在，只是名义、形式不同。现行《中华人民共和国公司法》（以下简称《公司法》）上，分配测试体现于第 210 条，继受的是大陆法系传统。学理上，公司分配隶属于公司资本制度理论。新近共识是，在遏制公司内部人机会主义与保护公司债权人利益方面，分配规则比出资规则更有实际意义。

1.1.1 分配（distribution）

"分配"（distribution）大体是"出资"（contribution）的反向操作，指公司的财产或者利益向股东转移的行为。分配有两种含义，一是公司持续经营中向权益性投资人发放投资回报；二是清算时向各类索取权人发放剩余财产。两者的发生场景、商业意图不同，相应的规则自然也不同。本书仅研究持续经营分配，不涉及清算分配。

大陆法系文献上，分配一词通常是狭义的，与分红、股息分派（allocation of dividends）含义相近。普通法系尤其是美国各州公司法中，分配则是广义，其外延与分红、回购、减资等一大类行为相当。换言之，大陆法系的传统分配概念，包含于普通法系的分配概念。国内文献把美国式分配形象地称为"大分配"。

美国式大分配概念由 1975 年加州普通公司法首创。美国律师协会公司法委员会编纂的 1984 年版《示范商业公司法》 （Model Business Corporation Act，MBCA） 固定并推广了加州的创见。当前，该定义假借 MBCA 的影响力，已经进入 44 个州的公司法典。此概念为人称道的关键，在于它穿透一系列行为的形式差异，准确提炼了其经济本质上的共性。大陆法系传统上，股息分派、股份回购、实质减资、财务资助在法律实体以及程序上差别甚大，彼此的关联不清晰。中国现行《公司法》第 59 条、第 67 条、第 95 条等条使用"利润分配"，即分配仅仅指分红。

大分配概念发轫于美国，有必然性。第一，普通法系本就短于构成要件与概念体系的一体编制，长于经济结构与利益本质的分析洞察，这被学者称为"功能性路径"。第二，基于经济分析而对行为作类型化和公因式提取，这种逻辑，美国已经在反欺诈转移法等领域操练多时了。

公司分配是商事组织法意义上的独特法律行为，需要单独创设规则。分配与如下行为类似：（1）公司向股东的赠与；（2）公司向职工股东支付工资；（3）公司向管理层支付薪酬；（4）公司向股东借款、贷款；（5）公司向股东发放股票股利（俗称"送红股"）；（6）公司以资本公积转增股本（俗称"转增股"）；（7）公司与股东之间从事非公允关联交易；（8）股东侵占、挪用公司财产；（9）股东抽逃出资。但是，分配与上述行为也存在本质区别，彼此之间不是种属关系，也不是重合关系；特定语境下可能呈现交叉关系。指望将规范上述行为的规则，整体性类推适用于分配，逻辑上不自洽。

当然，我们可以研究美国的大分配概念如何引入中国。但本质性的学术问题是：公司法究竟应当如何界定分配？为什么公司法、税法、破产法等不同部门法对分配的定义不同？大陆法系的个别定义模式有何种合理性？

1.1.2 测试（test）

"测试"（test）是常见的法学术语，通常出现在两类语境。第一类测试指某种事实判断、科学鉴定手段。例如伯恩斯坦测试

（Bernstein test）、兰德施泰纳血型测试（Landsteiner test），指利用血型鉴定亲子关系的科学手段。此类测试的本质是一种科学鉴定、技术检验，目的是厘清法律事实，建构司法三段论中的小前提。第二类测试指立法或者判例的别称。例如，资产负债表测试（balance sheet test）是商法规则，判断公司是否破产或者公司分配是否合法。又如明显且现实的危险测试（clear and present danger test）是宪法规则，判定某种言行是否受美国宪法第一修正案之保护。再如傻子测试（fool's test）是经济法规则，用以设定广告欺诈的标准。此类测试是规范性、价值性的，目的是设定规则，建构司法三段论中的大前提。此类测试，不妨意译为"规则"或者"原则"。

公司分配测试属于第二类。该测试用于判断一项公司分配是否合法。目前，世界上多数分配测试的立法例，采用"资产负债表测试（balance sheet test）+衡平偿付能力测试（equity solvency test）"组合。前者着眼于公司资产与债务的关系，后者着眼于公司未来现金流的充沛度。该测试组合是公司法对破产法的借鉴，又被称为双重破产测试。其中，衡平偿付能力测试的引入及适用规则，尤其令人瞩目。另有盈余测试（surplus test），着眼于公司设立以来的整体盈亏状况。盈余测试是美国公司法传统测试，与大陆法系资本维持原则本质上相通。目前，该测试式微。

当然，我们可以研究偿付能力测试引入中国的可行性与方案。但本质性的学术问题是：偿付能力测试的关键性维系机制是什么？该测试与资产负债表测试、盈余测试有何本质区别？假定引入该测试，将会引起怎样的制度费效比变化？利益变量将由谁享有？风险、成本变量将由谁承担？

1.1.3 非法分配民事责任（liabilities for unlawful distribution）

责任机制是行为规范的"牙齿"。针对前端行为规范钩深索隐，不如在后端制定合理可行的民事责任机制。民事责任的偏差，足以折抵分配测试的努力。

如果一项分配满足测试标准，则分配合法、有效，能发生决议预期的法律后果。否则分配效力有瑕疵，且产生民事责任。民事责任体系是清晰的。从权利本位观察，有两层请求权：第一层，公司、公司债权人对义务人的请求权，此为框架性设计。第二层，承担义务之后的董事、股东，对义务人的追偿权，此为枝节性、补充性设计。

当然，我们可以研究批判性移植美国式分配责任体系。但本质的学术问题是：任何一种排列组合，到底会如何影响利益分配的计算结果？统一的函数表达式是什么？例如，同样是对董事有利，方案 A 赋予董事向股东的追偿权和方案 B 不赋予公司债权人向董事的追偿权，董事获益的函数曲线有何不同？本书也无力作出研究。只是借此表明：非法分配民事责任机制背后的利益、风险分配，才是最本质的。能够求导出以不同主体的权利义务配置为多元自变量，以特定主体的利益值为因变量的函数解析式，才是学术。

综上，本书的研究对象是公司分配规则。具体研究三件事：一，分配的定义；二，分配测试，尤其是偿付能力测试；三，非法分配民事责任的设计。

1.2 研究意义

第一，公司分配规则在公司法上有重要地位。公司资本制度、股权制度与治理制度，是公司法的三根"支柱"。公司分配制度则是公司资本制度的核心，分配制度如何设计，影响公司的融资信用、公司商事组织的正当性与吸引力。

公司分配规则是股东与债权人共存的基础。同样是投资人，债权人对公司不享有控制权，也不享受有限责任的制度福利。债权人之所以仍愿意投资，是因其交换到投资回报的"综合优先权"：其一，公司持续经营并获得利润时，债权人有权先于股东获得投资回报；其二，公司清算时，债权人有权先于股东获得清算财产。"控制权+风险锁定权"与"优先分配权"的利益交换，是权益性投资人与债权人能够并存的底层逻辑。而上述第一点，正是公司分配制度。在投资回报上不作出利益让渡，股东就根本不能取信于债权人，根本不能实施债权融资。

本质上，公司分配规则保护的不是公司债权人，而是公司组织本身。思维实验不妨从"假设公司有权随意向股东分配"出发。一种洛伦兹效应式的反应链显而易见：假如分配规制不力，债权融资的风险将失控。"权益投资人-债权人"的利益平衡被打破后，为趋利避害，公司债权人群体将迅速逃离。事态将继续蔓延：随着债权人的消失，股东为了维持企业运营只能自筹资本、即时交易。股东的自有资金将无法撬动杠杆，投资标的将大为受限，股东之间的欺压和矛盾倍增。对权益性投资人而言，公司将不再是有利可图的融资平台。反之，公司需要双重课税、治理成本高、信用成本高的劣势将让人难以接受。有限责任制度将无用武之地——而有限责任是公司的逻辑起点。原有的权益投资人将抛弃公司，转投合伙企业、个体工商户、个人独资企业等。公司终将消失，整个社会的商业组织文明将发生"返祖"现象，退回公司史前的形态。

第二，美国的公司分配制度占有事实上的全球引领地位。中国的公司分配规则并没有亟待改革的重大问题。但是，跟踪、研究普通法的发展动向，为中国公司法的演进储备技术素材，是必要的。

首先，美国的分配制度的影响力及于普通法系全部。加拿大（1985）[1]、加拿大安大略省（1990）[2]、新西兰（1993）、巴布亚新几内亚（1997）[3]、南非（1999）、加拿大阿尔伯塔省（2000）[4]、澳大利亚（2001）、毛里求斯（2001）[5]、加拿大不列颠哥伦比亚省（2002）[6]、英属维尔京群岛（2004）[7]、新加坡（2005）、英国（2006，限于封闭公司）、马恩岛（2006）[8]、英属根西岛

---

[1] 参见加拿大《商事公司法》第42条。
[2] 参见加拿大安大略省《公司法》第38（3）条。
[3] 参见巴布亚新几内亚《公司法》第50条。
[4] 参见加拿大阿尔伯塔省《商事公司法》第43条。
[5] 参见毛里求斯《公司法》第61条。
[6] 参见加拿大不列颠哥伦比亚省《商事公司法》第70（2）条。
[7] 参见英属维尔京群岛《公司法》第56条、第57条。
[8] 参见马恩岛《公司法》第49条。

（2008）〔1〕、塞舌尔（2011）〔2〕、马来西亚（2016）〔3〕、英属开曼群岛（2016）〔4〕等，均采用了偿付能力测试，部分采用了大分配概念。如果有人认为上述全部国家和地区的立法均直接受到美国影响，并非事实。大量英联邦国家的分配制度，以新西兰1993年《公司法》为蓝本。不过，后者正是受到美国MBCA的深刻影响。〔5〕更有说服力的是大陆法系的动向。已经引入偿付能力测试机制的有芬兰（2007）〔6〕、加拿大魁北克省（2009）〔7〕、美国路易斯安那州（2014）〔8〕、比利时（2020）〔9〕。中国、欧盟及其成员国克罗地亚〔10〕、德国等也在积极研究偿付能力测试。

第三，分配测试机制只能由国家强制力提供，客观上不可能通过"股东-债权人"两类利益集团之间的协议而提供。只要存在公司和公司法，就必然要有强制性的公司分配规则。分配测试机制必然需要立法的统一设计，不可能完全付诸意思自治。因此，做分配测试的立法论研究，是必要的。

公司分配的约束机制，不可能脱离正式制度的供给，这是常识。

---

〔1〕 参见英属根西岛《公司法》第527条。

〔2〕 参见塞舌尔《国际商事公司法》第36（2）条。

〔3〕 参见马来西亚《公司法》第112条、第132条。

〔4〕 参见英属开曼群岛《公司法》第34（2）条。

〔5〕 See Michael J. Ross, "Evaluating New Zealand's Companies Law", *Agenda: A Journal of Policy Analysis and Reform*, Vol. 1, No. 2., 1994, pp. 189-196.

〔6〕 参见芬兰《有限责任公司法》第13章第2节。

〔7〕 参见加拿大魁北克省《商事公司法》第104条。

〔8〕 参见美国路易斯安那州《商事公司法》第640节。

〔9〕 See "The Deloitte Legal team, Did you know that under the new Belgian Companies Code", https://www. deloitte legal. be/content/dam/assets/lg/Documents/DeloitteLegal _ Did%20you%20know%20that%20series%20brochure_ BE-2020. pdf, 最后访问日期：2021年1月27日；"PWC Legal, New Code of Companies and Associations", https://www. pwclegal. be/en/news/new-code-of-companies-and-associations. html, 最后访问日期：2021年1月27日。

〔10〕 See Kristijan Poljanec, Hana Horak, "Solvency Test as Yardstick for Prudent Dividend Distribution: a Croatian Outlook", *InterEVLaw Esat: journal for the intenational and european law, economics and market integrations*, Vol. 7, No. 2, 2020, pp. 17-52.

理由如下：首先，大量的非自愿债权人，缺乏事先寻求缔约保护的机会。其次，大量缺乏议价能力的弱势债权人，缺乏缔结保护性条款的筹码。当然，允许甚至鼓励弱势债权人在融资市场中被自然淘汰、有意维持金融市场的竞争性和筛选性、有意尊重和加剧强弱债权人之间的分化，理论上也不失为一种政策选择，但这是另一回事。最后，个别缔约的社会成本较高，而统一的公司法规则可以发挥类似格式合同的功能，降低个别缔约的协商成本。而且强制性规则不仅不排斥协商机制，还增加了债权人的谈判筹码。

部分英文文献极力主张以合同自治完全取代正式制度的供给，其论证往往相当精彩。但是，这一主张显然比较极端。深究下去，可能公司法的存在也是没必要的；关于公司本质的"合同束"说也会再次被翻出来。事实上，公司是合同束还是实体，公司法是要外部供给还是自我供给，这些都是学术文字游戏，并不重要。而且，正式的制度供给根本不可能自动放弃，因此很难判断合同自治是不是成立、是不是比正式制度更优。重要的是，这些主张反映了一些本质问题：第一，公司资本制度确实体系臃肿而功能一般。第二，普通法系学者对国家强制力介入私域，怀以习惯性的警惕。第三，在真正的法治国家，学者对于合同自治秩序及其效能，怀以合乎情理的信赖。第四，在资本主义国家，学者对市场主体之间自由协商、博弈、竞争式的秩序，怀以天然的推崇。

综上，研究公司分配测试很有意义。实际上，把任何一条规则研究清楚，尽量少去"搅浑、灌水、包装"，本身就有意义。

1.3 研究方法

本书主要使用市面上流行的文科方法，例如所谓比较研究、经济分析等。如果所谓文献研究、法条分析、法律解释、案例分析，等等，也算研究方法，那本书也多多少少都有。

本书也用了一些小学数学的方法。例如，（1）3.1.1.19 处用小学数学，说明阿拉斯加州法"息税前收益小于利息费用"之表述，

是"公司净收益≤0"的充分条件。(2) 3.2.1.3处说明,"企业通不过盈余测试,但同时通过灵活股息测试与资产负债表测试",是有可能的。即,{X | 优先股权益<X<普通股股本},不必然是空集。(3) 3.2.3.1处利用折现价值=P/(1+R) N说明,J. B. Heaton所说的"现金的时间价值"和"风险折扣率"两个概念,不是同一或者并列关系,而是包含关系。(4) 3.2.4.4处说明,灵活股息语境下,公司的盈余额度可能与合法分配额度呈现不合理的倒挂现象。

本书的研究方法很初步,因为研究目标很低,就是争取把美国法分配测试的字面意思,老老实实地理解清楚。

1.4 结构安排

本书的研究对象是一个完整的法条。既然如此,本书主体,即第2~4部分,就顺势依照假定条件、行为模式、后果模式的顺序展开,三部分为平行结构。本书第1部分和第5部分,为引言与文献综述和结论。

1.5 文献综述

相关参考文献少,除了笔者能力有限,也有一些其他因素。其一,公司分配只是公司资本制度之下一个次级的子议题。其二,偿付能力测试的内核是会计。介绍性、叙述性、辞书性文献多,不适宜综述。其三,中国公司法的分配制度采德国框架,美国制度与之形式上不兼容。多数文献无意也无力穿透这种不兼容。其四,避免在公司分配这种不实用、低费效比的问题上浪费精力,也是当代研究者的生存所迫。

1.5.1 英文文献综述

公司资本制度,尤其是资本维持法制,是分配的上位议题,本该稍作综述。但相关文献汗牛充栋,数十年来并无突破性理论,不再综述。尤其是对法定资本制的批评性文献，确实也过分流于表面、重复不休了一些。反欺诈转移法制、非公允关联交易法制、法人人格否认法制、破产法制等，是分配的同位议题，彼此有交叉。本来也可以综述，不过各领域的研究高度精专，也不再综述。以下从分配定义、分配测试、民事责任角度综述。

第一，讨论分配定义的文献稀少。部分论文附带提及了类似行为，但也没有清晰、充分地比较。例如，美因茨大学教授 Peter O. Mülbert（2006）介绍说，德国法律对所谓的变相资产分配，即通过对股东异常有利的合同进行分配，实施严格约束。无论立法还是判例均认为，一个没有可分配利润的公司，通过低价转让资产的方式进行分配，将构成非法分配。[1]柏林自由大学教授 Andreas Engert（2006）认为分配制度与破产制度功能重叠，美国对公司分配的规制，更多依赖反欺诈转移的法律，而不是公司法。[2]

第二，讨论非法分配民事责任的文献稀少。清晰、有立场的观点如，牛津大学教授 Jennifer Payne（2009）指出民事责任的重要性。其谓，偿付能力声明体系，需要三项要素。除却适当的会计准则外，其余两项都是民事责任机制：（1）阻吓虚假声明的制裁措施；（2）有效的财产追偿机制。[3]

第三，文献主要分布于分配测试领域，尤其是偿付能力测试。存在子议题如下：

首先，美国偿付能力测试对欧洲的影响。当代两大法系的交融与碰撞，仍然主要发生于"欧-美"双边。欧陆迄今奉行法定基本制，重视注册资本的核心地位，以资本维持统摄分配，但近年来受

---

〔1〕 See Peter O. Mülbert, "A Synthetic View of Different Concepts of Creditor Protection, or: A High-Level Framework for Corporate Creditor Protection", *European Business Organization Law Review*, Vol. 7, 2006, pp. 357-408.

〔2〕 See Andreas Engert, "Life Without Legal Capital: Lessons from American Law", in Marcus Lutter eds., *De Gruyter*, 2006, pp. 647-683.

〔3〕 See Jennifer Payne, "Legal Capital in the UK following the Companies Act 2006", in J. Armeur and J. Payne eds., *Rationalioy in Company Law: Essays in Honour of D. D. Prentice*, Hart Publishing, 2008, pp. 123-155.

到冲击。Jennifer Payne（2009）指出英国 2006 年《公司法》将偿付能力测试引入私人公司的回购，其要点包括偿付能力声明机制，以及 12 个月现金流预测期限。据萨格勒布大学经管学院的研究者 Kristijan Poljanec 与 Hana Horak（2020）观察，法国、荷兰、波兰等国也正在将偿付能力测试引入涉私人公司的判例中。私人公司成为欧洲偿付能力测试的试验田。[1]

其次，偿付能力测试的特征。其一，不确定性。新西兰学者 Christopher I. Haynes（1996）指出，判断公司处于"持续经营"状态，以及"有能力支付到期债务"是两项关键，但都存在较大的不确定性。[2] 奥地利应用科技大学 Josef Arminger（2013）评价说，MBCA 和美国加州的偿付能力测试，既没有时间框架，也没有具体计算方法指引，因而有广泛的自由裁量空间。法院对偿付能力的评估只能是事后的一事一理。[3] 牛津大学法学院教授 Luca Enriques 与罗格斯大学法学院学者 Matteo Gatti（2007）指出，破产诉讼方面的判例显示，该测试出了名的好看不好用，需要花大力气充实细则。[4] 其二，综合性。Kristijan Poljanec 与 Hana Horak（2020）指出，偿付能力测试不是单纯的财务测试，而是公司整体情况乃至社会经济情况的通盘判断。其三，预测性。科隆大学教授 Christoph Kuhner（2006）指出，偿付能力测试依赖预测性信息，指向公司未来的财务前景，考虑的

---

〔1〕 See Kristijan Poljanec, Hana Horak, "Solvency Test as Yardstick for Prudent Dividend Distribution: A Croatian Outlook", *InterEULawEast: journal for the international and european law, economics and market integrations*, Vol. 7, No. 2, 2020, pp. 17–52.

〔2〕 See Christopher I. Haynes, "The Solvency Test: A New Era in Directorial Responsibility", *Auckland University Law Review*, 1996, pp. 126–141.

〔3〕 See Josef Arminger, "SolvencyTests——An Alternative to the Rules for CapitalMaintenance Within the Balance Sheet in the European Union", *ACRN Journal of Finance and Risk Perspectives*, Vol. 2, No. 1, 2013, pp. 1–8.

〔4〕 See Luca Enriques, Matteo Gatti, "EC Reforms of Corporate Governance and Capital Markets Law: Do They Tackle Insiders' Opportunism?", *Northwestern Journal of International Law & Business*, Vol. 28, No. 1, 2007, pp. 1–33.

是"事后合法性"。[1]英国国际与比较法研究所教授 Jonathan Rickford（2006）的洞见是，当资产负债表测试中，资产和负债的评估越远离账面数字，测试就越具有未来性和预测属性，也就与偿付能力测试越近似。[2]

再其次，偿付能力测试的优势。其一，弥补资产负债表测试的短板。继卓有声望的斯坦福大学法学院前院长 Bayless Manning 教授之后，研究公司资本制的重要学者 James J. Hanks Jr.（2010）指出，资产负债表测试的问题在于，它隐含地假设所有的负债都是目前到期且应付的。但这不是事实，一项 5 年后到期的债务，不应该纳入当下的评估。[3]赫尔辛基大学教授 Seppo Antero Villa（2008）认为资产负债表测试在无形资产估值等问题上不可靠。[4]其二，更契合债权人的真实关切。查尔斯特大学讲师 Fritz N. Ewang（2007）指出，债权人不关注股本，不关注公司古老的商业历史，不关注资产负债表上的微妙之处。他们关注公司的流动性和现金，以及能不能及时付款。[5]其三，理想的会计条件下，对公司清算、投资能产生更优激励。格罗宁根大学教授 Stefan Wielenberg（2009）研究表明，只要现金流预测报告真实、可稽核，则相比法定资本制，偿付能力测试将

〔1〕 See Christoph Kuhner, "The Future of Creditor Protection Through Capital Maintenance Rules in European Company Law", in Marcus Lutter eds., *Legal Capital in Europe*, ECFR Special, Vol.1, 2006, pp. 341-364.

〔2〕 See Jonathan Rickford, "Legal Approaches to Restricting Distributions to Shareholders: Balance Sheet Tests and Solvency Tests", *European Business Organization Law Review*, Vol.7, No.1, 2006, pp. 167-169.

〔3〕 See James J. Hanks Jr., "The New Legal Capital Regime in South Africa", *Acta Juridica*, Vol.1, No.1, 2010, pp. 131-150.

〔4〕 See Seppo Antero Villa, "Creditor Protection and the Application of the Solvency and Balance Sheet Tests under the Company Laws of Finland and New Zealand," *Nordic Journal of Commercial Law*, No.1, 2008, pp. 1-24.

〔5〕 See Fritz N, "Ewang, Regulating Share Capital Transactions and Creditor Protection: A Multi-Faceted Model", *Australian Journal of Corporate Law*, Vol. 21, No. 2, 2007, pp. 1-23.

更有效地激励清算与投资。[1]

最后，偿付能力测试的实施机制。其一，立法。新加坡《公司法》第 7A 条是重要的范本。不过新加坡国立大学教授 WEE Meng Seng（2007）担忧其过严。[2]其二，判例。美国破产法院通常从涉案债务的数量、未付债权的金额、未付债权的重要性、债务人财务行为的性质四个方面，判断企业当前的偿付能力。不过，这一结论的参考价值有限。因为公司法测试，更多的是考虑未来信息。其三，学说。牛津大学法学教授 Roy Goode（2008）将破产法偿付能力测试的难点，拆为 5 项问题（见 3.2.2.3）。美国芝加哥巴特利特贝克律师事务所合伙人 J. B. Heaton（2007）构造了一项公式 EM/（1 - P）> DF，用以界定公众公司偿付能力丧失的临界点。该公式构思独特、推理缜密、堪称精彩。只是其逻辑闭环能否完成，还可以讨论（见 3.2.2.3）。

成就较高的公司分配文献，多出现在偿付能力测试领域。其论者多有律师实务背景。这是因为分配是技术性甚强的问题，只靠文科理论和文字游戏不好应付。James J. Hanks Jr.，J. B. Heaton，Jonathan Rickford 为代表性论者。美国维纳布尔律师事务所的合伙人、康奈尔法学院兼职教授 James J. Hanks Jr. 的一些论断十分重大、清晰、准确。例如，他认为，公司法与破产法上偿付能力测试的不同，在于前者是对未来事实的预测；既然如此，公司法上的偿付能力测试不可能是科学，只能是艺术。美国芝加哥巴特利特贝克律师事务所合伙人 J. B. Heaton 提出的公式，欧洲公司治理研究所助理研究员 Jonathan Rickford 对两种测试内在共性的发现，也是令人击节的见解。

1.5.2 中文文献综述

本书参考了以"资本制度"为主题的中文专著。傅穹（2004）、

---

[1] See Stefan Wielenberg, "Investment and Liquidation Incentives under Solvency Tests and Legal Capital", *European Accounting Review*, Vol. 22, No. 4, 2013, pp. 787 - 808.

[2] See WEE Meng Seng, "Reforming Capital Maintenance Law: The Companies (Amendment) Act 2005", *Singapore Academy of Law Journal*, 2007, pp. 295-336.

邹海林和陈洁（2014）、仇京荣（2008）、赵旭东（2004）、李建伟（2015）、葛伟军（2007）、赵树文（2015）、冯果（2000）、王彦明（2005）、袁碧华（2016）、陈景善（2014）对分配测试的外国法有所引介，也提出了重要的评论意见。

张雪娥（2015）是代表性中文专著，其详尽、系统地比较了资本维持原则与偿付能力测试。文献提供了关于偿付能力测试的立法样本，以及 Rickford、Lutter 课题组等专家建议方案，具有较高的参考价值。

朱慈蕴、皮正德（2021）是代表性中文论文，体现资本制度与分配测试研究的最新进展。文献深刻阐释了偿付能力测试与资本维持原则的关系，主张建立一种相对灵活的利益流出制度，以此提升公司资本制度功能与公司治理水平。

2 假定条件：公司分配的概念界定

依据法理学常识，假定条件是一个法条的前提条件，或者行为的场景。照此，公司分配规则的假定条件就是"公司分配（场合）"。下文意在弄清美国州法是如何界定分配的，并在公司法角度讨论分配的应然定义。

2.1 法条文本

美国州公司法对"分配"没有统一定义。条文通常安排在"一般规定（general provisions）"一章，"定义（definitions）"一节。MBCA § 1.40（6）给出的示范性定义：分配指公司基于股东所持股权份额，直接或者间接将现金或其他财产（公司自身的股份除外）转移给股东，或者基于股东的股权份额，比例性地生成债务的行为。分配的形式可以采用宣告支付股利；实际支付股利；购买、回赎或以其他方式取得公司的股票；分配债权；以及其他方式。大多数州与 MBCA 的定义大同小异。

美国州法发现了分配的经济本质，即导致公司财产性权益无对价地流向股东。具有上述特征的，均被纳入分配的集合。该思路迥异于大陆法系。在后者的习惯中，第一，分配仅指利润分配，也就是股息的发放，或者分红；第二，分红、减资、回购几乎截然不同，三者的"最大公约数"，甚至需要向上追至资本制度层面。而美国法则构造了大分配概念。文献显示，最早提炼、运用大分配概念的是 1975

年加州普通公司法。[1]1984 年修订的 MBCA 予以重述和推广。

美国式大分配不仅仅是概念的转换。其背后是整套资本制度的改革。1984 年版 MBCA 同时推出数种变革性举措，包括取消法定资本概念、删除股票的面值、放弃库存股概念、放弃盈余测试，等等。[2]从技术上，这套改革如中国学者所总结，是资本信用转向资产信用。即此前是以"股本"为核心建构资本制度，此后则是以"资产–负债"为核心建构资本制度。从本质上，这套改革是从注重规范形式，转向注重经济实质。当然，形式法治与实质法治没有绝对的高下。一是需要结合具体实际，判断其与特定条件的匹配性。二是两者本身各有短长。

下文搜集美国各州法对"分配"的界定，以作为分析的资料。在此方面，有趣的问题如美国各州定义的共性与差异是什么？为何会产生上述差异？公司法、税法、破产法上，分配定义的共性与差异是什么？为何会产生该差异？存不存在一个妥当的、究极的分配定义？哪些要素是定义分配必需的？

2.1.1 不采大分配概念的州法

2.1.1.1 特拉华州普通商事公司法

美国特拉华州以其独特的公司制度与服务吸引了 30 万家公司在此注册，包括纽约证券交易所上市公司的一半，以及《财富》杂志评选的世界 500 强企业中的大多数。[3]该州政府自称，上述成就的达成，除该州的法院与律师系统、显著的判例法经验传统、以州务卿为首的公司注册系统的高效外，与本州的公司立法密切相关。特拉华州普通商事公司法（以下简称 DGCL）（1）具有稳定性与可预期

---

[1] See Engert, Andreas, "Life Without Legal Capital: Lessons from American Law", https://ssrn.com/abstract=882842, 最后访问日期：2021 年 1 月 7 日。

[2] See Graig A. Petersona, Norman W. Hawler, "Does Corporate Law Matter? Legal Capital Restrictions on Stock Distributions", *Akron Law Review*, Vol. 31, 1997, p. 193.

[3] See Daniel P. Sullivan, Donald E. Conlon, "Crisis and Transition in Corporate Governance Paradigms: The Role of the Chancery Court of Delaware", *Law and Society Review*, Vol. 31, 1997, p. 723.

性；（2）由公司法专家主导立法，排除特殊利益集团的干预；（3）由该州立法机关每年审查，保证其有能力应对当下问题；（4）与其他州事无巨细的、命令式的（prescriptive）公司法不同，该部法律是一部"授权性法律"（an enabling statue）。一方面，该法包含若干重要的强制性规则用以保护投资者；另一方面，该法又为公司运营提供了弹性。[1]

关于 DGCL 的成功，学界大致提出两类解释。第一类着重于查找该州商事法制的先进性。其法规简短、富有授权性，利于公司依据自身情况和需要自由决策。此地的司法系统和律师团队资质足备、经验丰富。第二类着重发现该州为吸引公司注册所采取的吸引与激励性策略，本质是监管的松弛以及对公司管理者的偏私。例如，对于公司所创制的嘉惠于公司管理的新型策略，立法机关乐于肯认其效力。又如，特拉华州采用了布兰代斯大法官所揭示的"竞次"（the race of laxity）秘诀。很显然，即公司法的规定越是简短，越是宽松，越是管理（层）导向，就越能吸引公司在此地注册。再如，立法机构和法院之间存在不同寻常的密切关系；法院有意无意放松对公司管理人信义义务的审查标准。[2]

DGCL 并未如 MBCA 那样，对"分配"作出统一的定义。"分配"（distribution）一词散见于其各章节，因语境不同而呈现不同含义。在 §170，分配特指股息的分配；在 §295、§298，分配特指债权人参与对公司破产财产的分配；[3]而在 §141（c）（1），分配又成了与分红、股票回购，甚至公司解散、股份交换相并列的操作。故 DGCL 中不存在分配的统一定义，无法分析。

2.1.1.2 纽约州商事公司法

与 DGCL 一样，纽约州商事公司法也没有定义"大分配"概

---

〔1〕 参见 https：//corplaw. delaware. gov/why-businesses-choose-delaware/，最后访问日期：2021 年 1 月 8 日。

〔2〕 See Rafael A. Porrata-Doria, "Jr., The Proposed Pennsylvania Business Corporation Law: a Horse Designed by Committee", *Temple Law Quarterly*, Vol. 59, 1986, pp. 437-441.

〔3〕 参见 https：//delcode. delaware. gov/title8/c001/sc11/index. shtml，最后访问日期：2021 年 1 月 8 日。

念。在其负责为整部法律的术语下定义的 §102 中，没有分配的概念。不过，其§510 题为"现金或者其他财产形式的分红或者其他分配"。其§510（a）也规定，公司有权宣布支付股息，或者实施其他现金、债券、公司财产形式的分配。本公司发行的股票或者债券也可以用于分配。[1]由此可知，纽约法把分配限定在分红场景。

2.1.1.3 伊利诺伊州商事公司法

以下观点勾勒出伊利诺伊州商事公司法的轮廓。第一，Gary True（1993）指出，伊利诺伊州法院对揭开公司面纱持不情愿的态度。[2]第二，Thomas J. Bamonte（1995）指出，1985 年伊利诺伊州商事公司法中写入被称为"公司选区"（corporate constituency）的 §8.85，允许公司董事和高级管理人员在考虑公司长短期最佳利益时，不仅考虑股东利益，而且综合考虑员工、客户、供应商、当地社区等因素。彼时有超过半数的州采纳了类似条款。Thomas J. Bamonte 评论说，此举扩张了董事会的权力。[3]第三，Mark D. West（2001）介绍一些有趣的事实和观点。1933 年伊利诺伊州商事公司法，实际上是美国 MBCA 的样本，也是 1950 年日本商法典的基础。伊利诺伊州商事公司法被称为具有里程碑意义的、第一部现代化的美国公司法典。当代美国公司法的典范是 MBCA 和 DGCL。DGCL 是公司法竞争运动的赢家，以自治法和高效著称；据说 MBCA 受利益集团的影响较少，因此强制性规定较多。而伊利诺伊州商事公司法也许处于两者之间。[4]Brian R.

---

[1] 参见 https://www.nysenate.gov/legislation/laws/BSC/510，最后访问日期：2021 年 1 月 10 日。

[2] See Gary True，"Survey of Illinois Law：Corporate Law"，*Southern Illinois University Law Journal*，Vol. 17，1993，p. 770.

[3] See Thomas J. Bamonte，"The Meaning of the 'Corporate Constituency' Provision of the Illinois Business Corporation Act"，*Loyola University Chicago Law Journal*，Vol. 27，No. 1，1995，pp. 1-2.

[4] See Mark D. West，"The Puzzling Divergence of Corporate Law：Evidence and Explanations from Japan and The United States"，*University of Pennsylvania Law Review*，Vol. 150，2001，pp. 527-601.

Cheffins（2017）等人确认了 1933 年伊利诺伊州商事公司法的重要地位，另指出其甚至是 1950 年版 MBCA 的基础，部分原因在于有些起草人来自伊利诺伊州。与此同时，DGCL 等实施"章程贩卖"（charter mongering）的州公司法是不断减少股东权利的，而与此趋势相反，伊利诺伊州商事公司法反而是加强的。实证研究也证明伊利诺伊州在 1990 年后对股东的保护力度整体加强。[1]

上述拼图的结果是：第一，1933 年伊利诺伊州商事公司法在美国公司法体系中具有重要地位。当代，该法地位降低，但仍是学术研究的重要样本。第二，该法持保守、持重立场。例如，其对股东权利保护的力度较大；在适用揭开公司面纱制度时比较谨慎。第三，该州在"董事会中心主义"转向、加强向管理层赋权的趋势中似乎并不积极。这一点与 DGCL 迥异。

伊利诺伊州商事公司法 §1.80"定义"一节未见有关分配的定义。不过，分配一词还是出现在本节的两处位置。第一，净资产（net assets）的定义：净资产为公司资产减去负债的差额。净资产服务于公司回购股份之决策目的；也可服务于公司宣布或者支付股利，以及向股东作出其他分配之目的。[2]第二，普通股（common shares）的定义：指在清算分配或者股利分配上并无优先权的股票。[3]本法在 §9.10"向股东的分配"一节，多处使用分配一词。尤其从 §9.10（e）（2）可知，立法者默认的分配形式有两种，一是股利

---

〔1〕 See Brian R. Cheffins, Steven A. Bank, Harwell Wells, "Shareholder Protection Across Time", *Florida Law Review*, Vol. 68, No. 3, 2017, pp. 691-763.

〔2〕 参见 https://codes.findlaw.com/il/chapter-805-business-organizations/il-st-sect-805-5-1-80.html，最后访问日期：2021 年 1 月 11 日。原文：（k）"Net assets", for the purpose of determining the right of a corporation to purchase its own shares and of determining the right of a corporation to declare and pay dividends and make other distributions to shareholders is equal to the difference between the assets of the corporation and the liabilities of the corporation.

〔3〕 参见 https://codes.findlaw.com/il/chapter-805-business-organizations/il-st-sect-805-5-1-80.html，最后访问日期：2021 年 1 月 11 日。原文：（t）"Common shares" means shares which have no preference over any other shares with respect to distribution of assets on liquidation or with respect to payment of dividends.

分配，二是公司取得自己股份，例如回购、回赎。此外，尤其值得注意的是，本法在 Art. 9 项下，是将分配和实质减资（reduction of paid-in capital）相并列的。[1]

综上所述，第一，伊利诺伊州商事公司法没有界定分配。第二，分配一词多处出现，实际包括分红、回购、回赎、公司取得自己股票的其他形式，甚至清算时的分配。第三，伊利诺伊州商事公司法的分配，唯独排除了实质减资。

2.1.1.4 俄亥俄州商事公司法

俄亥俄州商事公司法相关内容位于俄亥俄州修订法典第 17 部"公司与合伙"第 1701 章，名为"普通公司法"。该法没有采纳 MBCA 大分配概念。从其§1701.33 的表述来看，俄亥俄州商事公司法将分配与分红作同义语使用。[2]

2.1.1.5 密苏里州商事公司法

密苏里州商事公司法相关内容位于该州法典第 23 部第 351 章。该法没有采纳大分配概念。"分配"一词在数处出现，含义各不相同。[3]

2.1.1.6 俄克拉何马州公司法[4]

未查到该州有专门的普通或者商事公司法。该州法典第 18 部题为"公司"，杂合了多种公司类型的组织形式。其第 18.1001-1144 条为俄克拉何马州普通公司法相关内容，其中没有找到大分配的定义。

评析：塔尔萨大学法学院教授 M. Thomas Arnold 针对俄克拉何马州公司法介绍说，一家公司的股息政策可能取决于其是公开抑或封闭性

〔1〕 参见 https://codes.findlaw.com/il/chapter-805-business-organizations/#!tid=N26750AD4AE3B4CD5BB879B 0234092F74，最后访问日期：2021 年 1 月 11 日。

〔2〕 参见 https://codes.findlaw.com/oh/title-xvii-corporations-partnerships/#!tid=N3AE938405DDD11DB8852FC 25F2F5B472，最后访问日期：2021 年 1 月 10 日。

〔3〕 参见 https://codes.findlaw.com/mo/title-xxiii-corporations-associations-and-partnerships/#!tid=N9FDCF260 38F211DB8D46ADBFB4C1BD0B，最后访问日期：2021 年 1 月 5 日。

〔4〕 参见 http://ok.elaws.us/os/title18，最后访问日期：2021 年 1 月 16 日。

公司。大型上市公司的股东在企业管理方面缺乏实质发言权，他们在做出投资决策时，可能会对公司的分红历史赋予很高的权重。封闭性公司的股东可能出于税收考虑，倾向于以工资、利息或租金的形式分配，或者试图累计利润，以期最终出售企业。美国《税法典》对超出企业合理需求的任何累积收益和利润都要征税。因此，如果公司决定积累收益和利润，应由董事会决议，并在决议中说明原因与措施。[1]

2.1.1.7 罗德岛州商事公司法

罗德岛州公司法位于该州法典第 7 部"公司，协会与合伙"，第 1.2 章。该法没有单独界定分配。不过，分配一词多次用于其 7-1.2-614 节"向股东的分配"。而且，就其实质含义来看，罗德岛的分配是包含分红、回购与回赎、承债式分配的，与 MBCA 的规则其实没有本质差异。[2]

2.1.1.8 堪萨斯州商事公司法

堪萨斯州法典第 17 章为"公司"，项下并无专门的商事公司法。没有查阅到有关"分配"的定义。[3]

2.1.2 采用大分配概念的示范法及州法

2.1.2.1 MBCA § 1.40（6）

MBCA § 1.40（6）原文：

分配是指公司基于股东所持股权份额，直接或者间接将现金或其他财产（公司自身的股份除外）转移给股东，或者基于股东的股权份额，比例性地生成债务的行为。分配的形式可以采用宣告支付股利；实际支付股利；购买、回赎或以其他方式取得公司的股票；

<hr>

[1] See M. Thomas Arnold, H. Wayne Cooper, Business Organizations, https://1-next-westlaw-com.s12133.top/ Document/I4367be22eb5911da80c48b5dc69dfef6/View/FullText.html, 最后访问日期：2021 年 1 月 18 日.

[2] 参见 https://codes.findlaw.com/ri/title-7-corporations-associations-and-partnerships/#!tid=N2ED1879030C0 11DCBDCA9 2F4EAE69B5B, 最后访问日期：2021 年 1 月 18 日。

[3] 参见 https://codes.findlaw.com/ks/chapter-17-corporations/#!tid=ND-FAA76B01F7C11DE9E59BEA71169014E, 最后访问日期：2021 年 1 月 18 日。

分配债权；以及其他方式。[1]

可作对照的是，仇京荣将其翻译为：直接或间接地对货币或其他财产的转让（不是对公司自己股票的转让）或者公司对其股东或为其股东的利益在公司股票方面对股东发生的债务。[2]

句读此条，分点理解如下：

第一，必须"基于股权份额"，因为这是分配的本质属性所在。假定公司不按照份额，基于有效的赠与合同向部分股东转移财产，或者向全体股东非按持股比例地赠与财产，则不是分配，而是民法上的赠与。例如，2013 年，南方食品等几家上市公司决定向股东发放一定数量的实物产品。对此行为的性质，证监会发言人定性：（1）发放实物对象不包括全体股东；（2）不是按严格持股比例发放；（3）相关费用不来源于公司税后利润。上述三点都不符合分红的一般特征。[3] 该评析基本切中要害。

不过，分配毕竟不等于分红。只有分红才要求向全体股东、按照比例为之。股票回购就不一定是面向全体股东、按照比例为之。而回购依然属于分配。所以，南方食品的实物发放行为固然不属于分红，却可能属于分配。当然，中国公司法上没有分配的概念，这也大大简化了对南方食品发放行为的论证难度。

第二，分配方式可以是"直接或者间接"。Stephanie Zeller 在解释佐治亚州公司法时举例，所谓间接分配指本质上类似于分红或者股票回购的交易，例如子公司回购母公司的股票。强调间接分配的

---

〔1〕 原文：§ 1.40（6）："Distribution" means a direct or indirect transfer of money or other property（except its own shares）or incurrence of indebtedness by a corporation to or for the benefit of its shareholders in respect of any of its shares. A distribution may be in the form of a declaration or payment of a dividend；a purchase, redemption, or other acquisition of shares；a distribution of indebtedness；or otherwise, http://www. lexisnexis.com/ documents/pdf/200806 18091347_ large. pdf, 最后访问日期：2021 年 1 月 7 日。

〔2〕 参见仇京荣：《公司资本制度中股东与债权人利益平衡问题研究》，中信出版社 2008 年版，第 219 页。

〔3〕 参见 http://stock. jrj. com. cn/2013/04/27054915263835. shtml? to = pc，最后访问日期：2021 年 1 月 8 日。

目的是把更多的类似交易纳入法定规制。[1]

第三，分配的标的物可以是现金、公司自身股票以外的其他财产，也可以是生成以公司为债务人、股东为债权人的债权债务关系。本书理解，分配财产和分配债权看似是标的物的区别，其实是分配时点的区别。即前者是即时分配，后者是延时分配。所谓延时分配，其实同样也是"宣告股息"（a declaration of a dividend）。以大陆法系民法解释，分配财产、即时分配、支付股息（a payment of a divident）其实是一回事，都属于处分行为或者物权行为；而分配/生成债权、延时分配、宣告股息，其实也是一回事，都属于负担行为或者债权行为。

此处似乎是大陆法系优于普通法系之处。普通法系公司法的优势在于对制度的经济分析透视更深，更切中制度的功能本质，可有可无或者事与愿违的制度设计较少，规则体系灵活实用。而大陆法系的优势在于概念体系成熟系统，发展出一套类似法律行为、负担－处分行为一类高度概括而逻辑缜密的概念，立法篇幅节约，法条指向精准。大陆法系公司法有更好的概念和系统，普通法系公司法有更好的方法和原理。

第四，分配的形式包括（1）宣告支付股息；（2）实际支付股息；（3）购买（purchase）自身股票；（4）赎回（redempt）自身股票；（5）以其他方式获得自身股票；（6）公司对股东负债（a distribution of indebtedness）；（7）其他形式。

美国公司法区分回购和回赎。本条的购买（a purchase of shares）即回购，指公司购买自己的股票。本条还存在回赎（a redemption of shares）。两者的经济本质是完全相同的，即资产从公司流向股东。两者的法律本质也大体相同，都是公司购买自身的股票。如果注销所回购或回赎的股票，则公司的流通资本减少。如果不予注销或者暂不注销，则一般转化为库存股状态。只不过两者的法律

---

[1] See Stephanie Zeller, Business and Commercial Law: Corporations, Other Business Organizations, and Securities Regulations, https://westlaw-com.proxy1.library.jhu.edu/Document/Iee226db81ec311d9bf3aeac1be27ac47/View/FullText.html，最后访问日期：2021 年 1 月 8 日。

细节不同。在美国法意义上，回赎特指公司回购发行的可赎回股票。可赎回股票（redeemable shares）是特别股的一种，其内容是公司有权以特定期限、特定价格、特定方式回购此类股票。发行此类股票的目的，一是节约融资成本，因为可赎回股票的股息通常较低；二是为特定投资者提供退出渠道。而回购则是指回赎之外的、一般性的股票回购。公司与股东通过临时协议的方式，由公司出资从股东手中回购股份。股东并没有强制出售的义务，交易的达成需要双方的合意。[1]所以回赎是事先约定、交易条款已经确定的交易；回购是临时决定、交易条款尚不确定和有待谈判的交易。

第五，负债式分配（a distribution of indebtedness）。中国公司法未明文规定此种分红方式。该术语表面上可作两种解释：一是，公司将既已存在的债权，例如对其他民事主体的应收账款，作为股息分配给股东。此种情况在中国实践中存在。国税函［2008］267号的表述侧面印证了其存在。[2]二是，公司宣布分配，但并不发放现金或财产而是设置债权债务关系，并约定此分配债权在特定期间届满，或者在特定期日届满。

两种行为的法律性质及其导致的经济效果不同。其一，法律性质上，前一种情况是债权转让；后一种情况是订立合同。由此，前一种情况的债务人是公司以外的第三人；后一种情况的债务人则是公司本身。其二，经济效果上，订立合同式分配导致公司成为股东的债务人，后续如果公司偿付能力不足，会产生股东与公司债权人竞争公司责任财产的问题。而债权转让不会产生该问题。

当然，第三种解释是前两种情况均可以，自不必提。

有学者指出，负债式分配指公司以发行债券或者应付票据的形

---

〔1〕 See James D. Honaker, Eric S. Klinger-Wilensky, "Dividends, Redemptions and Stock Purchases", https://www.mnat.com/files/1-519-2507.pdf，最后访问日期：2021年1月7日。

〔2〕 《国家税务总局关于个人股东取得公司债权债务形式的股份分红计征个人所得税问题的批复》（国税函［2008］267号 2008年3月27日）规定，个人股东取得公司债权、债务形式的股份分红，应以其债权形式应收账款的账面价值减去债务形式应付账款的账面价值的余额，加上实际分红所得为应纳税所得，按照规定缴纳个人所得税。

式向股东支付股利。在此情形下，获得债券或者应付票据的股东对公司享有债权。[1]本书没有查找到清楚、系统解释负债式分配的文献。不过以一些文献为旁证，还是可以推断其含义。例如，Stephanie Zeller 在解释佐治亚州公司法时提及，如果公司发生与分配有关的债务［比如发放债务工具（debt instrument）或者分期回购股份］，那么分配的时点是在债权的创设之时，而不是此后公司对债权偿付之时。[2]债务工具主要包含政府、银行、企业发行的各类债券。但据此只能推知，发放债务工具极可能是采取债权转让式（政府、银行、其他企业债券），也可能是采取承债式（企业自身债券）。

John H. Matheson 在评论明尼苏达州公司法时，说得更清楚一些。明尼苏达州公司法§302A.551，3（a）and（b）的另一项缺陷，是在分配的标的物为债权的情况下，仅仅规定了股份回购的计算时点，没能规定其他债权分配的计算时点。这一缺陷承袭自 MBCA。MBCA 同样只是在涉及股份回购的场景，才明确规定了时点计算规则。然而，债务工具（debt instrument）也可能成为股息的一种形式。对于股份回购和其他负债式分配应否采用同一方式对待和计算的问题，正反方都各有道理。有鉴于此，如果公司分配的股息中，包含以公司为债务人的债权凭证，董事会应当考虑每次在支付此项债务前都作出一项新的决定。除非该项新决定加以确认，否则对该债务不予支付。从其文义可以推知，明尼苏达州公司法上的债权分配，更接近承债式。[3]

由此推断，美国法上的负债式分配可能更接近第二种承债式的含义。也唯其如此，才会单列此种分配而非将其纳入"现金或者其他财产"详细项下，才会特别强调此种分配的特殊性以应对股东与公司其他债权人之间的竞争性问题。

---

[1] 参见施天涛：《公司法论》，法律出版社 2018 年版，第 227 页。

[2] See Stephanie Zeller, Business and Commercial Law: Corporations, Other Business Organizations, and Securities Regulations, https://1-next-westlaw-com.proxy1.library.jhu.edu/Document/Iee226db81ec311d9bf3aeac1be27ac47/View/FullText.html, 最后访问日期：2021 年 1 月 7 日。

[3] See John H. Matheson, etc, *Corporation Law And Practice*, https://westlaw-com.proxy1.library.jhu.edu/Document/I2f7d07deaa3611da8e52b5fdfef43d86/View/FullText.html. 最后访问日期：2021 年 1 月 7 日。

2.1.2.2 加州普通公司法 §166

加州普通公司法（California General Corporations Code，以下简称 CGCC）似乎有两项鲜明特色。第一，该法通常被视为美国各州中管制性最强的商事公司法。[1]第二，与此同时，CGCC 的独创力较强，较少照搬 MBCA 或者 DGCL 这两部具有示范性的立法，常就某项规则开全国之先河。

第一项特色的具体证据如：其一，Craig 与 Norman（1997）指出，CGCC 的财务分配规则在诸多方面都是最具限制性的；与 MBCA 一样，加州不是仅关注分红，而是关注包括分红在内的公司向股东的分配。[2]其二，加州对于本地证券欺诈发行的执法力度，在全美各州中较为突出。据统计，1984 年，加州共有 160 名相关执法人员，共认定了 60 项有罪判决，数据居全国之首。

第二项特色的具体证据如：其一，加州早在 20 世纪 70 年代初就放弃了法定资本体系的传统观念，对分红和回赎回购采用独特的限制方法。其二，2021 年 1 月 1 日生效的该法 §301.3 增加了一条新规，要求总部设在加州的国内外上市公司的董事会必须有最低数量的女性成员。[3]其三，该法在 2012 年修订时，在全美首次引入"灵活目的公司"（Flexible Purpose Corporations，以下简称 FPCs）条款。此为一种新的公司形式，既可以追求传统上的营利目的，又可以同时追求类似于慈善的特殊目的。

CGCC 对分配的界定，实际上仅为 §166 第一句。即"对股东分配"，指公司现金或者财产向其股东无对价转移的行为。转移的方式可以是分红（股票股利除外）；以现金或资产回购、回赎。子

---

〔1〕 See Richard R. Thigpen, Alabama Corporation Law, https://westlaw com. proxy1. library. jhu. edu/Document/I3489053139c011da9b23ea265e5761dc/View/FullText. html，最后访问日期：2021 年 1 月 11 日。

〔2〕 See Craig A. Petersona, Norman W. Hawker, "Does Corporate Law Matter? Legal Capital Restrictions on Stock Distributions", *Akron Law Review*, Vol. 31, 1997, pp. 175-227.

〔3〕 See Julie C. Suk, "Transgenerational and Transnational: Giving New Meaning to The Era", *The Harbinger*, Vol. 43, 2019, p. 166.

公司对母公司采取上述行为，也归于分配。[1]

§166 剩余部分内容是：分红式分配的时点，是宣布分红的决议日。回赎、回购式分配的时点，是公司现金或财产的实际转让日，无论约定的日期是否更早。公司发行债务证券（定义见美国《统一商法典》§8102）交换股票的，分配日为公司受让股票的期间。在公司使用"偿债基金"回购优先股的情况下，分配日是现金或者资产被转移到以赎回优先股为目的的信托基金中的支付日。"向股东分配"不包括（a）执行法院关于废除股份发行的判决，（b）公司废除股份的发行，如果董事会决议（排除关联董事投票权）（1）股东有合理的可能性会合法地执行废除的要求，（2）废除发行符合公司的最佳利益，（3）公司很可能会在债务到期时偿付债务（除非债务有充分担保），以及（c）公司依据§408进行回购，而董事会决议（排除关联董事投票权）（1）回购符合公司的最佳利益；（2）公司很可能有能力偿付到期债务（除非该债务已有充分的担保）。[2]

---

〔1〕 参见 https：//codes. findlaw. com/ca/corporations-code/corp-sect-166. html，最后访问日期：2021 年 1 月 11 日。原文全文："Distribution to its shareholders" means the transfer of cash or property by a corporation to its shareholders without consideration, whether by way of dividend or otherwise, except a dividend in shares of the corporation, or the purchase or redemption of its shares for cash or property, including the transfer, purchase, or redemption by a subsidiary of the corporation.

〔2〕 参见 https：//codes. findlaw. com/ca/corporations-code/corp-sect-166. html，最后访问日期：2021 年 1 月 11 日。原文：The time of any distribution by way of dividend shall be the date of declaration thereof and the time of any distribution by purchase or redemption of shares shall be the date cash or property is transferred by the corporation, whether or not pursuant to a contract of an earlier date; provided, that where a debt obligation that is a security (as defined in Section 8102 of the Commercial Code) is issued in exchange for shares the time of the distribution is the date when the corporation acquires the shares in the exchange. In the case of a sinking fund payment, cash or property is transferred within the meaning of this section at the time that it is delivered to a trustee for the holders of preferred shares to be used for the redemption of the shares or physically segregated by the corporation in trust for that purpose. "Distribution to its shareholders" shall not include (a) satisfaction of a final judgment of a court or tribunal of appropriate jurisdiction ordering the rescission of the issuance of shares, (b) the rescission by a corporation of the issuance of it shares, if the board determines (with any director

评析：CGCC 不是照搬 MBCA，而是另起炉灶。整个定义简洁明快。其区别于 MBCA 模板的重要元素有两点：第一，CGCC 清晰地强调，分配是股东不需要支付对价的交易（without consideration）。第二，CGCC 把 MBCA "间接方式分配" 明确化了，直接指出，子公司对母公司的分红、回购、回赎，属于分配。

本定义有一项技术性规定很有趣，那就是子公司的资产分配给母公司的股东，以子公司的资产为对价置换母公司股东的股票，视为对母公司股东的分配。这一点比较特殊。立法者所担心的，可能是当事人架空分配规定，假借子公司之名，行母公司分配之实。例如，受到 CGCC § 500 之阻碍，母公司无法分配财产，于是母公司命令其控股或通过其他关系支配的子公司支付相应财产给母公司股东，规避 § 500 限制。

明确做这样的规定，诚然也是一种选择。不过，即使无此规定，法律对假借子公司进行 "分配" 的手段，也并不是束手无策。第一，如果径直以子公司的盈余给母公司的股东分红，是后者侵害前者的财产权，或者后者不当得利，当然违法。如果是以子公司的盈余先给母公司分红，再以母公司所得分红给母公司股东分红，即两步分配相结合，则不是侵权或不当得利。但是，该程序需要确保每一步分配都符合 CGCC § 500。第二，如果是以子公司购买母公司股票的情况，分两种情况讨论。情况一，如果子公司购买的是母公司定向增发的股票，不会导致母公司资产减少，只会产生交叉持股的问题。交叉持股的核心问题在于存在不当控制的可能，本质是公司

（接上页）who is, or would be, a party to the transaction not being entitled to vote) that (1) it is reasonably likely that the holder or holders of the shares in question could legally enforce a claim for the rescission, (2) that the rescission is in the best interests of the corporation, and (3) the corporation is likely to be able to meet its liabilities (except those for which payment is otherwise adequately provided) as they mature, or (c) the repurchase by a corporation of its shares issued by it pursuant to Section 408, if the board determines (with any director who is, or would be, a party to the transaction not being entitled to vote) that (1) the repurchase is in the best interests of the corporation and that (2) the corporation is likely to be able to meet its liabilities (except those for which payment is otherwise adequately provided) as they mature.

控制权人和非控制权人之间的矛盾冲突，和资本制度没关系。因此，该情况无须在此处讨论。情况二，如果子公司购买的是已经发行在外而非定向增发的股票，即必有母公司股东被对价挤出的情形，则"母–子"公司集团整体存在资产的净流出，反推的结论是，该公司集团必然发生了分配行为。母公司只不过发生了股权转让，没有其他变化；发生分配的是子公司。子公司购买母公司股票，表面上是购买行为而非回购行为。然而，其一，子公司持有母公司股份，与间接持有自己股份差别不大。其二，各国公司法往往规定，A公司持有B公司一定比例股份后——如美国MBCA为50%、德国股份法和日本公司法为25%、中国大陆没规定——B虽然可以交叉持有A的股份，但该股份不享有表决权。因此，这样的股份已经不具有资产价值，与库存股无异。结论是，子公司以资产购买母公司既有的流通股票行为，应当视为子公司减资行为，进而应当受到CGCC§500的规制。综上所述，即使没有CGCC§166之规定，子公司购买母公司股票之行为，也不至于就不受规制了。

依§166的意思，子公司向母公司股东分配的行为，视为母公司的分配，进而受到§500的规制。这样规定不仅——参照上文分析——不甚必要，而且似有不严密之处。例如，假定母公司满足§500（a）（1）（2）的条件，此时就有权在此范围内——即分配前盈余与累积优先股拖欠股息之差，以及分配后净资产与优先股本之差——调用子公司资产向母公司股东进行分配吗？这不可行，甚至涉嫌操纵子公司，很容易揭开子公司的面纱。因此，§166的定义，可能是有误导性的。它的意义倒是在于，加强和承认前述子公司购买母公司已发行股份的行为，不是普通的收购而是"回购"，从而要求子公司的收购行为接受§500的规制。

结论是，不需要，甚至不应当在整体上规定，由子公司提供对价的分配，是母公司的分配。而只需要规定子公司收购母公司股份的行为视为分配（回购）即可。

2.1.2.3 宾夕法尼亚州公司与非法人团体法§1103（a）

宾夕法尼亚州（以下简称宾州）目前不存在单独的商事公司

法。其公司法部分列于宾州法律汇编第 15 部 （title）"公司与非法人组织" 公司与非法人团体 （unincorporated associations） 项下。[1] 其规范主体甚广，包含商业公司、非营利组织、普通合伙、有限合伙、有限责任公司、商业信托、非法人营利组织等，实际是一部总体的民事、商事团体组织法。不过在宾州本地，上述内容通常被称为《商事公司法》（Business Corporation Law，以下简称 BCL）。[2]

　　文献对 BCL 的总括性评价不多。BCL 似乎并无显著个性，更多是跟进者的角色。第一，1985 年 3 月，宾州参议院审议由本州律师协会推荐的新 BCL 草案。学者就此评论说，起草者明显试图赶超 DGCL，阻止宾州公司受到特拉华州的吸引而逃离。同时，草案也受到 MBCA 以及新泽西州、纽约州、加州等地公司法的影响。此次修改的大方向是公司权力从股东会到董事会的移转。[3]第二，Romano（2006）提及宾州位列少数几个公司法新制度实验州之一；该州首创了交错董事会规则、敌意收购中的强制回赎规则。[4]第三，1990 年，宾州参众两院通过了新的反收购法案，并据此修订了 BCL。其中最显著的修改是关于董事的信义义务规则。新法显著减轻了公司对股东的受信义务。在考虑收购的影响以确定公司的最佳利益时，董事会有权将股东的利益与非投资者利益视为同等水平或权重的因素。[5]据此似可推知现代 BCL 的特征：其一，创新性和学习性。对公司法创新规则的响应力较强，采取外源性规则创新激励模式，以

---

　　〔1〕　参见 https://www. legis. state. pa. us/wu01/li/li/ct/htm/15/15. HTM，最后访问日期：2021 年 1 月 9 日。

　　〔2〕　See Marsha E. Flora, "Redefining Pennsylvania Corporate Law: Eliminating Corporate Directors' Fiduciary Obligations", *Dickinson Law Review*, Vol. 96, 1992, footnote1.

　　〔3〕　See Rafael A. Porrata-Doria, Jr., "The Proposed Pennsylvania Business Corporation Law: a Horse Designed by Committee", *Temple Law Quarterly*, Vol. 59, 1986, pp. 437-441.

　　〔4〕　See Roberta Romano, "The States as a Laboratory: Legal Innovation and Stute Competition for Corporate Charters", *Yale Journal on Regulation*, Vol 23: 209, 2006, p218, 231.

　　〔5〕　See Marsha E. Flora, "Redefining Pennsylvania Corporate Law: Eliminating Corporate Directors' Fiduciary Obligations", *Dickinson Law Review*, Vol. 96, 1992, p. 239.

DGCL 为主要假想敌学习之，并兼采纽约州、新泽西州等周边发达地区公司法技术。其二，去资本化与抑制股东权的反传统倾向。针对股东、管理层、公司债权人与职工等其他利益相关者三类群体，近年来持续削弱股东权力，增加管理层自由裁量权并削弱其受信义务，注重保护公司外部利益相关者。

分配的立法定义，存在于宾州法律汇编第 15 部（title）"公司与非法人组织"第二部分"公司" §1103（a）。具体如下：

分配是指为了公司依据股东所持股权，向部分或全部股东直接或者间接转移现金、其他财产（公司发行的股票、期权、认股权证除外），或者公司向股东负债。实现方式采用分红，股票回购、回赎，回购和回赎以外的其他股票收购形式，与上述方式相似的其他方式，均可。以下方式不属于分配：第一，公司为了部分或者全部股东的利益，向其提供担保或者类似安排。第二，公司依据股东会的授权，实施第 3 章［涉及实体交易（entity transaction[1]）］和第 19 章（涉及公司根本性变更）项下的资产或者债务转移。[2]

评析如下：

第一，与 DGCL 相比，BCL 不视为将分配的标的物扩大了。DGCL 规定了公司自身发行的股票一项。BCL 将期权、认股权证也纳入其中。检验是否构成分配的关键要素在于财产在公司的净流出，据此分析上述三类行为。

---

〔1〕 Entity transaction 包括且不限于公司收购、兼并。

〔2〕 参见 https://www.legis.state.pa.us/cfdocs/legis/LI/consCheck.cfm? txtType = HTM&ttl = 15，最后访问日期：2021 年 1 月 8 日。原文："Distribution." A direct or indirect transfer of money or other property（except its own shares or options, rights or warrants to acquire its own shares）or incurrence of indebtedness by a corporation to or for the benefit of any or all of its shareholders in respect of any of its shares whether by dividend or by purchase, redemption or other acquisition of its shares or otherwise. Neither the making of, nor payment or performance upon, a guaranty or similar arrangement by a corporation for the benefit of any or all of its shareholders nor a direct or indirect transfer or allocation of assets or liabilities effected under Chapter 3（relating to entity transactions）or 19（relating to fundamental changes）with the approval of the shareholders shall constitute a distribution for the purposes of this subpart.

（1）公司向股东派发股票的行为称为股票股利（share dividend），俗称送红股，指公司以发行新股的方式分配股利，其实质是以盈余转作资本，股东并没有获得任何实际的支付。管见以为，股票股利实际是一个"现金股利+重新投资"的行为组合。由于在此过程中，财产最终并未从公司流出，故不算作分配。

（2）公司向股东发放期权（options）。股票期权是一种买卖选择权，即在约定的期限内以约定的价格买入或者卖出该公司股票的权利，[1]据此分为买入期权/点叫权/看涨期权和卖出期权/投放权/看跌期权。分配场景下，期权必然属于买入期权，且发放的对象往往是公司的经理人或者关键岗位员工。[2]股票期权的唯一权利人是期权的被授予者——此处指特定股东。在行权期届至时，股东有权决定是否买入。假如基于股票的价格表现和自身意愿决定不买入，则行权期届满后双方法律关系消灭。假如决定买入，则应支付期权合同中约定的行权价。因此，无论是哪一种结果，财产均不是从公司净流向股东。故股票期权不属于公司分配。

（3）公司向股东发放权证（warrants）。权证也是一种选择权。其与期权的主要差异在于，其一，股票期权没有发行人，期权交易是不同投资者之间的交易；股票权证则是由标的证券的发行公司或以外的第三者如投资银行等发行的有价证券。其二，行使股票期权，仅仅意味着股票在不同投资者之间的转让，该公司总股本并不增加；对股票权证行权，发行人即公司必须按照约定增发股票，进而导致公司总股本增加。[3]因此，权证的发放意味着公司未来股票的增发、资本的增加，并不导致公司净资产流出，不属于分配。

第二，本条明确列举了两类不属于分配的情形。之一是公司向

---

[1] 参见朱锦清：《证券法学》，北京大学出版社 2011 年版，第 21 页。

[2] 参见马永斌：《公司治理之道：控制权争夺与股权激励》，清华大学出版社 2013 年版，第 492~494 页。

[3] 参见佚名：《期权基础知识》，载中国证券监督管理委员会网站，http://www.csrc.gov.cn/pub/liaoning/xxfw/tzzsyd/ 201704/t20170407_ 314839. htm。最后访问日期：2021 年 1 月 5 日。

部分或者全体股东提供担保。公司向股东提供担保，属于关联交易。关联交易不属于分配。分配的两项要件是：（1）财产从公司无对价转移向股东。（2）转移标的物的数量与价值，以股东持有的股权为基础而厘定。其一，关联交易大概率不符合第一项要件。关联交易不一定是赠与，更可能是双务合同的买卖。关联担保情形下，公司承担了追偿责任后，除非有赠与的意思而为保证，否则对作为债务人的股东享有追偿权和代位权。因此，关联交易一般不属于"资产无对价净流出"。其二，关联交易必定不符合第二项要件。例如，典型的分红和回购，都是以股东的持股情况，决定分配的现金、回购需要支付的对价。而关联交易中，公司向股东提供的给付内容与数量，与该股东所持股权没有对应的比例关系。因此不符合第二项要件。

第三，本法第 3 章和第 19 章项下，两种不属于交易的行为。第 3 章为法律实体交易（entity transactions）。实体（entity）强调的是独立于其成员或者所有人的一种法律身份。[1]至于谁属于法律实体，因法律而异。BCL 没有直接定义"实体交易"。不过，其第 3 章下辖 7 个分章，间接说明了"实体交易的外延"，即（1）兼并；（2）权益交换（interest exchange）；（3）转换（conversion）；（4）分立；（5）私有化。其中相对不常见的是权益交换和转换。

权益交换（interest exchange）。BCL 对此未作出立法定义。不过，从其 §341（a）关于权益交换授权的一般规则中可以推知。该款规定，一个国内或者外国的协会可以使用权益、证券、债券、现金、其他财产，权益或者证券或者上述财产组合的期权，来换取本国某个实体的权益。[2]

〔1〕 参见宋雷主编：《英汉法律用语大辞典》，法律出版社 2019 年版，第 639 页。

〔2〕 参见 https://www.legis.state.pa.us/wu01/li/li/ct/htm/15/15.htm，最后访问日期：2021 年 1 月 10 日。原文：A domestic or foreign association may acquire all of one or more classes or series of interests of a domestic entity in exchange for interests, securities, obligations, money, other property, rights to acquire interests or securities or any combination of the foregoing.

转换（conversion）。BCL 同样没有直接界定转换。不过，§351（a）规定了三类转换，分别是（1）一家国内实体转换为不同类型的国内实体或者银行机构；（2）一家国内银行机构转换为一家类型不同的国内实体；（3）依据该外国法律规定，一家国内实体转换为一家类型不同的外国实体。

2.1.2.4 佛罗里达州商事公司法 §607.01401（18）

佛罗里达州（以下简称佛州）商事公司法（Florida Business Corporation Act）§607.01401（18）对分配界定如下：分配是指公司基于股东所持股权份额，直接或者间接将现金或其他财产（公司自身的股份除外）转移给股东，或者基于股东的股权份额，比例性地生成债务的行为。分配的形式可以采用宣告支付股利；实际支付股利；购买、回赎或以其他方式取得公司的股票；负债式分配；清算式分配；以及其他方式。[1]

评析：佛州对分配的界定几乎照搬 MBCA，仅在分配的形式中补充了"清算"这种情形。管见以为增加与否，均无不可。佛州似乎更在意形式上的整饬。公司清算时，剩余财产分配行为在形式上符合分配，即（1）公司财产无对价流向股东；（2）以股东所持股权为计算依据。MBCA 则更在意立法目的，分配规则的根本目的在于防范公司对外的责任财产不当减损。界定分配是为了设定分配测试规则打下概念基础。既然公司清算时遵循的是另一套规则，那么把清算的分配纳入运营中的分配，就意义不大。

2.1.2.5 华盛顿州商事公司法 §23B.01.400（8）

从各类旁证和细节推断，华盛顿州商事公司法（Washington

---

[1] 参见 https://www.flsenate.gov/Laws/Statutes/2019/0607.01401，最后访问日期：2021年1月10日。原文："Distribution" means a direct or indirect transfer of money or other property (except its own shares) or incurrence of indebtedness by a corporation to or for the benefit of its shareholders in respect of any of its shares. A distribution may be in the form of: a declaration or payment of a dividend; a purchase, redemption, or other acquisition of shares; a distribution of indebtedness; a distribution in liquidation; or otherwise.

Business Corporation Act）特征是：该法以 MBCA 为蓝本，大体位于中间偏"左"派，相对侧重公司相关利益人的保护，对章程竞争的参与度有限，对创新规则的响应相对谨慎。旁证如下：

第一，该州与加州、佛州一样，是较早规定社会目的公司（social purpose corporation）的少数州之一。所谓社会目的指，公司在追求经济利益之外兼顾社会或者环境利益。华盛顿州商事公司法 § 23B. 25. 020 规定，公司活动应当促进对下列主体的积极影响，减少对其消极影响：（1）公司雇员、供应商或者客户；（2）本地、本州、本国或者国际社会。[1]

第二，华盛顿州 1994 年 4 月 1 日才正式承认有限责任公司（Limited Liability Company，以下简称 LLC）这种特殊公司实体，与俄亥俄州排名并列第 38 位，且立法过程相对曲折。该州诉讼律师协会强烈反对 LLC 草案，认为不应扩大有限责任的适用。最终通过的 LLC 法案是一个妥协版本，例如规定 LLC 的股东与经理人有义务缴纳一定的个人责任保险。[2]

第三，1989 年该州议会通过商事公司法。论者指出，这很大程度上是对 1984 年 MBCA 修订的机械回应。[3]

该州商事公司法 § 23B. 01. 400（8）明显借鉴了 MBCA 的定义：分配是指公司基于股东所持股权份额，直接或者间接将现金或其他财产（公司自身的股份除外）转移给股东，或者基于股东的股权份额，比例性地生成债务的行为。分配的形式可以采用宣告支付股利；实际支付股利；购买、回赎或以其他方式取得公司的股票；分配债

〔1〕 See Alicia E. Plerhoples, "Social Enterprise as Commitment: a Roadmap", *Washington University Journal of Law & Policy*, Vol. 48, No. 1, 2015, p. 107.

〔2〕 See Carol R. Goforth, "The Rise of the Limited Liability Company: Evidence of a Race between the States, but Heading Where?", *Syracuse Law Review*, Vol. 45, 1995, pp. 1252-1253.

〔3〕 See John Morey Maurice, "The 1990 Washington Business Corporation Act", *Gonzaga Law Review*, Vol. 25, 1990, p. 374.

权；全部或者部分、自愿或者非自愿的分配；其他方式。[1]

评析： 针对该条款的要点，冈萨加大学法学教授 John Morey Maurice 重述道，在华盛顿州商事公司法上，"分配"指财产直接或者间接从公司转移向股东。股东必须是以股东的身份，而非一般民事主体的身份受让这些财产。为了实现分配的目的，财产可以任何方式转移，包括以公司承债的方式。然而，公司不得分配自身发行的股票。[2]

本书认为，相对 MBCA 的模板，华盛顿州增加的元素同样是清算式分配。与佛州相比，此处的表述更为细致。佛州仅提到清算式分配（a distribution in liquidation）；华盛顿州则详细表述为"清算式分配，无论其为部分抑或全部，自愿抑或非自愿"（a distribution in partial or complete liquidation, or upon voluntary or involuntary dissolution）。[3]

清算的自愿与非自愿似乎并非要点。真正的要点在于全部与部分清算（partial liquidation）。关于全部清算，对佛州法的分析在此依然是成立的，即可以加入，并不必要。部分清算，指公司将部分资产（通常是按比例）分配给股东，而公司以资产规模缩减的形式继续经营。部分清算属于对超过公司盈利以外的现金或财产的分配。[4]可见，此概念近似于大陆法系上的"实质减资"。而实质减资属于典型的分配。华盛顿州加入实质减资的概念值得赞同。

2.1.2.6 马萨诸塞州商事公司法 §1.40（a）

马萨诸塞州（以下简称麻省）商事公司法定义如下：分配指为了

---

〔1〕 原文：§1.40（6）"Distribution" means a direct or indirect transfer of money or other property（except its own shares）or incurrence of indebtedness by a corporation to or for the benefit of its shareholders in respect of any of its shares. A distribution may be in the form of a declaration or payment of adividend；a purchase, redemption, or other acquisition of shares；a distribution of indebtedness；or otherwise. 参见 http://www.lexisnexis.com/documents/pdf/20080618091347_large.pdf，最后访问日期：2021 年 1 月 7 日。

〔2〕 See John Morey Maurice, "The 1990 Washington Business Corporation Act", *Gonzaga Law Review*, Vol.25, 1990, p.396.

〔3〕 参见 https://codes.findlaw.com/wa/title-23b-washington-business-corporation-act/wa-rev-code-23b-01-400.html，最后访问日期：2021 年 1 月 10 日。

〔4〕 元照英美法词典线上查询，http://lawyer.get.com.tw/Dic/，最后访问日期：2021 年 1 月 10 日。

股东的利益,基于股权,由公司向股东进行的现金、其他财产(公司自身股票除外)的转移,或者由公司承担债务。公司分配包括宣告或者支付股利;回购、回赎或者以其他方式取得股票;承债式分配;自愿或者非自愿的清算。[1]

评析: 此条的官方评论指出:§1.40(a)对于认定一个有效的分配,构成一个单一的、集中的认定标准。官方评论还指出,这是一个范围广泛的定义。它把分配的外延扩及公司对股东进行的任何现金或者非现金财产转移。只有股票股利或者股票分割这样的变动,才不算是分配。[2]

管见以为,上述官方评论的观点是理所当然的。几乎所有定义了"分配"的州都是如此处理。没有见到哪个州对分配的定义极窄的。事实上,麻省的规定明显以 MBCA 为样板,且有两点微小的区别:其一,麻省使用"一项分配包含……"的句式;MBCA 采用"一项分配可以采用如下形式……"的句式。管见以为,MBCA 的句式更清晰。分配的实质是财产的单向流动;分配的形式则可以是分红、回购、回赎等。因此,MBCA 的表达更富逻辑性。其二,与前述佛州、华盛顿州一样,麻省加上了清算分配。管见以为,可加可不加;一定要比较,不加为好。清算分配和分红式的分配,其法律本质还是有差异的。清算分配的法律关系下,股东行使的是剩余索取权、剩余财产分配请求权。在经济和会计的意义上,该权利的强度是显著弱于、绝对劣后于债权人对公司的索取权的。在债权人未获全部清偿之前,剩余财产分配请求权的条件根本不成就。分红

---

〔1〕 参见 https://malegislature.gov/Laws/GeneralLaws/PartI/TitleXXII/Chapter156D/Section1.40. 最后访问日期:2021 年 1 月 10 日。定义原文:"Distribution", a direct or indirect transfer of money or other property, except its own shares, or incurrence of indebtedness by a corporation to or for the benefit of its shareholders in respect of any of its shares. A distribution includes a declaration or payment of a dividend; a purchase, redemption, or other acquisition of shares; a distribution of indebtedness; and a distribution in voluntary or involuntary liquidation.

〔2〕 See Edmund Polubinski Jr., Business Corporations, https://1-next-westlaw-com.proxy1.library.jhu.edu/Document/I431a50b84cc411da86e9811e046036e6/View/FullText.html, 最后访问日期:2021 年 1 月 10 日。

分配的法律关系下，股东行使的是股利分配请求权。该请求权实质上其实依然劣后于债权人的请求权，表现为公司法一般会规定公司只有在具有充分的偿付能力、不致危及债权清偿利益的前提下，才能实施分红。但是形式上，股利分配请求权与债权人的债权请求权却构成了实实在在的竞争关系。因为债权可能未届清偿期，尚未得到清偿，此时分配照样可以进行。因此，清算分配和分红分配有质的不同，不必要归于同一种规则项下。

结论是，麻省的规定并无不妥，但 MBCA 的表述更佳。

2.1.2.7 爱荷华州商事公司法 §490.140.7

爱荷华州法典第Ⅻ部"商业实体"第 490 章"商事公司"§490.140.7，定义了"分配。"该定义与 MBCA 原文一致。[1]

2.1.2.8 马里兰州公司与协会法 §2-301

马里兰州公司与协会法（Corporations and Associations）是一部商事组织法典。其第二编、第三编（title）为公司通则"Corporations in general"，内容与其他州的普通公司法相当。其中第二编为公司的设立、组织和运营；第三编为公司特殊行为，包括公司合并、解散、异议股东权利、部分清算与重组等。分配的定义出现在第二编 §2-301：[2]

（a）（1）在本分节项下，"分配"是指（i）公司的现金或者其他财产依据其股份发生的直接或者间接的转移，或者；（ii）为了股东的利益且依据相应的股权比例，公司向股东承担债务或者免除股

---

〔1〕 参见爱荷华州政府网站，https://www.legis.iowa.gov/law/iowaCode/sections?codeChapter＝490&year＝2015，最后访问日期：2021 年 1 月 10 日。

〔2〕 参见 https://codes.findlaw.com/md/corporations-and-associations/md-code-corps-and-assoc-sect-2-301.html，最后访问日期：2021 年 1 月 10 日。原文：（a）（1）In this subtitle, "distribution" means：（i）A direct or indirect transfer of money or other property of the corporation in respect of any of its shares；or（ii）An incurrence or forgiveness of indebtedness by a corporation to or for the benefit of the corporation's stockholders in respect of any of its shares. （2）"Distribution" does not include a stock dividend or stock split authorized in accordance with §2-309（c）of this subtitle. （b）A distribution may be in the form of：（1）A declaration or payment of a dividend；（2）A purchase, redemption, whether or not at the option of the corporation or the stockholders, or other acquisition of shares；or（3）An issuance of evidence of indebtedness.

东的债务。(2) 分配不包括依据本法 §2-309 (c) 所授权的股票股利或者股票分拆。

(b) 分配可以采用如下形式:(1) 宣告或者支付股利;(2) 无论是否依据公司或者股东的意愿,购买、回赎或者其他方式取得公司股票。(3) 出具负债的凭证。

评析: 以 MBCA 为标准,马里兰州的定义有两个特色。第一,条文并非位于通常的总则部分,而是被放置于"公司金融"部分。第二,定义在提出承债式分配中,除典型的向股东负债之外,还增加了一项"免除股东债务"(forgiveness of indebtedness)。不过,"免除股东债务"究竟是何种场景,未见到进一步解释。

关键是,从"免除股东负债"可以反推出:马里兰州法实际认为,分配是可以不按比例的。因为现实中,股东对公司事先负债,尤其是全体股东按持股比例负债,想必极为鲜见。唯一的可能是股东对公司的出资之债,可缴纳出资的债务是不能由公司决议免除的。因为此举相当于"抽逃出资"。因此,此处所规定的"免除债务",几乎只能是对个别股东普通债务的免除。即分配可以不对全体按比例实施。

2.1.2.9 新泽西州普通公司法 §7-14.1 (1)

新泽西州法典第 14A 部是该州的普通公司法。该法给"分配"下了简短的定义,且放置在第 7 章"股份与股息"而非总则部分。据该法,分配指为了股东的利益,基于股权,公司将现金或者其他财产(公司自身股票除外)转移给股东,或者对股东承担债务。分配的形式可以是分红、回购、回赎、以其他方式取得股份、其他类似形式。[1]

评析: 新泽西州的定义明显脱胎于 MBCA。MBCA 的定义结构

---

[1] 参见 https://codes. findlaw. com/nj/title - 14a - corporations - general/#! tid = ND0035C780AC24905BF3179639 C98CA6D,最后访问日期:2021 年 1 月 10 日。原文: "Distribution" means a direct or indirect transfer of money or other property (except its own shares) or incurrence of indebtedness by a corporation to or for the benefit of its shareholders in respect of any of its shares. A distribution may be in the form of a dividend, a purchase, redemption or other acquisition of its shares, or otherwise.

分为"内涵+外延"两部分。在内涵部分，两者用词完全一致。在外延部分，新泽西州则少两项元素，因而简短许多：其一，在提到分红时，没有使用"宣布或者支付"这一定语；其二，没有列举承债式分配这一形式。

管见以为：第一，不使用"宣布或者支付"更为科学。理由是，宣布分红和支付股息并不是两种独立的、并列的分红方式，而是一种分红的两个阶段而已。宣布分红（declaration）即公司做出分红决议，其法律性质是负担行为，股东据此取得股利分配的债权请求权。支付分红即公司对股东现金转账，或者交付、过户非现金资产的行为，其法律性质是处分行为，股东据此取得股息的所有权。使用"宣布或者支付"反而弄巧成拙。第二，明确列举出承债式分配，还是不列举而仅仅以"其他形式"加以抽象统筹，各有利弊，没有对错。其利在于分配的外延更加明确，司法与执法的依据更加清楚。不过，采用"其他形式"的抽象归纳，并未实质性地丧失指向性，也绝非"法律漏洞"。立法保持适度抽象是必要的，生活事实不可能穷举。甚至，过于复杂的立法概念极易催生庞杂繁复的规范体系，还可能导致法律评价上的互相矛盾。[1]

2.1.2.10 德克萨斯州商事组织法典第二编第 21 章 §21.002

德克萨斯州（以下简称德州）公司法位于其商事组织法典之中。具体位置为第二编（title）"公司"第 21 章"营利公司"（For-Profit Corporations）。德州公司法在其总则部分之 §21.002（6），明确界定了"分配"如下：

（1）分配意味着财产从公司向股东的转移。财产形式包括现金、债权等。具体形式为：（i）任何类别股票的分红；（ii）直接或间接地回购、回赎公司股份；或者（iii）公司清算或部分清算时，公司向股东转移财产。

（2）分配不包括：（i）不增加公司设定资本的股票拆细；

---

〔1〕 参见毋国平：《法律规范需保持合理抽象性》，载《光明日报》2016 年 12 月 03 日，第 07 版。

（ii）公司以自身股份或者有限认股权为对价，取得自身股份。[1]

评析：德州的定义还是脱胎于 MBCA，第 1 款规定内涵，第 2 款规定外延。内容和形式上都差别不大。细微区别在于：第一，其在分红之前加上了"任何类别"（on any class）这一形容词；第二，在回购、回赎股份之前加上了"直接或间接"这一副词；第三，在股票拆细后加上了"不增加公司设定/声明资本"（that does not increase the stated capital of the corporation）这一定语从句；第四，在不属于分配的类型中，增加了一种，即"公司以自身股份或者认股权为对价，取得自身股份"（a transfer of the corporation's own shares or rights to acquire its own shares）。

前三项细节所涉及的修饰语均可加可不加。

第四项细节是重大差异。在一般的州公司法中，分配的第二种形式通常表述为公司回购、回赎公司股票，或者以其他方式取得自身股票。德州敏锐发现了此种规定的不足，即公司取得自身股票是否构成回购，还取决于回购的对价。其一，依据德州规则，公司以自身股票充作回购对价，不构成分配。因为公司资产并未减少。其二，公司以"优先认股权"（rights[2]）为对价置换公司股票也不视为分配。道理同上。

2.1.2.11 弗吉尼亚州股份公司法 §13.1-603

该州公司法位于州法典 13.1 部（title）。其 §13.1-603 界定"分配"如下：分配是公司为了股东的利益，按照股权，向股东直

---

[1] 参见 https://codes.findlaw.com/tx/business-organizations-code/bus-org-sect-21-002.html，最后访问日期：2021 年 1 月 10 日。原文：（6）（A）"Distribution" means a transfer of property, including cash, or issuance of debt, by a corporation to its shareholders in the form of （i）a dividend on any class or series of its outstanding shares；（ii）a purchase or redemption, directly or indirectly, of any of its own shares；or（iii）a payment by the corporation in liquidation of all or a portion of its assets.（B）The term does not include：（i）a split-up or division of the issued shares of a class of a corporation into a larger number of shares within the same class that does not increase the stated capital of the corporation；or（ii）a transfer of the corporation's own shares or rights to acquire its own shares.

[2] Rights 一词并不是泛指权利或者权益，而是特指优先认股权。参见元照英美法词典线上查询，http://lawyer.get.com.tw/dic/，最后访问日期：2021 年 1 月 10 日。

接或者间接转移现金或其他财产（公司自身股票除外），或者公司
向股东负债。分配的形式可以是支付股息；回购、回赎或者其他方
式取得公司股份；公司承债式分配；清算式分配；或者其他形式。
分配不包含公司收购作为已故股东遗产的股份。但是，仅在满足如
下条件时，前句规则才成立，即该收购是使用已故股东的人寿保险
收益而发起的，且董事会在股东去世前批准了该次收购计划。[1]

评析：第一，弗吉尼亚州的定义结构典型且完整。其分为三部
分：（1）分配的内涵。（2）分配的外延。（3）分配外延的边界。这
已经成为定式。不过，管见以为，不止弗吉尼亚州，其他州法对内
涵和外延的表述其实大都存在重复。例如，承债式分配完全可以放
到外延部分，没必要在内涵部分予以重复。内涵似乎只需精练地表
述为：公司依据股权，无对价地向股东转让财产或者财产性权利的
行为。也就是说，内涵只需要负责说清楚行为的性质就是财产单向
度转移、流出。至于怎么转移，由外延说清楚即可。

第二，弗吉尼亚州定义的显著特色，是举出了一项不属于分配
的具体例子。简言之，其似乎想表达的是，如果公司以去世股东的
人寿保险金为对价，收购作为遗产的去世股东的股权，则不属于分
配。这似乎是因为公司资产并没有因此净减损。此项事例可能是弗
吉尼亚州境内多发的、有必要单独强调的典型事件。不过，这种例
子是不是有必要规定在公司法中，有待商榷。关键还是要规定清楚

---

〔1〕 参见 https://codes.findlaw.com/va/title-13-1-corporations/va-code-sect-13-1-
603.html，最后访问日期：2021 年 1 月 10 日。原文为："Distribution" means a direct or indirect transfer of cash or other property, except the corporation's own shares, or incurrence of indebtedness by a corporation to or for the benefit of its shareholders in respect of any of its shares. A distribution may be in the form of a payment of a dividend; a purchase, redemption, or other acquisition of shares; a distribution of indebtedness of the corporation; a distribution in liquidation; or otherwise. Distribution does not include an acquisition by a corporation of its shares from the estate or personal representative of a deceased shareholder, or any other shareholder, but only to the extent the acquisition is effected using the proceeds of insurance on the life of such deceased shareholder and the board of directors approved the policy and the terms of the redemption prior to the shareholder's death.

分配的内涵和要件，（1）积极财产的转移；（2）单务法律行为，无对价。具体琐碎的事例，还是交给司法。

2.1.2.12 佐治亚州商事公司法 §14-2-140

佐治亚州商事公司法位于该州法典第 14 部"公司、合伙与协会"之第 2 章。其§14-2-140 给出的分配的定义与 MBCA 高度类似。两者仅存一处细节差异：MBCA 规定分配的标的不包括公司自身股票；佐治亚州则在自身股票之外，另加入了优先认股权（rights）。[1]这与德州类似。

2.1.2.13 北卡罗来纳州商事公司法 §55-1-40

北卡罗来纳州商事公司法位于该州法典第 55 章。总则部分的§55-1-40 界定了分配，表述与 MBCA 完全一致。[2]

2.1.2.14 密歇根州商事公司法 §106（4）

密歇根州商事公司法 §106（4）界定了分配。其内容与 MBCA 并无实质不同，仅一处存在文字性差异：MBCA 中，"宣告或者支付"仅为分红的具体形式；密歇根州商事公司法中，"宣告或者支付"则可以是任何分配的行使。[3]这无关紧要。只是，股利的"宣

---

[1] 参见 https://codes. findlaw. com/ga/title-14-corporations-partnerships-and-associations/ga-code-sect-14-2-140. html，最后访问日期：2021 年 1 月 10 日。原文：(6) "Distribution" means a direct or indirect transfer of money or other property except its own shares or rights to acquire its own shares or incurrence of indebtedness by a corporation to or for the benefit of its shareholders in respect of any of its shares. A distribution may be in the form of a declaration or payment of a dividend; a purchase, redemption, or other acquisition of shares; a distribution of indebtedness; or otherwise.

[2] 参见 https://www. ncleg. gov/Laws/GeneralStatuteSections/Chapter55，最后访问日期：2021 年 1 月 13 日。

[3] 参见 http://www. legislature. mi. gov/［S(hknheqjiuj3fjxulkqztdwz3）］/mileg. aspx? page=GetObject&objectname= mcl-act-284 -of-1972，最后访问日期：2021 年 1 月 13 日。原文："Distribution" means a direct or indirect transfer of money or other property, except the corporation's shares, or the incurrence of indebtedness by the corporation to or for the benefit of its shareholders in respect to the corporation's shares. A distribution may be in the form of a dividend, a purchase, redemption or other acquisition of shares, an issuance of indebtedness, or any other declaration or payment to or for the benefit of the shareholders.

告"与"支付"，似乎就是负担行为与处分行为的二分。

2.1.2.15 科罗拉多州商事公司法 §101-401（13）

该法给出的定义与 MBCA 只有文字性差异。第一，MBCA 表述为"分配可以采取以下形式"；科罗拉多州商事公司法则表述为"分配可以采取任何形式"。第二，MBCA 在结尾使用"以及其他"来兜底；科罗拉多州商事公司法没有兜底式表述。管见以为两者都可以。外延不是关键，要着力构思的是内涵。[1]

2.1.2.16 明尼苏达州商事公司法 §302A.011（10）

与 MBCA 相比，明尼苏达商事公司法的变动仅有一处，即关注了"对价"问题。第一，其强调说，分配作为一种财产从公司向股东的转移，是"有对价或者无对价"（with or without consideration）的。第二，其又强调说，分配是回购、回赎的对价。[2]

评析：管见以为，明尼苏达州商事公司法此处的变动有画蛇添足之嫌。首先，"有对价抑或无对价"本身就是一种废话；类似的废话还有"主动抑或不被动""直接抑或间接""全部或者部分"。此类修饰语诚然也不是毫无信息量，但毕竟囊括了其所修饰的中心名词的全集，强调意义微乎其微，其在多数情况下的运用实属不必。其次，有无对价确实是分红和回购两类分配的区别。但是，此处定义分配，不是要找不同形式的差异，而是要提炼共性。最后，分配在内涵上反而是"无对价"的。此处的对价不是指双务法律关系之下的有没有对待给付，而是指在会计意义上公司资产负债表上的资产发生净减损，在经济意义上公司的积极财产减少、权益投资人的积极财产增加。立法贸然引入"对价"概念看似相当专业，实际上是把水搅

---

[1] 参见 https://codes.findlaw.com/co/title-7-corporations-and-associations/#!tid=NDA8BB320F1D811DBA393EA9F3A8A B473，最后访问日期：2021 年 1 月 13 日。

[2] 参见 https://www.revisor.mn.gov/statutes/cite/302A.011，最后访问日期：2021 年 1 月 13 日。原文：Subd. 10. Distribution. "Distribution" means a direct or indirect transfer of money or other property, other than its own shares, with or without consideration, or an incurrence or issuance of indebtedness, by a corporation to any of its shareholders in respect of its shares. A distribution may be in the form of a dividend or a distribution in liquidation, or as consideration for the purchase, redemption, or other acquisition of its shares, or otherwise.

浑了。

2.1.2.17 康涅狄格州商事公司法 §33-602（8）

康涅狄格州商事公司法位于该州法典第33部"公司"（corporations）第601章。其总则部分的"定义"一节界定了分配，内容与MBCA完全一致。[1]

2.1.2.18 北达科他州商事公司法 §10-19.1-01（19）

北达科他州商事公司法位于该州法典第10部"公司"（corporations）第10-19.1章。其第二节"定义"第19款界定了分配，如下：分配是公司依据股权向股东转移现金或者其他财产（不包括公司自身股份）的行为。此种转移可以有对价或者无对价，可以是公司向股东负担债务。其形式可以是分红；临时性分配；清算性分配；作为回购、回赎、取得公司股份的对价；或者其他形式。[2]

除文字性表述外，该定义与MBCA主要有两点不同。第一，在界定内涵时，与明尼苏达州商事公司法类似，北达科他州商事公司法也在"对价"的视角看待、界定分配。第二，在界定外延时，北达科他州商事公司法加入了"临时分配"（an interim distribution）这一类别。

评析：关于第一点，在分配定义中引入对价元素，会削弱清晰度和准确性。解读第二点的关键在于"中期分配"的含义。"interim"的含义较为集中，指暂时的、临时的、过渡期间的。[3] 暂未在规范性的词典中查到"an interim distribution"的含义。推测

---

〔1〕 参见 https://www.cga.ct.gov/current/pub/chap＿601.htm，最后访问日期：2021年1月14日。

〔2〕 参见 https://www.legis.nd.gov/cencode/t10c19-1.html，最后访问日期：2021年1月14日。原文：19. "Distribution" means a direct or indirect transfer of money or other property, other than its own shares, with or without consideration, or an incurrence or issuance of indebtedness, by a corporation to any of its shareholders in respect of its shares, and may be in the form of a dividend, an interim distribution, or a distribution in liquidation, or as consideration for the purchase, redemption, or other acquisition of its shares, or otherwise.

〔3〕 参见元照英美法词典线上查询，http://lawyer.get.com.tw/dic/，最后访问日期：2021年1月14日。

有两种含义：

第一，"临时"是一种时间概念，指在公司财务年度结束前即实施半年度、季度、月度的分红。这种猜测的依据来源于若干网页文献。例如，中期分配指公司在确认其整个财政年度收入之前，即向股东实施的分配。此类分红通常以季度或者半年度为时点，向普通股股东为之。[1]

第二，"临时"是一种数量、程度概念，与清算式分配相对，指公司不完全清算（实质减资）时的分配。这种猜测也有依据。其一，在本条的文义上，"临时性分配"与"清算性分配"前后衔接，呈现明显的并列关系。其二，在其他州法上，也存在"清算或者部分清算"一类表述。

两种猜测各有道理。目前无法确认。此外，如前所述，是尽力穷举分配形式更优，还是仅示范性举例最优，存在争议。

2.1.2.19 阿拉斯加州公司法 §10.06.990（17）

阿拉斯加州公司法位于该州法典第10部"公司与协会"（corporations and associations）第06章。阿拉斯加州公司法的"通则"（general provisions）一节界定了分配。特别的是，该节位于法典之末，而非如通常那样位于法典之首。其对分配的界定如下：

"对股东的分配"指公司或者其子公司将现金或者财产无对价地转移向股东。分配的形式可以是分红；回购或者回赎或者以其他方式取得公司股票；其他形式。分配不包括公司发放股票股利。分红的时点为宣布支付股利的期日。回购、回赎的时点为公司实际支付现金或财产的期日，无论此前是否订立回购、回赎的合同；不过，假如公司发行可转让债权证券（negotiable debt security）来回赎、回购股票，则公司分配的时点为取得股票的期日。在设立偿债基金的情形下，公司用于回赎优先股的现金或财产被交付给信托管理人之时点，或者以类似目的而被物理性隔离之时点，视为该笔现金或者

---

[1] 参见 https://www.accountingtools.com/articles/what-is-an-interim-dividend.html，最后访问日期：2021年1月14日。

财产已经发生转移。

评析：阿拉斯加州规定实际分为定义和时点两部分，而不纯然是定义。这大概率是学习加州。阿拉斯加州的定义要言不烦。其内涵部分的特色在于，以"无对价"来修饰财产转移。前文指出，加入对价元素需要慎重，以免搅浑水。一定要提对价，有两种方式：第一，如 MBCA 那样完全不强调对价，以免麻烦。第二，像阿拉斯加州那样强调分配是无对价的财产转移。这并无不可，但最好补充说明：此处的对价不包括股票回购（赎）形式中，股东交付股票的行为。

关于分配的时点。规定分配时点的意图是，明确约束分配的条件何时需要被满足。概略上，时点越是提前则要求越严格；反之则相对宽松。阿拉斯加州公司法实行区分规定：其一，分红和回购（赎）的时点：前者以宣布分红日为准，较严格；后者以具体支付日为准，较宽松。其二，一般的回赎、回购和特殊的、设立偿债基金式的回赎、回购：前者以公司向股东支付对价日为准，较宽松；后者以公司向信托公司交付信托财产或者公司隔离偿债基金日为准，较严格。

管见以为，阿拉斯加州公司法作的第二种区隔是有道理的。因为设立专门以回购（赎）为目的的信托基金或者干脆物理隔离部分资产代价甚巨，且对其他公司债权人构成实质影响，故此时即须满足分配标准。相比之下，第一种区隔似乎意义不大。因为分红和回购（赎）具有显著的同构性，均是一项债权行为——公司做出分红决议或者回购（赎）决议，外加一项物权行为——公司支付股息或者支付所回购（赎）股票的对价。按照阿拉斯加州公司法，分红的时点以债权行为为准；回购（赎）的时点以物权行为为准。言外之意是，分红对公司债权人造成的威胁更巨。本书找不到支持此种观点的证据。

2.1.2.20 华盛顿哥伦比亚特区商事公司法 §29-301.02（5）

华盛顿哥伦比亚特区商事公司法总则部分 §29-301.02（5）将分配界定为：公司为了股东的利益，依据股权，将现金或者财产

（自身股票除外）直接转让于股东，或者向股东负债。分配可以采取下列形式：（A）宣布或者实际支付股息；（B）回购、回赎，或者以其他方式取得本公司股份；（C）公司承债式分配；（D）其他方法。[1]

评析：华盛顿哥伦比亚特区的规则与MBCA仅有文字性差异，比如把分配的具体形式列为四项。两者本质相同。

2.1.2.21 怀俄明州商事公司法§17-16-140（Ⅵ）

怀俄明州商事公司法位于该州法典第17部"公司、合伙与协会"第16章。分配的定义位于"总则"一节，"定义"分节。其内容与MBCA一致。[2]

2.1.2.22 内布拉斯加州标准商事公司法§21-214（6）

内布拉斯加州标准商事公司法位于该州法典第21章第2节。有趣的是，该州公司法名称为"标准商事公司法"（Model Business Corporation Act）。分配的定义位于第1节"总则"第4分节的"定义"一款。其内容与MBCA一致。[3]

2.1.2.23 新罕布什尔州商事公司法§293-A：1.40（6）

新罕布什尔州商事公司法在其§293-A：1.40（6）界定了分配。其内容与MBCA完全一致。[4]

---

[1] 参见 https://codes.findlaw.com/dc/division-v-local-business-affairs/dc-code-sect-29-301-02.html，最后访问日期：2021年1月14日。原文：（5）"Distribution" means a direct or indirect transfer of money or other property, except a corporation's own shares, or incurrence of indebtedness by the corporation to or for the benefit of its shareholders in respect of any of its shares. A distribution may be in the form of:（A）A declaration or payment of a dividend；（B）A purchase, redemption, or other acquisition of shares；（C）A distribution of indebtedness；or（D）Another method.

[2] 参见 https://codes.findlaw.com/wy/title-17-corporations-partnerships-and-associations/wy-st-sect-17-16-140.html，最后访问日期：2021年1月14日。

[3] 参见 https://codes.findlaw.com/ne/chapter-21-corporations-and-other-companies/ne-rev-st-sect-21-214.html，最后访问日期：2021年1月14日。

[4] 参见 http://www.gencourt.state.nh.us/rsa/html/XXVII/293-A/293-A-1.40.htm，最后访问日期：2021年1月14日。

2.1.2.24 南达科他州商事公司法§293-A：1.40（6）

南达科他州商事公司法位于该州法典第47部，第01A章。该法对分配的立法定义，位于该法§1.40（6）。[1]其内容与MBCA仅有微小差异。

2.1.2.25 夏威夷州商事公司法§414-3

夏威夷州商事公司法位于该州法典第2编"商业法"，第23部"公司与合伙"，第414章。分配的定义位于该法第1部分第3节。其内容与MBCA一致。[2]

2.1.2.26 俄勒冈州封闭公司法§60.001（7）

俄勒冈州似乎不存在普通公司法或者股份公司法。在俄勒冈州法典第7部"公司与合伙企业"项下，并未列有普通公司法。最为近似的是第60章"封闭公司法"。该法项下§60.001（7）界定了分配，内容与MBCA几乎一致。[3]

2.1.2.27 威斯康星州商事公司法§180.0103（7）

威斯康星州商事公司法位于该州法典第180章。针对分配的定义位于该商事公司法§180.0103（7）。其内容为：分配指公司为了股东的利益，依据股权，将现金或者其他财产（自身股票除外）直接或间接转移给股东，或者对股东承担债务。分配的形式包括且不限于：（a）宣布或支付股息；（b）回购、回赎或以其他方式取得公司股票；（c）分配债权凭证。

评析：该规定与MBCA的实质与主体内容一致。两处细节稍有特色：第一，在界定分配外延时，分项展开，形式上相对清晰。这一点与华盛顿哥伦比亚特区类似。第二，在表述承债式分配时，使用了"分配债权凭证"（A distribution of evidences of indebtedness）的

---

〔1〕 参见 https://sdlegislature.gov/Statutes/Codified_ Laws/2068083，最后访问日期：2021年1月14日。

〔2〕 参见 https://codes.findlaw.com/hi/division-2-business/hi-rev-st-sect-414-3.html，最后访问日期：2021年1月14日。

〔3〕 参见 https://codes.findlaw.com/or/title-7-corporations-and-partnerships/or-rev-st-sect-60-001.html，最后访问日期：2021年1月14日。

说法。但这些无关紧要。

2.1.2.28 田纳西州营利商事公司法 §48-11-201（9）

田纳西州营利商事公司法位于该州法典第 48 部"公司与协会"。该法对分配的定义位于本法第 11 章"总则"下第 2 节"定义与注意事项"之第 9 条。其内容为：分配指公司为了股东的利益，基于股权，向股东直接或者间接转移财产（不包括本公司股票），或者对股东负债（包括通过设定担保的方式）的行为。分配可以采用的形式有宣布或者支付股息；回购、回赎或者以其他方式取得公司股票；承债式分配（包括为了股东的利益而承担债务）；其他形式。[1]

评析： 田纳西州营利商事公司法与 MBCA 大体一致，同样分内涵、外延两部分。其特点是增加了一些定语、状语、定语从句等修饰成分，主要有两处：第一，在内涵部分，以"直接或间接、包括通过设定担保"来修饰中心语"承债式分配"；第二，在外延部分，再次对承债式分配加括号进行详细说明。增加修饰语必然增强文义的具体性与犀利度，同时也会增加文本的冗赘、怪异与破绽。至于两者之间如何权衡，那就是见仁见智的价值判断了。本书赞成 MBCA 式精简有力的格式。奥卡姆的威廉曰：如无必要，勿增实体。

2.1.2.29 印第安纳州商事公司法 §23-1-20-7

印第安纳州商事公司法位于该州法典第 23 部"商业组织与其他协会"第 1 编。"分配"的立法定义位于该法第 20 章"一般定义"第 7 条。该条项下有两款。其中（a）款与 MBCA 几乎一致。（b）款内容为分配不包括：（1）对过去或现在服务的合理补偿，或者在正常营业中基于善意退休计划或者其他福利计划支付的合理款项；或者（2）公司为了股东利益提供公允担保或者作出其他类安排。然而，一笔款项不满足上述第（1）项之要求，或者一项支付、

---

〔1〕 参见 https://codes.findlaw.com/tn/title-48-corporations-and-associations/tn-code-sect-48-11-201.html，最后访问日期：2021 年 1 月 15 日。

履行不满足上述第（2）项之要求，并不是该款项、支付、履行是否分配的决定性因素。[1]

评析： 印第安纳州给出的定义框架依旧分三部分：内涵、外延、外延以外的领域。其中（a）款规定内涵与外延，内容几乎照搬MBCA。（b）款则是该州原创。对此有两点评论：其一，形似但实质上不属于分配的行为，印第安纳州商事公司法列举了两项，一是奖金与福利计划，二是公司与股东的关联交易。管见以为其实不用列举，因为上述两项行为本来就不符合分配的要件之一：必须依照股东所持股权的数量及比例进行发放。因此，立法定义的重心是内涵建设，不是外延建设。明确概念的核心是立法不可推卸的责任。概念的外延是开放、无界、枚举不尽的，立法应当抽身，交由司法和学术来探索。其二，本款末句"然而……"的表述也很有意思。其意思大概是，不属于（1）项和（2）项的，不一定就不是分配。逻辑上其实很简单，无非是说，（1）和（2）只是不构成分配的一部分例子。假设如此，就不用冗长的表达，只消"or otherwise"即可。

2.1.2.30 路易斯安那州商事公司法§1-140（6）

路易斯安那州商事公司法位于该州法典第12部"公司与协会"

---

〔1〕 参见 https://casetext.com/statute/indiana-code/title-23-business-and-other-associations/article-1-indiana-business-corpo ration-law/chapter-20-general-definitions/section-23-1-20-7-distribution，最后访问日期：2021年1月5日。原文：(a) "Distribution" means a direct or indirect transfer of money or other property (except a corporation's own shares) or incurrence or transfer of indebtedness by a corporation to or for the benefit of its shareholders in respect of any of its shares under IC 23-1-28. A distribution may be in the form of a declaration or payment of a dividend; a purchase, redemption, or other acquisition of shares; a distribution of indebtedness; or otherwise. (b) The term does not include: (1) amounts constituting reasonable compensation for past or present services or reasonable payments made in the ordinary course of business under a bona fide retirement plan or other benefit program; or (2) the making of or payment or performance upon a bona fide guaranty or similar arrangement by a corporation to or for the benefit of its shareholders. However, the failure of an amount to satisfy subdivision (1), or of a payment or performance to satisfy subdivision (2), is not determinative of whether the amount, payment, or performance is a distribution.

第1章。分配的定义位于本法第一节"通则"，D分节"定义"，1-140条"定义"，第6款。其内容与 MBCA 类似，仅存表述性差异。[1]

2.1.2.31 阿拉巴马州商事公司法§10A-2-1.40（4）

阿拉巴马州商事公司法位于该州法典第10A部第2章。分配的定义位于第一节"一般条款"第C分节"注意事项"第1.40条第（4）款。其内容与 MBCA 一致。[2]

2.1.2.32 肯塔基州商事公司法§271B.1-400（7）

肯塔基州商事公司法位于该州法典第23部，第271B章。分配的定义位于本法第1节"通则"，第4分节"定义"，§1-400（7）之中，与 MBCA 完全一致。[3]

2.1.2.33 犹他州修订商事公司法§16-10a-102（13）

犹他州修订商事公司法位于该州法典第16部，第10A章。分配的定义位于该法第1节"通则"，第102条"定义"，第13款。其内容为：（a）分配指公司为了股东的利益，基于股权，（i）直接或间接向股东转移现金或其他财产（公司自身股票除外），或者；（ii）公司向股东承担债务。（b）分配可以采取如下形式：（i）宣布或者支付股息；（ii）回购、回赎或者其他方式取得公司股票；（iii）承债式分配；（iv）另外的形式。[4]

评析：犹他州规则的内容与 MBCA 别无二致，只是将其拆分成两款，每款下设若干项。仅此而已。

2.1.2.34 内华达州封闭公司法§78.191

内华达州封闭公司法位于该州法典第7部"商事组织，证券与

---

〔1〕 参见 https://codes.findlaw.com/la/revised-statutes/la-rev-stat-tit-12-sect-1-140.html，最后访问日期：2021年1月5日。

〔2〕 参见 https://codes.findlaw.com/al/title-10a-alabama-business-and-nonprofit-entities-code/al-code-sect-10a-2-1-40.html，最后访问日期：2021年1月5日。

〔3〕 参见 https://codes.findlaw.com/ky/title-xxiii-private-corporations-and-associations/ky-rev-st-sect-271b-1-400.html，最后访问日期：2021年1月5日。

〔4〕 参见 https://codes.findlaw.com/ut/title-16-corporations/ut-code-sect-16-10a-102.html，最后访问日期：2021年1月5日。

商品"。该部项下并无独立的商事公司法。与之主旨、结构近似的封闭公司法（private corporations）存在关于分配的定义。其§78.191之规定与MBCA几乎相同。[1]

2.1.2.35 新墨西哥州商事公司法§53-11-2（I）

新墨西哥州商事公司法位于该州法典第53章。其分配定义，照搬MBCA。[2]

2.1.2.36 蒙大拿州商事公司法§35-1-113（7）

蒙大拿州商事公司法位于该州法典第35部第1章。其对分配的定义与MBCA基本一致，无需赘述。[3]

2.1.2.37 亚利桑那州公司法§10-140（19）

亚利桑那州公司法位于该州法典第10部"公司与协会"。该部之下并未有独立的商事公司法。其第1章第4节"总则"对分配的定义与MBCA基本一致，只是在外延部分把分配的三种具体形式及兜底形式逐项列出而已。[4]

2.1.2.38 阿肯色州商事公司法§4-27-140（6）

阿肯色州商事公司法位于该州法典第4部"商法"，第3分部"公司与协会"。该法对分配的界定与MBCA基本一致。[5]

2.1.2.39 西弗吉尼亚州商事公司法§31D-1-150（6）

西弗吉尼亚州商事公司法位于该州法典第31D章。该法"通则"部分对分配的定义与MBCA基本一致，但语法上有些调

---

〔1〕 参见 https://codes.findlaw.com/nv/title-7-business-associations-securities-commodities/nv-rev-st-78-191.html，最后访问日期：2021年1月18日。

〔2〕 参见 https://codes.findlaw.com/nm/chapter-53-corporations/nm-st-sect-53-11-2.html，最后访问日期：2021年1月18日。

〔3〕 参见 https://codes.findlaw.com/mt/title-35-corporations-partnerships-and-associations/#! tid=N91959620AC 5911DE828 DFD19DEB34D83，最后访问日期：2021年1月18日。

〔4〕 参见 https://codes.findlaw.com/az/title-10-corporations-and-associations/az-rev-st-sect-10-140.html，最后访问日期：2021年1月18日。

〔5〕 参见 https://codes.findlaw.com/ar/title-4-business-and-commercial-law/#! tid=N4447B2D0C58611DA90A7A E4DA09DA 01A，最后访问日期：2021年1月18日。

整。[1]

2.1.2.40 爱达荷州商事公司法§30-29-140（6）

爱达荷州商事公司法位于该州法典第 30 部第 29 章。该法对分配的定义与 MBCA 大体一致。[2]

2.1.2.41 密西西比州商事公司法典§79-4-1.40

密西西比州商事公司法位于该州法典第 79 部第 4 章。该法对分配的定义与 MBCA 完全一致。[3]

2.1.2.42 南卡罗来纳州商事公司法典§33-31-140（11）

南卡罗来纳州商事公司法典§33-31-140"定义"对分配的定义如下：分配指公司直接或间接将其收入或者利润的任何部分转移给其股东、董事、高级管理人员。分配不包括：（a）公司向其股东、董事、高级管理人员支付合理报酬；（b）向股东授予符合公司宗旨的利益；（2）在正常和日常的经营活动中偿还债务。[4]

---

[1] 参见 https://codes.findlaw.com/wv/chapter-31d-west-virginia-business-corporation-act/wv-code-sect-31d-1-150.html，最后访问日期：2021 年 1 月 18 日。原文："Distribution" means a direct or indirect transfer of money or other property or incurrence of indebtedness by a corporation to or for the benefit of its shareholders in respect of any of its shares：Provided, That "distribution" does not include a direct or indirect transfer of a corporation's own shares. A distribution may be in the form of a declaration or payment of a dividend；a purchase, redemption or other acquisition of shares；or a distribution of indebtedness.

[2] 参见 https://codes.findlaw.com/id/title-30-corporations/id-st-sect-30-29-140.html，最后访问日期：2021 年 1 月 18 日。

[3] 参见 https://codes.findlaw.com/ms/title-79-corporations-associations-and-partnerships/ms-code-sect-79-4-1-40.html，最后访问日期：2021 年 1 月 18 日。

[4] 参见 https://casetext.com/statute/code-of-laws-of-south-carolina-1976/title-33-corporations-partnerships-and-associations/chapter-31-south-carolina-nonprofit-corporation-act/article-1-general-provisions/section-33-31-140-definitions，最后访问日期：2021 年 1 月 18 日。原文：（11）"Distribution" means the direct or indirect transfer of assets or any part of the income or profit of a corporation to its members, directors, or officers. The term does not include：（a）the payment of compensation in a reasonable amount to its members, directors, or officers for services rendered；（b）conferring benefits on its members in conformity with its purposes；or（c）repayment of debt obligations in the normal and ordinary course of conducting activities.

评析：该定义存在显著的问题，很可能是一个老旧的定义版本，不是南卡罗来纳州的最新版本。第一，向股东以外的董事和高管给付现金或者财产，显然不是分配。第二，"向股东授予符合公司宗旨的利益"（conferring benefits on its members in conformity with its purposes）显然不应被排除在分配之外，因为分配正是这个意思。其他的细小瑕疵不赘。因此，该定义不值得参考。

2.1.2.43 佛蒙特州商事公司法§1.40（6）[1]

佛蒙特州商事公司法§1.04（6）对分配的定义，与MBCA完全一致。

2.1.2.44 缅因州商事公司法§102（6）[2]

缅因州商事公司法§102（6）的"分配"定义与MBCA基本一致。

2.2 法条分析

2.2.1 美国公司法立法定义

界定分配的本质，是求导出分配与类似行为的区分标准。对公司分配作出统一界定的立法当然不限于美国，只是本书仅研究美国。上文表明，多数州的公司法上存在分配的定义参考甚至照搬MBCA的现象。加州等少数州的表达则有独到之处。表（1）提炼出各州分配定义的特殊元素。

---

〔1〕 参见 https://codes.findlaw.com/vt/title-11-a-vermont-business-corporations/vt-st-tit-11a-sect-1-40.html，最后访问日期：2021年1月19日。

〔2〕 参见 https://codes.findlaw.com/me/title-13-c-maine-business-corporation-act/me-rev-st-tit-13-c-sect-102.html，最后访问日期：2021年1月19日。

表1　美国各州公司法"分配"定义之特殊性

	特殊元素（参照MBCA）		州名
形式	在MBCA经典的内涵+外延二层结构之外，又拓展出"外延边界"即何种行为不属于分配。		北卡罗来纳；密歇根；爱荷华；科罗拉多；弗吉尼亚
	与MBCA一段式表述不同，法条是分款呈现的，其外延部分更是逐项呈现的。		马里兰；德州；威斯康星；印第安纳；犹他；亚利桑那
内容	内涵	分配的对象还包括董事、高级管理人员	南卡罗来纳
		引入"对价"（without consideration）要素	加州；明尼苏达；北达科他
		不区分宣告（declaration）和支付（payment）	新泽西
	外延	母子公司间财产转移可以构成分配	加州；阿拉斯加
		子公司对母公司股东的支付可以构成分配	加州
		清算甚至部分清算亦可属于分配	佛州；华盛顿；麻省
	负债分配	免除股东债务（forgiveness of indebtedness）归于分配	马里兰
		使用分配债权凭证（a distribution of evidences of indebtedness）一词	威斯康星
		没有将负债式分配列入分配类型	新泽西
		"设置担保的方式"修饰负债式分配	田纳西
		临时性分配（an interim distribution）归入	北达科他
		发放期权（options）、权证（warrants）、优先认购权（rights）不属于分配	佐治亚；德州；宾州
		关联交易不属于分配	宾州；印第安纳

特殊元素（参照 MBCA）		州名
外延	实体交易（entity transactions）不属于分配	宾州
	公司以去世股东的人寿保险金为对价，收购作为遗产的去世股东的股权，不属于分配	弗吉尼亚
	合理的奖金与福利计划不属于分配	印第安纳
	支付薪酬、清偿债务、向股东转移符合公司宗旨的利益，不属于分配（异常规则）	南卡罗来纳

MBCA 采用"内涵+外延"两层结构，多数州的法也是如此。弗吉尼亚州、密歇根州则是采用三层结构，即"内涵+外延+不属于分配的形式"。如前文，本书认为界定内涵是立法的责任。界定外延交由司法、执法去动态发展为好。立法要不要穷尽枚举一切集合元素，要不要列举反例，这些都是次要问题。首先需要讨论的是内涵。

MBCA 分配定义的内涵是：为了股东的利益，依据公司的股份，公司将现金或者其他财产直接或者间接向股东转移，或者向股东负债的行为。此句中，"直接或者间接"是无关紧要的修饰语，"为了股东的利益"属于主观要素，既不必要又很难检验。真正有效的要点有二：

第一，"公司将现金或者其他财产直接或者间接向股东转移，或者向股东负债"（a direct or indirect transfer of money or other property by a corporation to its shareholders）。这是分配的后果要件。分配必然导致积极性财产的权属从公司向股东转移。这里的积极性财产可以是现金、非现金财产、债权。换言之，分配完成后，公司的资产负债表中的资产一项必定减少；股东个人账户上的资产一项必定增加。可以作为佐证的有两条：其一，MBCA 特别强调转移的标的物不得是公司自身的股票（except its own shares）。公司向股东发放自身股票，通常发生在股票股利场景。股票股利并不导致公司资产的变动，仅是在资产负债表右侧"权益资本"项下，"实收资本"相应增加，"留存收益"相应减少。股票股利同样不会影响个人资产。其二，股份回购属于分配。股份回购看似是一种等价买卖，但公司所回购形成的库存股并不是一种会计意义上的资产。回购的会计分录为贷记现金，借记实收资本。该项特征说明，公司分配是股东出资的完全反向操作，其结果是公司财产向股东的净转移。这把分配同下列行为区分开：（1）公司与股东之间各负给付义务的双务合同；（2）公司与实际控制人、董事、高级管理人员之间的交易。也正因此，分配导致公司净资产下降，潜在威胁到债权人的求偿权利益，对债权人可能具有负外部性。

第二，分配标的物的数量、比例应当依据股份而定（in respect of any of its shares/in relation to shares held by that shareholder）。这是分配的常见特征。它把分配同下列行为区分开：（1）公司对股东的赠与行为；（2）公司对参与经营的股东发放薪酬的行为；（3）公司与股东之间的关联交易。公司分配的数量与比例，取决于股东持有的相应股权。相比之下，赠与取决于公司的意愿；发放薪酬取决于股东提供的工作价值；关联交易则取决于股东提供的对待给付的价值。因此，以上三种行为严格来说都不是分配。不过，按持股比例支付，不宜视为分配的本质要素。理由如下：其一，不完全按照比例分红为公司法所普遍承认。例如中国《公司法》第210条。其二，将构成不必要的立法漏洞。因为公司可以轻易设计出不按比例的支付，进而规避分配限制规则。

比例性特征直接提出了一个问题：非公允关联交易——譬如公司向控股股东输送利益的买卖、担保行为，算不算一种分配？要不要区分关联交易和分配？这实际上是价值判断：一方面，可以算分配。因为，此类交易会导致公司利益、价值向股东净转移，也符合分配的本质。另一方面，也可以不纳入分配，而单独成为一种类型。这取决于存不存在关联交易、欺诈性转移等相关规则。

中国事实上持区分论。不过学者很少讨论。这可能是因为：第一，非公允关联交易从来都是由独立的议题所覆盖、由自成体系的规则所规制, 因此将该交易与分配相关联的机会有限; 第二, 公司分配规则与学说薄弱, 没有产生足够的辐射力, 与非公允关联交易建立联系。

国外对此也有讨论, 且观点不一。英国一系列案件中, 法官就曾有将非公允关联交易认定为非法分配的结论。而英国目前的学说似乎又将其认定为有别于分配的独立行为。[1]新西兰学者Christopher I. Haynes 认为对分配宜采宽泛解释。其指出, 例如, 公司向控股股东输送资产或者利润, 会对少数股东或债权人造成损害。又如, 公司向股东支付工资时, 假如该工资远高于市场工资, 则该支付应接受分配测试的检验。[2]

本书认为: 在应用角度, 都可以, 无关紧要。概念并不重要, 是否有其他制度的配合, 以及司法裁判技术如何才重要。在学理上, 区分论的逻辑更周延一些。非法分配的行为本质是公司内部人(主要是股东)作为整体, 抢先分配公司经营成果。其损害的是外部债权投资人的优先性利益, 包括有能力对公司施加影响的自愿债权人。非公允关联交易的本质是公司的控制权人(不只是股东)滥用控制权, 从公司向己方实施利益输送。该行为损害的是全体非控制性利益相关人的利益, 包括非控制股东。因此, 两种行为属于交集较大的交叉关系(见图1), 由不同制度分别规制更合乎逻辑。

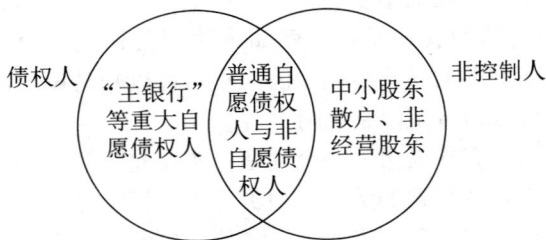

图1 非法分配与非公允关联交易受害人的关系

---

[1] See Eva Micheler, "Disguised Returns of Capital: an Arm's Length Approach", *The Cambridge Law Journal*, Vol. 69, No. 1, 2010, pp. 184-185.

[2] See Christopher I. Haynes, "The Solvency Test: A New Era in Directorial Responsibility", *Auckland University Law Review*, Vol. 8, No. 1, 1996, pp. 126-141.

2.2.2 美国税法判例之定义

美国法律报告《在所得税法的规定中，哪些收益应被视为股息》，从税法的角度探索股息的本质。[1]1913 年美国《联邦税收法案》§201（a）对"股息"的定义是：公司从其收益或利润中向其股东支付的任何款项，无论是现金还是其他财产。美国税法之所以关心股息的判定问题，不仅仅是因为上述 §201（a）的规定过于模糊，而是因为股息和公司清算中分配的财产，具有不同的税收后果。大体的要点有两处：

第一，派息和清算的税后待遇不同。如果构成清算或者部分清算，则免除缴纳所得税。相比之下，如果构成股息分配则应当缴纳所得税。因此，一笔支付到底是应税的股息还是免税的清算，是大量案例研判的对象。

第二，股息和资本收益（capital gains）[2]的税收待遇不同。美国国内公司股东收到的股息，将作为普通收入纳税，税率最高为21%。股东持有股票长达一定时间的，可以享受税收优惠。相比之下，如果股东所得构成资本收益，则按照一定的优惠税率纳税。所谓资本收益，指股东收到的分配，超过股东在分配公司的收入和利润（earnings and profits，E&P）[3]中的可分配份额，减少了股票的税基，进而构成出售或交换股票的收益。因此，判例也关注股息与资本收益的区分。[4]不过文献显示，区分股息所得税和资本红利税

---

〔1〕 See American Law Reports, 56 A. L. R. 383, What gains are to be treated as "dividends" within provisions of the income tax law, https://1-next-westlaw-com. s12133. top/Document/If9b99a9251b211dab3d1d25abba8d601/View/FullText. html，最后访问日期：2021 年 1 月 17 日。

〔2〕 据《元照英美法词典》解释，资本利得（capital gains）又称资本收益，指资产在出售或交易时获取的利润，即资产的成本价或购买价与再出售或交易价之间的差额。

〔3〕 E&P 为美国税法术语。据《元照英美法词典》，其指法人纳税人用以分配股息、红利给其股东的经济能力。

〔4〕 See Jeffrey T. Sheffield, "Whose Earnings and Profits? What Dividend? A Discussion Based on the Dr Pepper-Keurig Transaction", *The Tax Lawyer*, Vol. 73, No. 2, 2020, pp. 305-306.

不一定是同行的税收政策，可能只是美国特色。例如，在加拿大，其税收制度试图确保以红利形式分配给股东的资金，承担与资本收益相同的公司和个人所得税。[1]

诚然，区分一项公司行为构成免税清算还是课税分配，构成轻税资本收益还是重税股息，当然是税法问题，与本处无关。但是，税法在研究该问题过程中对股息的界定，则与此处有关，甚至关乎核心问题。特将相关判例规则全文析出、整理、评析如下。

表2　美国税法判例中股息认定的一般原则

主题一　认定股息的一般原则	
经济本质原则	1. 如果一项交易就特征而言明确构成股息，则该交易的派息本质，不因使用了含有歧义的术语或措辞而改变。Waggaman v. Helvering，（App. D. C. 1935）。
	2. 公司在其盈利或利润中向其股东进行的任何分配都构成股息。公司正式宣布股息，并不是认定的必要条件。Helvering v. Gordon，（C. C. A. 8th Cir. 1937）。
	3. 在认定公司对担保股票（guaranteed stock）[2]所支付的担保红利，本质上是股息还是对担保股票支付的利息，进而是否应当课以所得税，应当考虑股票的性质、派息条件以及相关权利，而不是各方用来描述股东权益的名称。Helvering v. Richmond，F. & P. R. Co.，（C. C. A. 4th Cir. 1937）。
	4. 无论从当期收益还是从累积盈余中支付，股息都要缴纳所得税。至于会计是否将之称作储备金，不重要。Fidelity‐Bankers Trust Co. v. McCanless，（1944）。
	5. 法院在征税的判断上，应以交易的实质而非形式为准，不应过分考虑产权形态的技术细节而偏离现实。Wodehouse v. C. I. R.，（C. C. A. 4th Cir. 1948）。
	6. 尽管被标注为费用或其他项目，公司依据合同向股东支付的款项，可能构成股息分配。Ingle Coal Corp. v. C. I. R.，（7th Cir. 1949）。

---

〔1〕 See Gulraze Wakil, Howard Nemiroff, "Dividend Taxation and Stock Returns: Time‐Series Analysis of Canada and Comparison with the United States," *Canadian Tax Journal*, Vol. 65, No. 1, 2017, pp. 1-36.

〔2〕 据《元照英美法词典》，担保股票指由某公司（通常是母公司）而非发行人保证支付红利的股票。

续表

主题一　认定股息的一般原则

| | 7. 确定公司的分配是否属于应税股息时，法院考虑交易的实质。原则上，对公司当前利润的分配，是股东的应税收入。但该原则不包括股票的简单升值，无论是由回购协议还是公司繁荣所造成的。Sanders v. Fox，（10th Cir. 1958）.
8. 如果某种情况下，公司对股东的分配基本上等同于股息，则属于应税收入。Stolz v. C. I. R.，（5th Cir. 1959）.
9. 尽管公司没有遵守宣布股息的法定程式，但其收益依然可以构成应税股息。Whitfield v. C. I. R.，（5th Cir. 1962）.
10. 纳税人收到的票据被称为债券。但是，这在认定票据是否构成应税股息方面，不具有决定意义。Fellinger v. U. S.，（N. D. Ohio 1964）.
11. 判断一项交易是否构成应税股息，要看其实质而非形式。Inc. v. C. I. R.，（6th Cir. 1965）.
12. 原则上，公司使用累积收益或利润向股东实施的财产分配，一律构成应税股息。公司是否正式宣布分配股息则无关紧要。Hardin v. U. S.，（5th Cir. 1972）.
13. 在认定是否属于公司经营收缩（corporate contraction），从而符合"部分清算"时，"公司没有宣布分红"之事实是参考性而非决定性的因素。Perma-Rock Products, Inc. v. U. S.，（D. Md. 1973）. |
| 现实效果原则 | 1. 认定分配的性质是否属于纳税的股息分配，取决于分配的现实效果，而不是主观动机。Flanagan v. Helvering，（App. D. C. 1940）.
2. 公司及其管理层、董事会没有为所得税目的而分配公司资产，则分配是否构成股息，取决于具体交易的情况。Waldheim v. C. I. R.，（7th Cir. 1957）.
3. 一项涉及股票注销的交易，是否形成应税股息，关键看的是此项交易的实际后果，而不是其发起的意图。Erickson v. U. S.，（S. D. Ill. 1960）.
4. 在判断一项股票回赎是否等价于应税股息时，交易的商业目的是不相关的。Adams v. C. I. R.，（8th Cir. 1979）.
5. 美国《税法典》意义上的股息，不要求是公司正式宣布的，甚至不要求公司有宣布的意图。只要是公司为股东个人利益所作的支出，或者股东为个人利益而使用公司拥有的便利条件（facilities），都可能被认定为股息。Ireland v. U. S.，（5th Cir. 1980）. |

续表

主题一　认定股息的一般原则	
事实原则	1. 某项公司交易是否在本质上等同于分配应税股息，主要是一个事实问题。U. S. v. Fewell，（5th Cir. 1958）。 2. 在所得税意义上，公司分配是否具有分配股息的法律后果，取决于围绕分配的所有事实和情况。Ross v. U. S.，（1959）。

　　一般原则可以归纳为三项。（1）经济本质原则。公司的某一行为或者交易，以何种名义实施并不重要，关键要看其经济本质，即公司从收入或者利润中所作出的分配。所谓名义，一是行为的内容，如发放债券，支付担保红利，储备金变动，股票注销等；二是行为的方式，如公司并没有遵从派息的程式，正式宣布发放股息。（2）现实效果原则。决定公司行为是否属于派息的，是行为的现实效果而非其主观意图、动机。（3）事实判断原则。公司行为是否构成派息本质上是一个事实问题，应结合各项事实作出判断。

表3　美国税法判例中股息判定的利益转移规则

主题二　利益转移规则
1. 如果股东从某次公司利润的分配中获得了经济利益，那么从纳税的角度而言，分配的方式、分配有没有董事会决议、股东是否实际支取了分配标的，这些都是无关紧要的因素。Hash v. C. I. R.，（4th Cir. 1959）。
2. 公司为分配利润，向股东输送利益而不期望回报时，即推定为派发股息。Noble v. C. I. R.，（9th Cir. 1966）。
3. 股东通过转移公司收益和利润而获得的经济利益，应推定为股息而纳税。Sullivan v. U. S.，（8th Cir. 1966）。
4. 认定公司交易是否等同于股息的规则是：该交易是否有从公司向股东转移财产的效果，且不改变股东的相对经济利益或权利。Brown v. U. S.，（S. D. Ohio 1972）。
5. 如果一项财产转移主要是为了股东的利益，而该行为又缺乏足够的、实质性的商业理由，那么就符合了股息定性的主观要件。Sammons v. C. I. R.，（5th Cir. 1972）。
6. 当公司向股东输送经济利益而不期望得到补偿时，就会发生推定股息或者法律上的股息，并发生税收义务。Muhich v. C. I. R.，（7th Cir. 2001）。

续表

主题二　利益转移规则
7. 一家受控外国公司（controlled foreign corporation, CFC）[1]的美国股东，计入其总收入（gross income）的金额，不构成实际的股息。因此，这种金额应作为普通收入纳税，没有资格享受优惠税率。实际的股息需要由公司分配而由股东受领。换言之，有价值财产的所有权必须发生变化。Rodriguez v. C. I. R., (5th Cir. 2013).

利益转移规则，指股息派发的本质是公司向股东输送利益，而没有回报。换言之，财产的产权必须发生从公司向股东的实际转移。该规则也是前述"经济本质原则""现实后果"原则中"本质"和"效果"的进一步展开。由该项重要规则可以得出推论：第一，如果一项公司行为并未导致其价值减损或者产权减少，则该行为必定不是派息。第二，如果一项公司行为并未导致股东利益增加，则该行为必定不是派息。

表 4　美国税法判例中股息判定的派息与清算区分规则

	主题三　派息与清算之区分
基本规则	1. 在税收意义上，公司的解散或清算股息与普通股息之间存在区别。因为在清算股息中，股东收到的是自己财产的回报；而在普通股息中，股东收到的是公司利润或收入的回报。Lynch v. State Bd. Of Assessment and Review, (1940). 2. 虽然会计分录不是决定性因素，但在认定是部分清算中的分配还是应税股息时，还是应当加以考虑。Rheinstrom v. Conner, (C. C. A. 6th Cir. 1942). 3. 公司向股东支付的现金，其性质是不应作为股东收入征税的资本分配，还是应税的利润分配，应当从公司而非股东角度进行判断。Commissioner of Corporations and Taxation v. Church, (1945).

---

　　[1] 据《元照英美法词典》，受控外国公司，指在该外国公司的纳税年度任何一日，其有表决权股票的50%以上或占股票总价值5%以上的股票为美国股东所持有的任何外国公司。此处的美国股东是指持有该外国公司各类有表决权股票10%或以上的美国人。持股方式可以是直接、间接或推定的。

主题三　派息与清算之区分	
	4. 公司执行清算计划的实际消耗时间，是确定某次分配是属于美国《税法典》意义上的公司部分清算分配，还是所得税意义上的普通股息的一个考虑因素。但是，时长因素没有一定之规，特别是计划包括一系列分配的情况下。Maguire v. C. I. R. ，（7th Cir. 1955）。
构成派息	1. 一家公司从公司的资本盈余中宣布的股息，并不构成公司的完全清算。只有当股息是完全回赎股息的一系列分配之一时，才构成部分清算。Tate v. Commissioner of Internal Revenue，（C. C. A. 8th Cir. 1938）。 2. 国家银行经货币监理署批准，将资本减半，并将股票面值从100美元减少到50美元，减值部分按比例分配给普通股东。银行多年来积累了足够的收益和利润来支付该分配。因此，分配不是税法意义上的部分清算（partial liquidation）。Dunton v. Clauson，（D. Me. 1946）。 3. 当资本需求减少时，公司降低了股票的面值，并将减少的金额转入盈余账户。公司继续经营，并在随后几年从盈余中对股东进行分配。此种分配不构成部分清算，构成应纳税的股息分配。Sheehan v. Dana，（C. C. A. 8th Cir. 1947）。 4. 如果股利拖欠证明是针对一定期限内未支付的股利，支付款仅限于可合法宣告股利的盈余，且不具有终结公司业务或解散公司的目的，则分配属于按普通所得纳税的股息，不是资本利得。Appleman v. U. S. ，（S. D. N. Y. 1959）。 5. 所得税法规定的股息，不适用于公司的善意清算。依据该法，股息包括解散时分配的公司资产中，实际属于收益分配之部分。Oxford v. Carter，（1961）。 6. 就所得税而言，公司已赚取的盈余不应视为资本，而应在其以股息方式分配时作为收入征税。Gallagher v. Butler，（1964）。 7. 在税收意义上，除非通过真正意义上的公司流动资产的收缩来完成，否则回购股份并不构成公司的部分缩减（constriction）或清算。McCarthy v. Conley，（D. Conn. 1964）。

主题三　派息与清算之区分	
构成清算	1. 公司收益的分配，不一定要在公司完全清算（complete liquidation）[1] 的情况下，才能免于作为普通股息而征税。Commissioner of Internal Revenue v. Babson，（C. C. A. 7th Cir. 1934）。 2. 1922 年，公司善意地发行优先股，将累积的收益资本化。1930 年因业务持续下滑而收回部分发行的股票。税务上诉委员会认为，股东收到的金额是部分清算的分配，而不是应税股息。Commissioner of Internal Revenue v. Cordingley，（1935）。 3. 有大量证据支持税务上诉委员会的结论，即公司对其股东的分配不是在正常经营过程中进行的，而是在公司部分清算、完全注销并赎回其所有股票时进行的。因此，这种分配不是股息。Holmby Corporation v. Commissioner of Internal Revenue，（C. C. A. 9th Cir. 1936）。 4. 在所得税意义上，公司解散并将公司资产转让给由原股东设立的合伙企业，属于一种清算股息形式的分配。Apt v. Birmingham，（N. D. Iowa 1950）。

区分公司日常经营过程中的分配与公司清算时的剩余财产分配，在税法上有显著意义，在公司法上可能意义不大。不过借助这一区分，依然有利于加深对股息分配的认识。本书认为，最重要的规则由 1940 年的 Lynch v. State Bd. Of Assessment and Review 一案提出：清算的本质是股东收到自己投入之财产的回报；派息的本质是股东收到公司利润或者收入的回报。具体而言：其一，可能构成派息的行为类型有：（1）减少面值并分配给股东（实质减资），且减资额小于公司盈余。（2）减少面值并增加盈余，几年后分配该盈余。(3) 不具有解散公司目的之分配。(4) 解散时分配公司的资产中，属于收益分配的部分。（5）以公司赚取的盈余实施分配。其

---

〔1〕　完全清算（complete liquidation）与部分清算（partial liquidation）的概念相对。据《元照英美法词典》，所谓部分清算指公司将部分资产（通常是按比例）分配给股东，而公司以资产规模缩减的形式继续经营。部分清算属于对超过公司盈利以外的现金或财产的分配。宋雷主编的《英汉法律用语大辞典》对该词的解释是：只对部分资产进行的清算。前者的参考价值更大。

二，可能构成清算的行为类型有：（1）超出公司盈余的部分清算。（2）业务持续下滑时收回部分股票。（3）公司在非正常经营过程中收回股票并注销。（4）公司注销并将资产转让给原股东设立的合伙企业。

区分判断的难点显然在于"部分清算"。因为完全清算伴随着公司的注销，这与公司派发股息存在显著区别，无需特别区分。《元照英美法词典》对部分清算（partial liquidation）的解释是：公司以向股东（通常按比例）分配部分资产的形式，缩减规模而继续经营，属于对超出公司盈利以外的财产的分配。该概念类似于实质减资。但是，似乎不是所有的实质减资都构成部分清算。Dunton v. Clauson（1946）、Sheehan v. Dana（1947）表明，尽管公司在分配的同时减少了资本，即降低了面值，但由于公司的分配额低于公司盈余，因此依然属于股息的分配。

换言之，美国判例把"重实质不重形式"的原则贯彻到底。实际的判断标准似乎与公司盈余挂钩，即目前的盈余是否足以支付分配额度。第一，形式上是部分清算，但是由于公司的盈余足以覆盖部分清算的支配数额，那也不构成税法上的清算而是派息［Dunton v. Clauson（1946）、Sheehan v. Dana（1947）］；第二，形式上是完全清算，公司毫无疑问就是以停止营业、解散、注销股票为目的，但是由于公司此时存在盈余，那么在该盈余的范围内依然算是股息分配［Oxford v. Carter，（1961）］。这样的效果当然是大大扩展了股息的范围。但其原因不详。

表 5　美国税法判例中股息判定的特殊证券问题

主题四　特殊证券投资回报的性质
1. 水果公司 A 设立了一家公司 B，用以收购其竞争对手的业务。B 公司向竞争对手发行优先股，股息每年 5%，则 B 公司赎回优先股支付的金额不属于股息。Commissioner of Internal Revenue v. Palmer，Stacy Merrill，（C. C. A. 9th Cir. 1940）. 2. 公司根据再融资计划向原累积优先股持有人发行无期限债券（nonmaturing debentures），规定 7% 的累积利息只能从利润中支付，直到本

主题四　特殊证券投资回报的性质
金偿付完毕或债券被赎回。在用于支付该债权利息的盈余累积 2 年之前，不允许支付普通股息。该债券优于银行债权。对此所支付的款项实质上是股息，而不是具有所得税扣除之法律意义上的日常必要的业务支出。Commissioner of Internal Revenue v. Schmoll Fils Associated，（C. C. A. 2d Cir. 1940）。 3. 假如证据表明，赎回优先股是作为储备金和累积收益在股东之间的分配，而不是满足商业需要，则赎回优先股基本等同于应税股息。De Nobili Cigar Co. v. Commissioner of Internal Revenue，（1944）。 4. 所得税法意义上，股息应被解释为其简单、普通和流行的收益或利润的含义。股息包含一人公司所发行的优先股的股息。Roper v. South Carolina Tax Commission，（1957）。 5. 三年期间，公司赎回优先股若干，没有赎回普通股。以公司利润赎回优先股，本质上并不等于股息分配，不视为应税股息。Northup v. U. S.，（2d Cir. 1957）。 6. 三个人决定分割、改善土地并出售地块，为此成立了公司。他们将土地转让给该公司，作为对价获得了有 6% 利息的期票。法庭认为，此项转让的性质是出资而非销售。该期票的性质是优先股。在公司收益和利润的范围内，对其利息的支付构成应税股息。Burr Oaks Corp. v. C. I. R.，（7th Cir. 1966）。 7. 公司以不到 25 000 美元的对价，向外国股东发行有表决权的优先股。该股份表面上有 50% 的表决权，实际没有。优先股的转让受限，董事会可以在提前三个月通知的情况下按面值加红利回赎。该公司净资产超过 250 000 美元，年利润超过 225 000 美元。出售该股票应被视为发放股息。Kraus v. C. I. R.，（2d Cir. 1974）。

优先股议题有两个要点。其一，对优先股东的分配，是否属于股息而征税。其结论是肯定的。支持性判例有 Commissioner v. Schmoll（1940）、Roper v. South Carolina Tax Commission（1957）、Burr Oaks Corp. v. C. I. R.（7th Cir. 1966）。其二，回购优先股的对价，是否属于股息应被征税。主要判例持否定结论，但也有例外。支持性判例有 Commissioner v. Palmer（1940）、Northup v. U. S.（2d Cir. 1957）。例外是，De Nobili Cigar Co. v. Commissioner（1944）一案，

法庭认为如果优先股的回购的目的不是公司在商业上的需要，而是分配公司盈余，则该回购属于股息分派。

表6 美国税法判例中股息判定之股份回购问题

主题五 股份回购	
一般规则	1. 依据相关法规，如果公司以此种时机和方式，赎回股票，则对价金额为应税股息。回赎（redemption）的含义不是回购（repurchase），而是包括股东交出的股票并予以注销（retirement）的概念。C. I. R. v. Snite，（7th Cir. 1949）. 2. 注销或者回购公司股票，是否构成应税的股息分配，没有适用于所有案件的通用判断规则，必须根据案件的具体相关情况来决定。Woodworth v. C. I. R.，（6th Cir. 1955）. 3. 要确定股票回购本质上是否构成应税股息，需要对具体情况进行审查，以确定该回购是否具有分配股息的实际效果。Ferro v. C. I. R.，（3d Cir. 1957）. 4. 股票的回购是否等于应税股息，是一个事实问题。Colvin v. U. S.，（S. D. Cal. 1959）. 5. 股票回购是否等同于股息，取决于个案事实。上诉审查的权限，限于下级法院是否应用了正确的标准确定（回购股票是否属于）股息的等价物，以及调查结果是否有实质性的证据支持。决定股票回购的税收后果的，是效果而非动机。Archbold v. U. S.，（D. N. J. 1962），Ballenger v. U. S.，（4th Cir. 1962）. 6. 在认定股票回购之分配形式是否构成股息时，需要考虑公司发放股息的历史。Davis v. U. S.，（W. D. Pa. 1967）.
存疑判例	1.【存疑】在税法意义上，股息包含完全注销或者回购公司股票的一系列分配之一。Tootle v. Commissioner of Internal Revenue，（C. C. A. 8th Cir. 1932）. 2.【存疑】公司向股东分配的方式，是回购部分先前被宣布为股票股利发行在外的普通股。股票股利不等于应税股息。公司为了增加流动资金而宣派股票股利，没有逃税之企图，且增加的资本维持了八年。Glenmore Securities Corporation v. Commissioner of Internal Revenue，（C. C. A. 2d Cir. 1933）. 3.【存疑】依据协议，公司向股东回购股票。由于（1）支付款项是作为收益或利润而非股息支付的；（2）没有其他证据表明可以将

主题五　股份回购	
	该款项视为股息，因此，该款项不是股息。[1] Lord v. Territory of Hawaii，（C. C. A. 9th Cir. 1935）. 4.【存疑】A 公司为甲全资拥有的一人公司。甲将其遗赠给兄弟乙。则公司回购乙的股票，构成股息分配。因为：（1）此时，乙作为公司的唯一股东，与公司的基本法律关系在事实上没有因回购而改变；（2）回购前的几年里，公司收益可观，但没有支付任何股息。C. I. R. v. Roberts，（4th Cir. 1953）. 5.【存疑】部分家族公司的股东实施退股（withdrawals），账簿上被记录为对股东的借款。退股款与股权比例不成正比，也不是所有股东都参与其中。此种提款尽管缺乏宣布股息的手续，但并不妨碍认定其为股息。U. S. v. E. Regens-burg & Sons，（2d Cir. 1955）
股东收益	1. 甲从乙处购得若干优先股。这些优先股最初是作为股票股利获得的。法庭认为，公司回购甲的优先股，并不等于分配股息。但是，甲从回购中获得的收益，与他购买优先股支付的金额之间的差额，构成应税收入。Parker v. U S，（C. C. A. 7th Cir. 1937）. 2. 股东拥有流通股的 50%。后，股东以现金和票据购买了另外的 50%。后，股东又将其新取得的股票权益转让给公司。则，公司用盈余支付下一期到期票据是否应税，取决于股东实际上是否从公司获得股息，而不取决于股东在公司最终清算时是否实现投资利润。Wall v. U. S.，（C. C. A. 4th Cir. 1947）.
公司盈亏	1. 公司有三个股东。1932 年 9 月，股东们交出了普通股，获得了优先股。此后，每位股东以每股 1 美元的价格购买了相同数量的普通股。1933 年，公司回购了所有流通的优先股。考虑到（1）回购时公司盈余是优先股面值的 5 倍；（2）回购当年的公司收益，是回购所支付金额的 3 倍以上。因此，股东从优先股退市所获得的资金是

----

〔1〕　原文：Amount received by stockholder pursuant to agreement reciting that corporation desired to redeem stockholder stock and that stockholder was willing to accept as consideration for the sale of said stock and corporation was willing to pay him for the redemption of said stock sums specified held taxable as a gain or profit and not a dividend, in view of meaning of redeem as to buy back, and other factors evidencing absence of intent that amount paid should be considered a dividend.

主题五　股份回购
应税股息，不是资本投资的回报。Goldstein v. Commissioner of Internal Revenue，（C. C. A. 7th Cir. 1940）。 2. 证据支持税务法院的结论，即在公司没有宣布分红和持续经营亏损的应税年度内，几乎所有股东的退股款（withdrawals）都应作为应税股息。尽管该提款在公司账簿上被记录为提款股东的借项。Regensburg v. Commissioner of Internal Revenue，（1944）。 3. 依据协议，股东将其股票出售给公司，公司在收购（回购）前支付股息。事实上，公司筹集回购款已经耗尽了资金，并没有实际支付股息。股东获得的回购款不构成应税股息。Speier v. U. S.，80（1935）。 4. 有证据支持董事会的结论，即在预期的公司业务改善未能实现后而实施的股票回购，不等同于应税股息的分配。Commissioner of Internal Revenue v. Champion，（C. C. A. 6th Cir. 1935）。 5. 【特殊减资】公司进行现金分配的金额，超过了 1913 年 3 月以后未分配利润的 3 倍，注销了 500 股股票，并据此适当地借记资本账户。因此，根据税收法案，这不能被认为是一种利润分配，从而免除部分后续股息的税收，因为这部分股息可以追溯到 1913 年以前的积累利润。Foster v. U. S.，（1938）。 6. 税务法院认为，公司向股东购买其持有的部分股份，相当于分配应税股息。公司从未支付过现金股息，没有表现出任何收缩或清算的政策意图，分配的倡议来自多数股东，而且公司有大量的盈余。类似于支付股息，盈余会因为回购而减少。Boyle v. C. I. R.，（3d Cir. 1951）。 7. 原告持有公司全部股份。后，原告将部分股份卖给合伙企业。后，原告将剩余股份出售给公司，回购价格相当于公司的盈余。此举令合伙人无需购买公司的盈余并承担税务责任。依据法规，此次回购所得构成应税股息。Zenz v. Quinlivan，（N. D. Ohio 1952）。 8. 股东将持有的 900 股股票中的 260 股回售给公司，获得现金。税务法院有理由认定，此时股东收到的价款是应税股息。法规规定，如果公司注销或回购其股票，且在此过程中的分配实质等同于应纳税股息的分配，则在回购或回购股票时所分配的金额，在其代表收益或利润分配的范围内，被视为应税股息。Television Industries, Inc. v. C. I. R.，（2d Cir. 1960）。

续表

主题五　股份回购	
商业目的	1. 为增加资本，公司在 1914 年、1920 年和 1923 年宣布了股票红利。后，公司业务减少，资本需求降低，在 1935 年、1936 年通过减少股票面值，从资本中支付了股息（实质减资）。这不属于应税股息。Dana v. Sheehan,（E. D. Mo. 1946）. 2. 如下理论业已被推翻，即如果公司以善意目的而回购股份，则注销或回购股份时对累积收益的分配，决不能在本质上等同于股息的支付。Kirschenbaum v. C. I. R.,（C. C. A. 2d Cir. 1946）. 3. 注销或回购股票是否构成股息，进而是否征税，判断标准是其是否产生股息的实际效果，而不是公司或者股东的动机和计划。Bazley v. C. I. R.,（C. C. A. 3d Cir. 1946）. 4. 公司回购股份并自己持有，目的是将其转售给总经理与其他股东，而不是为了分配公司收益。该回购的法律性质是销售，而不是美国《税法典》意义上的应税股息的分派。Smith v. U. S.,（1955）. 5. 公司回购和注销其 2400 股流通股中的 800 股，支付 8000 美元，按比例分配给公司的三个股东。此外，此项回购只是交易的步骤之一。股东清算其部分权益，以引入新的股东和管理层。法庭认定：三个股东获得的回购对价款不属于股息，可以享受资本收益的待遇。Bains v. U. S.,（1961）. 6. 甲、乙是兄弟，同时持有 A 公司以及 B 公司的股份。甲是 A 公司总裁（president）[1]，乙是 B 公司总裁。由于对公司政策的分歧，甲、乙决定以股份回购的方式，退出各自不是总裁的公司的经营。法庭认定，股票回购不构成应税股息。Ward v. Rountree,（M. D. Tenn. 1961）. 7. 控股公司向其大股东回购部分股票，用以实施员工持股计划，奖励其全资子公司的雇员。则尽管大股东不需要现金，据称也没有参与股票交易的税收动机，但该现金属于应税股息。Estate of Schneider v. C. I. R.,（7th Cir. 1988）.

---

[1] 据《元照英美法词典》对 president 一词的解释，该词所指广泛，可用于指：1. 公司总裁或总经理、大学校长、银行行长等主要负责人或首席管理人员；2. 会议等的主持人或主席；3. 中央或地方政府的行政首长，如总统、主席、州长、总督；4. 议会的议长，法庭的庭长；等等。

主题五　股份回购
回购比例	1. 1927 年，封闭公司按照股权比例，向全体股东回购了总计 1/3 的股票，并支付 10 万美元。此种回购本质上并不构成应税股息。Commissioner of Internal Revenue v. Ahlborn，（C. C. A. 3d Cir. 1935）。 2. 公司有甲乙丙三个股东，三者商议，乙、丙以 24 550 美元的价格退出，其股票注销。则该交易不构成应税股息。Hargleroad v. U. S.，（D. Neb. 1962）。 3. 股东在股份回购中获得的金额应当作为股息纳税，因为股东还保留了对公司实质性的控制权。Humphrey v. U. S.，（D. Kan. 1965）。

　　股份回购在税法上是否构成派息，关键因素有两项，一是派息认定与公司盈亏之关系，二是派息认定与商业目的之关系。虽然判例之间仍有模糊和冲突之处，但大体的规则是：其一，公司收入、利润（准确地说应该是盈余）高于回购支付的价格，则大概率构成派息；否则属于非股息的资本性收入。其二，引入新的投资者、实施股权激励计划、调整现有股东的持股结构等特定商业目的实施的回购，其法律性质如何，不清楚。

　　其一，判例显示，公司回购对价与盈余之间的关系，大概率决定了回购的性质。具体而言，如果公司盈余甚至当年收益足以覆盖回购所支付的金额，则回购大概率属于支付股息。支持性判例有 Goldstein v. Commissioner（1940）、Regensburg v. Commissioner（1944）、Foster v. U. S.（1938）等。反之，如果公司在"持续经营亏损""为筹备回购款已经耗尽了资金""预期的公司业务改善未能实现"条件下实施回购，则大概率不属于支付股息。支持性判决包括 Commissioner v. Champion（1935）、Speier v. U. S.（1935）等。本书认为，判例的措辞未必准确。关键词依然是盈余。判断规则就是盈余与回购款的大小关系。

　　其二，判例显示，如果公司回购明显具有转移公司收入之外的目的，则该回购可能不属于派息，但也不一定。此处，判例规则明显是含糊其词、纠结反复、自相矛盾的。一方面，判例认为，以下情况不属于派息：（1）在公司业务减少、资本需求降低的时候减资

（Dana v. Sheehan，1946）；（2）回购股份用于转让给高管、其他股东、员工等（Estate of Schneider v. C. I. R.，1988；Smith v. U. S.，1955；Bains v. U. S.，1961）；（3）回购股份以调整股权结构（Ward v. Rountree，1961）。另一方面，判例又指出：公司以善意的目的回购股份也可能构成派息（Kirschenbaum v. C. I. R.，1946）；回购是否构成派息要根据实际效果而非动机和计划（Bazley v. C. I. R.，1946）。这样一来，水又被搅浑了。

芝加哥洛约拉大学教授Charles W. Murdock针对回购评论道，从税的角度看，股息的来源应当是收益、利润。因此，股息减少了公司的收入，导致了股东的普通所得税。公司回购的情形更复杂。回购可以产生与分红相同的最终结果。因此，税法承认股份回购实质上等于分红。尽管这在封闭公司中最常见，但美国国税局同样规定，公开公司回购的，如果不改变股东的持股比例，则该行为不构成交换（exchange），同样产生股东普通所得税。但是，如果回购符合下列条件，股东可以享受换股待遇：（1）此项交易与分红存在实质性差异；（2）回购导致股东的持股比例改变；（3）回购终止了股东在公司中的所有权益；（4）回购构成部分清算（a partial liquidation）。从税收角度看，如果公司按照交易所要求回购，则公司收益会按照"回购股份数量/回购前股份数量"的比例减少。从会计角度看，回购的股份将被注销或成为库存股。如果成为库存股，则收购的成本将表现为资产负债表上所有者权益的减少。如果被注销，则将用各种方法确定哪种资本账户会减少。其复杂性超出了此处的问题。

表7　美国税法判例中股息判定之股息与盈余问题

主题六　股息与盈余（利润、收益）、现金、净资产、费用		
股息与盈余	重要规则	1. 税法上的应税股息，仅仅指的是作为股东，从公司收益中获得的收入。Curran v. Commissioner of Internal Revenue，（C. C. A. 8th Cir. 1931）。 2. 公司的累积收益和利润构成应税红利的前提是，其等于或超过在某年度的分配金额。如果公司有足够的盈利和利润，则

主题六　股息与盈余（利润、收益）、现金、净资产、费用		
股息与盈余	重要规则	对股东的任何分配将被视为来自盈利，而不是来自资本资产（capital assets）。Jones v. Dawson，（C. C. A. 10th Cir. 1945）。 3. 股息本质上涉及将公司的收益或利润分配给股东。此外，公司必须（1）存在可用的收益或利润；（2）分配收益或利润；（3）减少盈余。Collins v. U. S.，（D. Mass. 1961）。 4. 税法规定，实际上公司从收益和利润中，按照股票（比例）给股东的每一笔分配，都构成股息。Nickerson Lumber Co. v. U. S.，（D. Mass. 1963）。 5. 公司从盈利和利润中，依照股份对股东所做的分配，应作为股息而纳税。Virginia Nat. Bank v. U. S.，（4th Cir. 1971）。 6. 公司从收益和利润中向其股东分配的任何财产，都是美国《税法典》条款所定义的股息。Walker v. C. I. R.，（9th Cir. 1976）。 7. 从所得税角度，向股东付款或为股东利益付款并不是认定的唯一要素。股息必须是公司收益和利润的分配。因此，不减少公司净资产的等价交换不是股息。Citizens Bank & Trust Co. v. U. S.，（1978）。 8. 公司依据股份对股东的财产分配，是以公司当前和累积的盈利和利润为限的股息，股东须将其列入总收入。Baumer v. U. S.，（5th Cir. 1978）。 9. 公司在其盈利和利润范围内对其股东的任何分配都属于股息，除非属于特定的法定例外情况之一。Dolese v. U. S.，（10th Cir. 1979）。 10. 股息一词是指公司从其 1913 年 2 月 28 日之后积累的收益和利润中，或从其应税年度的收益和利润中，向其股东进行的任何财产分配。Hagaman v. C. I. R.，（6th Cir. 1992）。
	次要规则	1. 记入股东账户并无条件按照股东的要求发放的公司收益，是应税股息。Hadley v. Commissioner of Internal Revenue，（App. D. C. 1929）。 2. 公司在 1917 年支付的股息应予征税，但以前一年的利润分配后，本年度剩余的未分配利润金额为限。Hoffman v. U. S.，（1931）。 3. 源于盈利和利润的对股东的分配，应作为股息纳税。Untermyer

续表

主题六 股息与盈余（利润、收益）、现金、净资产、费用	
	v. Commissioner of Internal Revenue，（C. C. A. 2d Cir. 1932）。
4. 公司基于 1913 年 3 月 1 日之前累计的利润和盈余，宣布和向股东支付的股息，构成股东的收入，而非税收意义上的资本。Helvering v. Canfield，（1934）。
5. 尽管部分分配来源于出售子公司资产的收益，但公司自 1913 年 2 月 1 日以来积累的利润超过了分配的金额，因此，对股东的分配构成应税股息。Baker v. Commissioner of Internal Revenue，（C. C. A. 2d Cir. 1936）。
6. 所得税意义上的股息，指公司从收益或利润中向其股东作出的任何分配。该词是在普通意义上使用的，并不包括从公司成本耗损和折旧储备中作出的分配。这些分配由法律另作处理。Commissioner of Internal Revenue v. McKinney，（C. C. A. 10thCir. 1937）。
7. 收益或利润一词，是在税收法对股息的定义一节中，用来区分盈余分配和资本分配。它们具有通用的、自然的、简单的、普通的和普遍理解的含义。它们通常被理解为公司扣除从本州公司取得的股息数额的权利。Commissioner of Internal Revenue v. F. J. Young Corporation，（C. C. A. 3d Cir. 1939）。
8. 《无形资产所得税法》（Intangible Assets Income Tax Act）规定，居民个人应就其获得的所有股息形式的净收入纳税，包括公司从盈余中的任何分配，除非分配是为了赎回股票并取消。Cobb v. Galloway，（1941）。
9. 在所得税意义上，股息通常指公司从其 1913 年 2 月 28 日之后积累的收益或利润中，向其股东作出的任何分配。它被推定为在宣布时已经赚取。C. I. R. v. Cohen，（C. C. A. 5th Cir. 1941）。
10. 如果分配给股东的现金，来自 1913 年 2 月 28 日之后积累的收益或利润，则分配应被视为应税股息。Wilcox v. Commissioner of Internal Revenue，（C. C. A. 9th Cir. 1943）。
11. 公司从其普通股的收益和利润中派发一定数额的股票股利，并且通过减少股票的面值，增加资本盈余账户。则这些股票股利应作为从收益中支付的普通股息而纳税，不能被视为不纳税的资本回报。（存疑，真金白银没变）Long v. C. I. R.，（C. C. A. 6th Cir. 1946）。
12. 铁路公司进行了重组，消灭了公司的赤字，并从随后的收

主题六 股息与盈余（利润、收益）、现金、净资产、费用		
		益中，支付了股息。该股息应当纳税，股东无权要求将其作为资本回报处理。Bauman v. U. S. ，（E. D. Mo. 1952）.
股息与其他		1. 张三拥有公司 50 股流通股中的 48 股。后，张三将其中 46 股转让给其儿子，但仅以后者作为名义持股人。后，公司为 48 股股票支付了 93 782.50 美元，而当时公司的盈余为 93 790.90 美元。张三承认，他对其子名下的 46 股股票没有所有权。公司的付款构成其子的推定的应税股息。Zipp v. C. I. R. ，（6th Cir. 1958）. 2. 税务法院在认定公司法所使用的收益和利润，以及定义股息一词时，只需考察该项目是否属于可以用于派息的公司盈余。法院没有义务必需适用与公司会计实践相同的标准，也没有义务适用确认应税收入时的会计实践标准。Clark v. C. I. R. ，（9th Cir. 1959）. 3. 股东通过转移、转换公司收益和利润获得的收入可作为推定股息而征税。家族企业将未报告的收入转移给股东。这种转移应推定为股息，并作为股东的普通收入征税，但以法规规定的公司收益可用于支付股息为限。如果分配的不是股息，分配将被视为以股票成本为限的资本回报，如果有多余部分，则视为资本收益。Sachs v. C. I. R. ，（8th Cir. 1960）. 4. 公司从资本盈余（paid-in surplus）中实施分配，如果该资本盈余来源于公司的利润，则应作为股息征税。U. S. v. Kauffmann，（C. C. A. 9th Cir. 1933）. 5. 公司的现金状况并不是决定股息性质的决定性因素。现金余额有时可能低于账面上的股息金额，但这一事实本身并不能确定该金额不能提供给股东，且因此不能作为股息纳税。Baker v. U. S. ，（1937）. 6. 公司招待客户的费用，即使不能作为正常的业务费用予以扣除，也不得作为应税股息对待。因为该费用没有令纳税人直接或者间接受益。McAdams v. U. S. ，（M. D. Tenn. 1971）. 7. 回赎获得的对价，是由股东的全资子公司代为受领的。这不影响该回赎构成股息分派的性质。Gray v. C. I. R. ，（9th Cir. 1977）.

税法上对股息的判定，核心依据其实是公司的营业盈余。股息

的形式可以千变万化，但本质是对公司营业盈余的分配。当然，由于盈余并不是一块在物理空间上独立的资产，因此并不存在"用盈余来分配"这种操作。变动仅仅体现在会计账面上，故应当像 Collins v. U. S. （1961）那样，表述为：盈余必定随着派息而减少。至于现金、费用等，与判断股息无关。资本盈余的分配，要看是否间接来源于营业盈余。多数判例并不使用营业盈余，而是使用收入、收益、利润。精确而言，几个单词含义是不同的。有些判例的混用，可能因为（1）个案中原被告混用；（2）公司法早期并不严格区分这些术语。

目前，盈余、利润、净利润等概念已经界定清楚。盈余（surplus）指净资产超出其资本的部分。营业盈余是其中的一部分，指经公司盈利而形成的盈余。利润（profit）常用作指投资、企业或交易所获得的物质或金钱上的利益或收获。[1]利润项下，有毛利润、净利润。毛利润（gross profit）指销售收入和所售商品成本的差额，未扣减销售费用和所得税。[2]净利润（net profit）指扣除所有费用之后的利润。毛利润、营业利润、净利润的关系是：销售收入–生产成本＝毛利润；毛利润–经营费用＝营业利润；营业利润–所得税＝净利润。[3]

事实上，判例之所以不使用盈余，而使用利润、收益这样的表述，是因为美国《税法典》§301（a）和（c）规定，公司向股东分配的财产是股息，但须从分配公司的收入和利润（earnings and profits，E&P）中支付。但是，美国《税法典》对什么是"收入"和"利润"，却也没有明确界定。有学者将其解释为：一家公司的"收入和利润"包括在分配的纳税年度之前若干年积累的收入和利润，以及在分配的纳税年度赚取的当前的收入和利润。股息将首先从当前的 E&P 中考虑，再从累计的 E&P 中考虑。[4]本书认为，这种思

[1] 参见宋雷：《法律术语翻译要略》，中国政法大学出版社 2011 年版，第 69 页。
[2] 参见薛波主编：《元照英美法词典》，北京大学出版社 2014 年版，第 615 页。
[3] 参见薛波主编：《元照英美法词典》，北京大学出版社 2014 年版，第 959 页。
[4] See Jeffrey T. Sheffield, "Whose Earnings and Profits? What Dividend? A Discussion Based on the Dr Pepper–Keurig Transaction", *The Tax Lawyer*, Vol 73, No. 2, 2020, pp. 307–308.

路固然不错，但使用盈余和当年净利润这样的概念，可能更清晰。

表8　美国税法判例中股息判定之对"外部人"的支付

主题七　公司向股东以外的人支付之法律性质
1. 在公司解散前，公司向其总裁善意支付了一笔款项。该笔支付被认定为清算股息，而非普通的应税股息。Burnett v. U. S.，（1932）.
2.【存疑】公司向其董事分配的公司普通股股份的股息金额，应作为普通股息收入而不是长期资本收益向董事征税。
3.【存疑】麻省具有偿付能力的公司，出售商品获得的支票，由公司高级管理人员和该公司至少75%的股东存入其个人账户，则联邦税务机关可以适当地将其视为推定红利。高管必须将其作为个人收入报表中总收入的一部分。Currier v. U. S.，（C. C. A. 1st Cir. 1948）.
4. 支付给公司已故总裁的遗孀的款项，是对逝者对公司做出巨大贡献的部分认可与额外补偿，不属于股息。Bounds v. U. S.，（D. Md. 1957）.
5. 公司有权向重要雇员的遗孀赠送礼物。仅凭遗孀是股东这一事实，并不导致其收到的礼物属于应税股息。U. S. v. Bankston，（6th Cir. 1958）.
6. 护理人员为公司的主要高管提供一系列服务，包括肩颈按摩、服药、驾驶汽车、安排会晤、次要的秘书工作等。公司为此向护理人员支付的费用，不能作为普通和必要的业务费用，应作为股东的股息收入来处理。Cummins Diesel Sales of Or.，Inc. v. U. S.，（D. Or. 1962）.
7.【存疑】证据支持税务法院的结论，即总裁从酒店公司提取的大量资金，并在账面上以借款形式记录，实际上是股息分配，而不是借款。因为在年末，总裁从银行贷款来偿还借款。但在年末后却直接从酒店提取资金，偿还真正的银行贷款。Atlanta Biltmore Hotel Corp. v. C. I. R.，（5th Cir. 1965）.

公司向股东以外的人支付财产的行为，公司法和税法对其定性有所不同。公司法持简明立场：只要一项支付不以股东为最终或者实质受让人，那么该项支付就不构成分红。具体而言，其性质可能是赠与合同行为，可能是薪酬支付行为，可能是债务履行行为。美国税法持不同且内在矛盾的立场。一方面，公司向外部人的单方面支付被认定为股息。例如 Currier v. U. S. (1948)，Atlanta Biltmore Hotel Corp. v. C. I. R. (1965) 的判决思路。另一方面，此种支付也可能不是股息。例证是 Bounds v. U. S. (1957)，U. S. v. Bankston

（1958）。这些判决当然各有道理。但是，在立场冲突的判决之间，本书暂时找不到其差异背后的清晰的、必然的、一以贯之的区分标准。

表9 美国税法判例中股息判定之"公司–股东"交易

主题八 公司与股东的交易	
一般规则	1. 股东向公司提供了一笔资金，此后公司向股东作出偿还。认定此项交易究竟属于债权–债务关系，还是出资–股息关系，需要就具体案件进行分析。J. S. Biritz Const. Co. v. C. I. R. ，（8th Cir. 1967）. 2. 当事人向银行提供预付款。在税法上需要决定的是：预付款属于借贷还是出资，以及银行的偿还属于清偿还是分红。在此问题上，州和联邦的银行当局提供的法律意见，不具有决定性意义。Mixon v. U. S. ，（5th Cir. 1972）.
买卖合同	1.【存疑】公司以低于实际价值的价格，将公司不动产出售给主要股东。该分配不属于应税股息，因为其属于累积收益的分配。[1]Commissioner of Internal Revenue v. Van Vorst，（C. C. A. 9th Cir. 1932）. 2. 一家公司向其股东出售公司资产，且并不导致公司净资产的减少。这不属于应税的股息。Palmer v. Commissioner of Internal Revenue，（1937）. 3. 公司以公平的市场价格向股东出售财产，不是应税的股息收入。但是，财产的分配则是股息。Commissioner of Internal Revenue v. Palmer，（1937）. 4. 如果公司向其股东出售或缔约出售财产，并且财产的公平市场价值明显高于合同价格，则存在公司分配收益的意图，并产生应税股息。Choatev. Commissioner of Internal Revenue，（1942）. 5. 股东与公司签订协议，股东以特定价格向公司出售部分股票。其中公司向股东发放股息，用于折抵部分价格。该部分股息属于公司回购股票的部分付款，不属于应税股息。Levy v. U. S. ，（1946）. 6. 如果公司以大大低于公平市场价值的金额将财产转让给股东，则无论以销售或交换为名义，财产的公平市场价值和实际支付金额之间的差额为应税股息。Shunk v. C. I. R. ，（6th Cir. 1949）.

---

〔1〕 原文：Sale of corporation realty to principal stockholder for less than its actual value held not taxable dividend as distribution of accumulated earnings.

主题八　公司与股东的交易
7. 1947 年，股东在一项换股协议中同意：以其全部股票换取一家新公司特定数额的股票。另约定，假如股票的账面价值超过某个特定数额，则股东将收到额外的现金对价。法院认定，股东在 1951 年收到的此笔现金，属于长期资本收益而不是应税股息。Davis v. U. S., (6th Cir. 1958). 8. 股东将自己的企业出售给公司，并收到公司的一张本票（note）。该本票为见票即付、无担保、无息、无条件、积极、劣后于其他债权。该公司在随后几年支付了本票。该支付不构成派息而是善意的付款，无需缴纳所得税。Taft v. C. I. R., (9th Cir. 1963). 9. 合伙企业的三个合伙人设立了一家资本为 1500 美元的公司，每人支付 500 美元。合伙企业将设备转让给公司，公司向合伙企业支付了 238 150 美元，其中公司向银行贷款 240 000 美元。则设备款不属于推定股息。Murphy Logging Co. v. U. S., (9th Cir. 1967). 10. 当公司以低于公平市场价值的价格将财产出售给股东或其受让人，从而减少公司净值时，除另有规定外，该行为的本质就是在股息的法定范围——即收益或者利润的法定范围内——进行财产分配。C. I. R. v. Gordon, (1968). 11.【存疑】公司由于缺乏资金支付某块林地的税款，无法将该林地作为资产保留，因此将该林地出售给股东。每个股东依据持股比例，获得其中不可分割的权益。则此次销售的收益，作为资本收益归属公司，作为股息收入归属股东。[1] Hines v. U. S., (N. D. Miss. 1972). 12. 张三将住宅物业转让给公司，但是保留使用和控制权。则公司就张三保留权利且目前已在公司账簿上支出的园艺费用，被视为是为了张三的经济利益，构成张三的推定股息收入。Crosby v. U. S., (5th Cir. 1974).

---

〔1〕 原文：Where primary reason for distribution, prior to sale of corporation timberland, of such timberland, which corporation could not afford to keep as an asset because of lack of funds with which to pay taxes on such land, to stockholders as tenants in common, with each stockholder receiving an undivided interest therein and with quantum of each interest being equal to stock interest of each stockholder in corporation, was avoidance of corporate tax and stockholders elected to continue corporation as a going concern, proceeds of sale were attributable to corporation as capital gains and to stockholders as dividend income.

主题八　公司与股东的交易	
借贷合同	1. 相关方愿意对公司贷款，但不愿意投资。公司遂向其发行债券优先股（debenture preference stock），利息 6%，每月至少 1500 美元的价格赎回股票。法庭认定：此累计利息的性质是利息而非股息。Commissioner of Internal Revenue v. Proctor Shop, (C. C. A. 9th Cir. 1936). 2. 公司控股股东借给公司 20 万美元。公司在处理账目时，没有更改应付账款科目，而是减少了资本科目。随后，公司将 20 万美元支付给股东。此时，20 万美元分配是对股东的应税股息，其范围是公司当年的收益或利润，而不是公司对票据债务的支付。Wentworth v. C. I. R., (9th Cir. 1957). 3. 当事人向公司提供了一系列贷款，获得公司的票据（notes）。为了保持公司的营运资本，该票据在公司账簿上记载为捐赠盈余（contributed surplus）。公司会议指出，该票据将在董事会认为合适的情况下偿还。则公司对此"捐赠盈余"的偿还性质上是贷款偿还，不是应税股息。Jennings v. U. S., (7th Cir. 1959).
赠与	【存疑】公司按照约定返还给股东的钱，不属于应税股息。[1] Weaver v. Commissioner of Internal Revenue, (C. C. A. 9th Cir. 1932).
薪酬	1. 合伙人提取的超过其工资的金额，被视为应税股息。Karaghensian v. U. S., (1934). 2. 公司为了提高业务量，规定：每年按客户（同时是公司的股东）提供的业务占公司业务总额的比例，向客户发放一定的金额。法庭认定，返还给客户的金额属于退款而不是股息。Uniform Printing & Supply Co. v. Commissioner of Internal Revenue, (C. C. A. 7th Cir. 1937).
保险	公司的控股股东以公司的全部现金，支付了一张人寿保单，以该控股股东为被保险人。保单的现金价值仅构成公司的银行和商业信贷的流动资产，并且没有其他人从保单中获得任何款项。则支付保单的金额不构成公司对该控股股东的股息分配。Lewis v. O´Malley, (C. C. A. 8th Cir. 1944).

---

　〔1〕　原文：Money returned to stockholders by corporation as agreed held not taxable as income.

主题八　公司与股东的交易	
租赁	某公司生产碳酸气体，并将其装在钢瓶中出售给客户。从 1911 年~1941 年公司解散，该公司一直租用其唯一股东的钢瓶。（1918 年除外，该年公司购买了股东的钢瓶，随后又回卖给股东）。税收法院的如下观点是错误的：所谓的租金和特许权使用费本质上是支付给唯一股东的红利，要对唯一股东征税。C. I. R. v. Greenspun,（C. C. A. 5th Cir. 1946）.
其他	公司承担了股东的个人义务，支付了其票据。该支付行为构成应税股息。Jewell v. U. S.,（D. Idaho 1963）.

　　股东与公司的交易，在公司法视角上属于关联交易范畴。至于其是否构成分配则另当别论。该问题的争议性在于，买卖、借贷、租赁等交易与分配不同，股东虽然是法律关系中的一方当事人，但这种当事人身份具有偶然性。换言之，任何不具有股东身份的第三人，均可以与公司实施上述合同行为，却无法以股东身份受领股息。甚至公司及其代理人完全有可能并没有意识到，交易对手方具有股东身份。假如仅仅因此就将此类交易置于分配测试的规制之下，似乎稍显勉强。

　　德国歌德大学教授 Andreas Cahn 总结了两方面的观点。支持者认为，对该问题的判定不应该取决于交易各方的动机和主观意思，而应当取决于客观标准，即关联交易应当接受公允性的评估，进而决定其是否构成分配。反对者认为，公司分配制度的目的在于防止股东滥用其成员资格而牺牲公司、债权人利益。因此，只有在股东身份与公司价值转移存在必要条件关系时，交易才构成分配并适用分配制度。至于条件关系的证明，则属于举证责任问题。[1]

　　如表 9 所示，美国税法判例的立场是，上述关联交易可能构成派息，进而产生所得税。判例正是从这个角度展开的。其中最常见

　　[1]　See Andreas Cahn, "Capital maintenance in German Company Law", in *Working Poper Series*, *Johann-Wolfgang-Goethe-Universität*, Institute for Law and Finance, 2016, P. 146.

的关联交易类型是买卖合同与借贷合同。其一，买卖合同。基本规则较为清晰：公司与股东之间实施买卖的，不管转让方与受让位序如何，只要公司给付的公允市场价值超过股东给付，则构成派息。其二，借贷合同。典型的借贷合同当然构成"债权–债务"关系，不构成"出资–股息"关系。特殊情况则需要具体分析。例如，Wentworth v. C. I. R.（1957）中，股东向公司提供借款，公司偿还。但在账目上，应付账款科目并未变动，资本科目则减少了。此例，当事人实际上将借款合同变更为出资合同。

表 10. 美国税法判例中股息判定之股息外延

主题九　股息的外延	
其他公司股票	1. 在分配资产时，甲公司的股东收到的乙公司的股票，在税收上属于股息。Metcalf's Estate v. Commissioner of Internal Revenue,（C. C. A. 2d Cir. 1929）. 2.【存疑】公司宣布派发股息，并将其在另一家公司的持股分配给股东。法庭认为：该决议的本质是向股东分配股票股利，而非分配应税股息。Commissioner of Internal Revenue v. Columbia Pac. Shipping Co.,（C. C. A. 9th Cir. 1935）. 3. 公司为自己的股东购买竞争者的股票，从中获得股息，直到这些股票按股东的持股比例，以成本价移交给其股东。则这些股票属于应税股息。C. I. R. v. McCloskey,（C. C. A. 5th Cir. 1935）. 4. 公司在收益或利润范围内，向股东分配另一公司的股票，应作为股息纳税。Commissioner of Internal Revenue v. Wakefield,（C. C. A. 6th Cir. 1943）.
股票期权	1. A公司的股东获得了购买B公司股票的权利。这种权利只是购买股票的选择权，并不是该股东获得的应税股息。Helvering v. Bartlett,（C. C. A. 4th Cir. 1934）. 2.【存疑】铁路公司将其拥有的煤炭公司的全部股份转让给受托人，并向其股东发放每股面值30.25美元的可转让认购权。该认购权构成股利，而不是向股东返还资本或重组计划的一部分。Morris Run Coal Mining Co v. Phillips,（M. D. Pa. 1934）. 3. 在税收意义上，授予当事人购买公司股票的权利（股票期权），类似于发放股票股利（进而不构成应税股息）。Commissioner of Internal Revenue v. Mayer,（C. C. A. 7th Cir. 1936）.

续表

主题九　股息的外延		
债	债券	公司基于 1913 年 2 月 28 日以来积累的收益或利润，向股东分配债券。此种分配属于股息，应当缴纳所得税。Adams v. C. I. R.，（C. C. A. 3d Cir. 1946）.
	债务承担	假如公司履行了股东的个人义务，则即使该股东没有获得股息，但从其他股东的股息分配中获得经济利益，则被视为推定股息。Bagley v. U. S.，（D. Minn. 1972）.
	债权抛弃	假如股东撤回公司资金，对公司产生债务；随后，该债务在公司有大量可用于分配股息的盈余时被取消。则在该笔债务被取消的当年，其被税法视作为股息，向股东征税。Allen v. Commissioner of Internal Revenue，（1941）.
票据		通常情况下，票据是承兑人手中的财产或现金等价物，属于法定的分配财产范围之内。Denver & Rio Grande Western R. Co. v. U. S.，（1963）.
其他		美国《税法典》将股息定义为股息以及对保单持有人的类似分配。国会试图将更多传统股息类型纳入其中。Republic Nat. Life Ins. Co. v. U. S.，（5th Cir. 1979）.

有关股息外延的规则归纳如下。其一，发放其他公司的股票、发放债券、公司对股东的债务进行债务承担，公司抛弃对股东的债权，可以构成分配股息。其二，公司对股东派发股票期权、股票股利，不属于派发股息。

表 11　美国税法判例中股息判定之企业间交易

主题十　关联公司交易	
存疑	1.【存疑】一家公司的解散的实现方式是：（1）将其各种类型的资产转让给子公司，以换取子公司面值 5 美元的新普通股；以及（2）分配给控股公司股东债券股息和现金。此时就所得税的确定而言，新股股息是普通股息，而不是清算股息。Helvering v. Schoellkopf，（C. C. A. 2d Cir. 1938）.

主题十　关联公司交易	
	2.【存疑】如果以子公司的亏损冲减母公司的利润和收益，则本质上会形成母公司对其股东的资本返还。这种返还，构成股东的应税股息。Freedman v. U. S.，（6th Cir. 1959）。 3.【存疑】张三全资持有 A、B 两公司。A、B 公司之间发生转让（transfer），涉及购买豪华汽车供张三使用，涉及张三个人债务消灭，涉及转让公司抵押贷款债务的消灭。则此项交易构成对张三的推定股息。U. S. v. Mews，（7th Cir. 1991）。
子公司分配	1. 税务专员的裁定是正确的：子公司对母公司分配的股票，构成股息分派。Golden State Theatre & Realty Corporation v. Commissioner of Internal Revenue，（C. C. A. 9th Cir. 1942）。 2. A 公司根据重组而成立。重组中，A 以其股票换取四家公司的股票，成为四家公司的母公司。五个家族集团则持有超过 50% 的 A 公司股票。此时，四家子公司在纳税年度宣布并支付给 A 的红利在事实和法律上都属于股息（dividend），而不是收入（income）。American Package Corporation v. Commissioner of Internal Revenue，（C. C. A. 4th Cir. 1942）。
子公司清算	1. 公司对三家全资子公司实施清算，公司的股东获得清算分配。事实是：（1）这三家子公司发生经营赤字；（2）公司在应税年度的利润，超过了分配给股东的总金额。法庭认定，此项分配不构成资本分配，而是应税股息。Cranson v. U. S.，（C. C. A. 9th Cir. 1945）。 2. 1928 年，全资子公司将资金从盈余转为资本。1936 年，母公司清算了子公司，并于 1939 年向母公司股东进行了分配。法庭认为，母公司从子公司继承的收益或利润并未失去其原有的性质，而且分配是从母公司的收益或利润中实现的。因此，尽管清算交易没有确认收益或损失，但股东的获得构成应税股息。Robinette v. C. I. R.，（C. C. A. 9th Cir. 1945）。
母公司清算	控股公司解散，并向其股东进行分配。此笔分配资金，来源于控股公司所持有的公司，向控股公司支付的股息。法庭认定：尽管控股公司股东收到的是清算中的分配，但依据财政部的规定，其性质上属于应税股息。Commissioner of Internal Revenue v. Kolb，（C. C. A. 9th Cir. 1938）。

续表

主题十　关联公司交易		
公司交易	一般	甲公司的资产，包括 1913 年 2 月 28 日之后积累的利润，由乙用其库存股和新发行的股票为对价收购。在决定"甲公司将利润转让给乙公司的行为，是否构成盈余的分配并应当纳税"时，股东在被转让的资产中是否保留与之前相同的利益，这一点并不重要。因为转移到继承公司的收益或利润，在随后的分配中总要作为股息，进行征税。Putnam v. U.S.，（C.C.A. 1st Cir. 1945）.
	母子	1. 一家公司向其全资子公司出售股票所得的现金收入，不应作为股息征税。C. I. R. v. Trustees Common Stock John Wanamaker Philadelphia，（3d Cir. 1949）. 2. 母公司与子公司之间关于贷款的给付与偿还，由于在支付和偿还后，母公司和子公司都没有获得或者损失，因此不是股息的发放。Corp. v. U.S.，（5th Cir. 1972）.
	兄弟	1.【存疑】甲与乙为父子关系。甲是一家公司的控股股东，乙拥有一家合伙企业的控制权。在甲的构思和组织下，公司以超出市场零售的价格，购买了合伙企业的汽油。合伙企业在此交易中获得的利润，本质上是甲的股息，relationship. Byers v. C. I. R.，（8th Cir. 1952）. 2. 收购公司与目标公司的股东达成分期付款协议，收购目标公司全部股票。此后，目标公司被注销。证据表明：收购公司与目标公司的股东存在家庭关系，但是两个公司独立运营，不存在控制关系。此时，上述收购不是虚假销售，获得的利润属于资本收益而非应税股息。Brown v. U.S.，（E. D. Mich. 1960）. 3.【存疑】A 公司控制了两家公司 B 和 C。B 以现金方式，按公平的市场价值收购了 C 公司的全部股票。则 A 收到的现金应作为股息来征税。U. S. v. Collins，（1st Cir. 1962）. 4. 纳税人拥有甲公司的控股权和乙公司的控制权。甲以自己的利润和收益，收购乙公司的优先股。则纳税人获得的现金，本质上等同于股息，应以此纳税，即使整个交易的商业目的是利用甲公司的高信用等级，变相对乙公司贷款。Hasbrook v. U.S.，（2d Cir. 1965）. 5.【存疑】张三控制和支配 A 公司与 B 公司。A 公司向 B 公司

主题十　关联公司交易
出售机动车。此时，车辆的账面价值毫无意义（仅对张三的个人目的有意义）。张三实现的利润，应当被税务局视为应税股息。Goodling v. U. S.，(S. D. Miss. 1966)。 6. 自然人甲拥有 A 公司的全部股份。甲的三个儿子拥有 B 公司的全部股份。B 公司收购了 A 公司的全部股票。则：（1）甲不是 B 公司的推定所有权人（constructive owner）〔1〕。（2）甲的行为，不是通过关联方实施股票回购。Coyle v. U. S.，(S. D. W. Va. 1967)。 7. 张三及其控制的路易斯安那州公司，向张三控制的另一家阿拉巴马州公司提供了贷款。此时，债务人阿拉巴马公司向张三转移公司收益是允许的，不构成推定股息。Turner Tire Co. v. U. S.，(M. D. La. 1972)。 8. 甲同时拥有汽车经销公司和房地产公司。第一天，房产公司的股东向汽车公司转让了房产公司的全部股份，同时，汽车公司向房产公司现金注资。第二天，汽车公司以房产公司的股份为对价，交换甲对汽车公司三分之一的股权。在此过程中，甲获得的预期利益与实际利益，属于应税股息。Kuper v. C. I. R.，(5th Cir. 1976)。

　　该部分最有价值的案例，无疑是同一控制之下的兄弟公司间的交易（共8例）。为方便讨论，假定同一控制人为甲，A、B 同为甲的子公司。判例发展出的规则是：A 以现金或者其他资产收购 B 的股份的行为，实质是 A 与母公司甲之间的交易，本质是甲通过 A 回购其在 B 中的股权。因此，甲收到的现金应当视为股息。同理，A、B 之间进行不涉及股权的一般交易，则不构成派息。因为此时 A、B

---

〔1〕　"推定所有权"（Constructive ownership）是美国《税法典》第318条上的概念。以自己名义持有的股票，为股票的直接所有权人。第318条推定，一个人对其家庭成员中的配偶、父母、子女、孙子女所直接持有的股票，拥有"间接所有权"。https://www.law.cornell.edu/uscode/text/26/318，最后访问日期：2021年2月21日。假如这一理解大体不错，本案结论则是存疑的。本案中的甲恰恰是 B 公司的推定所有权人。

的整体财产并未向甲流出。

上述判例规则,体现于 Hasbrook v. U. S. (1965), Coyle v. U. S. (1967), Kuper v. C. I. R. (1976)。基于这一逻辑, Byers v. C. I. R. (1952), U. S. v. Collins (1962), Goodling v. U. S. (1966)三个案件的结论,则是有疑问的。

表 12　美国税法判例中股息判定之股东受领比例

主题十一　股东受领比例与股息性质认定
1. 轧棉公司为股东和客户轧制棉花,每包收取相同的轧棉费。在轧棉季节结束时公司决议,规定根据轧棉包数向股东发放赞助红利。则此红利属于用公司利润来支付的股息。Peoples Gin Co v. C. I. R., (C. C. A. 5th Cir. 1941)。
2. 尽管没有遵守宣布股息的程式,尽管分配没有在公司账簿上记录,尽管没有按持股比例分配,尽管一些股东没有参与分配,但公司收益仍可构成股息。Paramount-RichardsTheatres v. C. I. R., (C. C. A. 5th Cir. 1946)。
3. 认定一项公司分配构成股息,以下条件是不必要的:(1)被称为股息;(2)公司正式宣布分派股息;(3)向所有股东分配。Lengsfield v. C. I. R., (5th Cir. 1957)。
4. 当交易的实际结果,是公司按照股权比例向股东分配累计收益,同时公司的股权结构不变,则公司赎回其股票基本上等同于分配应税股息。Bradbury v. C. I. R., (1st Cir. 1962)。
5. 股息的标志是将收益和利润按照股权比例分配,原有的股权关系不变。股息在税收上必须列为普通收入。Himmel v. C. I. R., (2d Cir. 1964)。
6. 以下两点不是认定公司分配股息的要件:(1)分配是按照持股比例进行;(2)分配对全体股东为之。C. I. R. v. Riss, (8th Cir. 1967)。
7. 公司向股东支付的款项,是按照股东持股比例支付的。这是构成应税股息的初步证据。Tulia Feedlot, Inc. v. U. S., (N. D. Tex. 1973)。
8. 当公司股票赎回的实际结果,实质上是按比例分配累积收益,而基本保持股权比例不变时,就相当于分配股息。Haft Trust v. C. I. R., (1975)。

一个重要问题是:当公司向股东支付时,(1)全体股东均受领价款;(2)股东按照比例受领价款,该两项因素是否判定该支付为派息的要件。归纳起来,判例规则是:第一,对全体股东按照比例分配,是构成派息的初步证据和重要标志(Bradbury v. C. I. R., 1962;

Himmel v. C. I. R. , 1964; Feedlot, Inc. v. U. S. , 1973; Haft Trust v. C. I. R. , 1975)。第二，对全体股东按照比例分配，不是认定为派息行为的必要条件或者构成要件（Paramount – Richards Theatres v. C. I. R. , 1946; Lengsfield v. C. I. R. , 1957; C. I. R. v. Riss, 1967）。

2.2.3 小结

美国公司法与税法对分配的定义本质相同。两者都指一种积极财产、净利益从公司流向股东的行为。两者均包含分红、回购、承债式分配等经典的、公认的分配形式。两者也都排除公司清算时，剩余财产的分配行为。

美国公司法与税法定义的差异也是显著的。在内涵上，一方面，美国主要州公司法强调按股权比例分配。税法则认为这只是参考性特征，不是构成要件。另一方面，公司法认为，分配资金是否来源于盈余或者股本，不是分配与否的区分标准，而是分配合法与否的区分标准。税法的立场则是，股息的金额仅限于不超过收入或者利润的部分。在外延上，一方面，公司法的分配包含实质减资（佛州、麻省等），而税法则一般排除相当于实质减资的部分清算。另一方面，公司法一般单独规范非公允关联交易行为。税法上，公司利益向股东不当转移的交易，也属于股息的派发。

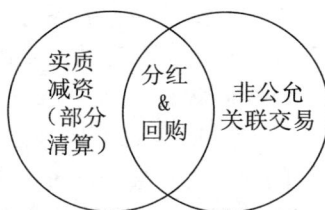

图 2 分配的公司法定义与税法定义

归根结底，定义的不同根源于立法目的之不同。公司法定义分配，目的在于防范内部人滥用权利，损害债权人利益。着眼点在于公司债权人。税法定义分配，目的是对公司的营业利润转移到股东的部分征税。资本利得指出售或者交换股票所得，清算所得指股东回收投资股本，两者与分红在经济效果上自然不同。税法的着眼点在于公司本身，即行为对公司造成的实际经济影响。

2.3 中美比较

一方面，中美在分配的内涵外延上差异显著。中国的分配仅指分红。美国的分配指符合利益从公司流向股东这一特征的集合，包含分红、回购、回赎、实质减资、承债式分配、债务豁免等多项元素。

一个简短的评论是，美国式大分配概念较为抽象和周延，但也有若干值得推敲之处。其一，分红派息与回购、回赎通常被处理为并列关系，但实际并非如此。分红与实质减资在逻辑上才是并列的：两者都会导致公司资产减少，区别是分红会以减少利润的方式减少资产，而实质减资会以减少股本的方式减少资产。回购和减资并非并列关系。如果不考虑库存股，那么回购只是隶属于实质减资的一种类型，或者手段。其二，美国法高估了承债式分配的独立性。事实上，公司负债式分配与一般的分配，法律结构高度类似，经济后果并无不同。在分配基准日等规则上，无需对两者区分设计。

另一方面，一个延伸的观点是，中美对分配规制的模式和理念不同。在美国公司法看来，分配是一个财务行为，应当对其实施财务性的约束。中国公司法则认为，分配的性质因分红、回购、减资而异。中国公司法上，分红是财务行为，受到的是财务性规制（第210条），这一点与美国类似。回购隶属于"股份公司股份发行与转让"部分，本质是股权问题，受到的是法定事由的规制。减资隶属于"合并、分立、增资、减资"，本质是公司重大变更问题，受到的是债权人干预程序的规制。

一个简短的评论是，美国模式在财务理念上具有先进性。中国式的分别规制模式，也有充分的理论支持。分红、回购、减资，的确存在重大差异。其一，命名原因不同。分红取名于财产权变动。回购取名于股权权属的变动。减资取名于注册资本之变动。其二，对股本的影响不同。分红不导致资本减少。回购与减资，必然导致股本减少。其三，目的不同。分红是公司经营的目的，是持续经营公司的必然行为。回购、减资只是公司经营的手段。一个持续经营的公司，从设立到消灭，完全有可能从未发生过回购、减资。其四，可强制性不同。分红一般不可强制，因其涉及公权力对公司自由意志的尊重。而法律可能强制减资或者回购。例如，法国规定，净资产少于注册资本一半，必须减资。西班牙公司法、意大利民法典规定，公司连续两年以上亏损，累计亏损额达到股本三分之一，就必须减资。[1]又如，在公司重大交易、结构性变更、股东欺压场合，通常有法定评估权。

美国的统一财务规制模式，与中国的分别规制模式，两者并无优劣，但背后的成因颇为有趣。本书猜测，债务纠纷解决的社会成本，是重要的因素。

在中国，债权纠纷的抽象解决成本更高。此项成本，是违约频率与数额、债权债务诉讼的完成周期、原告举证责任、胜诉率等自变量的函数。在中国，鲜见非法分配纠纷。公司分配场合，最常见的行为是转移财产、拒不清算、未经清算程序恶意私分财产等。"侵占+跑路"最为常见。这根本不是分配纠纷，甚至不是公司纠纷，而只是最基础的合同、侵权纠纷。换言之，中国的公司分配纠纷，仅仅处于幼年阶段。当前的问题，不是公司信用不足，而是社会全方位的基础信用不足，是公众整体不认可、不信任契约文化与规则。

假如猜测成立，倒是可以解释一些现象。其一，立法特意加大了债权人保护力度，以"取法乎上，而得其中"。因此，中国公司法对债权人的保护，看起来比普通公司法更为重视。其细节如，中国公司法对待回购，直接采用事由规制，以收紧这项债务纠纷的风险敞口。又如，中国公司法拒绝适用弹性而宽松的偿付能力测试，而是使用刚性且明确的盈余测试。其二，立法特意鼓励债权人提前介入。一来防范风险，二来利用当事人博

---

〔1〕 参见沈四宝：《西方国家公司法原理》，法律出版社 2006 年版，第 191 页。

弈缓解司法资源和公信力短缺的压力，三来公权力在道义上更为主动。例如，减资场合的债权人享有"准异议权"，即有权要求债权加速到期，或者享有担保。

因此，中国的分散规制模式，也许是在债务纠纷解决高成本前提下，合理的选择。同时不妨注意此种模式的衍生问题。其一，以法定事由严格限制回购，虽然减少了不当回购，却也抑制了回购的活力。该问题可以通过增加合法回购事由，加以应对。其二，赋予债权人减资介入权，势必会围绕这种新型权利，产生新的衍生纠纷。例如，没有经过公告和债权人行权的减资，效力如何？债权人主张担保不足，如何救济？债权人普遍要求加速到期，发生"挤兑"效应，导致债务人流动性破产，如何应对？该问题可以通过司法解释打补丁，加以应对。

2.4 小结

不存在标准答案式的分配概念，可以超越历史阶段、法系、国别、法律部门、立法者主观偏好，以及时空的随机性。美国的立法诠释了这一点。其一，公司法与税法的定义不同。其二，公司法之内，不同州的定义有差别；同属继受 MBCA 体系的不同州，定义也有差别；同一州不同时期的定义版本有差别；同一州的判例法与成文法定义有差别。差别的影响因素有哪些？公司分配有没有本质的、必然的要素？

第一，法系风格、部门法的立法目的、邻接规则的有无及其解释上的辐射力度，都是塑造分配定义的隐形力量。

首先，法系风格影响分配的广义、狭义之面向。大陆法系以及传统普通法系上，"分配"（distribution）是一个狭义的概念，是"股息"（dividend）的近义词。此后，广义的大分配概念合乎逻辑地产生于普通法系。具体如 1975 年的 CGCC。它从经济本质出发，重新定义了分配，揭示出公司分配制度的本质是财产从公司向股东的流动。[1] 目前，大陆法系主流则沿用狭义分配概念。分配指用公司利润向股东分红派息，有别于回购、公司对股东的债务承担、公司对股东的债务免除、公司对股东的赠与、公司与股东交易中股东获得的公允价值以上的对价等。两种定义没有对错，只是风格、偏好不同而已。

其次，部门法的本旨决定分配的外延宽窄。公司法中，分配定义服务于公司债权人保护与公司内部人机会主义遏制。税法中，分配定义用于界定所得税税基的宽窄，并根本上服务于一国的财税政策。大体上，为了防范税收规避行为，分配税法定义之外延，宽于其在公司法上的外延。

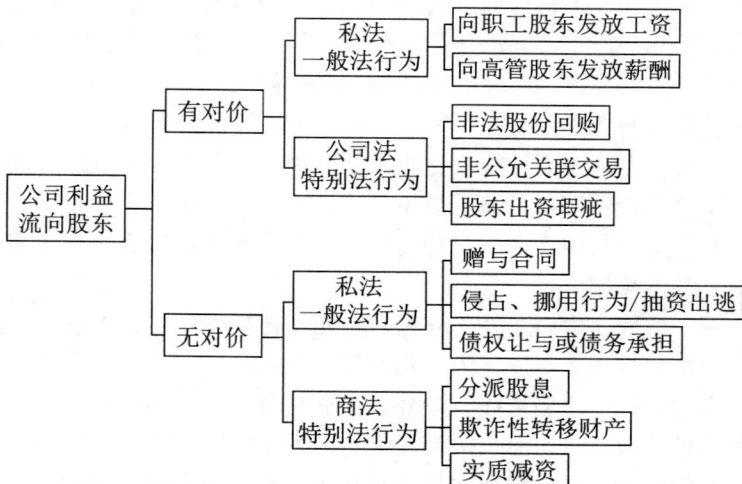

```
                                    ┌─────────────┐
                        ┌──私法───→ │向职工股东发放工资│
                        │ 一般法行为  ├─────────────┤
              ┌──有对价──┤          │向高管股东发放薪酬│
              │         │          └─────────────┘
              │         │          ┌─────────────┐
              │         │          │ 非法股份回购   │
              │         └──公司法───→├─────────────┤
              │           特别法行为 │ 非公允关联交易  │
公司利益 ──────┤                    ├─────────────┤
流向股东        │                    │ 股东出资瑕疵   │
              │                    └─────────────┘
              │         ┌──私法───→ ┌─────────────┐
              │         │ 一般法行为  │ 赠与合同      │
              │         │          ├─────────────┤
              └──无对价──┤          │侵占、挪用行为/抽资出逃│
                        │          ├─────────────┤
                        │          │ 债权让与或债务承担│
                        │          └─────────────┘
                        │          ┌─────────────┐
                        │          │ 分派股息      │
                        └──商法───→ ├─────────────┤
                          特别法行为 │ 欺诈性转移财产  │
                                    ├─────────────┤
                                    │ 实质减资      │
                                    └─────────────┘
```

图 3　以"公司利益流向股东"为经济后果的行为总图

最后，有无邻接规则的衔接配合也是现实的影响因素。逻辑上，公司向股东实施分配，属于"公司财产利益向股东单方转移"的下位概念。与之等位的种概念，还有公司向股东的捐赠、公司向股东

─────────────

〔1〕　See Engert, Andreas, "Life Without Legal Capital: Lessons from American Law", https://ssrn.com/abstract=882842，最后访问日期：2021 年 1 月 17 日。

董事派发薪酬、公司向股东职工发放工资、公司与股东之间实施关联交易等（见图3）。假如立法上概念体系完备、相应规则充分，则对分配取狭义足够；反之，假如体系残缺、概念不敷使用，则客观上可能需要对分配概念作目的性扩张解释，以规范类似行为。

第二，分配本质上是公司在持续营业过程中，实施使公司的利益向股东发生转移的行为。同时，该定义需要作限缩解释。

一方面，分配的本质性要件有四点，缺一不可。其一，在结果意义上发生利益的流动、变化。假如是发放股票股利，其经济本质为将"留存收益"数字平移至"实收资本"中，利益并未从公司流出，故不属于分配。其二，发生从公司到股东单向的利益流动。假如是双向流动，那很可能是公司与股东之间的买卖、借贷、租赁等交易。公司与股东之间的交易，不构成至少不必然构成分配。此外，利益必须从公司流向股东，而不能相反。假设是利益流向公司，则很可能是股份发行/股东出资。其三，股东以股东身份而非其他身份，受让利益。否则，假设受让人是以董事或者高管之身份受让公司利益，而该董事或者高管只不过恰恰是股东，则很可能是一项薪酬支付行为。其四，在公司持续营业过程中实施。清算过程中实施的分配另有规则。

另一方面，本质之外，分配尚有四类伴生性特征，但它们不是公司分配的本质要素。行为不具有某项伴生性特征，并不足以否认其为分配。一是比例特征。即分配往往是公司向全体股东至少是某种类别的全体股东，而且按照其持股比例进行的支付或者财产转移。二是来源特征。即分配往往是公司从盈余或者当期净利润中，对股东进行支付。三是程序特征。即分配往往是公司按照法定、章程约定的程序，由有权机关产生分配决议，进而依据分配决议实施的支付。四是单务特征。即分配作为一种法律行为，是一种公司单方面负担义务的合同。

1. 比例性特征不是本质。股东完全可以以约定方式，自愿打破分配的比例性。现行中国《公司法》第210条规定，股东按照实缴的出资比例分取红利……但是，全体股东约定不按照出资比例分取红利或者不按照出资比例优先认缴出资的除外。现行中国《公司法》第210条第4款后句也规定，股份有限公司按照股东持有的股份比例分配，但股份有限公司章程规定不按持股比例分配的除外。

2. 来源特征不是本质。简单的反证：假设不承认损害了资本、资本公积的"分配"是分配，那就意味着分配规则根本无法规制这些行为，其基本功能落空。

3. 程序特征不是本质。违反分配程序的"分配"大体有两种，一是程序存在瑕疵，二是完全没有经过法定、章程约定程序，或者根本就是以其他名义（如薪酬、补贴、慰问金、抚恤金等）实施。前者属于分配，否则将陷入"瑕疵分配不是分配，进而无法用分配规则规制瑕疵分配"的逻辑矛盾。后者在经济实质上相当于分配，但在形式上完全不以分配为名。是否将其定性为分配，取决于是否有更为贴切的制度加以规制。例如，在美国公司法上，该行为可能是欺诈性转移行为；在中国，该行为可能是抽逃出资行为、滥用有限责任不当操纵公司人格行为、非公允关联交易行为。假如完全没有其他制度配合，那么完全可以通过扩张解释将其定性为分配。

4. 单务特征不是本质。纯粹理论上，假设分配规则不能规制双务法律合同，则公司很容易制造一个双务合同的假象而规避监管——例如，公司每股分配1元，条件是公司必须将其中的0.5元用于继续投资。分配是否具有单务行为的本质，对应的例子是非公允关联交易。这一点在3.2.2已有分析。非公允关联交易与分配制度的保护人是交集较大的交叉关系。两种行为不加区分不会造成灾难，但区分更好。

3 行为模式：公司分配的财务约束

公司随意分配对公司债权人不公。这是分配测试规则乃至分配规则，甚至整个公司资本制度最根本的存在理由。而公司商事又必须分配，因为这是设立商事公司的根本目的。因此，核心问题在于：符合何种条件/标尺/前提/要求的分配才是合理分配，自由的边界何在。公司资本制度的技术要点，在于发明一把界定公平分配的标尺，也就是分配测试。

标尺的寻找存在一个过程。早期，美国公司法以"股本不得减损"为标尺。例如 1882 年英国 Jessel M. R. 法官在 Walsh v. Lonsdale 案中说，公司资本只能用于商业目的，必须充足到位且不得随意返还给股东。1887 年 Trevor v. Whitworth 案中，法官 Watson 指出，公司的资本非经合法的商业交易，不得从公司资产中流出。法律应当保护与公司进行交易并对其施与信用的交易方对此施与的信赖。这种以股本为核心制造的标尺，后来发展为盈余测试。晚近，美国公司法从破产法中引入双重破产测试，即资产负债表测试与衡平偿付能力测试。这一测试组合基本取代了盈余测试，更为流行。

当然，把握美国的分配约束机制，不应先急于观察标尺的内容，而要先定位标尺的性质。那不勒斯第二大学研究员 Nicola de Luca 远观美国分配约束机制认为，迄今为止，美国的方法与欧洲的所有方法完全不同。第一，美国许多州甚至没有股本概念。第二，减资不允许债权人提出异议。第三，累计亏损时，依然可用当年净利润分配。第四，无论损失有多大，公司也不需要进行减资，不需要解散，董事不需要采取任何预警措施。[1]

傅穹将公司法的减资规定，总结为三种模式。一是美国、加拿大的"偿债能力准则"模式。二是德国的严格减资程序模式。三是英国的法院批准模式。[2]

Nicola de Luca、傅穹的观察首先说明，美国的分配约束机制是财务机制。这是其区别于欧陆的特色。后者的方法，是采用财务、债权人异议、董事会预警、法律设定合法事由、独立的审计、股东会特别多数决等混合约束机制，或者说程序性机制。这是欧美第一层次的区别。第二层次的区别，才是财务约束机制的内容。美国广泛采用"双重破产测试"，相对重视净资产与未来现金流；而欧洲迄今仍主要采用资本维持原则，本质相当于盈余测试，相对重视公司的股本、盈亏状况。

分配约束机制的第一层次，是从财务约束、程序约束中做选择。第二层次，财务约束之下，从盈余测试、资产负债表测试、偿付能力测试中做选择。第一层次很重要，但不难说清楚。第二层次涉及复杂的财务概念与公式，不容易说清楚。下文全力研究第二层次，争取把几类测试研究充分，得出几个清楚的结论。

3.1 法条文本

该部分照例翻译、比对和解析法条。

3.1.1 采用大分配概念的州

3.1.1.1 美国律师协会 MBCA §6.40[3]

§6.40 对股东的分配

§6.40（a）在遵守公司章程和本法§6.40（c）节的前提下，

---

[1] See Nicola de Luca, "Riduzione del Capitale ed Interessi Protetti un' Analisi Comparatistica", *Rivista di Diritto Civile*, Vol. 56, No. 6, 2010, p. 586.

[2] 参见傅穹：《重思公司资本制原理》，法律出版社 2004 年版，第 178 页。

[3] 参见 http://www.lexisnexis.com/documents/pdf/20080618091347_large.pdf，最后访问日期：2021 年 1 月 21 日。

董事会有权决定分配。[1]

§6.40（b）如果董事会决议没有指定股东登记日，则决议作出日视为登记日。上述对登记日的拟制规定，不适用于公司回购、回赎及以其他方式获得公司股票的情形。[2]

§6.40（c）分配不得导致如下后果：（1）公司将不能偿还正常经营中的到期债务，或者（2）公司的总资产将小于总债务与优先股股东的索取权——假设公司在分配的时点清算的话——之和。但公司章程可以排除对后者的考虑。对上述第（2）项，公司章程约定不考虑优先股股东索取权，仅考虑总资产是否小于总债务的，从其约定。[3]

评析： 本款是§6.40的核心。它提出了两条标尺：

（一）分配后，公司能偿还正常经营中的到期债务；

（二）分配后，总资产≥负债+优先股索取权。

优先股的投资回报模式介于普通股投资和债权投资之间，但更近似于债权。优先股没有表决权，该类股东仅仅有权向公司声索固定的、类似债息的股息，且此种请求权优先于股东的权利。

---

〔1〕 原文：A board of directors may authorize and the corporation may make distributions to its shareholders subject to restriction by the articles of incorporation and the limitation in subsection（c）.

〔2〕 原文：If the board of directors does not fix the record date for determining shareholders entitled to a distribution（other than one involving a purchase, redemption, or other acquisition of the corporation's shares）, it is the date the board of directors authorizes the distribution.

〔3〕 原文：No distribution may be made if, after giving it effect:（1）the corporation would not be able to pay its debts as they become due in the usual course of business; or（2）the corporation's total assets would be less than the sum of its total liabilities plus（unless the articles of incorporation permit otherwise）the amount that would be needed, if the corporation were to be dissolved at the time of the distribution, to satisfy the preferential rights upon dissolution of shareholders whose preferential rights are superior to those receiving the distribution.

MBCA §6.40 的官方评论指出[1]，衡平偿付能力测试通常可以通过资产负债表或损益表来衡量。因此，在大多数情况下，衡平测试可能与第二层净值测试重复。官方评论特别指出，虽然资产负债表和损益表都不能对衡平测试起到决定性作用，但大量股东权益的存在和正常的经营状况本身就有力地表明，公司可以通过该测试。

§6.40 (d) 董事会遵照 §6.40 (c) 据以作出分配决议的依据，既可以是基于当前情况下合理的会计实践与会计原则所支持的财务报告，也可以是当前情况下的公允价值或其他方法。[2]

评析：Richard P. Wolfe 指出，§6.40 (d) 的实际作用是，在评估公司"资产"科目的金额时，允许用当前情况下市场公允价值来计算，而不是必须与资产负债表保持一致。例如，假设没有 §6.40 (d)，则一项分配后公司资产负债表上净资产为负的分配确定是非法的；而在 §6.40 (d) 作用下，即便分配后公司账面净资产为负，但只要公司资产的公平市场价值超过其负债加上其优先股的清算优先权，此次分配依然合法。[3]

§6.40 (e) 除非 (g) 分节另有规定，分配基准日按照如下规则确定：（1）回购、回赎或以其他方式取得自己股票的情况，为下列两个日期中较早者：（i）金钱或其他财产的转让日，或者公司债务发生日；（ii）股东因公司取得股票而终止股东身份。（2）在负债式分配场合，基准日是债务分配日。（3）在其他情况下，如在分配决议后 120 日内付款，则以决议日为准；如在分配决议后 120 日后

---

[1] See David C. Cripe, "Methods of Practice-Colorado Business Entities Deskbook", Thomson Reaters, 2019, https://1-next-westlaw-com. b12135. top/Document/I487ee7a1369e11da8975c1d23319d955/View/FullText. html, 最后访问日期：2021 年 1 月 28 日。

[2] 原文：The board of directors may base a determination that a distribution is not prohibited under subsection (c) either on financial statements prepared on the basis of accounting practices and principles that are reasonable in the circumstances or on a fair valuation or other method that is reasonable in the circumstances.

[3] See Richard P. Wolfe, "The Fiduciary Duty of Directors and Officers Under the Louisiana Business Corporation Act of 2014", *Logola Law Review*, Vol. 60, 2014, pp. 523, 572-576.

付款，则以支付日为准。[1]

评析： §6.40（e）处之所以要"分配基准日"，是为了确定判断公司是否符合§6.40（c）的时点。判断的时点与判断的规则同样重要。公司的偿付能力和净资产是不断变动的。公司可能在决议日满足条件，而区区数日之后公司经营就发生不利变化，不再满足条件。因此站在一个试图恶意、过度分配者的立场，他会试图将某个偿付能力与净资产相对充分的期日解释为分配日。这对债权人不利。因此作为§6.40（c）的配套规定，要规定分配基准日。分配基准日，本质上是合规判断日。

第一，在分配现金或财产时，规则为：

$$分配发生日 \begin{cases} 决议日 \quad T_{支付-决议} < 120日 \\ 支付日 \quad T_{支付-决议} \geq 120日 \end{cases}$$

如此规定的基本原理并不复杂：则董事会在作出分配决议之时，必须虑及§6.40（c）偿付能力和净资产两项标尺，衡量决议作出的合法性与可行性。换言之，§6.40（c）发挥作用的时点是决议日。然而，真正实实在在造成公司净资产减少、影响公司债权人利益的，却是分配支付日。从决议日到支付日的持续经营期间，公司的偿付能力与净资产状况时时变化。如果该期间足够短，则一项决议日合规的分配，大概率在支付日也符合条件；如果该期间足够长，则纵使决议日合规的分配，在支付日却未必符合条件。因此，在第二种情况下，必须保证公司在支付日时也满足§6.40（c）之条件，即以支付日为分配日。至于何为"足够长"，MBCA 的取值为120

---

[1] 原文：Except as provided in subsection（g），the effect of a distribution under subsection（c）is measured:（1）in the case of distribution by purchase, redemption, or other acquisition of the corporation's shares, as of the earlier of（i）the date money or other property is transferred or debt incurred by the corporation or（ii）the date the shareholder ceases to be a shareholder with respect to the acquired shares;（2）in the case of any other distribution of indebtedness, as of the date the indebtedness is distributed; and（3）in all other cases, as of（i）the date the distribution is authorized if the payment occurs within 120 days after the date of authorization or（ii）the date the payment is made if it occurs more than 120 days after the date of authorization.

日，其由来并不清楚。

进而言之，其一，为什么是 120 日而不是其他取值，资料不足，很难论证。其二，基准日的选择除了此种方案，理论上还有其他方案。方案一：采用一种附条件生效的结构，类似于规定董事会作出分配决议的，可以另择日期实际支付。但是，支付日公司不满足 §6.40（c）所规定条件时，决议自始不生效力。方案二：采用双重基准日，即公司分配的，公司必须在决议日和实际支付日，均满足 §6.40（c）的条件。方案一似不可取，因为它几乎允许一种射幸行为，即决议分配时无条件，仅仅赌在支付时满足一定条件。方案二没有问题，只是比较严格。MBCA 显然在现方案与方案二中选择了相对宽松的制度选项。

第二，在回购、回赎场合，"分配发生日"为以下两者中较早的一项：（1）财产转让日；（2）因公司取得股份，原股东的股东身份中止日。

无疑，该规定同样是考虑到股份回购、回赎场合，双方的给付行为可能不在同一时点作出。如果"财产转让日"发生较早，则是公司先履行支付义务；如果"股东身份终止日"发生较早，则是股东先履行股票交付义务。如果以上逻辑成立，则上述规定也有问题。第一，假设先转让财产后中止股东身份，则以财产转让日为分配生效日，不生问题。第二，假设先中止股东身份后转让财产，此时以较早的"股东身份终止日"为分配生效日，产生问题。这与董事会决议后若干日再支付分红是一个道理。中止股东身份后，很难预期在经过了一段期间直至转让财产时，公司财务状况是否还满足 §6.40（c）的条件。

§6.40（e）之（1）和（3）的问题都在于失焦。分配决议作出和实际支付之间，实际支付和注销股东身份之间，均可能不是同一天。但这些无关紧要。真正的焦点是财产的支付日，因为财产的转移行为即物权行为才是影响公司债权人的关键所在。因此，只需紧紧盯住支付日，无论何种情况都要求支付日满足 §6.40（c）的条件即可。

第三，负债式分配的情况，是以负债的发生日为分配发生日（as of the date the indebtedness is distributed）。这一表述有些含混，令人不清楚到底是哪一天。"分配"是一个链式的过程，而不是一个时点。嵌入其中的，至少包括董事会决议日、债权债务法律关系成立日、董事会指定日、财产交付或变更登记日这四个日期。

负债式分配下，公司向股东发行债券或者应付票据。不过，虽然形式不同，负债式分配与公司宣布分配、嗣后支付股利，实质上并无差异。在法律上，两者都由类似的法律行为构成：先是交付应付票据或者宣布分配，此为债权行为；后是支付票据金额或者支付股利，此为物权行为。在会计上，两者会产生类似的会计分录：发行应付票据，是贷记负债，借记权益资本；支付行为，是贷记资产，借记负债。因此，§6.40（e）之（2）和（3）本该保持一致。

§6.40（f）基于本节产生的公司对股东负有的分配债务，与公司对其他债权人负有的普通的、无担保债务，平等受偿。除非，协议约定上述债务的清偿次序存在先后。[1]

评析：本款的规定令人不解。原理上，公司分配制度之所以要大费周章地限制分配，无非是为了保护公司债权人，加固其责任财产的安全系数，令债权人投资者优先于股权投资者受偿。然而本款与此方向相反。或许本款设计者认为，前述§6.40（c）已经保障了公司具有充分的偿付能力，债权人利益已获保障，不必再叠床架屋地令股东的分配债权劣后于普通债权人的索取权。但这一想法存在疏漏：第一，会计指标存在相当的弹性和操作空间。基于会计报表所得出的"公司具有充分的偿付能力"一类结论并非绝对和刚性的。第二，如前所述，分配决议和实际支付存在时间差，决议时有能力偿付而支付时责任财产已然不足的情况可能发生。因此，令股东的分配请求权与债权人的索取权平等，令人不解。

正如"和尚分粥"的寓言所示，在权力优势者（股东-内部人）

---

〔1〕 原文：A corporation's indebtedness to a shareholder incurred by reason of a distribution made in accordance with this section is at parity with the corporation's indebtedness to its general, unsecured creditors except to the extent subordinated by agreement.

与劣势者（债权人-外部人）的关系中，劣势者有时需要得到保护。有效的保护手段往往是在两者竞争性的利益诉求上，令优势者劣后行使权利。普通股股东既能独立决定分红，又享有与债权人、优先股股东同等受偿的权利，这恐怕是突破分寸的利好。

§6.40（g）规定公司债务（包括因分配产生的负债）合同约定，如果本债务的本金和利息的支付，必须以嗣后公司对股东的分配仍能符合§6.40（c）的条件为前提，则该债务不视为§6.40（c）意义上的"债务"。上述为分配而生成的债务，其本金和利息的支付都视为分配，其行为基准日为实际支付日。[1]

评析：第一，本款规定，如果一项债务之本金和利息的支付，不影响公司分配满足§6.40（c），则该项债务不视为§6.40（c）意义上的债务。本款规定的做出特殊约定的债务，实际是劣后于分配之债的债务。三类债务的优先级关系为：（≥表示"优先于"）

§6.40（c）意义上的债务 ≥ 分配债务 ≥ §6.40（g）意义上的劣后债务

既然劣后债务甘愿次于分配而受偿，那么在决议分配时，自然不需要考虑此类债务的存在。

第二，本款规定，此种劣后性的债务，包括为分配而产生的公司负债。这是一种有趣的复杂结构。无论优先还是劣后，都是一个相对概念，必须有参照物。§6.40（g）意义上的次级债务必须有同时存在的分配，才有意义。那么，它可能呈现两种形式：其一，在同次分配中，分配决议约定一定比例的分配属于正常的分配债务，剩余的分配则是次级债务；次级债务只有在普通分配债务满足§6.40（c）的条件而清偿后，次级债务才能清偿。其二，在某次分配中，分配

---

〔1〕 原文：Indebtedness of a corporation, including indebtedness issued as a distribution, is not considered a liability for purposes of determination under subsection (c) if its terms provide that payment of principal and interest are made only if and to the extent that payment of a distribution to shareholders could then be made under this section. If the indebtedness is issued as a distribution, each payment of principal or interest is treated as a distribution, the effect of which is measured on the date the payment is actually made.

决议约定全部债务属于"次级债务",而上次普通分配尚未支付;次级分配债务决议作出后,尚未分配,而下次普通分配已经作出。

第三,本款规定,次级分配债务的基准日为支付日,而非债务发生日。这一点与§6.40(e)(2)的规定构成一般法-特别法关系。§6.40(e)(2)是一般法,其规定负债式分配形成的债务,基准日为债务发生日,即以该日为判断分配是否满足§6.40(c)的判断时点。而§6.40(g)是特别法,其规定公司负次级债务已分配的,分配基准日为该次级债务履行日,即以支付日为判断分配是否满足§6.40(c)的判断时点。

本书认为,上述一般法-特别法的安排是令人费解的。次级债务对公司债权人的竞争压力更小,威胁更低,因此其分配基准日的选定,理应更为宽松、对公司的要求更低、分配测试的压力更小。依据 MBCA§6.40(g)(2),次级承债式分配的测试基准日,定为债务履行日。常识上,测试基准日可以选定前端的债务发生日,也可以选定后端的债务履行日。两者对公司而言孰宽孰严,虽不宜一概而论,但概率上应当是履行日更严。因为在债务发生日进行测试,公司至少拥有现实的决策信息,有把握地判断出此时公司的财务状况能否满足§6.40(c)的测试要求。而在后端的履行日进行测试,则公司在决议时尚不能掌握履行时的公司财务状况,只能预测彼时公司财务状况能否满足测试条件。此时公司决策面临更大的不确定性。可是如本段一开始所述,次级分配债务的基准日反而应该更宽松才对。因此,MBCA§6.40(g)(2)是一则令人费解的条款。

§6.40(h)本节规定不适用于14章清算分配。[1]

解读:本节规定的公司分配,和公司清算时分配剩余财产有诸多不同,本来就不应视为同一件事。§6.40(h)再次印证了佛州、华盛顿州、麻省的规定欠妥。两者的区别包括且不限于:第一,前者可能产生股东的分配债权与债权人的债权竞争之问题,后者根本

---

〔1〕 原文:This section shall not apply to distributions in liquidation under chapter 14.

不会产生此问题。第二，前者的财产来源于公司留存收益，后者来源于公司剩余财产。第三，前者是公司持续经营中的行为，后者是公司消灭前的行为。

小结：MBCA §6.40 的核心规则是 §6.40（c）条分配测试规则；围绕该条又有如下条款：第一，§6.40（b）规定了股东登记日；第二，§6.40（d）规定了据以完成分配测试的会计要求；第三，§6.40（e）规定了进行分配测试的基准日，即分配完成日；第四，§6.40（f）规定了股东的分配债权与债权人普通债权的优劣关系；§6.40（g）规则是次级债务。

3.1.1.2 CGCC §5（500-511）[1]

CGCC 虽然采用大分配概念，但规则架构异于 MBCA，自成体系。内容上多于 MBCA §6.40（8）之篇幅；甚至可能是美国州法中最详的版本。下文择其要者翻译、分析。

（1）§500（a）

除非公司董事会遵循以下两个条件，以善意做出决议，否则公司抑或其子公司不得对其股东实施分配：①分配之前，公司的留存收益（retained earnings）要超过（A）公司欲分配的总额；和（B）拖欠优先股的股息。②分配之后，公司财产价值要超过（A）公司总债务；和（B）优先股优先索取权之和。[2]

评析：一、加州当前分配测试之评析

加州规则很有意思。简单来说就是，分配前盈余要充分（足以覆盖分配+优先股累计股息），分配后不能资不抵债（资产足以覆盖

---

〔1〕 参见 https://codes.findlaw.com/ca/corporations-code/#! tid=N2B807ADCC3B74184996F696150A77BB0，最后访问日期：2021 年 1 月 27 日。

〔2〕 原文：(a) Neither a corporation nor any of its subsidiaries shall make any distribution to the corporation's shareholders (Section 166) unless the board of directors has determined in good faith either of the following: (1) The amount of retained earnings of the corporation immediately prior to the distribution equals or exceeds the sum of (A) the amount of the proposed distribution plus (B) the preferential dividends arrears amount. (2) Immediately after the distribution, the value of the corporation's assets would equal or exceed the sum of its total liabilities plus the preferential rights amount.

债务和优先股股本)。

加州测试 $\begin{cases} 分配前：留存收益-拟议分配额>拖欠的优先股息 \\ 分配后：资产>债务+假定清算的优先股总权益 \end{cases}$

与 MBCA 相比，加州测试有两处不同：其一，以"盈余"测试取代偿付能力测试。这一点是一个纯粹的财务方法的转换。其二，加入了"分配前"视角。即从要求"分配后公司具有偿付能力"到"分配前公司具有充足的盈余"。不过，这似乎是一个"伪分配前视角"，因为它完全可以转换为事后视角，即"分配后，公司盈余不得少于拖欠的优先股股息"。

此种配列组合可能的道理，在下文 3.2.2.2 有初步讨论。不论如何，CGCC§500（a）不人云亦云，颇有思想。值得注意的是，上述规定是 CGCC 最新变革的成果。当前国内对 CGCC 分配规则的引介，有些还停留在旧法版本。以下原文摘抄立法委员会对 CGCC 改革的说明：

二、加州立法委员会对加州旧法测试的改革说明

在旧法中，原则上红利仅能以营业盈余支付。例外是，在特定情况下，红利可以从净资产中支付，可以从资本盈余中支付，可以从声明资本的减资中支付（原 Cal.§1500）。然而，底线是，任何分红都不可以导致公司丧失偿付能力（原 Cal.§1501）。

实践中的问题是，上述一般的限制并未给债权人，尤其是交易债权人提供充分的保障。这是因为，在股东最初缴付给公司的出资中，只有微不足道的一部分可以被划定为资本盈余而非资本。

类似地，旧法关于回购的基本规则也是只能以营业盈余进行回购（原 Cal.§1707）。例外是，允许以"减资盈余"进行回购，以及任何盈余进行回购（原来 Cal.§1707 与§1706）。

旧规则区别对待了回购的价款来源和分红的价款来源，这是不协调的。因为在保护公司债权人和优先股股东的意义上，按比例的回购和分红别无二致。

为了建立起对债权人和优先股股东有意义的保护机制、优化分红和回购的规则，本节基于当前公司财务状况，设计了一种"向股东

分配"的限制性规则（"向股东分配"的定义参见§166）。该规则摒弃了"声明资本"和"盈余"的概念，代之以资产负债表测试。

　　该测试由两个子测试构成。如果满足其一，公司即可分配。测试一，公司可以留存利润分配。测试二，如果没有留存利润，分配应满足以下条件：分配后公司的财产（不包括无形资产）至少1.25倍于其债务（不包括递延债务），并且公司的流动资产必须至少等于其流动债务。

　　关于测试中的折现力（liquidity）部分，如果公司在上两个财政年度平均税前收入，不高于平均利息费用的话，那么流动资产必须至少1.25倍于当前的流动债务。然而，如果依据公认的会计原则，该公司资产不区分为流动资产和固定资产的话，该公司不适用该折现力测试。

　　在对公司资产进行评估时，本节禁止将任何尚未实现的价值计算在内（除非是流动性很强的证券），也禁止将资产置换产生的利润计算在内（除非是置换得的资产极易变现）。旧法关于宣布股利的限制是类似的（原 Cal. §1502）。可用以分配支付的财产价值，以财报记载为基础。

　　在相应的判例中，如果"当期收入"可被确认和计算，那么尽管其尚未收讫，依然可为资产评估所考虑。

　　任何被本条测试合格的分配，还必须经受§501偿付能力测试的限制。

　　（2）§500（b）

　　在适用本节（a）条（1）款的意义上，"拖欠的优先股股息（preferential dividends arrears amount）"指公司所拖欠的优先股股东享有的分配请求权数额的累计总和。但是，如果章程规定可以不考虑累计拖欠优先股东股息而进行分配的，那么在使用本节（a）条（1）款时，拖欠的优先股股息额度视为0。

　　在适用本节（a）条（2）款的意义上，"优先权总额（preferential rights amount）"是指假定公司在分配时解散，优先股股东优先于其他股东获得清算财产分配的权利，包括已宣布但尚未分配的股息。但是，如果公司章程规定公司分配可以不考虑该优先权的，该优先权总额视为 0。

如果公司分配的形式是以现金、其他财产为对价进行股份回购，其分配产生的公司债务没有导致贷记留存收益或者借记负债的话，则①应当在留存收益总额之上，加上以前从留存收益中扣除的、与公司回购股份有关的、反映在公司资产负债表上的债务的全部金额。但是，该金额不得超过发行前尚未支付之债务的本金部分。②应当在负债中，扣除此前增加的与公司回购股份之债务相关的、反映在公司资产负债表上的所有金额。但是，该金额不得超过分配后仍然未付债务之本金额度。[1]

---

〔1〕 原文：(b) For the purpose of applying paragraph (1) of subdivision (a) to a distribution by a corporation, "preferential dividends arrears amount" means the amount, if any, of cumulative dividends in arrears on all shares having a preference with respect to payment of dividends over the class or series to which the applicable distribution is being made, provided that if the articles of incorporation provide that a distribution can be made without regard to preferential dividends arrears amount, then the preferential dividends arrears amount shall be zero. For the purpose of applying paragraph (2) of subdivision (a) to a distribution by a corporation, "preferential rights amount" means the amount that would be needed if the corporation were to be dissolved at the time of the distribution to satisfy the preferential rights, including accrued but unpaid dividends, of other shareholders upon dissolution that are superior to the rights of the shareholders receiving the distribution, provided that if the articles of incorporation provide that a distribution can be made without regard to any preferential rights, then the preferential rights amount shall be zero. In the case of a distribution of cash or property in payment by the corporation in connection with the purchase of its shares, (1) there shall be added to retained earnings all amounts that had been previously deducted therefrom with respect to obligations incurred in connection with the corporation's repurchase of its shares and reflected on the corporation's balance sheet, but not in excess of the principal of the obligations that remain unpaid immediately prior to the distribution and (2) there shall be deducted from liabilities all amounts that had been previously added thereto with respect to the obligations incurred in connection with the corporation's repurchase of its shares and reflected on the corporation's balance sheet, but not in excess of the principal of the obligations that will remain unpaid after the distribution, provided that no addition to retained earnings or deduction from liabilities under this subdivision shall occur on account of any obligation that is a distribution to the corporation's shareholders (Section 166) at the time the obligation is incurred.

评析：此段对§500（a）的适用提出了细琐的财务要求，为各州法中所罕见。如此细致的规定，倒不像是公司法风格，更类似于某种"公司法实施细则/应用操作手册"的风格。

（3）§500（c）

董事会在就分配不违反§500（a）或者§501做出决议时，应当依据以下财务基础：①依据财务报告。该财务报告的编制，基于在该情况下合理的会计实践与原则。②公允的估值。③在此种情形下合理的其他任何方法。[1]

评析：CGCC§500（c）只是将MBCA§6.40（d）加以拆分。两者并无实质区别。

（4）§500（d）（e）

[翻译]（d）如果实际支付发生在决议日后120日内，则董事会判断分配是否满足§500（a）（1）或者（2）的基准日为董事会决议日。[2]

（e）①如果公司所欠债务的条款约定，仅在公司对股东的分配可以依据本节规定合法作出时，该债务之本金及利息方可做出，则该项公司债务，包括公司为分配而负担的债务，并不属于§500（a）（2）所称之债务。[3]②如果公司为分配而负担债务，则每一笔对本

---

〔1〕 （c）The board of directors may base a determination that a distribution is not prohibited under subdivision （a） or under Section 501 on any of the following:

（1）Financial statements prepared on the basis of accounting practices and principles that are reasonable under the circumstances.

（2）A fair valuation.

（3）Any other method that is reasonable under the circumstances.

〔2〕 原文：The effect of a distribution under paragraph （1） or （2） of subdivision （a） is measured as of the date the distribution is authorized if the payment occurs within 120 days after the date of authorization.

〔3〕 原文：（1）If terms of indebtedness provide that payment of principal and interest is to be made only if, and to the extent that, payment of a distribution to shareholders could then be made under this section, indebtedness of a corporation, including indebtedness issued as a distribution, is not a liability for purposes of determinations made under paragraph （2） of subdivision （a）.

金和利息的实际支付都应当视为分配，并应当以实际支付日为基准日，接受（a）款的检验。[1]

评析：以上两条杂糅式规定了分配基准日和次级债务规则，分别相当于 MBCA§6.40 的（e）与（g）。CGCC 与 MBCA 关于次级债务的规定一致，但对基准日的规定有所不同。

MBCA 采用的是三分法：第一，回购、回赎，以实际支付日与股东身份注销日较早者为准；第二，负债式分配，以"分配日"（含混的日期）为准；第三，其他分配形式，履行日在决议日后 120 日内的，以决议日为准，否则以履行日为准。CGCC 是两分法：第一，负债式分配，以支付日为准；第二，其他分配形式，则采用决议日到支付日是否长达 120 日的判断。

换言之，MBCA 与 CGCC 有两点实质性差异：第一，CGCC 不认为回购、回赎的情形足够特殊，以至于必须单独为其设定基准日。第二，负债式分配，MBCA 的基准日规则含混不清；而 CGCC 明确认定是债务支付日。

（5）§500（f）

（f）CGCC 第 4 编第 1 目第 3 部分 2 章所规定的证券公司不适用本节规定。该证券公司在分配后，其净资产要符合联邦商业机构委员会以及证券交易委员会的相关规定。[2]

（6）§501

如果一个公司或者其子公司在分配前或者作出分配后，将大概率不能支付其到期债务，则该公司或者其子公司不得对该公司的股

---

〔1〕 原文：If indebtedness is issued as a distribution, each payment of principal or interest on the indebtedness shall be treated as a distribution, the effect of which is measured on the date the payment of the indebtedness is actually made.

〔2〕 原文：(f) This section does not apply to a corporation licensed as a broker-dealer under Chapter 2 (commencing with Section 25210) of Part 3 of Division 1 of Title 4, if immediately after giving effect to any distribution the corporation is in compliance with the net capital rules of the Commissioner of Corporations and the Securities and Exchange Commission.

东实施分配。[1]

评析： 比利时根特大学金融法研究所 Wenjing Chen 博士（2014）指出，§501 是 CGCC 的特色和亮点，它意味着 CGCC 比 MBCA 整体上严格了一个层次。其表现是：第一，CGCC 在整个公司集团的意义上考察偿付能力。即，母公司只能在整个公司集团的偿付能力得到确认之后，才能进行支付。第二，CGCC 使用了"would be, likely"的措辞。这意味着哪怕公司并非实际丧失偿付能力，仅仅是可能丧失偿付能力，也禁止分配。[2]

本书认为，上述解读非常有道理，同时也值得补充。

一方面，与上述公司集团整体意义的解读不同，另一种翻译方式是将母公司与子公司分开。即，母公司若分配后将丧失偿付能力，则不得分配；子公司若向母公司的股东支付后将丧失偿付能力，则不得分配。两种翻译方式谁更符合原文，还有待讨论。不过 CGCC 的独特之处是，将子公司向母公司股东的支付，即"祖对孙"的支付，也视为分配。这的确是更严的规制。

另一方面，"would be, likely"的措辞能否解读为"仅有丧失偿付能力的可能性即禁止分配"，也可以进一步理解。第一，"likely"固然表示可能性，但它是面向分配之后的情形而言的。作出判断的时点是分配基准日，至于分配之后公司会发生何种状况，只能凭借预测。不只加州，每个州都是如此。因此，与 Wenjing Chen 博士不同的另一种理解是，"likely"并非表示更严，而仅仅是对应分配后情形的必然性措辞。第二，"likely"固然表示可能性，但从程度而言，属于较高甚至最高程度的可能，不妨译为"大概率"或者"很可能"。（1）《元照英美法词

---

[1] 原文：Neither a corporation nor any of its subsidiaries shall make any distribution to the corporation's shareholders（Section 166）if the corporation or the subsidiary making the distribution is, or as a result thereof would be, likely to be unable to meet its liabilities（except those whose payment is otherwise adequately provided for）as they mature.

[2] See Wenjing Chen, "Abolition of legal capital requirements under Chinese Company Law 2014 and its potential influence: a comparative study in selected countries", *The Company Lawyer*, Vol. 35, No. 12, 2014, pp. 371-377.

典》也解释说，按照词义的性质和情况，likely 用于表明事情发生或存在的可能性要大于不可能性。likely 在可能性的程度上大于 possible，小于 probable。[1]（2）在线韦氏英语词典中，likely 指大概率（having a high probability）或者非常可能（very probable）会发生或者为真。[2] 在线简明剑桥英语词典认为，likely 与 probably 是同一程度（If something is likely, it will probably happen）。[3]而 probable 公认已经属于大概率、高程度、很可能的程度，其程度值高于 possible。综上所述，加州法使用"would be, likely"的措辞，也可以解读为一种正常表述，没有特别含义。当然，有待进一步研究。

（7）§503

（a）假如公司与股东约定，公司为股东支付人寿保险的保险费，且在该股东死亡时，将保险收益超过保险费之部分用作对价，回购该股东生前所有之股份，则此种回购不适用于§500 与§501 之规定。

（b）假如公司与股东约定，公司为股东缴纳伤残保险的保费，且在该股东丧失民事行为能力时，以保险收益超过保险费之部分作对价，回购该股东持有之股份，则此种回购也不适用于§500 与§501 之规定。本条中的"伤残保险"（disability insurance）指被保险人因工伤、事故而发生伤残的赔偿协议。[4]

评析：本节侧面证明，分配的本质之一，是财产从公司单向流向股东。

（8）§505：允许章程细则、组织大纲、合同、协议另加限制

本章不禁止公司以组织大纲、章程细则或者股东协议、其他公司加

---

〔1〕 参见 http://www.studymall.com/dic/DictionaryDetail.aspx? iDT = 110937，最后访问日期：2021 年 1 月 22 日。

〔2〕 参见 https://www.merriam-webster.com/dictionary/likely，最后访问日期：2021 年 1 月 22 日。

〔3〕 参见 https://dictionary.cambridge.org/dictionary/english - chinese - simplified/likely，最后访问日期：2021 年 1 月 22 日。

〔4〕 来源 1. Find Law, https://codes.findlaw.com/ca/corporations-code/corp-sect-503/.

来源 2. Justia Us Law, http://law.justia.com/codes/california/2021/code-corp/title-1/division-1/chapter-5/section-503/.

人的协议等，对分红、回购、回赎作出额外的限制。[1]

评析：实际上无需作此规定，因为这是法律的基本原理。在私法领域，法无明文禁止即为自由。只要当事人之间的意思自治内容不与法律相抵触，自然可以产生其合意所指向的法律效果。如果此处强调是必要的，那么公司法的每一处强制性规定之后，都应该加上类似的内容。

（9）§508

本章之规定，不适用于第 18 章、第 19 章规定的清算、解散之情形。

评析：本节相当于 MBCA §6.40（h）之内容。

3.1.1.3 BCL §1551

§1551（a）基本规则。除非章程另有规定，董事会有权批准公司分配。公司章程中为任何股份设定面值的条款，不得限制公司的分配能力。

§1551（b）法定限制。公司不得分配，如果：

（1）公司将对正常运营中届期的债务丧失履行能力；或者

（2）公司总资产将少于总债务加上其优先股东索取权（假设公司当时清算）之和。

评析：本条规定与 MBCA 完全一致。

§1551（c）估值。董事会在决定分配是否满足上条规定时，可以依据下列一项或者多项条件：

（1）公司资产和负债的账面价值；

（2）将尚未实现的增值或者折旧，或者其他资产或负债之价值变化考虑在内的估值结果；

（3）公司的流动资产与流动负债，无论是单独估值还是评估持续经营价值均可；

（4）该情形下任何合理方法。

---

〔1〕 原文：Nothing in this chapter prohibits additional restrictions upon the declaration of dividends or the purchase or redemption of a corporation's own shares by provision in the articles or bylaws or in any indenture or other agreement entered into by the corporation.

在决定分配是否为（b）（2）所禁止时，董事会无需考虑公司债务，除非在公司资产负债表上明确记载的。而该资产负债表优势基于公认的会计原则，或者在此种情形下被广泛使用的合理的其他会计实践与原则。

§1551（d）分配基准日。分配基准日的确定规则如下。

（1）如果分配行为发生于董事会指定的日期（the date specified by the board of directors）或者决议日之后 125 日之内，则分配基准日为董事会指定日或者决议日。

（2）其他情况下，分配基准日为分配日（the date of distribution in all other cases）。

（3）在回购、回赎或者公司以其他方式取得自己股票的情况，分配日是以下两种日期中较早者：第一，财产转让日或债权发生日；第二，股东身份注销日。[1]

评析：分析 BCL 必须先确认两个概念，一是"董事会指定日"，二是"分配日"。"董事会指定日"有两种理解，一是等于董事会决议日；二是在董事会决议日之外、由董事会另行指定的另一期日。此处应该取第一种理解。因为如果是第二种，则董事会指定分配日令人莫名其妙，也会在"决议日""履行日"之外，引入"董事会指定日"这一第三变量，把基准日分析体系构建得过于复杂。因此，"董事会指定日"（the date specified by the board of directors）就是董事会决议的日期。"分配日"也有两种理解，一是等于分配基准日，二是分配履行日。此处应当取第二种理解。因为如果是分配基准日，则本条产生语词嵌套的错误。

在此基础上可以确认，BCL 与 MBCA 有三点区别：

第一，MBCA 将分红和承债式分配区分规定，BCL 则将两种情况合并规定，仅仅单独考虑回购。宾州规定得更为合理。因为两种情况在经济结构上并无本质区别：分红是分配现金或者其他财产；

---

[1] 参见 https://codes.findlaw.com/pa/title-15-pacsa-corporations-and-unincorporated-associations/pa-csa-sect-15-1551.html，最后访问日期：2021 年 1 月 22 日。

承债式分配则是分配债权。

第二，两者同样规定决议之后足够长期间才支付的，必须以支付日为分配基准日。只不过 MBCA 将区间定为 120 日；BCL 定为 125 日。

第三，最大的区别是引入了"董事会指定日"（the date specified by the board of directors）这一说法，令判断体系更加复杂。但是，假如翻译基本无误，BCL 在此处疑似存在两点瑕疵：其一，相关条款规定，"如果分配发生于决议日或者指定日后125 日内的，以分配日或者指定日为基准日。"［§1511（d）（1）］那么，假如分配同时发生于决议日和指定日后 125 日内，此时应当以分配日还是指定日为基准日？其二，相关条款规定，"如果分配行为发生于决议日或者指定日后 125 日以外的，以分配发生日为基准日。"［§1511（d）（2）］那么，本条款的意思究竟是分配行为发生日只要发生于决议日或者指定日之一 125 日以外，就以分配日为基准日，抑或是发生日必须同时位于决议日、指定日 125 日以外，才以分配日为基准日？

——引入"董事会指定日"这一第三变量当然是可以的。但是，立法中，引入变量不是为了把目的搅浑、把逻辑搅乱，而是为了更精确、清晰地构建场景、描述行为。目前来看，宾州的变量引入似乎并不成功。

§1551（e）回赎相关事项与类似的债务。[1]如果公司采取负债式分配，则该债务与其他普通非担保债务平等受偿，除非分配协议规定该债务劣后受偿。[2]

§1551（f）特定的劣后债务。公司的债务，包括公司负债式分配所负之债务，如果其债务合约约定只有公司状况在满足本条规定的分配条件之时，才能为债务之给付，则该债务将不被计入本条（b）款所指的债务（公司总资产大于总债务与优先股股本之和）

---

〔1〕 但是本款不见回赎的问题。疑似本款修订时有删节，但忘了修改题标。

〔2〕 原文：（e）Redemption related and similar debt. ——Indebtedness of a corporation to a shareholder incurred by reason of a distribution made in accordance with this section shall be at least on a parity with the indebtedness of the corporation to its general unsecured creditors except to the extent subordinated by agreement.

中。如果公司采用负债式分配，则每次支付都被视为一次分配，衡量分配后果的基准日，为实际支付日。[1]

本款与 CGCC §500 类似，均规定劣后债务对分配测试的影响。

本款前半段，规定了一个在概率上颇为少见的情况，即一种劣后债务是不必计算入本条（b）款所规定的总债务中的。而此债务的劣后性，恰恰体现于它劣后于公司的分配而主张。该规定有较为浓厚的判例法意味，似乎是典型的关注小概率事件的奇怪立法技术。猜测是把某判例判词糅入成文法的结果。但在现实中，哪位债权人会与公司约定，本债务的履行甚至要劣后于公司分配呢？几乎唯一的可能性是，只有公司本身才会采取此种劣后负债的分配，此种劣后债权正是公司分配的产物。但是，既然要规定，就要规定全面一点。(f) 并不全面，比较突兀。

上述劣后债权的产生，必然会导致 §1551（b）分配测试规则的两个例外。§1551（f）实际上只规定了例外一，似乎未臻全面。§1551（f）的意思是，既已生成的劣后分配债权，是不需要被考虑到 §1551（b）（2）"总资产 ≥ 总债务 + 优先股本"条件中的"总债务"之中的。道理很简单，分配测试之所以考虑"总债务"，考虑的是债权人的利益是否受损，债权人的责任财产是否充足。因此在某种意义上，股东对公司的分配请求之债，相对于普通债权人的债权，是有劣后意味的。而"劣后分配债权"更是劣后于分配，即使数量再多、比例再大也不会影响普通债权人的利益，无需考虑。

本款并未规定第二个例外，但依解释可以得出，即公司采取负债式分配，分配的标的不是现金或资产，而是劣后分配的债权，此时就不需要经过 §1551（b）两个条件的检验。

---

〔1〕 原文：(f) Certain subordinated debt. --Indebtedness of a corporation, including indebtedness issued as a distribution, shall not be considered a liability for purposes of determinations under subsection (b) if its terms provide that payment of principal and interest are made only if and to the extent that payment of a distribution to shareholders could then be made under this section. If such indebtedness is issued as a distribution, each payment of principal or interest shall be treated as a distribution, the effect of which shall be measured on the date the payment is actually made.

本段后半段规定的则是大概率事件，它针对"负债式"分配，规定了特殊的基准日：每次实际支付日。该规则的潜台词是，宾州立法者认为负债式分配与一般的现金或资产分红、回购不同，因此需要特殊处理。

3.1.1.4 佛州商事公司法 § 607.06401

该法§607.06401共8条，结构和内容与MBCA§6.40相比，大多一致。[1]不同点有三处，一处减少，两处增加。

第一，减少的条文。MBCA§6.40（h）专设一条，排除清算分配行为在此处的适用空间。而佛州的"分配"定义既然包含了清算分配，自然不会排除清算分配之适用。MBCA的规定更好。清算分配与股东取得投资回报式的分配，本来就是两回事，不应当混为一谈。

第二，增加的条文。佛州商事公司法增设§607.06401（5），用以规定一种特殊行业公司的分配。该条全文为：如果公司章程规定，本公司从事的行业为开采自然资源或者其他消耗性资源。则公司可以通过扣减折耗费用（depletion）或者类似的储备金，实施现金分红。此类分配必须被确认为一项基于上述储备金的分配。公司必须在实施此类分配的同时，向股东披露每一股份所对应的储备金额度。[2]

---

〔1〕 参见 https://codes.findlaw.com/fl/title-xxxvi-business-organizations/fl-st-sect-607-06401.html，最后访问日期：2021 年 1 月 23 日。原文：If the articles of incorporation of a corporation engaged in the business of exploiting natural resources or other wasting assets so provide, distributions may be paid in cash out of depletion or similar reserves; and each such distribution shall be identified as a distribution based upon such reserves, and the amount per share paid on the basis of such reserves shall be disclosed to the shareholders concurrent with their receipt of the distribution.

〔2〕 参见 http://codes.findlaw.com/fl/title-xxxvi-business-organizations/fl-st-sect-607-06401.html，最后访问日期：2023 年 4 月 7 日。原文：If the articles of incorporation of a corporation engaged in the business of exploiting natural resources or other wasting assets so provide, distributions may be paid in cash out of depletion or similar reserves; and each such distribution shall be identified as a distribution based upon such reserves, and the amount per share paid on the basis of such reserves shall be disclosed to the shareholders concurrent with their receipt of the distribution.

评析：佛州商事公司法增加的§607.06401（5）有道理。不过它属于细节性补充，不构成对 MBCA 的结构性更改。

增加的第二处条文，是在 MBCA §6.40（d）一条增加了一款。原文仅有一款，规定董事会在自我检测拟实施的分配是否符合§6.40（c）测试时，应当依据财务报告（financial statement）作出；而编制财务报告自然应当依据通行的会计实践与会计原则。也可以不拘泥于财务报表，依据其他合理的公允估值或者其他方法作出。§607.06401（4）增加的第二款全文为：如果分配决议是在上述"公允估值"基础上作出，则此类分配应当被确认为一项基于当前财产价值的分配（a distribution based upon a current valuation of assets）。同时，公司应当向股东披露这一估值在每一股份上的对应额度。

对上述增加的第（2）款的评析：通常而言，核算分配资产的价值，本应当依据会计报表，不应当也不必依据其他方法。但是，无论是 MBCA 还是佛州商事公司法，都在此之外开了一项口子，允许以不同于会计报表的其他公允的估值方法来决策。本书推测，这可能是考虑到会计核算的特点和局限性。会计核算时，出于稳健性要求，对那些能够获得可靠信息的资产，以其公允价值或者市场价值来核算；对于那些不能获得此类信息的资产，主要是土地、建筑物、设备、存货等非现金资产，则以其购入成本进行核算。因为会计学理论认为，公允价值是主观的和难以估计的；成本则是客观的。[1]在若干实物分配的场合，以购入成本计算分配标的之价值，可能会发生偏差。此时以"其他合理估值方法"进行估值可能更合理。

这可以解释佛州商事公司法为什么增加第二款。本书推测，该州立法者可能担心这种方法的随机性和可操纵性过强，容易被公司内部人利用，从事机会主义行为。因此，立法者特地增加第二款，

---

〔1〕 参见［美］莱斯利·K.布莱特纳、罗伯特·N.安东尼著，杨冰等译：《会计学基础》，清华大学出版社 2013 年版，第 9~10 页。

增加了两项要求：（1）特别确认。基于会计报表以外的财务方法估值的分配，不能与一般分配等而视之，要特别标识、确认。（2）此种特别标识的分配，公司多出一种信息披露的义务。本书认为，这两项要求都有道理，但断然属于"软约束"，若有若无。大量硬约束在中国语境中尚且形同虚设，遑论此类软约束。

整体上，佛州商事公司法的整体结构与 MBCA 高度类似，属于 MBCA 系。2019 年，佛州立法机构修订了偿付能力测试的基本规则。修订前，公司分配只需要满足偿付能力标准即可。修订后，该州公司需要同时满足两个标准：第一，公司应有能力支付其在通常业务过程中到期的债务（衡平测试）；第二，按照公平估值，公司总资产须高于其总债务（资产负债表测试）。换言之，2019 年佛州商事公司法修正案增加了资产负债表标准。[1]

§607.06401（8）规定，公司的债务，包括作为分配而发行的债务，如果该债务的相关条款规定，只有满足§607.06401 之条件，才可以支付本金和利息，则该债务不被视为必须通过第（3）款测试的负债。如果某项债务是作为分配而发行的，那么每一笔本金或利息的支付都被视为分配，判断其合法性的时点为实际支付的日期。

评析： 第（8）分节实际包含两层意思。

第一层意思：劣后性债务，可以在实施分配测试时予以扣减。Gregory C. Yadley 与 Julio C. Esquivel 对此规定有举例说明。其谓：

假设 ABC 公司有 100 股普通股和 100 股流通的优先股。优先股的清算优先权为每股 2 美元，共计 200 美元。假定此时，ABC 公司的资产负债恒等式为：总资产 $10 000−总负债 $9500＝权益资本 $500。则一般情况下，公司可以分配的最大金额为 300 美元。公式：

一般分配金额最值＝资产−负债−优先股权益

不过，假定其中 5000 美元的债务为劣后债务，即约定此债务仅仅在依据本节的规定，可以支付给股东的分配财产的情况下，才能

---

〔1〕 See The Florida Bar, Florida Corporate Practice, Florida Bar Continuing Legal Education, 9th Edition, https://1-next-westlaw-com.b12135.top/Document/I3be6244eb4a011e08b05fdf15589d8e8/View/FullText.html，最后访问日期：2021 年 1 月 23 日。

支付本金和利息。则 5000 美元应当从债务中扣除，即此时公司可以分配的最大债务金额为 5300 美元。公式：

包含劣后债务时的分配最值＝资产－（总负债－劣后负债）－优先股权益

第二层意思：以分配为目的公司对股东发生的债务，即前文所谓承债式分配，不仅债务发生之时需要通过分配测试，嗣后每一笔基于债务履行所交付的本金及利息，都需要通过分配测试。Gregory C. Yadley 与 Julio C. Esquivel 也有举例说明：

假设 ABC 公司有一个股东，拥有 100 股普通股。该公司的资产负债表恒等式为：总资产（60）－总负债（10）＝权益资本（50）。该公司通过决议，向股东发行 40 美元的期票（a promissory note）以支付利息。该期票的支付不受限制。

假设该公司已经通过第一项衡平测试。此时，就当前数据，公司也可以通过第二项资产负债表测试，因为依据"总资产（60）－负债（10）－优先股权益（0）"的计算公式，此时的最大可分配金额为 50。因此，发行 40 美元期票支付利息的决议合法。

假设一年后，公司决议支付 10 美元的期票，其中包括 8 美元的利息和 2 美元的本金。依然假定公司通过衡平测试。此时，第二项资产负债表测试的过程如下：

第一，分配前，公司能分配的最大金额是"总资产（60）－负债（50）－优先股权益（0）"，即 10 美元。故，公司刚好可以合法地支付 10 美元的期票。

第二，分配后，公司的总资产将变为 60－10＝50。总负债将变为 50－2＝48。优先股权益依然为 0。由于资产（50）＞负债（48）＋优先股权益，故分配合法。[1]

——此例所彰显的是承债式分配与普通的现金、财物分配的不同。表面上看，承债式分配无非也是由"债权行为（债务的产生、

---

〔1〕 See The Florida Bar, Florida Corporate Practice, Florida Bar Continuing Legal Education, 9th Edition, https://1-next-westlaw-com. b12135. top/Document/I3be6244eb4a011e08b05fdf15589d8e8/View /FullText.html，最后访问日期：2021 年 1 月 23 日。

债券或票据的签发等）+物权行为（债务的履行）"组成的，和现金分配之"债权行为（决议）+物权行为（现金发放）"，在本质上并无不同。此例说明，两者并不相同。其一，承债式分配中，实际支付行为距离决议作出行为，通常时隔1年以上，甚至更久，支付时公司的财务状况可能较决议时发生较大变化。其二，债务包含利息之债。承债式分配自然也是如此。实际履行的时点距离决议越长，利息越高。综合以上两个因素，承债式分配不宜像普通分配那样，选取一个法定的分配基准日，作一次性分配测试；而是应当在分配的决议和履行两个时点，分别进行测试。

3.1.1.5 华盛顿州商事公司法 § 23B.06.400[1]

华盛顿州商事公司法的分配规则共计7条。与 MBCA 相比，有关分配测试条件的核心规则不变，次要规则作了形式上的增删调整。其中删除一处、增加一处、调整两处。

删除一处，即 MBCA §6.40（b）关于股东登记日的条款。本条不重要，客观上存废均无妨。只是不清楚立法者在此处删除的具体用意。

增加一处，即 §23B.06.400（6）。其内容为：在本节及其相关规定的适用范围内，本节及其相关规定，在适用上优先于本州其他有关分配合法性的规定。

调整两处。其一，位置的变换。MBCA §6.40（g）（2）关于次级分配债务的基准日规定，被华盛顿州调整到第4条之中。其二，该节第7条并非单纯排除清算式分配的适用，而是规定将解散公司的资产转让给 RCW §23B.14.030（4）所述类型的信托或其他继承实体，仅在信托或继承实体向股东分配资产的情况下，才构成本节第2条规定的分配。

3.1.1.6 麻省商事公司法 §6.40[2]

麻省商事公司法 §6.40 规定了分配测试。该节明显以 MBCA

---

〔1〕 参见 https://codes.findlaw.com/wa/title-23b-washington-business-corporation-act/wa-rev-code-23b-06-400.html，最后访问日期：2021年1月23日。

〔2〕 参见 https://malegislature.gov/Laws/GeneralLaws/PartI/TitleXXII/Chapter156D/Section6.40，最后访问日期：2021年1月23日。

§6.40 为参照。两者结构完全一致，均含有 8 条。内容基本一致。麻省规则相比 MBCA，存在两处扩写。

第一处，第（c）条第一项的扩写。MBCA 仅扼要地规定，公司将不能清偿正常经营下的到期债务。麻省则细化为公司将不能清偿正常经营下现有的到期（金钱）债务（debts）、负债（liabilities）、义务（obligations），或者合理预见范围内的到期债务、责任、义务，无论其金额是否确切（liquidated）[1]、履行期限已届至（matured）、已被声索（asserted）、确定存在（contingent）。[2]

第二处，§6.40（h）条的扩写。MBCA 只是扼要地说，本节规定不适用于清算时的分配。麻省则将其细化为除非本法第 14 章实施后作出充分规定，公司满足如下条件，否则公司不得进行清算式分配：（1）公司现有的，以及可以合理预见的未来债务、责任和义务，不论其金额确定与否、到期与否、被声索与否，以及；（2）优先清算股对其他普通股的清算优先权。清算中的分配，指的是公司在第 14 章解散之规定下所做的分配，或者针对公司全部抑或大部财产作出的分配、一系列分配之一。[3]

---

〔1〕 在元照英美法词典上，liquidated 一词有四种含义。（1）已支付的；已付清的；（债务）已清偿的。（2）（公司、企业等）已清算的；已破产的。（3）（债务金额）确定的。（4）（将资产等）变现的。参见 http://lawyer.get.com.tw/Dic/，最后访问日期：2021 年 1 月 23 日。已经支付、清偿的债务，自然不受分配的影响。故应当取第（3）种含义，即 liquidation 在正文语境下指债权金额确定与否，而不是债务清偿与否。

〔2〕 原文：the corporation would not be able to pay its existing and reasonably foreseeable debts, liabilities and obligations, whether or not liquidated, matured, asserted or contingent, as they become due in the usual course of business.

〔3〕 原文：(h) No distribution in liquidation may be made by a corporation unless adequate provision has been made, after giving effect to the provisions of PART 14, to satisfy: (1) the corporation's existing and reasonably foreseeable debts, liabilities and obligations, whether or not liquidated, matured, asserted or contingent, as they thereafter arise; and (2) the preferential liquidation rights of shares whose preferential rights are superior to such rights of the shares which would receive the distribution. A distribution in liquidation means a distribution made by a corporation in dissolution under PART 14, or a distribution, or one of a series of related distributions, of all or substantially all of the corporation's assets.

评析：麻省在"偿付能力测试"的核心条款上做了三点细化。这导致麻省规则比 MBCA 更严。

首先，将单一的 debts 细化为 debts、liabilities、obligations。依据元照英美法词典的解释，debts 的首要含义是（金钱）债务、欠款、欠债，另一种相关含义是（某人应履行的）债务、承诺。Liability 有两层相关含义，首要含义是（民事或者刑事）责任，另一种相关含义是（财会中的）债务、负债。Obligation 的首要含义是债、债权债务关系，另一种相关含义是债务、义务、责任。[1]由此推知，debts、liabilities、obligations 的各自含义有较大的交集，都无妨理解为"债"或者"债务"。只不过在核心义项上，debts 偏重指狭义的金钱债务关系；liabilities 侧重指责任关系，且不限于民事；obligations 侧重指广义上的一切债权债务关系，不仅不限于民事，甚至不限于法律关系。因此，麻省规则的细化是有道理的。公司分配所影响的债权利益，不仅仅限于以金钱为给付内容的民事债权债务，还可能包括民事责任和非民事债权债务。此处细化，导致麻省规则比 MBCA 更加严格。

其次，把 MBCA 笼统称之的债务（debts），细化为现有债务与合理预见范围内的未来债务（existing and reasonably foreseeable debts）。偿付能力测试时要不要考虑一定预见范围内的未来债务，是一个价值判断问题，不是是非题。只是可以肯定，此处细化，导致麻省规则比 MBCA 更加严格。

最后，把 MBCA 笼统指向的债务状态，细化为包含（1）确定债务以及非确定债务（contingent）；（2）金额确定债务以及金额非确定债务（liquidation）;（3）已届履行期债务以及未届期债务（mature）；（4）已被声索债务或者未被声索债务（assertion）。无论这些细化解释是否合理，可以确定，麻省规则比 MBCA 更加严格。

至于第二处扩写，没有弄懂原文的语法，不明其意。不过可以肯定，第二处扩写无关紧要。

---

〔1〕 参见 http://lawyer.get.com.tw/Dic/，最后访问日期：2021 年 1 月 23 日。

麻省律师 Edmund Polubinski Jr. 对上述麻省规则有整体评论。他认为，衡平测试与资产负债表测试的规定是直截了当的。§6.40（c）使用了"或"字来连接两项测试，并使用"除非……否则不得进行分配"的表述，表明这两个测试必须都满足。有趣的是，Edmund 评论说，解释这些文本的评论把水搅浑了，令本来简单明了的两项测试变得主观和复杂。Edmund 基于此和其他更多的原因，甚至推荐去特拉华州注册公司。[1]

3.1.1.7 爱荷华州商事公司法 §640[2]

爱荷华州商事公司法 §640 之规定与 MBCA §6.40 完全相同。

3.1.1.8 马里兰州公司与协会法 §2-311[3]

马里兰州没有专门的商事公司法。其公司与协会法 2-311 仅 5 条，没有就分配决策权、股东登记日、清算分配的适用性三个问题耗费笔墨。5 个条文中的 4 条与 MBCA 一致。但是，在最为关键的规定分配测试条件的条文上，马里兰州公司与协会法 §2-311（a）对 MBCA §6.40（c）进行了实质性增补。

MBCA §6.40（c）篇幅为一款两项，每项设置一个测试题，即偿付能力测试（第一项）与净资产测试（第二项）。§2-311（a）却在此之外增设一款，其内容为公司的分配可以来源于：（i）公司分配所在的财政年度，公司的净利润（net earnings）；（ii）前一财政年度的净利润；（iii）此前八个财政季度的净利润之和。[4]

---

〔1〕 See Edmund Polubinski Jr., Business Corporations with forms, Thomson Reuters, https://1-next-westlaw-com. b12135. top/Document/I431a50be4cc411 da86e9811e046036e 6/View/FullText. html，最后访问日期：2021 年 1 月 23 日。

〔2〕 参见 https://codes. findlaw. com/ia/title-xii-business-entities-chs-486-504c/ia-code-sect-490-640. html，最后访问日期：2021 年 1 月 23 日。

〔3〕 参见 https://codes. findlaw. com/md/corporations-and-associations/md-code-corps-and-assoc-sect-2-311. html，最后访问日期：2021 年 1 月 23 日。

〔4〕 原文：(2) A corporation may make a distribution from：(i) The net earnings of the corporation for the fiscal year in which the distribution is made; (ii) The net earnings of the corporation for the preceding fiscal year; or (iii) The sum of the net earnings of the corporation for the preceding eight fiscal quarters.

评析：马里兰州公司与协会法对 MBCA 作出了重大修改。MBCA 考察公司的偿付能力与净利润，大致是一个资产负债表与现金流量表的概念。如果仅有这两个条件，那么公司的分配应当来自资产负债表中，权益资本项下的"留存收益"账户；同时，偿付能力测试的存在还要求公司具有充分的流动资产。

马里兰州公司与协会法的特殊之处是，增加了公司分配标的必须来源于一定期限内的净利润，这就变成了损益表的概念。资产负债表是一个现有的、累积量的概念，损益表则是一段时期内的、相对量的概念。James J. Hanks, Jr. 的评价是，马里兰州采用的是变种版的偿付能力测试，和变种版的资产负债表测试，同时确定无疑地抛弃"法定资本"这一主观、武断的概念。[1]

是偿付能力+净资产测试对分配的约束更严，还是一定期限内净利润的约束更严？不一定。假如公司存在较为丰厚的未分配利润，只不过本财政年度、上财政年度利润较低甚至发生亏损，则依据前者照样可以大量分配，依据后者则不能分配；假如公司负债高于资产，净资产为负，但本财政年度、上财政年度利润扭亏为盈、利润丰厚，则依据前者不能分配，依据后者可以大量分配。

马里兰州公司与协会法同时使用了偿付能力+净资产测试 [§2-311 (a)(1)]，以及财政年度净利润测试 [§2-311 (a)(2)]，意味着公司必须同时有留存收益和近期净利润，才能分配。这样的条件当然大大严于 MBCA。这是对 MBCA 的重大修改。

3.1.1.9 新泽西州普通公司法§7-14.1[2]

新泽西州普通公司法§7-14.1 规制分配。该节仅 4 条，最大特色是精简。相比 MBCA，该节删除了 MBCA §6.40 (a)(b)(g)(h) 四条，也就是分配决议权、股东登记日、次级分配债务、清算式分

---

[1] See James J. Hanks Jr. , *Maryland Corporation Law*, Aspen Publishers, 1995, https://1 - next - westlaw - com. b12135. top/ Document/Ia22471ccb93b11de9b8c850332338889/View/FullText. html, 最后访问日期：2021 年 1 月 2 日。

[2] 参见 https://codes. findlaw. com/nj/title-14a-corporations-general/nj-st-sect-14a-7-14-1. html, 最后访问日期：2021 年 1 月 2 日。

配的适用。被保留的 4 条中，有 3 条与 MBCA 相比也作了精简。

第一，新泽西州对分配测试的表述比 MBCA §6.40（c）扼要。这主要体现在净资产测试。MBCA 要求分配后，总资产要超过总负债与优先股股东的权益。新泽西州仅仅要求总资产高于总负债，即净资产大于零。这不仅是简化，也是标准的降低。

第二，新泽西州关于分配测试的会计依据，表述上更为清晰、无歧义。该州明确提出三类会计依据都可以接受：（1）财务报表，且在广泛接受的会计准则基础上制作；（2）财务报表，在该情势下合理的其他会计准则基础上制作；（3）公允估值或者其他方法，且在该情势下合理。相比之下，MBCA 没有出现"广泛接受的会计准则"（generally accepted accounting principles）。换言之，新泽西州的依据更宽泛，标准更宽松。

第三，新泽西州对分配基准日规则，也作了精简。MBCA 是三分法——回购/赎是对价支付日与股东注销日取更早者；承债式分配是取债务发生日；其他分配，视决议日与履行日相隔的期间而定。新泽西州则是两分法，一是回购/赎，二是其他。

评析：前两项差异是纯粹价值判断。第一，净资产测试要不要把优先股股东视为类似于公司债权人的外部人，是或不是都有道理。第二，能不能采用通用的会计准则，通用的准则在当下是否合理，这些也没有确定答案。这些修订无关逻辑，关于价值，只能说，新泽西州法比 MBCA 更加宽松，对公司内部人这一利益集团更加宽容。这可能是受到 DGCL 带动的"州际竞次"的影响。

第三项差异整体也是价值判断，但包含可以争辩的逻辑问题，即：承债式分配和股息分配，是不是两种存在结构性差异的法律行为，在分配基准日确定上要不要分别规定。如前所述，本书赞同新泽西州，认为两者没有本质差异，都是"债权行为+物权行为"，根本不用分别规定。本书甚至进一步认为，回购、回赎也没有特殊性可言，也是"决议+履行"的结构。股东什么时候终止身份，与分配影响的判断时点，完全是两码事，不应当混为一谈。所以，新泽西州的方向正确，但还不够彻底。

3.1.1.10 德州商事组织法典第 21 章 G 分章[1]

德州商事组织法典虽然采用大分配概念，但其分配测试规则的架构与 MBCA 存在根本性差异。比对发现，德州公司法存在与 MBCA§6.40（a）（c）（d）（e）（f）共计 5 条相似的规定。其中最有比对价值的是分配测试规则与基准日规则。

德州的分配测试规则相对复杂。其散见于商事组织法典§21.301 与§21.303，内容为：

§21.303（b）除非分配符合第 11 章之规定，否则公司不得使某次分配：

（1）导致公司丧失偿付能力；或者，（2）超出分配限额。

§21.301 在该分章中，

（1）在公司分配的一般意义上，而不是在下述第（2）分节的特殊意义上，"分配限额"是指：

（A）如果是如下意义上的分配，则分配限额指净资产：

（i）因如下事由，公司回购或者回赎自身股份：（a）消除零余股；（b）收取公司的应收账款（collect indebtedness）[2]或者就公司所欠债务达成和解（comprose indebtedness）；（c）依据本法向异议股东支付买断其股份的对价款。（ii）消耗性资产公司（a consuming assets corporation）作出的分配，而且并非回购或者回赎其股份。

（B）在（A）款以外的意义上，公配限额指公司的盈余（surplus）。

（2）如果一个投资公司（an investment company）的成立证书（certificate of information）上规定，该公司有权以其声明资本（stated capital）回购其自身股份，则该公司实施此种股份回购行为时，分配限额指该公司的净资产，而非盈余。

（3）"投资公司"指一个依据投资公司法注册的开放型公司。

评析： 德州公司法虽然形式上极为芜杂，缺乏必要的整编，但

---

[1] 参见 https://codes.findlaw.com/tx/business-organizations-code/bus-org-sect-21-301.html，最后访问日期：2021 年 1 月 25 日。

[2] 此种情况似乎多表现在股东以其所持股份抵偿公司的债务。

其与 MBCA 的双重测试其实大同小异。两者的相同点是，都采用两重测试，第一重均是偿付能力测试，即分配后不得令公司丧失对届期债务的偿付能力。第二重测试也均含有净资产测试。两者的不同点是，德州的净资产测试更为复杂一些。MBCA 要求总资产>负债+优先股权利。德州要求份额不能大于净资产或者盈余——其等效表达是，分配后的净资产或者盈余必须大于零。图示如下：

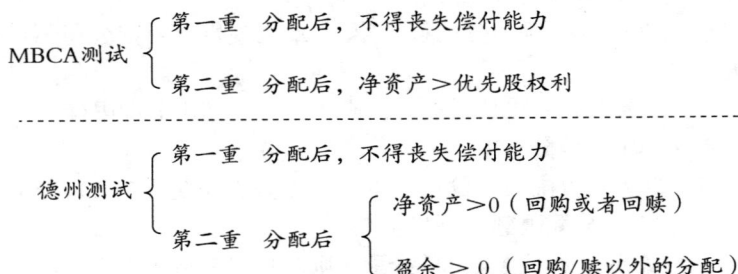

MBCA测试 { 第一重　分配后，不得丧失偿付能力
　　　　　 第二重　分配后，净资产>优先股权利

德州测试 { 第一重　分配后，不得丧失偿付能力
　　　　　 第二重　分配后 { 净资产>0（回购或者回赎）
　　　　　　　　　　　　　　 盈余 > 0（回购/赎以外的分配）

图 4　MBCA 与德州分配测试比较

仍可进一步讨论的是，采用"净资产大于 0（或优先股权利）"和"盈余>0（或优先股权利）"，效果会有何差异，孰宽孰严，侧重点如何。从资产负债表的角度出发，资产＝负债+权益资本。权益资本＝实收资本+留存收益。一方面，由于留存收益与公司营业盈余在数额上相等，而净资产在数额上等于整个权益资本，因此一般而言，"净资产大于 0（或优先股权利）"更为宽松，因为它仅仅要求公司分配后不至资不抵债即可，股本却允许蚀尽；"盈余大于 0（或优先股权利）"更为严格，因为它要求公司分配后不仅不能资不抵债，也不能伤及股本。另一方面，盈余的概念不确定。有时，盈余不仅指营业累积收益，还指资本盈余。资本盈余的主要来源一般是公司溢价发行所得之溢价款。此时，广义概念上的盈余测试就更为宽松，即它允许的分配额度更大。当然，由于资本盈余也必然归入权益资本科目，因此盈余测试无论如何总是比净资产测试更宽松。

德州法区分对待回购和其他分配（主要是分红），对前者采取宽松的净资产测试，对后者采用严格的盈余测试。这一做法有道理。第一，回购与分红的客观经济效果虽然相同，但动机不同。分红的动机就是将公司资产转移给股东，实现投资回报。回购的动机一般非投资回报而是其他，如履行合同（回赎）、救济异议股东（异议股东回购请求权）、整理股份（消除零余股）等。因此，回购被滥用的风险较低。第二，回购与分红法律后果之差异在于，回购会导致股本收缩，发生减资的效果。因此回购必然受到更多约束，公司在适用时也会更加慎重。这进一步降低滥用回购的风险。

德州关于分配基准日的规定也是自成特色的。其内容是：

（a）为 G 分章之目的，检测公司在分配或者股票分红后是否丧失偿付能力，或者对公司的净资产、声明资本、盈余或者上述对象其中之一部分，应当于下述日期确定分配基准日：

（1）如果分配或者股票分红的履行日期在决议分配或者分红之后 120 日之内，则以决议分配或者股票分红的日期为基准日；

（2）如果分配实施日在决议日 120 日之后，则：

①如果董事会指定日在距离分配履行日 120 日以内，则以董事会指定日期为基准日；[1]

②如果董事会没有指定特定日期，则以分配或者股票分红的履行日为基准日。

（b）为本节之目的，一项分配

（1）采用公司负债式分配的，或者公司负有延期支付义务的，则公司债务或者义务发生之日，视为该分配已经履行；[2]

（2）采用公司依据其成立证书或者其他合同而实施回赎、交换、其他方式取得公司股票的，分配的履行日既可以是合同成立或

---

[1] 原文：on the date designated by the corporation's board of directors if the date so designated is not earlier than 120 days before the date the distribution or share dividend is made.

[2] 原文：the incurrence by a corporation of indebtedness or a deferred payment obligation is considered to have been made on the date the indebtedness or obligation is incurred.

者生效之日，也可以是股票被公司回赎、交换、取得之日。[1]

评析： 德州的分配基准日规则相比 MBCA 从内容到结构也发生了一定变化。梳理德州规则之前，有必要对全部表达期日的名词加以梳理，即（1）"分配基准日"；（2）"董事会决议日"；（3）"分配履行日"；（4）"董事会指定日"；（5）"分配发生日"。这五个名词不梳理清楚，讨论将变成糊涂账。

（1）分配基准日（the date on which a determination shall be made）。分配基准日是指究竟在哪一天检测、衡量公司的财务指标有没有满足公司法分配测试的要求。由于公司的财务状况每个营业日都会变动，因此固定下测试的日期是有利益干系的。这个日期就是测试的日期，本书称之为"分配基准日"。实际上，德州商事组织法典§21.315就是规定把哪一日定作分配基准日。

（2）董事会决议日（the date on which the distribution is authorized by the corporation's board of directors）。此日期含义明确，即董事会就公司分配作出决议。在大陆法系上，该行为属于民事法律行为的决议行为、债权行为。如果不是附期限的行为，则决议行为的成立同时生效，其法律后果是公司与股东之间，以分配给付行为为客体的法律关系产生，股东享有了对公司的股息等分配标的物请求权。

将董事会决议日确定为分配基准日是可行的，尽管不是唯一的选择。优点是便于董事会基于当下既已发生的、最充分的财务信息，自我检测公司是否能通过分配测试，进而做出分配决议。缺点是当该决议属于附期限行为，即决议一定期间之后才实际履行的，董事会难以在决议时就充分准确预见履行时公司的财务状况。

（3）分配履行日（the date on which the distribution or share dividend is made）。该日期是本节最高频出现的期日名词。"make"一词在《元

---

[1] 原文：a requirement in the corporation's certificate of formation or other contract of the corporation to redeem, exchange, or otherwise acquire any of its own shares is considered to have been made either on the date when the provision or other contract is made or takes effect or on the date when the shares to be redeemed, exchanged, or acquired are redeemed, exchanged, or acquired, at the option of the corporation.

照英美法词典》上有四个义项：制作、制造、建造、创造；制订、订立（法律等）；获取；（通过执行、签署或交付等）（合法）履行（合同等）。显然，只有第四义项"履行"才是正解。此外，结合本节（a）条（2）款"如果分配在距离决议日 120 日以后才'make'"的整句语境，也可以推知"make"几乎只能被理解为履行日。在大陆法系民法上，履行行为是针对合同订立的一种行为，以支付财产为内容的履行行为，其性质为法律行为中的处分行为。

（4）董事会指定日（the date designated by the corporation's board of directors）。该名词首次出现在（a）条（2）款①项中。从该句语境判断，董事会指定日必然是与决议日、履行日截然不同的另一独立期日。但是，董事会指定该期日的目的是什么，目前无从判断。不过，董事会指定日的出现，显然加剧了基准日选择系统的复杂性，也似乎产生了投机空间。

（5）分配发生日（the date of the incurrence by a corporation of indebtedness or a deferred payment obligation）。该名词首次出现在（b）条（1）款中。在《元照英美法词典》中，"incur"含义指"招致、引起"，与其一般含义并无两样。该款语境表明，"发生日"与"决议日"是两个不同的日期。考虑到"发生日"的语境是负债式分配，限于资料，只能猜测它是指：例如，公司决议以发行债券或者应付票据的方式负债。若干期日后，公司正式发行债券或者签发应付票据。依据债券或票据约定，付款日期又在一定期日之后。此情形下，所谓"分配发生日"指发行债券之日。

据此，将德州基准日规则简化如下：

一般规则：1. 决议日。适用范围：T 决议–履行<120 日。2. 履行日。适用范围：T 决议–履行≥120 日。3. 指定日。适用范围：T 决议–履行≥120 日，且 T 履行–决议<120 日。

特殊情况：

1. 负债式分配、延期支付的分配，需要考察债权债务关系成立之日，与决议日的关系而定。因为，依据（b）条（1）款，负债式分配、延期支付情形，只要债权债务关系生效，例如债券已经发行，则视为分配已经履行。于是，此处就不再是考察履行日和决议日的关系，而是考察债权债务发生日与决议日的关系。

2. 回购、回赎情况，具有高度的不确定性，因为法条本身也没有给出确切的确定规则。

如果以上基础分析不错，本书有理由认为德州法疑似简单问题复杂化、弄巧成拙了。它设置了太多不必要的概念，而且概念之间的衔接疑似出了问题。简要解释如下：

第一，"董事会指定日"这一概念进入立法是不必要的。即使实践中存在此种作法，公司法置之不理即可，没必要被实践牵住鼻子。董事会指定日进入判断系统，搅乱判断逻辑倒是其次，关键在于它提供了投机空间。例如，假定履行日确定在决议日的120日之后，此时按照一般规则应以履行日为基准日。假设董事会不希望如此，而是希望将基准日尽可能提前（动机不详，本书也不关心），那么董事会完全可以在履行日前120日期间内，指定一个尽可能早的日期作为"指定日"。此时，基于（a）条（2）款①项之规定，基准日成功改为了该"指定日"。这毫无意义，也颇显滑稽。

第二，没有必要另行做法律拟制，将负债式分配、延期支付的分配、回购、回赎的某个时点视为履行。履行本身有明确的时点，即动产财产的交付和不动产财产的登记变更，在上述行为中很容易识别。况且，财产权的转移是导致公司责任财产库缩减、公司债权人利益被牵动的关键步骤，不应该被另一无关紧要的时点所拟制和取代。

第三，负债式分配可能会产生决议日与债权发生日不同的情况，这是事实。但是，延期支付的分配，完全没有必要在决议日和履行日（甚至还有"指定日"）之外，再设一个"发生日"。只要不是负债式分配，不妨一律认定董事会决议作出之日，就是分配之债发生之日。这样既符合事实，又简化了法律关系。

第四，德州法对回购、回赎的履行时点不仅做了无甚必要的法律拟制，更令人啼笑皆非的是，拟制本身也不彻底，竟然规定"将合同成立日视为履行也行，将股票被回购、交换视为履行也行"。这种规定，很难相信是美国的一个大州所为。

更大的可能是：本书对德州法的基础翻译或者理解出了问题，因此嗣后的批判式解读就不成立了。假使如此，上述自以为是的批判性意见就变得可笑，应当收回。但无论如何，德州法采取了比 MBCA 复杂得多的（MBCA 的体系就已经很复杂了）基准日标准，而目前没有证据显示，这种复杂性策略是极为必要的。德州法的亮点是捕捉到在负债式分配的情形，"决议日"和"发生日"可能不是同一天。除此之外，德州法笼罩在过于复杂的阴影下。复杂的法律技术体系可能是精准应对细琐事实的高明手段，也是对法律理性的礼赞。但复杂体系的敌人来自内部。与软件程序类似，法律体系很容易出现漏洞，这会降低它的鲁棒性；与此同时，与软件程序不同，法律体系的漏洞检测成本高、周期长。理科的实验环境是实验室，只不过由小白鼠或类似生命体付出代价；文科只能是社会，由亿万真实的人付出代价。而悲剧的是，文科的轻率或造假，比理科的要容易得多。

3.1.1.11 弗吉尼亚州股份公司法 §13.1-653[1]

弗吉尼亚州公司法 §13.1-653 与 MBCA §6.40 结构、内容基本一致。唯一的区别是前者在其 §653（D）增加了第 2 款：对任何上市公司而言，如果独立注册的公共会计师已经审计了财务报表，且其会计认证中并不包含持续经营资格（a going concern qualification），则依据公允的会计原则而编制最新财务报表将被认为是合理的。

3.1.1.12 佐治亚州商事公司法 §640[2]

佐治亚州商事公司法 §640 与 MBCA §6.40 节结构、内容基本一致。唯一的区别是前者删除了后者的 §6.40（h）。这属于细枝末节的变动。

3.1.1.13 北卡罗来纳州商事公司法 §6-40[3]

北卡罗来纳州商事公司法 §55-6-40 保留了 MBCA §6.40（a）-

---

〔1〕 参见 https://codes.findlaw.com/va/title-13-1-corporations/#!tid=N9D6DCC-D08F8611DBAEB0F162C0EFAF87，最后访问日期：2021 年 1 月 27 日。

〔2〕 参见 https://codes.findlaw.com/ga/title-14-corporations-partnerships-and-associations/ga-code-sect-14-2-640.html，最后访问日期：2021 年 1 月 27 日。

〔3〕 参见 https://law.justia.com/codes/michigan/2014/chapter-450/statute-act-284-of-1972/division-284-1972-3/section-450.1345/，最后访问日期：2021 年 1 月 27 日。

（g）7条，仅仅微调了（d）条的表述。不过，北卡罗来纳州商事公司法§6-40最大的特色是增加了"股东强制派息之诉"的4个条文。因这与本书主旨无关，故省略。微调后的§6-40（d）的内容为：在决定本次分配不受本条（c）节限制时，董事会有权以财务报告作为决策依据，且财务报告所依据的会计实践与原则在此情形下是合理的。在评估资产价值时，董事会有权采用账面价值、公允价值或者其他方法测量的价值，只要该方法在此情形下是合理的。[1]

3.1.1.14 密歇根州商事公司法§345[2]

密歇根州商事公司法对MBCA样本做了一定的调整。变化有三处：第一，删除了§640（a）（h）两条。第二，调整了§640（e）的内容。第三，增加了若干条。

（1）修订：§345（5）

密歇根州商事公司法§345（5）修改了MBCA§6.40（e）条。其内容是：

分配基准日按照如下时间来确定：

（a）除本节之（7）另有规定，公司回购、回赎或者以其他方式取得自身股票的，分配基准日为以下日期中较早者：第一，金钱或者其他财产发生转移或者公司的债务发生。第二，被回购股票的股东中止身份。

（b）在任何其他形式的负债式分配中，如果履行发生在决议日120日之内，则以决议日为基准日。如果履行发生在决议日120日以后，则以履行日为基准日。

（c）在其他形式的分配中，如果实际的支付发生于决议日120日以内，则以决议日为基准日。如果实际的支付发生于决议日后

---

〔1〕 原文：(d) The board of directors may base a determination that a distribution is not prohibited under subsection (c) on financial statements prepared on the basis of accounting practices and principles that are reasonable in the circumstances, and may determine asset values either on book values or on a fair valuation or other method that is reasonable in the circumstances.

〔2〕 参见 http://www.legislature.mi.gov/〔S (hrxwfp2du1xhsmfem1jtmnn0)〕/mileg.aspx?page=getObject&objectNa me=mcl-450-1345，最后访问日期：2021年1月27日。

120 日以后，则以支付日为基准日。

评析： 关于基准日的问题，本书在 3.1.2.1.10 处已作详细讨论。美国州法关于基准日的规定似乎无甚必要地过于复杂、重复。德州的规定杂合了多种期日名词。密歇根州的规定精简很多，但其（b）款和（c）款依然是重复的。实际上，负债式分配的"履行"与一切类型之分配的"支付"，都是"处分行为"，并无本质上的不同。

美国州法在实质上统一把握了不同形式的分配，却并未充分利用该成果。管见以为，在基准日问题上只需要作统一规定如下足矣：无论公司采取何种分配形式，（1）用于分配的公司财产转移给股东的日期，相距董事会决议作出日期不足 N 日的，以决议日为基准日；（2）财产转移日期距离董事会决议日达到 N 日的，以财产转移日为准。

韦恩州立大学法学院荣休教授（emeritus professor）Stephen H. Schulman 针对密歇根州的分配规则介绍了如下几点。[1]

第一，§345 涉及公司向股东进行分配的一般授权。当然，法律并没有规定公司这样做的强制义务。通常情况下，法院也不会干涉董事的自由裁量权。不过，在极少数情况下，密歇根州法院还是会判决强制支付股息。这类案件通常涉及坐拥大量资金的封闭公司。其坚持不支付红利，会损害少数股东的利益。例如在 Butterfield 地产案中，密歇根州最高法院讨论了董事在宣布和支付股息方面的职责。其认为，如果没有恶意或欺诈，法院不应对董事的判断越俎代庖；只有在拒绝宣布股息构成对股东信托责任、压迫的情况下，才应进行司法干预。

第二，§345 是第 3 章的核心。其规定的测试决定了任何分配的正当性。分配的形式可以是发放股息，购买、回赎或以其他方式收购股份，发行债务，或向股东或为股东利益的任何其他声明或付款。唯一的例外是涉及解散时的分配。它由本法第 8 章"公司的解

---

〔1〕 See Stephen H. Schulman, Cyril Moscow, Margo Rogers Lesser, Ryan B. Opel, *Michigan Corporation Law & Practice*, Aspen Publishers, https://1 - next - westlaw - com. b12135. top/Document/I4b1785f2b93d11de9b8c850332338889/View/FullText. html，最后访问日期：2021 年 1 月 27 日。

散"作专门规定。

第三，任何分配都受到§345（3）中双重测试的限制：衡平测试和资产负债表测试。衡平测试询问的是公司目前或者分配后，是否无法支付正常业务过程中到期的债务。资产负债表测试与密歇根州旧法有很大的不同。1989 年的修正案之前，旧法包含了一个复杂的计划，涉及资本、资本盈余和营业盈余账户，并根据这些账户的状况对分配实施各种限制。由于该法的双重分配测试取自于 MBCA §6.40，所以讨论这些测试的运作时，参考§6.40 的官方评论是有益的。

（2）扩写：§345（7）

密歇根州商事公司法的另一处重大修订是扩写了§6.40（f）。MBCA 规定，股东拥有的分配债权与公司其他普通债权人的债权，是平等受偿关系。密歇根州商事公司法§345（6）予以借鉴，同时以第（7）条补充了新的意思。第（7）条原文：[1]

如果公司以回购股份的方式，替换一个将来支付的负债式分配，而假如不替换的话，该分配债务的履行将被本节第（3）条所禁止，则公司应当遵守以下规定签发该分配之债：

---

[1] 原文：(7) If the corporation acquires its shares in exchange for an obligation to make future payments, and distribution of the obligation would otherwise be prohibited under subsection (3) at the time it is made, the corporation may issue the obligation and the following apply：(a) The portion of the obligation that could have been distributed without violating subsection (3) shall be treated as indebtedness as described in subsection (6). (b) All of the following apply to the portion of the obligation that exceeds the amount treated as indebtedness under subdivision (a)：(i) At any time prior to the due date of the obligation, payments of principal and interest may be made as a distribution to the extent that a distribution may then be made under this section. (ii) At any time on or after the due date, the obligation to pay principal and interest is deemed distributed and treated as indebtedness described in subsection (6) to the extent that a distribution may then be made under this section. (iii) Unless otherwise provided in the agreement for the acquisition of the shares, the obligation is a liability or debt for purposes of determining whether distributions other than payments on the obligation may be made under this section, except for purposes of determining whether distributions may be made with respect to shares having preferential rights superior to those of the shares acquired in exchange for the obligation.

（a）本来就可以不违反第（3）条而发行的那部分债务，应当被视为第（6）条意义上的债务。（指与公司的其他普通债务平等受偿）

（b）而对于超出前款意义上的那部分债务，则适用如下规则：

（i）在债务履行期限截止之前的任何时间，对本金和利息的支付应当以分配的标准来履行，如果它通过本节规定的测试的话。

（ii）在债务履行期间或者之后，支付本金和利益的义务视为应分配，并且视为第（6）条意义上的债务，如果它通过本节规定的测试的话。

（iii）除非股份回购协议另有约定，否则该债务是一项为确定是否可根据本节进行除债务付款以外的分配的负债或债务，但为确定是否可就优先权高于以交换债务而获得的股份的优先权的股份进行分配的情况除外。

评析：由于缺乏立法背景资料，本书没有弄清第（7）条的意思。在本书看来，一，该条文确实晦涩了一些；二，并不晦涩的部分也令人费解。比如，本条开始创设的语境是，公司以一个回购式分配取代一个负债式分配，以解决负债式分配不能通过第（3）条测试条件的问题。但这在法理上是讲不通的。其一，回购式分配和负债式分配都是分配，接受同样的偿付能力测试与净资产测试，没道理负债式分配通不过，回购式分配就能通过。其二，要使这种取代关系成立，唯一的可能是回购式分配虽然需要满足同样的测试，但其基准日的安排要更优越，进而更容易通过测试。但显然不是如此，回购的测试基准日是支付日与股东注销日较早的一天，负债式分配则要视履行日距决议日的期间长短而定。在没有给定任何条件的前提下，根本无法比较两者孰宽孰严。

此外，管见以为，立法要尽量使每个条文的抽象程度大致相当。如果一个条文出现了过于抽象的场景及表述，那尽量应当将相关表述安排在上位法；反之，如果出现了过于具体的场景及描述，那尽量应当将其安置在下位的款、项中。尽管本书翻译不出第（7）条的确切意思，同时认为第（7）条的假定场景似乎有违法理，但是可以肯定：第（7）条所描述的是一个相当生僻、逼仄、偶然的场景。它与前述（6）条的分配授权、在册股东登记日、分配条件、财务要求、分配基准日这些相对上位的、宏观的条文，是不应当并列安排的。如果一节之内的各条之间，抽象水平忽高忽低，可能说明立法者在编制条文时，可能过分醉心于条文的文学性和叙事性，忽略了其逻辑性。

（3）增加：§345（8）[1]

本节第（8）条是密歇根州增加的条文。其内容为：本节第（3）条对分配的限制，不影响第三方担保或者保证的可执行性。

评析：其一，从文义和抽象程度上，本条设置为第（3）条下属的一款更为合理。单独成为一条，颇显突兀，其抽象程度也承受不住"一个独立条文"的分量。

其二，本条提出的是一个"独立保证"的情形。传统民法上，担保法律关系具有从属性，其发生必须以主债权的发生为前提，范围和强度亦不得超出主债权，因主合同的无效而无效，因主合同的转让而转让，因主合同的消灭而消灭。[2]但现代民法上，担保从属性发生一定的突破，国内外立法与判例一定程度上承认"独立担保"的适法性。例如，2006年法国《民法典》修正新增担保篇，承认独立保证；2009年，欧洲《示范民法典草案》并列规定了"从属保证"与"独立保证"。

本条似乎就是一个"独立保证"。违反第（3）条的分配是否无效，取决于第（3）条是效力性规定还是管理性规定。多数学者似乎认为，没有一个或者一套确定的法则，据以区分两者。例如，孙鹏认为，于概括性的"管道条款"，遵循"比例原则"，结合个案情况判断违反强制性规定的行为是否违反公序良俗以及违反程度，灵

---

[1] 原文：（8）The enforceability of a guaranty or other undertaring by a third party relating to a distribution shall not be affacted by the proahibition of the distribution under subsection（3）. http：//codes findlaw. com/mi/chapter-450-corporations/mi-comp-laws-450-1345. html，最后访问日期：2023年4月7日。

[2] 参见高圣平：《民法典担保从属性规则的适用及其限度》，载《法学》2020年第7期。

活且实事求是地认定行为效力才是唯一正确的选择。[1]冀诚认为，只有对应当适用的具体规则和应当参照的各类因素给予充分的关注，才能对违反强制性规定的法律效果作出合理的判断。就方法而言，以现行法上的规则为依托，以比较法上的研究为参照，将体系思考和案例思考相结合，乃是发现并解决真实问题的合理进路。[2]学者给出的结论颇为华丽，本质是将一个模糊的名词，拆分为多个模糊的名词重述一遍。结论很明确：没办法区分。所谓灵活、实事求是、具体问题具体分析、个案分析等表述，都是含蓄的托词。其实就是承认以现有的认识水平，还没有能力突破个案的桎梏，抽象出超越个案层面的指导性法则。

考虑到违反第（3）条的分配行为切实损害到第三人（公司债权人）利益，故将其认定为无效行为的概率不可低估。假使如此，该条规定他人提供的担保、保证依然有效，就突破了"主合同无效，担保合同随之无效的"从属性原则。

（4）增加：§358（9）[3]

该条全文为：如果某人以分配违反第（3）分节为由，请求恢复分配前之原状，或者以违反第（3）分节为事由，对分配之主张提出抗辩，则本节之规定并不禁止获得分配之人主张撤销权，或者其他普通法抑或衡平法上之权利。

评析：本书没有弄清该条的含义。前半句可能发生的情景，大概率是说，公司债权人发现分配违法，如果已经分配，则谋求撤销分配行为并恢复原状；如果已经作出分配决议但尚未实际支付，则谋求阻止支付。但后半句"prevent sb. from doing"的结构令人不解。依据语法结构，撤销权（a right of rescission）的权利主体当是"the

---

[1] 参见孙鹏：《论违反强制性规定行为之效力——兼析〈中华人民共和国合同法〉第52条第5项的理解与适用》，载《法商研究》2006年第5期。

[2] 参见冀诚：《对我国合同法上强制性规定的类型分析》，载《北方法学》2012年第4期。

[3] 参见http://codes.findlaw.com/mi/chapter-450-corporations/mi-comp-laws-450-1345.html，最后访问日期：2023年4月7日。

person receiving the distribution"。同时，依据公司法理论，"获得分配之人"必定是股东，而不太可能是公司债权人等反对分配的人。可是，股东怎么能会行使撤销权？

管见以为，首先可以确认一个前提，即债权人有谋求撤销（一般是违法）分配的合理动机；而股东有对抗债权人，维持（哪怕是违法）分配财产的合理动机。由此出发，上述矛盾存在两种可能的解释：第一，"the person receiving the distribution"并不像字面意思那样指股东而是指债权人。据此，后半句的意思是本节不影响债权人撤销违法分配的权利。第二，"a right of rescission"并不像字面意思那样指撤销权而是指某种股东对抗债权人的权利。据此，后半句的意思是本节不影响股东对抗债权人的权利。

两种解释的可能性，目前都找不到进一步的证据加强或者削弱。一方面，结合前半句的文义，"债权人对分配采取某种动议或主张"，则承接以"本法承认债权人的撤销权"或者"本法承认股东对抗债权人的权利"，都是讲得通的。另一方面，词义上，"the person receiving the distribution"很难解释为别的意思，"rescission"在《元照英美法词典》上的解释为：撤销；解除；协议解除，[1]也没有对抗债权人的意思。

当然，理论上还存在第三种可能，就是股东有权主动行使撤销

---

〔1〕 参见 http://lawyer.get.com.tw/dic/DictionaryDetail.aspx? iDT = 74659，最后访问日期：2021 年 1 月 28 日。进一步的解释为：在英美合同法中，该词并不区分合同的撤销与解除，举凡使现有合同终止或消灭者，不论其原因为何，均可以该词表述。例如在英国法中，无论是通过当事人的行为还是法院裁判，无论是因为违约、错误还是虚假陈述，该词均表示合同的终止。但在衡平法上，它意味着使当事人恢复到合同订立之前的状态，故须在可能恢复原状（restitution）的情况下方可为之；在普通法上，其效果仅在于使合同当事人无须承担继续履行合同的义务，故而在不能恢复原状的情况下亦可为之。在美国，该词在多重意义上为人所用。例如，它可以指按照当事人的协议而选择终止合同，因一方违约而解除合同，或者因一方当事人为未成年人、欺诈等原因而撤销合同。美国《统一商法典》（U. C. C.）试图根据不同情况而对相关的语词进行区分。例如，本词是指通过双方协议的方式解除合同；"终止"（termination）是指根据前述协议所授予的合同解除权而解除合同义务；"取消"（cancellation）则是指由于合同对方的违约而终止合同。但在实际用法上又未必完全据此实行，例如该法典

权，把财产交回公司。这样的话，文义上就没有矛盾了。——可问题在于，主动交回是类似"弃权"行为。举凡是纯粹的权利，当然可以放弃，这自然为意思自治原则所容，也是人格自由权的题中之义。那第（9）条如此规定就画蛇添足了。

3.1.1.15 科罗拉多州商事公司法 § 401[1]

科罗拉多州商事公司法亦明显脱胎于 MBCA。§ 401 删除了 MBCA § 6.40（f）(h) 两条；同时增加了一条，内容为：除非公司章程另有规定，股票面额声明不得对分配施加任何限制，也不得要求对公司的任何资本账户做任何的指定、限制、保留或者分割。

评析：

一、《实践方法-科罗拉多州上市企业手册》一书的相关评论[2]

（科罗拉多规则与 MBCA 很像）正如 MBCA § 6.40 的官方评论所指出的，该节的主要目的是为防止向股东过度分配提供充分的保护。MBCA 的起草者通过对分配进行两级测试来实现这一目标：衡平测试和净资产测试。不过该书指出，即使在仔细阅读了 MBCA 官方评论 § 6.40（4）后，也很难理解基于资产负债表的净资产测试。该手册指出，科罗拉多州商事公司法 § 401 的核心是第（3）款。尽管使用了令人困惑的连接词"或"，但该（3）款要求的两个测试层次还是清楚的。第一层，公司必须有能力支付其在正常经营过程中到期的债务，就像该州旧法 § 7-5-110（1）规定的那样。第二，作为分配的结果，公司的资产必须不低于其负债。负债也包括股东在解散时对分配的任何优先权。由此，资本盈余、营业盈余、设定资本的

（接上页）第2-720条即是。此外，该词还可以表示双方当事人就解除合同中尚未履行的义务并终止合同而达成的协议，故亦可写作"agreement of rescission""mutual rescission""abandonment"。该词也可拼作"recision"或"recission"。

〔1〕参见 https://codes.findlaw.com/co/title-7-corporations-and-associations/co-rev-st-sect-7-106-401.html，最后访问日期：2021 年 1 月 28 日。

〔2〕See David C. Cripe, *Methods of Practice-Colorado Business Entities Deskbook*, Thomson Reuter, 2019, https://1-next-westlaw-com. b12135. top/Document/I487ee7a136 9e11da8975c1d23319d955/View/FullText.html，最后访问日期：2021 年 1 月 28 日。

概念都被取消了，除了公司章程或细则对面值股票有特殊要求的有限情况，面值的概念也几乎被取消了。

二、个人的困惑

本节显然是对一个叫作"股票面额声明"（a statement of per value for shares）的文件进行限权。但其内容令人费解。票面金额制度始于 1912 年的纽约州商事公司法。其内容包括：第一，股票上必须注明一定金额，该金额与股票的发行价格相挂钩。发行股票时，不得以低于该票面金额的价格出售。第三，该公司的法定资本（legal capital）或者声明资本（stated capital）等于票面金额＊股份数量。超出股本部分的发行所得，纳入溢价资本账户。立法者的初衷是以票面金额丰富资本制度、巩固和确认股本，以保护债权人利益。百余年来的实践证明，这一初衷在逻辑上是错误的，结果事与愿违，不仅没有起到债权保护作用，反而在特定情形下阻碍了融资，并且释放出错误的公司价值信号，对缺乏经验的投资人有误导作用。因此，近 20 年~30 年来，世界范围内的公司法纷纷调低票面金额制度的权重，大量法域甚至发起了去面额化改革。

科罗拉多州法此处的规定有两处令人不解。其一，票面金额乃是一个基本固定的数字，何以能对分配进行限制？又何以能指定、限制、切割资本账户？其二，科罗拉多州法认为，除非公司章程规定，否则不得如此。此等指引性规定有何实益？

三、本州 Paratransit Risk Retention Group Ins. Co. v. Kamins 案件概览[1]

本案发生于 2007 年，是科罗拉多州唯一涉及商事公司法 §401 规定的两种测试的上诉案件。法院发现，判定一个公司在某一时间是否"破产"，是一个事实和法律的混合问题。本案需要判明的问

---

[1] See David C. Cripe, *Methods of Practice-Colorado Business Entities Deskbook*, Thomson Reuters, 2019, https://1-next-westlaw-com. b 12135. top/Document/I487ee7a1369 e11da8975c1d 23319d955/View/FullText. html，最后访问日期：2021 年 1 月 28 日。

题是：公司在向股东分配时是否已经破产，或者公司是否将因分配而破产。被告股东说，公司没有破产。理由是在进行分配的当天，公司正在向债权人定期付款。此外，公司在分配后依然支付了"数百张账单"，直到分配之后的 1998 年 12 月 14 日才有账单未付。

法院决定进一步调查，并援引 MBCA 的衡平测试与资产负债表测试，并使用 MBCA 和联邦当局建议的分析来应用该两项测试。法院特别提到针对持续经营中公司的两项假设：（1）基于公司产品或服务的现有和预期需求，公司将能够在一段时期内产生足够的现金流，满足其现有和未来合理预期的到期债务。（2）基于该公司的财务状况和未来前景，以及对类似企业的一般信贷供应情况，有理由认为可以完成债务的再融资。

法院指出，本案中的公司不处于正常的营运状态中，不再产生或试图产生收入。因此，需要测试的是该公司未来能够做什么，也就是说，它是否有能力支付其到期的债务。考虑到联邦破产法院也使用衡平偿付能力测试，而且该测试与公司法规中的测试几乎相同，所以法院参考了联邦破产法院的判例，尤其是需要考虑的四项权衡点：（1）每个月未支付的债务数量与已支付的债务数量之比。（2）拖欠的债务金额。（3）未付款部分的重要性。（4）债务人实施相关财务行为的性质。

法院在评估或有负债时，援引判例规则，阐述说或有负债不应当按照潜在的票面金额进行估价，而应当按照或有事项发生和或有负债成为现实的概率，进行折算。此外，或有事项必须能够合理估计。在确定公司的资产是否超过其负债之前，必须将资产或负债减少到其当前或预期的价值。（莫名其妙，不明白什么意思。）法院还援引了 MBCA 对于或有负债评估的建议，即在明确公司已投保的保险、其他避险措施额的基础上，合理判断公司被追偿的可能性、金额与时间。

上诉法院将案件发回初审法院。第一，要求初审法院考虑联邦破产法院采用的四点通用因素。第二，上诉法院认为，初审法院使用了或有负债的最高金额，却没有根据公司的赔付历史、公司遭到索赔的可能性、金额和时间，做出合理的判断。初审法院也没有考虑索赔发生的可能性和负债实现的可能性。第三，初审法院在确定公司是否有偿付能力或会因分配而破产之前，应当就董事在分配时掌握的信息作出裁定。

上诉法院给初审法院提出如下建议：第一，比较被告公司 CTS 未偿还和已偿还的债务数量——相关判例规则是，如果足以认定债务人违约的普遍性，那么即使债务人仅有一项欠债或者少量欠债，也照样可以认定其丧失偿付能力。第二，确定 CTS 的负债总额，并且将或有负债作总债务的一项重要构成。第三，综合考虑未支付的保险费和未付债务的到期日，以确定未付债务的重要性。第四，结合 CTS 不在运营和没有收入来源的事实，评估其财务行为。第五，将对分配的影响的衡量，限制在每个分配被授权的日期。

上诉法院还考虑了 §401 的安全港抗辩，即董事可以依赖高管对或有负债的评估。法院指出，在实施其自由裁量权时，董事有权依赖由他人提供的信息、意见、报告和声明。通常情况下，不应期望董事参与到各种市场分析或经济预测的细节中去。判断必须以决议分配时董事所掌握的信息为基础。董事不应该对事前没有预见到的事态，承担事后的责任。本案事实是，董事依赖了其经理的专业知识做出判断。甚至原告也认为，此经理是一个颇具能力的好的评估者。

3.1.1.16 明尼苏达州商事公司法 §551[1]

明尼苏达州商事公司法对 MBCA 做了大幅删减，仅保留较为核心的分配测试、基准日、分配之债与普通之债的关系、财务会计要求共计 4 条，并分别有所修改。下文就前三者展开如下。

（1）分配测试规则 §551（1）（4）

§551（1）(a) 只有满足如下条件，董事会才能授权公司分配。第一，董事会遵照下述第（2）条之要求，确认公司分配后将有能力清偿正常经营中所欠之债务。第二，在分配作出之前，董事会不

---

〔1〕 参见 https://codes.findlaw.com/mn/business-social-and-charitable-organizations-ch-300-323a/mn-st-sect-302a-551.html，最后访问日期：2021 年 1 月 28 日。

知道分配决议是违法的。

（b）如果公司在分配后能够偿付日常经营中的债务，则可以分配。

（c）分配对公司偿付能力造成的影响，应依据第（3）条之规定加以测量。

（d）公司章程可以禁止、限制、约束董事会对公司分配的授权，也可以规定股东接受分配的权利或者优先权。

§551（4）（a）只有满足如下条件，分配方能作出：

①所有应当向具有优先分配权的股东支付的款项均已支付，除非该股东向公司发出通知，同意放弃该优先权。以及，

②分配不会使公司的剩余净资产低于优先权股东享有优先权总额，除非分配是按照优先权的顺序作出的，或者没有获得分配的股东放弃该优先权。

③如果是依据如下条件，则作出分配后净资产不会低于优先权总额的决策是适当的：该决策的作出，是根据§302A.251中规定的行为准则，依据按照会计方法、公允估值方法或者其他合理方法编制的财务报告。

（b）如果可供分配的财产不足以满足全部优先权，则应当按照优先权的顺序进行分配，除非未获分配的人通知公司，同意放弃分配优先权。

评析： 明尼苏达州商事公司法的分配测试规则相对零散和杂糅，但本质上与MBCA并无不同，依然是强调（1）不失偿付能力和（2）净资产覆盖优先股索取权两个条件。此外，管见以为第（4）条没必要规定。第一，第（4）条的规定多是理所当然之事，看不出需要特别规定的极大必要；第二，股东内部如何获得分配财产，不应当成为分配规则的关注点。因为内部事项无关公司债权人利益，而分配规则主要解决的是"公司内部人-债权人"之前的代理，保护的是债权人的利益。

（2）基准日规则§551（3）（a）（b）

明尼苏达州的基准日规则比MBCA简单，其采用的是两分法。

回购情形中，于支付日和股东身份终止日取较早者；其他则是视决议日与支付日区间是否满 120 日而定。

评析：如前所述，精简版更优；且还可以更加精简。

（3）分配之债与普通债关系规则 § 551（3）（c）

其内容为：如果分配后股东身份终止，则该分配之债与公司的其他无担保债务偿付次序等同。但以下情形为例外：第一，从属、同意或以公司任何资产的质押作担保；第二，公司与股东之间另有协议。

评析：明尼苏达州规则提供了一个视角，即只有分配导致股东身份终止——也就是回购、回赎，该股东的分配债权才能和公司普通之债相提并论，否则内部人之债应当无条件次于外部人之债。这一规定是有道理的。

3.1.1.17 康涅狄格州商事公司法 § 687[1]

康涅狄格州商事公司法 § 687 与 MBCA § 6.40 完全一致。

3.1.1.18 北达科他州商事公司法 § 6.4010-19.1-92[2]

该州分配规则与明尼苏达州极为接近，不再分析。

3.1.1.19 阿拉斯加州商事公司法 § 358[3]

阿拉斯加州商事公司法对 MBCA § 6.40 做了大幅删减，仅保留分配测试条款和会计要求条款。其分配测试规则内容如下：

（a）公司或者其子公司不得实施本法规定的分配，除非：

（1）公司拟分配前的留存收益等于或者超过拟分配的数额；或者

（2）在分配之后，

①排除商誉，资本化研究和研发费用、董事或高级职员的债务

---

〔1〕 参见 https://codes.findlaw.com/ct/title-33-corporations/ct-gen-st-sect-33-687.html，最后访问日期：2021 年 1 月 27 日。

〔2〕 参见 https://codes.findlaw.com/nd/title-10-corporations/nd-cent-code-sect-10-19-1-92.html，最后访问日期：2021 年 1 月 27 日。

〔3〕 参见 https://codes.findlaw.com/ak/title-10-corporations-and-associations/ak-st-sect-10-06-358.html，最后访问日期：2021 年 1 月 27 日。

证明或公司自有股份担保的债务证明以及递延费用，公司的总资产将至少为其债务的 1. 25 倍。总资产不包括递延税项、递延收益，以及其他递延贷项。

②公司流动资产至少等于其流动负债。如果公司此前两个财政年度的平均收益（缴纳所得税与利息费用之前）少于同期平均利息费用，则公司流动资产至少应是流动负债的 1. 25 倍。

评析：阿拉斯加州的分配测试共有三项。（1）分配不得超过留存收益。（2）分配后的资产负债率（debt to asset ratio）不得超过 80%。（3）分配后的流动资产负债率不超过 100%；之前两个财政年度表现欠佳的，不超过 80%。表面上看，阿拉斯加州的规则与 MBCA 明显有别，必然是承袭自另一个测试系统——目前尚未出现，可能是特拉华州、加州、纽约州。不过，两种体系的差别看起来没有想象中那么大。

结合会计学基础理论，对上述三项条件评析如下：

第一，MBCA 的偿付能力测试看似为阿拉斯加州所没有，但实际上流动资产负债率就是一个偿付能力测试的具体指标。

（1）流动资产包括现金和短期内（通常是 1 年）转变为现金或者用掉的资产。流动负债指短期内（通常是 1 年）到期的负债。以流动资产、流动负债为要素，可以形成连个财务指标。

一是流动比率（current ratio，CR），计算公式是"流动比率＝流动资产÷流动负债"。流动比率通常用来衡量实体单位的偿付短期债务的能力。大多数正常运营的公司而言，该数字的取值范围是"1<CR<2"。如果流动比率显著低于 1，则公司的偿付能力显著不足；如果流动比率显著高于 2，则意味着公司账户中的现金、存货等流动资产过多，公司的资产利用效率、周转率可能出现问题。[1]

二是营运资本（working capital），计算公式是"营运资本＝流动资产－流动负债"。营运资本同样用以衡量实体单位的流动性、对

---

〔1〕 参见 https：//www. readyratios. com/reference/liquidity/current_ ratio. html，https：//www. accountingtools. com /articles /2017/5/16/current－ratio，最后访问日期：2021 年 1 月 27 日。

短期负债的偿付能力。同理，如果营运资本为负，则是对公司偿付能力的一个警告性信号。[1]

阿拉斯加州使用的正是流动比率的概念。因此，该州立法并不是没有规定偿付能力测试，而是把这种测试具体化为"流动比率测试"了。

（2）上述第（a）条第（2）款第2项之规定，也是偿付能力测试的一项例证。通常而言，实体单位处于发展、成长期或者财务危机时期，它应当更关注现金流而不是净收益指标。[2]上述条款的预设背景是"平均收益（缴纳所得税与利息费用之前）少于同期平均利息费用"。依据利润表编制原理，如果实体单位的费用超过了营业收入，则净收益为负，或者说产生了净损失。上述条款应指此种净收益为负的状况，意味着公司面临财务危机。此时应当更加关注流动性，"流动比率测试"的运用也就顺理成章。

同样都是偿付能力测试，MBCA式的抽象表述与阿拉斯加州的流动比率测试，各有利弊；但本书认为MBCA更为可取。抽象表述缺乏可供参照的明确标准，但在理论上可以防止法律规避——规则越具体、越有针对性、规范领域越窄，法律规避的可能性与想象空间就越大。具体测试的利弊则相反。流动比率指标有时不能单独、准确反映公司的偿付能力。例如，如果流动资产中的应收账款、存货占比多，现金占比少，则公司的偿付能力未必如其流动比率数字显示得那样理想。会计上早已有一种"速动比率"（quick ratio）或者酸性试验比率（acid test ratio）的指标用以克服该问题。该指标从流动资产中减去变现能力存在未知数的存货，用余数除以流动负债。因此可以说，阿拉斯加州因MBCA精确度不足而采用流动比率测试。可是，流动比率测试在精确度上又逊于速动比率测试。而且，没有证据表明，速动比率测试就是精确度的极值。这就意味着，阿

---

〔1〕 参见 https://www.accountingcoach.com/working-capital/explanation, https://www.investopedia.com/terms/w/working capital.asp，最后访问日期：2021年1月27日。

〔2〕 参见［美］莱斯利·K.布莱特纳、罗伯特·N.安东尼著，杨冰等译：《会计学基础》，清华大学出版社2013年版，第144页。

拉斯加州的规则固然比 MBCA 更精确，但在精确性的维度上又注定会失败。

深究起来，这里存在一个法理问题：一般意义上，建构某些技术标准性的法律规则时，是力图更抽象还是更具体一些更为合理？当然可以说，依据朴素经验，真相存在于均衡中：既不能过分抽象，也不能过分具体。但这只是敷衍了事。如果要描述均衡点的轨迹函数，终究要提出评价尺度，并确定每个尺度的权重。前文提出可操作性（应用成本）、法律规避的可能性两种尺度。还有一种尺度是配合性，存在于立法与司法的结构性关系中，即立法要留给司法多少裁量空间的问题。

第二，阿拉斯加州也含有净资产测试，只不过没有采取 MBCA 式"净资产>优先股索取权"的具体公式。基于资产=负债+权益资本的会计恒等式可得：（1）所谓"分配不得超过留存收益"，其效果基本等于分配后净资产>公司股本。（2）所谓"分配后资产负债率不超过 80%"，其效果基本等于分配后净资产>债务总额的 0.25 倍。因此，阿拉斯加州也含有净资产测试，只不过用于参照的财务指标、数值不同。

第三，所谓"公司此前两个财政年度的平均收益（缴纳所得税与利息费用之前）少于同期平均利息费用"，描述的当然是一种经营欠佳状态。具体言之，（1）取前两个会计年度的收益、利益费用均值，比仅仅考察前一个会计年度的相应数值，可以减弱数值的偶然性与波动性。（2）"缴纳所得税与利息费用之前的收益"，通常简称为"息税前收益"（earnings before the deduction of interest and taxes, EBIT）。"息前净收益"所测量的是永久性资本的全部收益，既包括权益资本带来的收益，也包括债务资本带来的收益。"息税前收益小于利息费用"，意味着公司的净收益≤0。证明如下：

∵ 息税前收益=净收益+利息费用+所得税费用，

∴ 息税前收益-利息费用=净收益+所得税费用。

∴ 息税前收益-利息费用≤0，等价于 净收益+所得税费用≤0。

∵ 所得税费用恒定≥0，

∴ 若要满足净收益+所得税费用≤0，净收益必须小于等于0。得证。

至于说阿拉斯加州法为什么不作更加直白晓畅的表述，比如"前两个财年平均净收益>0"，不可知。或许净收益情况仅为其中一种推论。

3.1.1.20 华盛顿哥伦比亚特区商事公司法§4.60[1]

华盛顿哥伦比亚特区商事公司法关于分配的规定，完全取自MBCA。

3.1.1.21 怀俄明州商事公司法§640[2]

怀俄明州商事公司法此处内容与MBCA完全一致。

3.1.1.22 内布拉斯加州标准商事公司法§252[3]

内布拉斯加州标准商事公司法照搬MBCA分配内容。

3.1.1.23 新罕布什尔州商事公司法§6.40[4]

新罕布什尔州商事公司法关于分配的规定与MBCA一致。

3.1.1.24 南达科他州商事公司法§640-640.5[5]

南达科他州商事公司法的分配规则与MBCA一致，只不过对后者的（a）（b）和（c）（d）进行了合并。

3.1.1.25 夏威夷州商事公司法§111[6]

夏威夷州商事公司法的分配规则基本沿袭MBCA，仅仅删去了次要的MBCA§6.40（h）。

---

〔1〕 参见 https://codes.findlaw.com/dc/division-v-local-business-affairs/dc-code-sect-29-304-60.html，最后访问日期：2021年1月27日。

〔2〕 参见 https://codes.findlaw.com/wy/title-17-corporations-partnerships-and-associations/wy-st-sect-17-16-640.html，最后访问日期：2021年1月27日。

〔3〕 参见 https://codes.findlaw.com/ne/chapter-21-corporations-and-other-companies/ne-rev-st-sect-21-252.html，最后访问日期：2021年1月27日。

〔4〕 参见 http://www.gencourt.state.nh.us/rsa/html/XXVII/293-A/293-A-6.40.htm，最后访问日期：2021年1月27日。

〔5〕 参见 https://sdlegislature.gov/Statutes/Codified_Laws/2068141，最后访问日期：2021年1月27日。

〔6〕 参见 https://codes.findlaw.com/hi/division-2-business/hi-rev-st-sect-414-111.html，最后访问日期：2021年1月27日。

3.1.1.26 俄勒冈州封闭公司法§181[1]

俄勒冈州封闭公司法分配规则沿袭 MBCA，仅删除次要的 MBCA§6.40（g）（h）。

3.1.1.27 威斯康星州商事公司法§640[2]

威斯康星州商事公司法删除了 MBCA§6.40（h），并在（f）条处增加一款：如果公司以特定财产为分配之债设定担保，本条规定不影响该担保的效力或优先性。[3]

评析：此处规定对股东的保护甚为有力，而对债权人的利益似乎照顾不周。分配之债与公司普通之债的清偿顺位，理论上有三种可能。第一，即使不违背分配测试的、有效的分配债权，也劣后于公司普通债权清偿。此方案对债权人最有利，但没有公司法采用。第二，分配之债与普通债权同等受偿。此方案较为均衡。第三，允许公司以特定资产担保分配之债的清偿，此时该债权先于普通债权受偿。此方案对债权人最不利。美国公司整体体现保护股东的倾向。MBCA 的规定较为均衡，而此处威斯康星州刑法的规定对债权人最不利。

3.1.1.28 路易斯安那州商事公司法§640[4]

路易斯安那州商事公司法分配规则与 MBCA 完全一致。

评析：路易斯安那州立大学教授 Glenn G. Morris 和 Wendell H. Holmes 评论说，路易斯安那州商事公司法设置了衡平测试、资产负债表测试两重测试，并且赋予董事相当广泛的自由裁量权。它明确允许在传统公司资本规则下至少是值得怀疑的事情：依据公司会计报表以外的东西来决定股息的合法性。该州公司法允许董事使用

---

〔1〕　参见 https://codes.findlaw.com/or/title-7-corporations-and-partnerships/or-rev-st-sect-60-181.html，最后访问日期：2021 年 1 月 27 日。

〔2〕　参见 https://codes.findlaw.com/wi/corporations-ch-180-to-188/wi-st-180-0640.html，最后访问日期：2021 年 1 月 27 日。

〔3〕　原文：This subsection does not affect the validity or priority of a security interest in corporation property created to secure indebtedness incurred because of a distribution.

〔4〕　参见 https://codes.findlaw.com/la/revised-statutes/la-rev-stat-tit-12-sect-1-640.html，最后访问日期：2021 年 1 月 27 日。

基于合理的会计原则和管理编制的会计报表为判断依据，也允许使用公允估值或者在当时情况下合理的方法作为判断依据。公允估值路径的效果是，切断了用于股利目的的公司净值，与按照大多数会计准则记录资产价值的"历史成本"方法之间的联系。路易斯安那州认识到，由于各种合法的商业原因，各公司的会计实践有很大的不同。因此，其采用 MBCA 的灵活标准，允许使用评估和现值方法来确定合法分配金额。不过目前为止，该州尚未出现解释上述新规则的案例。[1]

3.1.1.29 田纳西州营利商事公司法 §401[2]

田纳西州营利商事公司法基本沿袭 MBCA，只是删除了 §6.40（h）条，扩写了（e）条。田纳西州营利商事公司法 §401（e）新增的第（2）款是：〔其第（1）款是，负债式分配的基准日是债权债务发生日〕如果债务的产生是因为基于公司资产的抵押权、担保权、留置权或其他产权负担的授予，则此时以授予该抵押权、担保权、留置权或其他产权负担文书的签署和交付之日，为分配基准日。

评析：上述新增条款作两点解析。（1）§401 没有说清，担保权的授予本身是分配，还是担保权仅仅是作为从权利，是作为主债权的分配债权。从文义、语法来看，§401 似指前者。然而，公司为股东提供担保的情况，属于关联交易而非分配。因此，采第二种理解为宜。（2）§401 把担保发生之日定为基准日的设计比较精巧，中和了以公司财产担保分配之债对股东过分有利的弊端。此条实际上可以与威斯康星州商事公司法 §640（f）结合使用。

3.1.1.30 印第安纳州商事公司法第 28 章[3]

印第安纳州商事公司法的分配部分与 MBCA 一致，只不过删除

---

〔1〕 See Glenn G. Morris, Wendell H. Holmes, *Business Organizations*, https://1-next-westlaw-com. b12135. top/ Document/I9904 cc46af3711e78e48ed5d7ff5b375/View/FullText. html, 最后访问日期：2021 年 1 月 27 日。

〔2〕 参见 https://codes. findlaw. com/tn/title-48-corporations-and-associations/tn-code-sect-48-16-401. html，最后访问日期：2021 年 1 月 27 日。

〔3〕 参见 https://codes. findlaw. com/in/title-23-business-and-other-associations/#! tid=N053F51C0800111DB8132 CD13D228 0436，最后访问日期：2021 年 1 月 31 日。

了后者的§6.40（g）和（h）两条次要条文。

评析： 印第安纳州原"普通公司法"采用盈余标准，即要求分红必须在公司未保留且未受限的盈余中产生。现行印第安纳州商事公司法则放弃了盈余概念，转而全面采用MBCA标准。此外，一个细节是，就"资产≥负债+优先股清算权"中，Paul J. Galanti解释说，如果公司在分配时被解散，为满足优先股股东优先权所需的金额被视为负债，而不是股权。[1]在中国，优先股发行所得应列为负债还是所有者权益，相关规则见2014年财政部印发的《金融负债与权益工具的区分及相关会计处理规定》和现行《企业会计准则第37号——金融工具列报》两项文件中。

表13　《金融负债与权益工具的区分及相关会计处理规定》判断标准

判断标准	是	否
企业能否无条件地避免以交付现金或其他金融资产来履行一项合同义务。	权益工具	金融负债
用于结算该工具的企业自身权益工具，是否意在使该工具持有人享有在发行方扣除负债后资产的剩余权益，而非作为现金或其他金融资产的替代品。	权益工具	金融负债
属于非衍生工具，且将来须用或可用企业自身权益工具结算的，则判断是否发行方未来没有义务交付可变数量的自身权益工具进行结算。	权益工具	金融负债
属于衍生工具，且将来须用或可用企业自身权益工具结算的，则判断是否发行方只能通过以固定数量的自身权益工具交换固定金额的现金或其他金融资产进行结算。	权益工具	金融负债

---

〔1〕　See Paul J. Galanti, Business Organizations, https://1-next-westlaw-com. b12135. top/Document/I74f011b835f 911da9cbec 375d603e62d/View/FullText. html，最后访问日期：2016年1月27日。

表 14 　《企业会计准则第 37 号——金融工具列报》判断标准

金融负债	权益工具
金融负债，是指企业符合下列条件之一的负债： （一）向其他方交付现金或其他金融资产的合同义务。 （二）在潜在不利条件下，与其他方交换金融资产或金融负债的合同义务。 （三）将来须用或可用企业自身权益工具进行结算的非衍生工具合同，且企业根据该合同将交付可变数量的自身权益工具。 （四）将来须用或可用企业自身权益工具进行结算的衍生工具合同，但以固定数量的自身权益工具交换固定金额的现金或其他金融资产的衍生工具合同除外。企业对全部现有同类别非衍生自身权益工具的持有方同比例发行配股权、期权或认股权证，使之有权按比例以固定金额的任何货币换取固定数量的该企业自身权益工具的，该类配股权、期权或认股权证应当分类为权益工具。其中，企业自身权益工具不包括应按照本准则第三章分类为权益工具的金融工具，也不包括本身就要求在未来收取或交付企业自身权益工具的合同。	权益工具，是指能证明拥有某个企业在扣除所有负债后的资产中的剩余权益的合同。企业发行的金融工具同时满足下列条件的，符合权益工具的定义，应当将该金融工具分类为权益工具： （一）该金融工具应当不包括交付现金或其他金融资产给其他方，或在潜在不利条件下与其他方交换金融资产或金融负债的合同义务； （二）将来须用或可用企业自身权益工具结算该金融工具。如为非衍生工具，该金融工具应当不包括交付可变数量的自身权益工具进行结算的合同义务；如为衍生工具，企业只能通过以固定数量的自身权益工具交换固定金额的现金或其他金融资产结算该金融工具。企业自身权益工具不包括应按照本准则第三章分类为权益工具的金融工具，也不包括本身就要求在未来收取或交付企业自身权益工具的合同。

　　择其要者，主要有两项判断标准。第一，企业能否无条件地避免交付现金或者其他资产。权益工具的本质，是企业能按照自由的意思表示、自主的议事机制决定是否支付现金或者其他金融资产（分配）。法庭等国家公权力不能加以强制。金融资产的本质，是是否交付现金或者其他金融资产，不取决于，或者可以不取决于企业自己的意思。第二，企业以自身权益工具（通常是股票或者认股权证）用于支付、结算时，是否是以固定数量的自身权益工具，交换

固定金额的现金或者其他资产。如果是，才能构成权益工具。可以理解为，当构成"固定数量股票交换固定数额现金/资产"时，往往就是以取得股权作为商业目的。

在中国法上，优先股属于权益资本还是金融负债，需要结合个案具体分析。首先，付息条款。例如，如果约定强制付息，则属于金融负债。如果约定企业方有权决定付息或不付息，不付息不构成违约事件，则属于权益资本。其次，本金条款。如果约定没有到期日，则为权益工具。如果约定在特定情况下，公司有强制回赎义务，则属于金融负债。最后，优先股转普通股的转股价格。如果转股价格事先确定，则是以固定数量的自身权益工具（优先股）交换固定数额的资产（普通股）。这属于权益工具，否则属于金融资产。

3.1.1.31 阿拉巴马州商事公司法§6.40[1]

阿拉巴马州商事公司法分配规则与MBCA一致，仅删除其§6.40（h）。

评析：阿拉巴马州商事公司法在1994年、2001年经历两次大修订。1994年之前，阿拉巴马州商事公司法仅采取"衡平标准"，即要求公司分配后不得丧失偿付能力。1994年修订后，仿照MBCA内容与体例，引入资产负债表标准，即要求公司负债不得超过其资产。2011年的修订维持了1994年修订的内容。[2]

3.1.1.32 肯塔基州商事公司法§6-400[3]

肯塔基州商事公司法分配规则与MBCA一致，仅删除其§6.40（h）。

评析：肯塔基州律师James C.Seiffert介绍说，肯塔基州的分配规则发生了重大变化。传统的法定概念，如面值、法定资本、资本盈余、营业盈余、优先股与普通股、库存股等已经被取消，转而采

---

〔1〕 参见https://codes.findlaw.com/al/title-10a-alabama-business-and-nonprofit-entities-code/al-code-sect-10a-2-6-40.html，最后访问日期：2021年1月27日。

〔2〕 See Richard A.Thigpen, Alabama Corporation Law, 4th edition, https://1-next-westlaw-com.s12133.top/Document/I34d 21c2539c011da9b23ea265e5761dc/View/FullText.html，最后访问日期：2021年1月27日。

〔3〕 参见https://codes.findlaw.com/ky/title-xxiii-private-corporations-and-associations/ky-rev-st-sect-271b-6-400.html，最后访问日期：2021年1月27日。

用更通用的术语。因为它们造成了相当大的使用混淆，容易被操纵，而且对保护债权人和优先证券持有人的利益没有什么作用。与此同时，公司在资本结构和分配策略方面具有了更多的灵活性。[1]

3.1.1.33 犹他州商事公司法 § 640 [2]

犹他州商事公司法分配规则与 MBCA 一致，并删除其 § 6.40（h）。

3.1.1.34 内华达州封闭公司法 § 288 [3]

内华达州封闭公司法分配规则沿用 MBCA § 6.40 框架，但修订了 3 条，增加了一条；其中增加者涉及反欺诈转移法，与本法不相关，故不予讨论。

修订的第一处，是在分配测试之净资产测试一款，增加了"除非公司章程另有明确规定"（Except as otherwise specifically allowed by the articles of incorporation）一句。修订的第二处，是重新规定了股东登记日一条，内容是董事会有权确定某个日期，以确定有权获得分配的股东。该日期不得早于确定该日期的董事会决议日。修订的第三处，是对会计要求部分作了些文字性调整。

评析：（1）第三处仅为形式性调整，不予讨论。（2）在净资产测试上增加"章程另有规定"条款，显然是将强制性规定转换为任意性规定，属重大修订。其价值取向依然是亲股东而远债权人。这似乎是美国公司法的一大特色。（3）内华达州商事公司法关于股东登记日或者在册日（record date）的条款相比 MBCA § 6.40（b）有两个特色。第一，其并不完整。因为一旦董事会不指定在册日期，则到底以何种日期为在册日将成疑。这似乎构成立法漏洞。第二，其比 MBCA § 6.40（b）限定更加严格。因为 MBCA § 6.40（b）默认董事有权选择任意日期为登记日；内华达州商事公司法则将其限定为决定登记日之后的日期。

---

〔1〕 See James C. Seiffert, "Private Business Corporations", https://1-next-westlaw-com. s12133. top/Document/Ib0a 11030a227 11d98507afb40f486ed8/View/FullText. html，最后访问日期：2021 年 1 月 27 日。

〔2〕 参见 https://codes. findlaw. com/ut/title-16-corporations/ut-code-sect-16-10a-640. html，最后访问日期：2021 年 1 月 27 日。

〔3〕 参见 https://codes. findlaw. com/nv/title-7-business-associations-securities-commodities/nv-rev-st-78-288. html，最后访问日期：2021 年 1 月 27 日。

内华达州为何不允许股东登记日早于决议日，理由并非显而易见。一般而言，登记日（record）只不过是起到确定权利行使者的作用。[1] 因为一个公司的股东是随时变动的。如果不确定在册日期，则在公司决议作出后、履行前成为公司股东的投资者能否获得分配，将产生争议。由此，要求该日期早于或晚于某个期日，似乎没有显著必要。——可能的解释是防止投机，即投资者在分配前后集中投资于该公司，稀释长期股东的利益。但这一解释讲不通：其一，上述制度利益过于轻微，似乎不值规定；其二，如果意在防止投机、保护长期股东利益，应当要求登记日足够提前，而不是在决议之后。因此，内华达州的规则令人费解。

3.1.1.35 新墨西哥州商事公司法 §11-44[2]

该州公司法基本沿用 MBCA 规定，说法稍有调整。同时大幅删除了股东登记日条款（MBCA §6.40b）、次级债务条款（g）、清算不适用条款（h）。

3.1.1.36 蒙大拿州商事公司法 §712[3]

蒙大拿州商事公司法因袭 MBCA 规定，只是删除了后者的 §6.40（g）（h）两条。

3.1.1.37 亚利桑那州公司法 §640[4]

亚利桑那州公司法采用 MBCA 规定，仅删除了（h）条。

评析： 亚利桑那州律师 Terence W. Thompson 等介绍说，新亚利桑那州公司法大幅修改了旧法的分配规则。要点是：（1）旧法区分分红以及其他形式分别规定，新法则是统一规定。（2）新法不再区分，分配资金是来自于营业盈余还是资本盈余。（3）新法提供了一个衡平测试和资产负债表测试的简化方法。（4）新法规定了确定分

[1] 参见施天涛：《公司法论》，法律出版社 2018 年版，第 252 页。

[2] 参见 https://codes.findlaw.com/nm/chapter-53-corporations/nm-st-sect-53-11-44.html，最后访问日期：2021 年 1 月 27 日。

[3] 参见 https://codes.findlaw.com/mt/title-35-corporations-partnerships-and-associations/mt-code-ann-sect-35-1-712.html，最后访问日期：2021 年 1 月 27 日。

[4] 参见 https://codes.findlaw.com/az/title-10-corporations-and-associations/az-rev-st-sect-10-640.html，最后访问日期：2021 年 1 月 27 日。

配基准日，特别是分配债务和回购股份的基准日。[1]

1995 年，亚利桑那州立律师协会商法分会公司法修订委员会发布公司法修订官方评论。评论针对 §640 的阐述的要点是，（1）亚利桑那州公司法 §640 比照 MBCA §6.40，大幅修改了旧法，对分配进行了统一和协调。亚利桑那州公司法与 MBCA 也存在风格和意图的差异。旧法对分配合法性的判断比较复杂，比如，是派息还是其他类型分配；是分配现金还是其他财产；是从营业盈余还是资本盈余中分配；是否属于股份回购。（2）封闭公司、非公开公司的情况比较特殊，因为其往往只在税务会计或者收付实现制基础上编制财务记录和报告，或者可能偏离美国《通用会计准则》（以下简称 GAAP），例如省略脚注的披露。（3）§640 统一了对所有分配的规制方法，应用现代财务测试来确定分配的合法性，取消了盈余等过时的财务概念。[2]

3.1.1.38 阿肯色州商事公司法 §640[3]

阿肯色州商事公司法与 MBCA 基本一致，仅仅删除了 MBCA §6.40（h）。

3.1.1.39 西弗吉尼亚州商事公司法 §640[4]

除删除了（h）条外，西弗吉尼亚州商事公司法与 MBCA 一致。

3.1.1.40 爱达荷州商事公司法 §640[5]

爱达荷州商事公司法与 MBCA 大体一致，仅 §640（b）增加了

---

〔1〕 See Terence W. Thompson, John L. Hay, James P. O'sullivan, Robert A. Royal, Thomas J. McDonald, Arizona, *Corporate Practice*, West (Thomson Reuters), 2010, https://1-next-westlaw-com. s12133. top/Document/Icbb900373b5c11da9a9fb430beb7e262/View /FullText. html，最后访问日期：2021 年 1 月 27 日。

〔2〕 See Terence W. Thompson, John L. Hay, James P. O'sullivan, Robert A. Royal, Thomas J. McDonald, Arizona, *Corporate Practice*, West (Thomson Reuters), 2010, https://1-next-westlaw-com. s12133. top/Document/Icbb900373b5c11da9a9fb430beb7e262/View /FullText. html，最后访问日期：2021 年 1 月 27 日。

〔3〕 参见 https://codes. findlaw. com/ar/title-4-business-and-commercial-law/ar-code-sect-4-27-640. html，最后访问日期：2021 年 1 月 27 日。

〔4〕 参见 https://codes. findlaw. com/wv/chapter-31d-west-virginia-business-corporation-act/wv-code-sect-31d-6- 640. html，最后访问日期：2021 年 1 月 27 日。

〔5〕 参见 https://codes. findlaw. com/id/title-30-corporations/id-st-sect-30-29-640. html，最后访问日期：2021 年 1 月 27 日。

一款如下：董事会可以确定一个在册日期，以决定有权获得分配的股东。但该日期不得具有追溯性（retroactive）。

评析：爱达荷州的此项规定实际与内华达州一致。"不具有溯及力"的意思，只能是在决议日作出的在册日规定，不得溯及决议日之前，也就是和内华达州一样，只能在决议日以后的日期中选择。"不得溯及既往"似乎为两州的规定提供了一个弱理由，但实际上该理由不成立。之所以一般不允许立法具有溯及力，是为了保护遵从旧法从事者的合理信赖，否则每个人将不知目前生效之法律是否将很快被修订，而无所适从。但是分配场合并没有此种信赖利益。因此，登记日不需要考虑溯及既往的效果。

3.1.1.41 密西西比州商事公司法 §6.40[1]

密西西比州商事公司法分配规则承袭 MBCA。不赞。

3.1.1.42 南卡罗来纳州公司商事公司法典 §6-400[2]

南卡罗来纳州商事公司法典承袭 MBCA §6.40，仅删除后者的最后两条。

3.1.1.43 佛蒙特州商事公司法 §6.40[3]

佛蒙特州商事公司法 §6.40 沿袭 MBCA §6.40 规则，仅删除最后两条。

3.1.1.44 缅因州商事公司法 §651[4]

缅因州商事公司法 §651 沿袭 MBCA §6.40。两者内容基本一致。

---

[1]　参见 https://codes.findlaw.com/ms/title-79-corporations-associations-and-partnerships/ms-code-sect-79-4-6-40.html，最后访问日期：2021 年 1 月 27 日。

[2]　参见 https://casetext.com/statute/code-of-laws-of-south-carolina-1976/title-33-corporations-partnerships-and-associations/chapter-6-shares-and-distributions/article-4-distributions/section-33-6-400-distributions-to-shareholders，最后访问日期：2021 年 1 月 27 日。

[3]　参见 https://casetext.com/statute/code-of-laws-of-south-carolina-1976/title-33-corporations-partnerships-and-associations/chapter-6-shares-and-distributions/article-4-distributions/section-33-6-400-distributions-to-shareholders，最后访问日期：2021 年 1 月 27 日。

[4]　参见 https://codes.findlaw.com/me/title-13-c-maine-business-corporation-act/me-rev-st-tit-13-c-sect-651.html，最后访问日期：2021 年 1 月 27 日。

3.1.1.45 小结

采用大分配概念的州共计 44 个。每个州对分配行为的具体规制见表 15。

表 15　采用"大分配概念"之美国州对分配行的规制

	董事会的决策权	股东在册日	分配测试规则	会计要求	分配基准日	分配之债与普通债	次级债务	清算之不适用
CA	散见	*	§500(a)	§500(c)	§500(d)	*	§500(e)	§508
	同MBCA§6.40(a)		类MBCA§6.40(c)	类MBCA§6.40(d)	类MBCA§6.40(e)		同MBCA§6.40(g)	同MBCA§6.40(h)
	与MBCA区别：自成风格。删除2条，在该节外增加多处内容。核心条款有修订。							
PA	§1551(a)	*	§1551(b)	§1551(c)	§1551(d)	§1551(e)	§1551(f)	*
	类MBCA§6.40(a)		§同MBCA§6.40(c)	类MBCA§6.40(d)	类MBCA§6.40(e)	同MBCA§6.40(f)	同MBCA§6.40(g)	
	与MBCA区别：区别明显，自成风格。删除了2条，改写了3条，增加了1条。							
FL	§6401(1)	§6401(2)	§6401(3)	§6401(4)	§6401(6)	§6401(7)	§6401(8)	*
	同MBCA§6.40(a)	同MBCA§6.40(d)	同MBCA§6.40(c)	类MBCA§6.40(d)	同MBCA§6.40(e)	同MBCA§6.40(f)	同MBCA§6.40(g)	
	与MBCA区别：删除§6.40(h)，调整§6.40(d)，增加1条。							

续表

	董事会的决策权	股东在册日	分配测试规则	会计要求	分配基准日	分配之债与普通债	次级债务	清算之不适用
WA	§400(1)	*	§400(2)	§400(3)	§400(4)	§400(5)	§400(6)	§400(7)
	同MBCA§6.40(a)		同MBCA§6.40(c)	同MBCA§6.40(d)	类MBCA§6.40(e)	同MBCA§6.40(f)	同MBCA§6.40(g)	类MBCA§6.40(h)
	WA与MBCA的区别：第一，删除一处。即§6.40（b）股东登记日相关内容。第二，增加一处，即第6条。第三，形式上调整第4条、第7条。总体评估：主要内容不变，次要内容作形式调整。							
MA	§6.40(a)	§6.40(b)	§6.40(c)	§6.40(d)	§6.40(e)	§6.40(f)	§6.40(g)	§6.40(h)
	同MBCA§6.40(a)	同MBCA§6.40(d)	类MBCA§6.40(c)	同MBCA§6.40(d)	同MBCA§6.40(e)	同MBCA§6.40(f)	同MBCA§6.40(g)	类MBCA§6.40(h)
	WA与MBCA的区别：有两处细化。§6.40（c）和§6.40（h）。							
IA	§640(1)	§640(2)	§6.40(3)	§6.40(4)	§6.40(5)	§6.40(6)	§6.40(7)	§6.40(8)
	同MBCA§6.40(a)	同MBCA§6.40(c)	同MBCA§6.40(c)	同MBCA§6.40(d)	同MBCA§6.40(e)	同MBCA§6.40(f)	同MBCA§6.40(g)	同MBCA§6.40(h)
	与MBCA的区别：无。完全照搬。							

	董事会的决策权	股东在册日	分配测试规则	会计要求	分配基准日	分配之债与普通债	次级债务	清算之不适用
MD	*	*	§ 2-311 (a)	§ 2-311 (b)	§ 6.40 (c)	§ 6.40 (d)	§ 6.40 (e)	*
			类 MBCA § 6.40 (c)	同 MBCA § 6.40 (d)	同 MBCA § 6.40 (e)	同 MBCA § 6.40 (f)	同 MBCA § 6.40 (g)	
	与 MBCA 的区别：（1）减少三处，不存在类似 MBCA § 6.40 （a）（b）（h）的条文。（2）细化一处，其 2-311 （1）照搬 § 6.40 （c），但是该条第（2）款则是新增。							
NJ	*	*	§ 7-14.1 (2)	§ 7-14.1 (3)	§ 7-14.1 (4)	§ 7-14.1 (5)	*	*
			类 MBCA § 6.40 (c)	类 MBCA § 6.40 (d)	类 MBCA § 6.40 (e)	同 MBCA § 6.40 (f)		
	与 MBCA 的区别：删除了 （a）（b）（g）（h）共 4 条。小幅修改了（c）（d）（e）共 3 条。相较 MBCA，整体呈现精简化、宽松化的风格。							
TX	§ 21.302	*	§ 21.303	§ 21.314	§ 21.315	§ 21.308	*	*
	类 MBCA § 6.40 (a)		类 MBCA § 6.40 (c)	类 MBCA § 6.40 (d)	类 MBCA § 6.40 (e)	同 MBCA § 6.40 (f)		
	与 MBCA 的区别：整个体系不是采用 MBCA 架构。删除了 3 条。其余 5 条中，4 条有所区别。其中关于分配测试和基准日的规则，有重大修改。							

续表

	董事会的决策权	股东在册日	分配测试规则	会计要求	分配基准日	分配之债与普通债	次级债务	清算之不适用
VA	§ 653（A）	§ 653（B）	§ 653（C）	§ 653（D）	§ 653（E）	§ 653（F）	§ 653（G）	§ 653（H）
	同MBCA § 6.40（a）	同MBCA § 6.40（c）	同MBCA § 6.40（c）	类MBCA § 6.40（d）	同MBCA § 6.40（e）	同MBCA § 6.40（f）	同MBCA § 6.40（g）	类MBCA § 6.40（h）
	与 MBCA 的区别：几乎没有，仅在会计要求处略有增添。							
GA	§ 640（a）	§ 640（b）	§ 640（c）	§ 640（d）	§ 640（e）	§ 640（f）	§ 640（g）	
	同MBCA § 6.40（a）	同MBCA § 6.40（c）	同MBCA § 6.40（c）	同MBCA § 6.40（d）	同MBCA § 6.40（e）	同MBCA § 6.40（f）	同MBCA § 6.40（g）	*
	与 MBCA 的区别：几乎没有。佐治亚仅仅删除了 MBCA 的 § 640（h）。							
NC	§ 640（a）	§ 640（b）	§ 640（c）	§ 640（d）	§ 640（e）	§ 640（f）	§ 640（g）	
	同MBCA § 6.40（a）	同MBCA § 6.40（c）	同MBCA § 6.40（c）	类MBCA § 6.40（d）	同MBCA § 6.40（e）	同MBCA § 6.40（f）	同MBCA § 6.40（g）	*
	与 MBCA 的区别：微调 MBCA § 6.40，删除 MBCA § 6.40（h）。此外，大幅增加 4 条，规定了股东强制派息之诉的规则。							

	董事会的决策权	股东在册日	分配测试规则	会计要求	分配基准日	分配之债与普通债	次级债务	清算之不适用
MI	§345(1)	§345(2)	§345(3)	§345(4)	§345(5)	§345(6)	*	*
	同MBCA§6.40(a)	同MBCA§6.40(c)	同MBCA§6.40(c)	同MBCA§6.40(d)	类MBCA§6.40(e)	同MBCA§6.40(f)		
	与MBCA的区别：微调了§640(e)，删除了§640(h)，另外增加了2条。							
CO	§401(1)	§401(2)	§401(3)	§401(4)	§401(5)	*	§401(6)	*
	同MBCA§6.40(a)	类MBCA§6.40(c)	同MBCA§6.40(c)	同MBCA§6.40(d)	同MBCA§6.40(e)		同MBCA§6.40(g)	
	与MBCA的区别：删减了§6.40(f)(h)共2条，增加了1条"股票面值"相关规定。							
MN	*	*	§551.1(a)及§551.4	§551.2	§551.3(a)(b)	§551.3(c)	*	*
			类MBCA§6.40(c)	类MBCA§6.40(d)	类MBCA§6.40(e)	类MBCA§6.40(f)		
	与MBCA的区别：大幅删除(a)(b)(g)(h)共4条，对保留的(c)(d)(e)(f)共4条也改变了说法。							
CT	与MBCA完全一致。							

	董事会的决策权	股东在册日	分配测试规则	会计要求	分配基准日	分配之债与普通债	次级债务	清算之不适用
ND	*	*	§ 1-92 (1) 类 MBCA § 6.40 (c)	§ 1-92 (2) 类 MBCA § 6.40 (d)	§ 1-92 (3) 类 MBCA § 6.40 (e)	§ 1-92 (4) 类 MBCA § 6.40 (f)	*	*
	与 MBCA 的区别：与明尼苏达州类似。							
AL	*	*	§ 358 (a) 类 MBCA § 6.40 (c)	§ 358 (b) - (f) 类 MBCA § 6.40 (d)	*	*	*	
	与 MBCA 的区别：大量删减。仅保留 (c)(d)，且内容不同。							
IA	与 MBCA 完全一致。							
WY	与 MBCA 完全一致。							
NE	与 MBCA 完全一致。							
NH	与 MBCA 完全一致。							
ND	与 MBCA 内容一致，只是将 MBCA § 6.40 (a)(b) 合并为 1 条；(c)(d) 合并为 1 条。							
HI	与 MBCA 内容一致，仅仅删除 MBCA § 6.40 (h)。							
OR	与 MBCA 内容一致，仅仅删除 MBCA § 6.40 (g)(h)。							

	董事会的决策权	股东在册日	分配测试规则	会计要求	分配基准日	分配之债与普通债	次级债务	清算之不适用
WI	§640(1)	§640(2)	§640(3)	§640(4)	§640(5)	§640(6)	§640(7)	*
WI	同MBCA§6.40(a)	同MBCA§6.40(c)	同MBCA§6.40(c)	同MBCA§6.40(d)	同MBCA§6.40(e)	类MBCA§6.40(f)	同MBCA§6.40(g)	*
WI	与MBCA的区别：删除MBCA§6.40(h)，扩写§6.40(f)。							
TN	§401(a)	§401(b)	§401(c)	§401(d)	§401(e)	§401(f)	§401(g)	*
TN	同MBCA§6.40(a)	同MBCA§6.40(c)	同MBCA§6.40(c)	同MBCA§6.40(d)	类MBCA§6.40(e)	同MBCA§6.40(f)	同MBCA§6.40(g)	*
TN	与MBCA的区别：删除MBCA§6.40(h)，扩写§6.40(e)。							
IN	与MBCA一致，只是删除了§6.40(g)(h)。							
LA	与MBCA完全一致。							
AL	与MBCA一致，仅删除§6.40(h)。							
KY	与MBCA一致，仅删除§6.40(h)。							
UT	与MBCA一致，仅删除§6.40(h)。							
NV	§288(1)	§288(7)	§288(2)	§288(3)	§288(4)	§288(5)	§288(6)	§288(8)
NV	同MBCA§6.40(a)	类MBCA§6.40(b)	类MBCA§6.40(c)	类MBCA§6.40(d)	同MBCA§6.40(e)	同MBCA§6.40(f)	同MBCA§6.40(g)	同MBCA§6.40(h)
NV	与MBCA的区别：小幅修订了(b)(c)(d)共3条，增加了1条。							

续表

	董事会的决策权	股东在册日	分配测试规则	会计要求	分配基准日	分配之债与普通债	次级债务	清算之不适用
NM	与 MBCA 一致，但大幅删除了（b）（g）（h）共 3 条。							
MT	与 MBCA 一致，但删除了（g）（h）共 2 条。							
AZ	与 MBCA 基本一致，删除了（h）条。							
AR	与 MBCA 基本一致，删除了（h）条。							
WV	与 MBCA 基本一致，删除了（h）条。							
ID	与 MBCA 基本一致，仅（b）内容微调。							
MS	与 MBCA 完全一致。							
SC	与 MBCA 一致，仅删除（g）（h）条。							
VT	与 MBCA 一致，仅删除（g）（h）条。							
ME	与 MBCA 基本一致。							

下文从三方面简析表 15。（1）各州规定与 MBCA 示范版本的异同。（2）分配测试体系。（3）分配基准日的设定。

（1）各州与 MBCA 示范版本之异同

两者存在显著的借鉴关系。其一，约 10 个州完全沿袭 MBCA。其二，大多数州对 MBCA 进行"本土化"微调，包括：删除不重要的董事会授权规则、股东登记日规则、清算分配之不适用规则；改变会计依据规则、次级债务规则的相关说法。其三，MBCA §6.40（c）（3）为各州共有，即分配测试规则与分配基准日规则。这也是公司分配规则的核心条文。

（2）分配测试体系

多数州与 MBCA 一致，采用"偿付能力测试+净资产测试"体系。少数州如加州、马里兰州、阿拉斯加州等，采用个性化体系。（见表 16）

表 16　偿付能力测试规则（仅限采用大分配概念的州）

MBCA	1. 分配后，不得丧失对其到期债务的偿付能力。	
	2. 分配后，净资产额须大于假定清算时优先股东的总清偿权额。	
MBCA 变种	麻省	严格化——将 1 中的"债务"外延作最大化扩张。
	新泽西州	宽松化——将 2 修改为"净资产额须大于零"。
加州	分配前，盈余须大于公司分配额与拖欠的优先股息之和。	
	分配后，净资产额须大于假定清算时优先股东的总清偿权额。	
马里兰州	分配后，不得丧失对其到期债务的偿付能力。	
	分配后，净资产额须大于假定清算时优先股东的总清偿权额。	
	拟议分配额<净利润 OR 上年度净利润 OR 前 8 个财政季度净利润	
德州	分配后，不得丧失对其到期债务的偿付能力。	
	分配额<盈余（一般情况）	
	分配额<净资产额（回购、回赎；消耗性资产公司）	
明尼苏达州	分配后，公司有能力清偿正常经营中所欠债务。	
	分配作出前，董事会不知道分配决议是违法的。	
	分配前，公司已履行对优先股股东的义务，除非当事人弃权。	
	分配后，净资产不低于优先股股东的优先权总额，除非当事人弃权。	
阿拉斯加州	分配额<分配前的留存收益	
	或者	分配后，资产是债务的 1.25 倍以上。
		分配后，流动资产至少等于其流动负债。（一般情形）
		分配后，流动资产是流动负债的 1.25 倍以上。（之前财政年度欠佳）

　　一个州的分配测试体系，可以从四方面分析。其一，由何种子

测试组成。其二，子测试之间以何种逻辑连接词，"或"还是"且"，进行连接。其三，针对分红、回购/赎、负债式分配等不同分配形式，统一还是分别测试。其四，测试规则是强制性还是任意性，即是否允许公司章程排除其规定。

子测试有三类。一是偿付能力测试。采用者为 MBCA、马里兰州等多数州公司法。"偿付能力"是一种抽象概念，因此公司有相当的操作空间。二是"资产－负债"测试。即分配后公司资产必须足以覆盖其债务。较低标准是"资产>债务，即净资产>0"（新泽西州公司法）。较高标准是"资产>债务+优先股股东求偿权之和"（MBCA）。阿拉斯加州比较流动资产与流动负债的关系，也可归于此类测试。三是"盈余或者净利润"测试。即公司分配的财产必须小于盈余或者净利润。

（3）分配基准日模式

第一，分配基准日的规定，也存在数种模式（见表17）。

表17　分配基准日规则的 6 种模式

	一般性或者兜底性的规则	针对特定分配类型的具体规则
MBCA·半数以上州采	决议日（T 支付－T 决议<120 日）	回购：财产转移日或股东注销日较早者
	支付日（T 支付－T 决议≥120 日）	负债：债务分配日
加州	同上	负债：以支付日为准
新泽西州	同上	回购：财产转移日或股东注销日较早者
田纳西州	同上	负债：债权债务发生日
		担保权：担保权文书签署或交付日

	一般性或者兜底性的规则		针对特定分配类型的具体规则
宾州	或者	决议日（T发生－T决议<125日）	回购、回赎、其他方式取得公司自己的股票：财产转让日（或债权发生日）与股东身份注销日较早者
		指定日（T发生－T指定<125日）	
	分配日（T发生－T指定/决议≥125日）		
德州	决议日（T履行－T决议<120日）		负债式分配，债务发生日视为已经履行
	否则	指定日（T履行－T指定<120日）	回赎/购的，履行日既可以是合同生效日，也可以是股票被公司取得之日
		履行日（没有指定日）	

　　据上表，基准日规则实际有两大类模式：①双变量模式，即以决议日、支付日/履行日，作为两个分配基准变量。MBCA、加州、新泽西州、田纳西州等采用。②三变量模式，即以决议日、支付日/履行日、董事会指定日，共计三个变量为基准日坐标。宾州、德州等采用。三变量模式多出"董事会指定日"这一变量，判断规则更为复杂。

　　①双变量模式

　　该模式的制度要点是，提取"决议""履行"两个关键性时点，作为指引判断分配影响基准日的基础变量。"决议"和"履行"的结合，构成一个分配行为从成立生效、到履行完成的全过程。借用大陆法系的私法理论，决议是负担行为、债权行为，公司与股东之间据此发生债权债务；履行是处分行为、物权行为，公司与股东之间据此完成财产归属的变动。

　　该模式的基本法理是，基准日的确定，取决于分配决议到分配履行期间的长短。具体而言：a. 如果该期间足够短，即决议后短时间内即完成履行、支付，则该期间内公司财务基本面的变化可以忽略不计。董事会在决议时所作的分配合法性检测仍然有效，不必在履行时点重新检测——好比做新冠病毒核酸检测，并得出被测者为阴性后，该结果短时间内有效，为节约资源起见不必另行测试。b. 如果期间足够长，则公司现金流、偿付能力的状况可能有变，董事会决议时所作的分配合法性检测结果失去时效，需要在履行时点重做测试。

②三变量模式

采用三变量模式的，是具有相当分量的宾州、德州立法。尽管如此，本书没有看到引入"董事会指定日"这一变量的显著必要性。弊端反而很明显。其一，宾州、德州立法都没有限制指定日的范围。因此，理论上董事会指定日可以向前延伸至公司设立，向后延伸至章程规定的经营期限结束，甚至无穷。这是一个颇为幽默的范围，摆明了允许董事会操纵基准日。其二，基准日是典型的强行性规则，强行中又有授权，自相矛盾。

除此之外，无论采用双变量还是三变量的州，均认为有些情况足够特殊，需要单独设置基准日规则。例如，加州认为负债式分配足够特殊，不适用双变量模式。新泽西州认为足够特殊的是回购。田纳西州认为，负债式分配和提供担保式的分配都需要另行规制。

本书认为，针对特定分配形式设置特殊规则意义有限，几乎只有搅浑水的作用，徒增立法的"熵值"。其一，回购、回赎中，被回购股份的股东其身份何时注销，纯粹是"股东-公司"的利益冲突问题，与分配规则所处理的"债权人-公司内部人"的利益冲突无关。因此，身份注销日不适宜用作分配基准日的建构。其二，延期支付式的分配与普通的分红没有任何区别，不适宜与负债式分配并列。其三，唯一特殊的是负债式分配，因其在决议日、履行日之间，可能另有"债权债务发生日"的真实存在。不过，此时决议日、履行日仍然是最重要的时点。忽略债权债务发生日无关紧要。

综上所述，本书认同双变量模式，且不赞同设置例外规则。如下规定在简洁与合理维度得分最高：判断分配是否满足分配测试的基准日为董事会决议日。但是，分配的实际履行在该决议日120日之后的，公司在履行日仍然应当满足关于分配测试之规定。

3.1.2 未采用大分配概念的州

3.1.2.1 DGCL[1]

§170. 股利；支付；递耗资产公司[2]

§170（a）在遵守公司章程限定条款的前提下，每个公司的董事会可以依据股本宣布和支付股息，股息的来源是：（1）来源于盈余。盈余依据§154、§244来界定和计算。[3]或者（2）没有盈余的，来源于本财政年度或上年度的净利润。[4]

假如依据§154、§244计算的公司资本因资产的折旧、损失或其他原因而减少，以至低于对拟分配财产享有优先权的优先股股东的权益总和，则董事会不得宣布和支付股息，直至优先股股本的不足得到弥补为止。

公司使用本票、债券、其他债权凭证分配的，只要分配符合本条本款对于公司净资产或净利润的要求，则上述证券不会无效。[5]

---

〔1〕 条文援引自 Lexisnexis 数据库，显示为 2015 年版本；以下诸州法均引自此数据库最新版，不再另作解释。

〔2〕 依据元照法律词典的解释，递耗资产公司，指从事采矿业、伐木业及其他类似商业活动的公司。其股息事实上是从资本中分配的，因为其资产是在正常经营的过程中消耗的。

〔3〕 依据第 154 条的规定，在特定时段内，公司净资产超过资本的差额，叫作公司盈余。第 244 条所界定的则是资本盈余。

〔4〕 原文：(a) The directors of every corporation, subject to any restrictions contained in its certificate of incorporation, may declare and pay dividends upon the shares of its capital stock either: (1) Out of its surplus, as defined in and computed in accordance with § 154 and § 244 of this title; or (2) In case there shall be no such surplus, out of its net profits for the fiscal year in which the dividend is declared and/or the preceding fiscal year.

〔5〕 原文：If the capital of the corporation, computed in accordance with § 154 and 244 of this title, shall have been diminished by depreciation in the value of its property, or by losses, or otherwise, to an amount less than the aggregate amount of the capital represented by the issued and outstanding stock of all classes having a preference upon the distribution of assets, the directors of such corporation shall not declare and pay out of such net profits any dividends upon any shares of any classes of its capital stock until the deficiency in the amount of capital represented by the issued and outstanding stock of all classes having a preference upon the distribution of

评析： §170（a）是特拉华分配测试的核心规则。与 MBCA 体系不同，它令人意外地重视股本的这一规范要素，采用了一个以股本为核心的"盈余标准"。这很有趣——最能代表美国公司法风格的 DGCL，却与大陆法系的资本维持原则理念相通。

§170（a）第二款是除盈余之外的第二项条件：如果资本低于优先股股本之和，不得分配。经反复比对，其原文的确是将"资本"（the capital of the corporation）与"优先股权益"（the aggregate amount of the capital represented by the issued and outstanding stock of all classes having a preference upon the distribution of assets）相比较。此外，徐文彬译本也是作相同理解，其将该部分翻译为：

……根据本编 §154 和 §224 计算的公司资本，由于财产价值贬值、亏损或者其他原因而减少，低于具有资产分配优先权的所有类别的已发行且发行在外的股份所代表的资本数额的不足弥补之前……

假如本书与徐文彬的翻译不存在重大硬伤，那么 DGCL 就令人不解了：（1）一般而言，优先股记录在资产负债表中所有者权益项下，属于公司股本的一部分。即公司的股本由优先股和普通股构成。因此，条文中规定的"资本低于优先股股本"，意味着整体少于部分，如何实现？（2）资产的损失、非流动资产的折旧，是不会引起股本减少的，所引起的是资产的减少。因此，"公司资本因资产的折旧、损失或其他原因而减少"是不成立的。

如果默认原文逻辑无误，则调整翻译的思路有两种：第一，依然翻译为"流通股资本少于优先股股本"，但将此处的资本限缩理解为普通股股本。第二，将"资本"理解为"资产"，翻译为"公司（净）资产少于优先股股本"。

（接上页）assets shall have been repaired. Nothing in this subsection shall invalidate or otherwise affect a note, debenture or other obligation of the corporation paid by it as a dividend on shares of its stock, or any payment made thereon, if at the time such note, debenture or obligation was delivered by the corporation, the corporation had either surplus or net profits as provided in（a）（1）or（2）of this section from which the dividend could lawfully have been paid.

　　第一种思路成立，但欠佳。"流通股资本少于优先股股本"没有什么经济意义，只是在公司法理念上至少可以牵强解释。传统公司资本理论把流通股本当作债权人的"防护垫"——尽管这一理论已被推翻。这种理念认为，持续经营中的公司股本是无需还本付息的，因此，它相当于股东对债权人作出的某种"抵押"或者"承诺"。如果股本充实，则抵押物充分、承诺切实，公司信用正常，债权人风险可控。否则，股本亏蚀，则债权人利益受到侵害。此外，优先股固然属于股票，但也具有某种长期金融债权属性。在此意义上，流通股本作为"防护垫"，保护对象中，也可以含有优先股索取权。

　　从法律解释的角度而言，这种思路较为牵强。法律解释的技术本质是二次立法；权力本质是司法权对立法权的补充与争夺；文化本质是世俗主义对原教旨主义的约束。真正的法律解释不是绝对忠实地传承立法原教旨、细化立法文本，反而是重述和修正立法原意，以适应作为某次诉争背景的社会经济生活现实，同时适应这种现实基础之上的法律与法治理念的最新发展，令注定不可能与现实同步的立法推动而非阻碍现实。"资本信用"论已经被证明是一种不合逻辑的主观愿望。法律解释不应再拘泥于对股本的重视和强调，而应作出新的解释。

　　从纯粹事实的角度而言，或者说从"立法者原意"和"历史真实"的角度解释，这种思路可能是成立的。股本本来只不过是资产负债表中的"实收资本"，立法者将其引入公司法本意之一，就是将其作为债权人风险的"防护垫"。这一点，大陆和英美法系所见、所做略同。大陆法系迄今都围绕股本概念建构资本制度，强行将股本的功能捧上神坛。事实上，不只是大陆法系的德国、日本等陷入误区，英国、若干美国的州也不遑多让。

　　第二种思路成立，且较好。"公司净资产少于优先股股本"的解释似乎更加顺理成章。它首先可以与"折旧（depression）""损失（losses）"的表述契合。毕竟，股本可能减少，但不会发生折旧或损失。更重要的是，这一表述就与 MBCA §6.40（c）

（2）所见略同了。MBCA 的规则是"资产＞债务＋优先股索取权"。由于"资产－债务＝所有者权益"，因此 DGCL 与 MBCA 完全一致。

本条的最后一款是说，只要公司的财务状况符合§170 的分配条件，分配的本票、债券、债权就是有效的。但其实这么规定也存在问题。如果公司确实存在相应的盈余，就相当于债权债务关系在缔结时存在相应的履行标的。§170 似乎在暗示，如果在缔结债务关系时，标的（充足的盈余）不存在，那么合同就无效，即此种债权、债券是无效的。这是典型的"标的不存在的合同自始无效"论，而此种论点已接近被学说淘汰。主要原因在于认为合同无效，债权人只能依据缔约过失责任受偿，对其保护不力。因此，盈余的存在与否，不是影响债权效力的原因。真正的原因是违反法律的强制性规定。总之无论如何解释，满足§170 的债权分配总是有效的。结论：该款可能多余。

§170（b）在遵守章程限制的前提下，递耗资产公司（包括但不限于自然资源、专利权、特定资产变现公司）的董事会在决定开发递耗资源所得的净利润或者净收入时，有权不考虑随着时间、消费或利用而导致的资产的减少。[1]

评析：本来，依据第170条通用的盈余规则，净资产高于股本。然而随着资源的递耗，总资产也不断减少，将大大牵制每期可分配的股息。在不考虑资产减少时，可分配股息相应增加。

§171. 特殊目的储备金

董事会有权在可供分配的基金中，预留出一项或几项储备金，

---

〔1〕 原文：Subject to any restrictions contained in its certificate of incorporation, the directors of any corporation engaged in the exploitation of wasting assets (including but not limited to a corporation engaged in the exploitation of natural resources or other wasting assets, including patents, or engaged primarily in the liquidation of specific assets) may determine the net profits derived from the exploitation of such wasting assets or the net proceeds derived from such liquidation without taking into consideration the depletion of such assets resulting from lapse of time, consumption, liquidation or exploitation of such assets.

用于任何适当目的，也有权利取消这些基金。[1]

这一节于分配测试来说是次要的。DGCL§171规定的储备金，类似于中国的任意公积金。至迟在100年前，任意储备金制度在特拉华州判例法中就确立了。1913年的一个判例指出，公司固然有权从其净收入中提取一部分作储备金，或将其储备而不用，或以其购置证券、房地产等均无不可。不过，当公司将该储备金分配给股东时，此行为视为分配。[2]

§173. 股利的宣布与支付

非遵守本章规定公司不得分红。可以现金、实物或以公司资本的股票形式分配。如果是用公司尚未发行的股票分配，董事会必须决议规定，分配的股票将成为股本，且数额不得少于宣布分配的红利。如果宣布为红利的股份为无面额股，则由董事会决定其数额。若以公司拆细的股份来分配，则不需要指定为股本。[3]

评析：§173规定的是分配的标的。现金标的、实物标的一带而过，重点规定的是两种特殊情况：第一，以已经授权但尚未发行的股份来分配；第二，以分拆的股份进行分配。以未发行的股份进行分红，不是分配。因为不涉及财产或权利从公司向股东方向净流出。此种行为在中国也有，即上市公司中所谓"股票股利"或者

---

〔1〕 原文：The directors of a corporation may set apart out of any of the funds of the corporation available for dividends a reserve or reserves for any proper purpose and may abolish any such reserve.

〔2〕 See Bryan v. Aikin, 10 Del. Ch. 446, 86 A. 674 (1913).

〔3〕 原文：No corporation shall pay dividends except in accordance with this chapter. Dividends may be paid in cash, in property, or in shares of the corporation's capital stock. If the dividend is to be paid in shares of the corporation's theretofore unissued capital stock the board of directors shall, by resolution, direct that there be designated as capital in respect of such shares an amount which is not less than the aggregate par value of par value shares being declared as a dividend and, in the case of shares without par value being declared as a dividend, such amount as shall be determined by the board of directors. No such designation as capital shall be necessary if shares are being distributed by a corporation pursuant to a split-up or division of its stock rather than as payment of a dividend declared payable in stock of the corporation.

"送红股"。之所以 DGCL 分配的是"未发行股票"而中国是"送红股"，原因只在于美国公司分红由董事会最终决策，董事会自然可以也只能以章程授权但尚未发行的"股票"分配；中国公司分红由股东会最终决策，股东会自然有权把送红股和增加注册资本合二为一进行决策。

那么，现金分红和股票分红对公司、股东而言有何区别？现金分红的会计本质，是把未分配利润（准确地说是盈余）分配给股东。股票分红的会计本质，是把未分配利润（准确地说是盈余）转增至股本。所以，两者对公司的区别在于，现金分红涉及公司资产的净流出，而股票分红则否。因此，现金分红属于本报告和美国 MBCA §6.40 意义上的"分配"行为，而股票分红则不是。那么，对股东的影响如何？既然股票分红不涉及资产的净流出，是否股东并未真正得到"实惠"呢？

并非如此。理论上，相同条件下的现金分红和股票分红会使股东同等获益。股票分红可拆解为现金分红后，公司遂实施配股增资，增资额度恰为分配总额。即股票分红=现金分红+增资。同理，现金分红亦可拆解为股票分红后，股东遂将该部分进行股权对外转让，而获得对价款。即现金分红=股票分红+转让。无论是因股票分红而除权，还是因现金分红而除息，结果都是同样的，股东的实际获益等同。

股份拆细就更不涉及分配问题了。它既不是一个公司法问题（分配），也不是会计法问题（未分配利润和股本科目的变动），甚至不是一个法律问题，而只是试图降低股价、鼓励购买的交易技术问题。

因此，本书认为 DGCL §173 是离题的。没有必要做这种规定。猜测这种规定是把判例法揉入的产物。但是，有揉入机制也要有清除机制。

§160. 公司对自己股票的所有权、投票权；赎回股票的权利

（a）公司有权购买、赎回、受让、取得或以其他方式取得、拥有、持有、出售、出借、交换、转让或以其他方式处置、质押、使

用或以其他方式处理其股份；但是，

当公司资本受损（impaired）时，或者当回购或者回赎将会导致公司资本受损（cause any impairment）时，公司不得以现金、其他财产回购、回赎其股票。除非，第一，公司使用资本回赎的股份是具有资产分配优先权的股份；第二，公司回购非优先股，且股份在被回购后注销（retired），且公司依据本编§243、§244之规定减少资本。

评析：DGCL不采大分配概念，故必然单独规制分红、回购、减资。§160同时包含了回购、减资约束规则。

依据本条规定，公司回购、回赎的约束条件仅仅是"不得令公司资本受损"。问题在于什么叫"资本受损"。从专业角度，资本是不可能是受损的，因为它就是一个固定的数字。这个数字或者以面值乘以股份数决定，即法定资本（legal capital）；或者由董事会直接决定一个数字，即设定资本（stated capital）。无论法定资本还是设定资本，其本质都是虚拟数字，不具有物理实体，从而也没有受损可能性。受损的只能是具有物理或者价值形态的公司资产（property）。

此处，"资本受损"有数种可行的理解。《元照英美法词典》就在词条"impaired capital""impairment of capital"项下，提供了三种含义微有差别的解释：（1）由于损失而导致银行的负债超过资产，但未必处于破产境地。（2）盈余账户余额为负。（3）资本价值减少到股票的发行面值以下。[1]解释（1）指公司净资产为负。解释（2）指公司留存收益（+资本溢价）为负。解释（3）存在疑似表述错误，因为不存在"资本价值"这种说法——资本是一个固定数字，本身没有价值。此处几乎只能将（3）理解为，公司净资产低于其股本，导致公司目前的净资产情况，比公司成立时更少。

《元照英美法词典》三种解释的关系是，（2）与（3）几乎相当，而（1）是范围更大的概念。论证如下：第一，（2）与（3），即"盈余为负"与"净资产小于股本"几乎是等价表述。因为在数

---

[1] 参见薛波主编：《元照英美法词典》，法律出版社2014年版，第664页。

额上，净资产＝股本＋股本溢价＋留存收益，即净资产－股本＝股本溢价＋留存收益＝盈余。因此，盈余<0，意味着净资产－股本<0，即净资产<股本。第二，（1）的要求比（2）和（3）要更宽松。因为（1）的取值范围是｛净资产｜净资产<0｝，而（2）的取值范围是｛净资产｜净资产<股本，其中股本大于0｝。可见（1）的取值范围恒大于（2）。

"资本受损"的精确含义不能完全确定。塔尔萨大学法学院教授 M. Thomas Arnold 解释说，所谓资本受损，正是公司净资产的价值低于其股本。[1]本书暂时取该解释。

值得注意的是，§160（a）（1）还设置了两项豁免。一是回购优先股；二是回购普通股，同时完成注销和减资。这颇为令人不解，因为回购限制因此几乎形同虚设。回购优先股就可以没有障碍，这完全置公司债权人利益于不顾，对优先股股东似乎过于保护。回购普通股后只要注销并减资就可以没有障碍，这似乎会令分红约束形同虚设。因为公司似乎可以以回购之名，行分红之实。

小结：特拉华州的分配限制规则要点如下：

分红：（1）分配额不得高于盈余；没有盈余的，不得高于本年度或者上年度净利润。（2）分配不得导致公司净资产低于优先股索取权总额。

回购：公司以现金、其他财产回购、回赎，不得导致"资本受损"（impairment of capital，但精确含义尚待确证）。除非，（1）以优先股为回购、回赎对象；（2）回购后注销并作相应减资。

减资：可以回购方式完成，没有实质约束条件。

3.1.2.2 纽约州商事公司法

§510. 分红或者其他现金、资产分配

§510（a）公司可以宣布依据其流通股份而支付股息，或者实

---

[1] See M. Thomas Arnold, H. Wayne Cooper, Oklahoma. Business Orgacizations Forms and Practice (Oklahoma Forms, 2d), Thomson Reuters, https://1-next-westlaw-com. s12133. top/ Document/I435c256aeb5911da80c48b5dc69dfef6/View/FullText. html，最后访问日期：2021 年 2 月 13 日。

施其他分配行为，包括分配现金、本公司债券、财产、其他公司股份或债券。但是，以下情况除外：（一）公司当前缺乏偿债能力或分配后将缺乏偿债能力；（二）违反公司章程的限制性规定。[1]

评析： 相比 DGCL §170，纽约州商事公司法 §510 没有使用"董事会有权在……条件下分配"的表述，而是将主语替换成了"公司"。但实质是一样的。在纽约州 1976 年确立的判例中，分红是专属于董事会的商业判断权。这是"董事会中心主义"的典型体现。在中国公司法中，分红决定的方案制定权固属董事会，决定权却在股东会手中。因此，美国公司法中，违法分红的责任机制是围绕董事责任制定的，核心是要求董事就违反分配额度对公司承担连带返还责任。依据权力和责任相一致的法理常识，在中国设置类似的董事会责任就需要慎重。

"缺乏偿债能力或者分配后缺乏偿债能力"是一个散见于各类立法的说法。它疑似存在最基本的逻辑错误。因为至少从现在的时点看，分配后的公司偿付能力必然低于当前，否则也不需要规制分配了。只需要规定"分配后缺乏偿付能力"即可。相较而言，MBCA §6.40（c）就仅仅针对"分配后"进行规定，似乎更为简洁。不过，区分分配时和分配后可能有证据法上的意义。证明分配时公司就缺乏偿付能力，在证明目标上相对严格，但在举证方法上却相对容易，因为该证明针对的是既定事实。相反，证明分配后公司将（才）缺乏偿付能力，在证明目标上相对容易，但证明方法上却相对复杂，因为该证明针对的是一个概率。因此，理论上，原告不需要"分配时缺乏偿付能力"，但在实践上，它也许不失为一个有意义的选项。

此外，把缺乏偿付能力和章程规定并列，而不是和下文（b）

---

[1] 原文:(a) A corporation may declare and pay dividends or make other distributions in cash or its bonds or its property, including the shares or bonds of other corporations, on its outstanding shares, except when currently the corporation is insolvent or would thereby be made insolvent, or when the declaration, payment or distribution would be contrary to any restrictions contained in the certificate of incorporation.

款的盈余分配规则并列，无伤大雅，但在审美上颇显怪异。

§510（b）股息或者其他分配的标的应当（1）来自盈余，以使分配后的公司净资产不低于公司资本额，或者（2）如果无盈余，也可以来自本会计年度或上年度的净利润。如果公司资本会因重估贬值、损失等原因，低于公司各类拥有优先分配权的优先股股本之和，则董事会不得宣布和支付分配，直至上述差额得到填补。一个从事自然资源开发，或者拥有递耗资产的公司，包括专利，或者专为特定资产清算而成立的公司，在考虑递耗或者特殊资产的成本被消耗储备、摊销或出售所覆盖的前提下，如果在分配后的剩余净资产可以满足优先股上附着的剩余财产优先分配权之和，则可以分配。[1]

评析： 纽约州商事公司法§510和DGCL§170极为相似。相似之一，在分配标尺上，两者都强调所分配的财产来源于盈余，或者来源于当年或上年度净利润，而且股本不得低于优先股股本之和。"盈余"一词也经历了和DGCL类似的探索过程。明确指出分红只能从盈余中分的，不迟于1940年。在该年的一个判例中，法院明确

---

〔1〕 原文：(b) Dividends may be declared or paid and other distributions may be made either (1) out of surplus, so that the net assets of the corporation remaining after such declaration, payment or distribution shall at least equal the amount of its stated capital, or (2) in case there shall be no such surplus, out of its net profits for the fiscal year in which the dividend is declared and/or the preceding fiscal year. If the capital of the corporation shall have been diminished by depreciation in the value of its property or by losses or otherwise to an amount less than the aggregate amount of the stated capital represented by the issued and outstanding shares of all classes having a preference upon the distribution of assets, the directors of such corporation shall not declare and pay out of such net profits any dividends upon any shares until the deficiency in the amount of stated capital represented by the issued and outstanding shares of all classes having a preference upon the distribution of assets shall have been repaired. A corporation engaged in the exploitation of natural resources or other wasting assets, including patents, or formed primarily for the liquidation of specific assets, may declare and pay dividends or make other distributions in excess of its surplus, computed after taking due account of depletion and amortization, to the extent that the cost of the wasting or specific assets has been recovered by depletion reserves, amortization or sale, if the net assets remaining after such dividends or distributions are sufficient to cover the liquidation preferences of shares having such preferences in involuntary liquidation.

指出，之所以要在盈余中分配，是为了不减少资本。而把盈余标准和净利润标准用"或者"这一连词连接起来，用作并列的分配标尺，则不晚于 1962 年的一个判例。相似之二，两法都没有忘了规定必须不忤于章程的限制性规定。相似之三，两法都考虑到了递耗资产公司的特殊情况。纽约州商事公司法的修改说明显示，递耗公司的规定是纽约借鉴了特拉华。

唯一的重大不同是，综合考虑（a）款发现，纽约州商事公司法尺度严于 DGCL，因为它还加上了偿付能力。几乎是 MBCA 与 DGCL 的合体。简言之，即偿付能力 &（盈余 OR 净利润）。

§513. 回购、回赎以及其他涉及本公司股票的交易

§513（a）如果公司当前为缺乏偿付能力状态，或者将会产生此种状态，那么即使章程有授权，公司也不得以现金、其他资产、债权或其他证券（本公司股票和期权除外）为对价，回购、回赎、转换、交换自己的股票。[1] 股份只能以盈余来回购或者回赎。

评析：这是纽约州商事公司法 §513（a）对回购的要求，与 §510 的分红标准类似。两者都是双重测试：既要满足偿付能力要求，又要满足盈余要求。这样的结构是从判例法中发展而来。在 1975 年的一个案例中，法院认定盈余标准必须满足，否则同时违反民法和触犯刑律。[2] 1981 年的判例进一步认为，公司仅有盈余是不能回购的，还必须考察该公司在回购后的偿付能力如何。[3]

---

[1] 原文：（a）Notwithstanding any authority contained in the certificate of incorporation, the shares of a corporation may not be purchased by the corporation, or, if redeemable, convertible or exchangeable shares, may not be redeemed, converted or exchanged, in each case for or into cash, other property, indebtedness or other securities of the corporation (other than shares of the corporation and rights to acquire such shares) if the corporation is then insolvent or would thereby be made insolvent. Shares may be purchased or redeemed only out of surplus.

[2] See Nakano v. Nakano McGlone Nightingale Advertising, Inc. , 84 Misc. 2d 905, 377 N. Y. S. 2d 996, 1975 N. Y. Misc. LEXIS 3216 (N. Y. Sup. Ct. 1975).

[3] See Vowteras v. Argo Compressor Service Corp. , 81 A. D. 2d 582, 437 N. Y. S. 2d 689, 1981 N. Y. App. Div. LEXIS 11067 (N. Y. App. Div. 2d Dep't 1981).

纽约州分红与回购规则的区别在于，回购更加严格。因为，§513（a）不允许在盈余为负时使用净利润回购。为什么会有此种区别？一个简单的解释是，分红不会影响股本，回购必然会减少股本。股本降低后，其标尺意义和限制作用就降低了。本书认为，纽约州的规定比特拉华州更合理。理论上，回购、减资的要求应当严于分红。不过，成文法和判例法似乎有矛盾。§513（a）似乎是说，回购的合法性只需满足偿付能力标尺即足够，不需要盈余标尺检验。上文初步尝试给出了理由。但令人困惑的是，判例法则明确认为两个标尺都需要，也就是和现行§510的分红规则一致。到底是怎样，报告没有搞清楚。

§513（b）当公司在约定期间内，赎回可赎回股票、转换可转换股票、交换可交换股票时，对价的价格不得高于在章程中声明的赎回、转换、交换价格。如果是针对累积优先股，那么在回购、转换和交换之前，公司应支付的总额，应当包括赎回、转换和交换的声明价格，外加赎回、转换、交换下一次要支付的优先股红利。[1]

评析：本款前半段其实是关联交易，跑题了。这一点在2.2.2讨论。本款后半段针对累计优先股的情况，如果没有理解错误，应该是保护累积优先股股东，防止公司在分红前突然回购令其利益受损。

不过既然§513提到了回购对价的公允性，不妨稍加探讨。公允性的保障是确定一个"公允价格"作参照物。这个价格，§513认为以公司章程中声明的价格为妥。在1996年的判例中，法院单就

---

〔1〕 原文：（b）When its redeemable, convertible or exchangeable shares are purchased by the corporation within the period during which such shares may be redeemed, converted or exchanged at the option of the corporation, the purchase price thereof shall not exceed the applicable redemption, conversion or exchange price stated in the certificate of incorporation. Upon a redemption, conversion or exchange, the amount payable by the corporation for shares having a cumulative preference on dividends may include the stated redemption, conversion or exchange price plus accrued dividends to the next dividend date following the date of redemption, conversion or exchange of such shares.

可赎回股份的公允赎回价格做出判断，认为只要是发行协议上明确规定的计算公式计算的价格，就是适当的。两者的道理一脉相承，都将回购的价格交由回购方和被回购方事先的约定——章程或发行协议——来决定，不需要再评估，不需要债权人监督。或有人言，那如果约定一个明显高于"公允"价格的价格亦属合法，岂不是纵容公司财产流失，侵害债权人利益？回应是，债权人的利益已经在回购的合法性检验一关得到了充分维护，即法律对回购已经进行了"偿付能力测试"检验。只要在此前提下分配，公司法都无须再干涉。又有人言，那这样的话，岂不是有可能会发生股东之间的不公？回应是，第一，无论是发行招股说明书还是公司章程，背后都有董事会和股东会决议为背书。而公司章程本身就是股东共同意志的体现，更是无需决议背书。因此，依照章程或合同支付的价格，一般应视为其他股东认可。第二，即使在特殊情况下会发生非公允关联交易，也有相关规则兜底处理，无需慌张。结论是，回购价格交由章程或合同决定，竟意外是合理和低成本的制度设计。

§513（b）除非同时得到董事会的批准，和股东大会普通多数决批准，依据本章§912设立的国内公司不得以高出市场的价格，从某股东手中回购超过10%的股票。公司章程可以对股东大会的表决多数做出更严格的限制。[1]

本段不适用于公司向全体股东回购，或者被回购人为2年以上受益所有人的情形。[2]

---

[1] 原文：（c）No domestic corporation which is subject to the provisions of section nine hundred twelve of this chapter shall purchase or agree to purchase more than ten percent of the stock of the corporation from a shareholder for more than the market value thereof unless such purchase or agreement to purchase is approved by the affirmative vote of the board of directors and a majority of the votes of all outstanding shares entitled to vote thereon at a meeting of shareholders unless the certificate of incorporation requires a greater percentage of the votes of the outstanding shares to approve.

[2] 原文：The provisions of this paragraph shall not apply when the corporation offers to purchase shares from all holders of stock or for stock which the holder has been the beneficial owner of for more than two years.

"股票""受益所有人""市场价值"在本章§912有界定。[1]

小结：纽约州规则没有提及减资。其分红、回购约束规则微有区别：（1）分红有两项条件。其一，分红前后，公司不得丧失偿付能力。其二，用于分红的现金等财产必须来源于盈余。但是没有盈余的，可以来源于本年度或者上年度净利润。（2）回购也有两项条件。其一，回购前后公司不得丧失偿付能力。其二，用于回购的现金等财产必须来源于盈余。整体上，回购比分红的约束更严。

3.1.2.3 伊利诺伊州商事公司法§9.10[2]

§9.10 对股东的分配

§9.10（a）公司可以依董事会决议向其股东分配。分配应当遵循章程和本条（c）款之规定。[3]

§9.10（b）用以确定股东有权获得分配的基准日，是董事会决议日。除非§7.25另有规定。[4]

§9.10（c）如果分配后（1）公司将失去偿付能力；或者（2）公司净资产将为负，或者低于假设公司当时清算从而应当对优先股支付的总分配额，则不得分配。[5]

§9.10（d）董事会在遵守（c）的前提下，有权依据财务报告作出决定。该报告既可基于在此情况下公允的会计实践与原则，也

---

〔1〕 原文：The terms "stock", "beneficial owner", and "market value" shall be as defined in section nine hundred twelve of this chapter.

〔2〕 参见 https://codes. findlaw. com/il/chapter - 805 - business - organizations/il - st - sect - 805 - 5 - 9 - 10. html，最后访问日期：2021 年 1 月 27 日。

〔3〕 原文：(a) The board of directors of a corporation may authorize, and the corporation may make, distributions to its shareholders, subject to any restriction in the articles of incorporation and subject also to the limitations of subsection (c) of this Section.

〔4〕 原文：(b) If not otherwise determined under Section 7. 25 [805 ILCS 5/7. 25], the record date for determining shareholders entitled to a distribution is the date of the resolution of the board of directors authorizing the distribution.

〔5〕 原文：(c) No distribution may be made if, after giving it effect：(1) the corporation would be insolvent；or (2) the net assets of the corporation would be less than zero or less than the maximum amount payable at the time of distribution to shareholders having preferential rights in liquidation if the corporation were then to be liquidated.

可基于公允价值或在此情况下合理的方法。[1]

§9.10（e）衡量（c）款下分配效果的时点，为以下两组日期中较早者：（1）如果实际支付在决议后120日内，则是决议日；如果实际支付在120日之后，则是实际支付日。或者（2）在以回购、回赎或其他方式取得公司股票情况下，是以下日期的较早者：（i）现金或其他财产的转让日，或者债务的发生日，或者（ii）原股东丧失股东资格之日。[2]

评析： 伊利诺伊州商事公司法§9.10是关于分配的一般性规定。其约束条件有三项。（1）分配后，公司不得丧失偿付能力。（2）分配后，公司净资产为正。（3）分配后，公司净资产高于假定公司此时清算应对优先股股东支付的债务总额。——如前所述，条件（3）其实严于条件（2），即条件（2）其实没必要存在。因为：

在数额上，公司净资产等于其资产负债表中的所有者权益总计。则，条件（2）：所有者权益 > 0；条件（3）：所有者权益 > 优先股息。由于优先股息恒大于0，因此，条件（3）中所有者权益的取值范围更小，要求更严。

芝加哥洛约拉大学教授 Charles W. Murdock 介绍说，[3]虽然伊利诺伊州已经不再采用盈余测试，但会计处理通常要求，股利须从

---

[1]　原文：（d）The board of directors may base a determination that a distribution may be made under subsection（c）either on financial statements prepared on the basis of accounting practices and principles that are reasonable in the circumstances or on a fair valuation or other method that is reasonable in the circumstances.

[2]　原文：（e）The effect of a distribution under subsection（c）is measured as of the earlier of：（1）the date of its authorization if payment occurs within 120 days after the date of authorization or the date of payment if payment occurs more than 120 days after the date of authorization；or（2）in the case of distribution by purchase, redemption, or other acquisition of the corporation's shares, the earlier of（i）the date money or other property is transferred or debt incurred by the corporation or（ii）the date shareholders cease to be shareholders.

[3]　See Charles W. Murdock, *Business Organizations*, west, 2010, https://1-next-westlaw -com. s12133. top/Document/Iaeaffef52f5b 11da849de79c964689ee/View/FullText. html，最后访问日期：2021年1月27日。

公司的留存收益中支付。因此，实践中，公司即使可以在法律上分红（分红后净资产>0），但公司出于流动性的考虑和公司发展的需求，一般不会沿着合法的最大边界来分红。宣布分红的会计处理是借记留存收益（retained earnings）。法律术语称之营业盈余（earned surplus）。分红将减少公司利润，并使股东获得应税收入。

§9.20（b）即使本法另有规定，在任何时候公司均不得将其股本（paid-in capital）减少至所发行面额股总面值之下。

评析： 纽约州是在分红之外，对回购单独设置财务条件；伊利诺伊州则不同，是忽略回购，对减资（reduction of paid-in capital）单独设置条件。该条件为：公司可以减资，但最低资本额为面额股的面值总和——这一规定似乎颇为随性。第一，当前，股本已经是公司法上高度虚置的概念。盯住股本来设置分配的财务指标，科学性存疑。第二，将"票面金额之和"强制规定为公司资本红线，也没有充分的道理。它还意味着全部发行面额股的公司在减资上障碍更大；问题是完全看不出无面额股公司有什么特殊之处，以至于其有更大的减资自由空间。

3.1.2.4 俄亥俄州商事公司法§1701.33[1]

§1701.33 分红与分配

董事可以对发行在外的股票，依据下列条款的规定宣布分红或分配：[2]

§1701.33（a）红利或分配可以现金、财产或公司股票的方式支付。红利或者分配不得超过"公司盈余+本款（1）项与（2）项之差"：（1）基于106号财务会计标准，因过渡性债务（transition obligation）的即时确认导致的盈余减少；（2）如果公司选择了分期偿还其依据106号财务会计标准认定的确认的过渡性债务，而本会

〔1〕 参见 https://codes.findlaw.com/oh/title-xvii-corporations-partnerships/oh-rev-code-sect-1701-33.html，最后访问日期：2021年1月27日。

〔2〕 原文：The directors may declare dividends and distributions on outstanding shares of the corporation, subject to the following provisions：

在分红或分配宣告日确认的过渡性债务的总和。[1]

§ 1701.33（b）分红或者分配可以以库存股或者授权但尚未发行的股份支付。如果支付的股份有面额，则应该从盈余中转移相应份额至股本中。如果董事会可以决定转移更多。如果发行无面额股，则可以从任何盈余中，等额转移到股本。[2]

§ 1701.33（c）不得以侵害各类别股东权益的方式分红或分配，不得在公司已经缺乏支付能力，或者有合理理由相信分红或分配将使其缺乏偿付能力时分红或分配。[3]

§ 1701.33（d）除非公司章程另有规定或者经另一类别股股东会三分之二以上表决权同意，不得将另一类别的股票分配给本类别股东。[4]

---

〔1〕 原文：（A）A dividend or distribution may be paid in cash, property, or shares of the corporation. The dividend or distribution shall not exceed the combination of the surplus of the corporation and the difference between the following：（1）The reduction in surplus that results from the immediate recognition of the transition obligation under statement of financial accounting standards no. 106（SFAS no. 106）, issued by the financial accounting standards board；（2）The aggregate amount of the transition obligation that would have been recognized as of the date of the declaration of a dividend or distribution if the corporation had elected to amortize its recognition of the transition obligation under statement of financial accounting standards no. 106.

〔2〕 原文：（B）A dividend or distribution may be paid in treasury shares or in authorized but unissued shares. If paid in shares with par value, there shall be transferred from any surplus, however created, to stated capital, the amount, if any, that is necessary in order that the stated capital represented by the outstanding shares with par value, after giving effect to the dividend or distribution, will be equal to the aggregate par value of the shares, or, if the directors so determine, a greater amount shall be so transferred. If paid in shares without par value, there shall be transferred from any surplus, however created, to stated capital, only the amount, if any, that the directors determine.

〔3〕 原文：（C）No dividend or distribution shall be paid to the holders of shares of any class in violation of the rights of the holders of shares of any other class, or when the corporation is insolvent or there is reasonable ground to believe that by such payment it would be rendered insolvent.

〔4〕 原文：（D）No dividend or distribution on shares of any class shall be paid in shares of another class if any of the authorized shares of the latter class are already outstanding, unless either the articles so provide or the payment is authorized by the affirmative vote of the holders of at least two-thirds of the shares of the class in which payment is to be made.

§1701.33（e）如果公司从事或部分从事煤矿开采、木材开发、矿井、气田、采石场或其他自然资源的勘探，则公司有权在以分配为目的计算盈余时，不考虑资源耗费造成的资产减少。[1]

§1701.33（f）当公司动用资本盈余分红或分配时，公司应当将其告知股东。[2]

§1701.33（g）当以授权但未发行的股票支付红利或分配时，董事会有权规定，公司也可以使用同类的库存股分红。[3]

§1701.33（h）分红或分配效果衡量的日期，视实际支付日而定。如实际支付日在决议日120日内，则是决议日。如120日外，则是实际支付日。如果是承债式分配，则以债务履行日为基准日。[4]

§1701.33（i）承债式分配产生的债务，与公司其他普通债务平等，除非合约规定次于普通债务。[5]

---

〔1〕 原文：(E) If the articles of a corporation engaged in whole or in part in the exploitation of mines, timber, oil wells, gas wells, quarries, or other natural resources so provide, the corporation may compute its surplus for the purpose of paying dividends and distributions without making any deduction or allowance for the depletion of such assets incidental to the exploitation and sale of them.

〔2〕 原文：(F) When any portion of a dividend or distribution is paid out of capital surplus, the corporation, at the time of paying the dividend or distribution, shall notify the shareholders receiving the dividend or distribution as to the kind of surplus out of which the dividend or distribution is paid.

〔3〕 原文：(G) When a dividend or distribution is to be paid in authorized but unissued shares of the corporation, the directors may provide that the dividend or distribution shall also be paid on treasury shares of the same class.

〔4〕 原文：(H) The effect of a dividend or distribution is measured as of the date the dividend or distribution is authorized if the payment occurs one hundred twenty days or less after the date of authorization or as of the date the payment is made if it occurs more than one hundred twenty days after the date of authorization. If a corporation pays a dividend or distribution by delivering an obligation or other evidence of indebtedness, the date of the delivery is the date upon which the effect of the dividend or distribution is measured.

〔5〕 原文：(I) A corporation's indebtedness to a shareholder incurred by reason of a dividend or distribution made in accordance with this section is at parity with the corporation's indebtedness to its general, unsecured creditors, except to the extent subordinated by agreement.

评析：俄亥俄州形式上没有分配定义，但实质上是将分红、减资、回购均视为分配。分配的财务约束条件，蕴含于§1701.33（a）（c）中。共计三项。第一，分配额不得高于盈余与过渡性债务之差。第二，某一类股票的分配，不得侵害其他类别股票的股东权利。第三，分配前后，公司不得处于丧失支付能力状态。其第二项缺乏必要标准，而且本就理所应当——因为分配行为不仅不得侵害其他类别股东利益，而且不得侵害任何民事主体的利益——故可以忽略不计。因此，俄亥俄州分配测试，为盈余测试+偿付能力测试。

3.1.2.5 密苏里州商事公司法[1]

§351.195（4）（减资的财务约束条件）规定除非公司减少设定资本后的资产足以支付公司债务，否则公司不得以设定资本来支付减少设定资本的对价。对公司债务的支付，不应作另行约定。

评析：此条是密苏里州对公司减资的财务约束规则。可以得知，其采用的是一个偿付能力测试。不过，"以设定资本来支付减少设定资本的对价"（a reduction of stated capital made out of stated capital）令人略感费解。第一，减少设定资本本来是操作的目标，但"不得以设定资本支付"似乎又暗示不能减少设定资本，颇显矛盾。第二，设定资本是一个虚拟账户数字，不是真实的资金来源，因此"以设定资本作为对价"的说法令人颇感困惑。本书揣度，立法者的意思也许，减资不得令公司变为"蚀本"状态，即其净资产小于设定资本。

§351.200 回赎或者回购自身股份——股票失效[2]

已发行任何种类股份的公司，可依据公司章程之规定回赎、回购这些股票之全部或一部分。但是，在不超过可回赎、回购股份价格的范围内，董事会有权决议以设定资本不超过上述股份之对应部

---

[1] 参见 https://codes.findlaw.com/mo/title-xxiii-corporations-associations-and-partnerships/#!tid=NA43DB470 38F211DB 8D46ADBFB4C1BD0B，最后访问日期：2021年1月27日。

[2] 参见 https://codes.findlaw.com/mo/title-xxiii-corporations-associations-and-partnerships/mo-rev-st-351-200.html，最后访问日期：2021年1月27日。

分，进行回赎、回购。但是，除非回购回赎之后公司剩余资产可以支付任何公司债务（某项债务另有约定的除外），不得进行此等回赎、回购。

评析： 密苏里州的回赎规则采用偿付能力测试。§351. 200 的原文竭尽佶屈聱牙之事[1]，似无必要。该条无非是说，公司回购时，可以减资，也可以不减资。如果减资，那就在公司资本中减少所回购股份的对应比例。

§ 351. 220 支付红利[2]

董事会可以宣布，公司可以用现金、财产或者其自身股票支付红利，并应遵循下列限制与规定：

（1）公司净资产少于或者将会因分红而少于其设定资本时，公司不得宣布支付红利。

（2）如果以公司的资本盈余（paid-in surplus）进行分配，则无论该资本盈余来自设定资本的减少，抑或别处，该分配均应遵循§351. 210 之限制。

（注：§351. 210 规定：a. 因设定资本减少抑或其他方式所得的资本盈余，遵循以下规定，可以向股东进行现金或实物方式的分配：①在全额支付优先股股东的累积优先股息之前，不得进行此种分配；②如果该公司净资产低于，或者将因分配而低于设定资本，则不得进行此

---

[1] 原文：Any corporation which has issued shares of any class of stock may, subject to the provisions of its articles of incorporation, redeem all or any part of such shares if subject to redemption under the provisions of its articles of incorporation, or purchase all or any part of such shares, but in the case of shares subject to redemption at not exceeding the price or prices at which the shares may be redeemed, and may by resolution of its board of directors apply to the redemption or purchase an amount out of its stated capital not exceeding the amount of stated capital represented by the shares so redeemed or purchased whereupon the shares so redeemed or purchased out of stated capital are deemed to be retired; but no such redemption or purchase shall be made out of stated capital unless the assets of the corporation remaining after such redemption or purchase are sufficient to pay any debts of the corporation the payment of which has not been otherwise provided for.

[2] 参见 https://codes.findlaw.com/mo/title-xxiii-corporations-associations-and-partnerships/mo-rev-st-351-220.html，最后访问日期：2021 年 1 月 27 日。

种分配。b. 经董事会决议，公司可以使用资本盈余弥补因经营损失、其他损失或者资产价值减损造成的亏损。)

（3）如果公司宣布以自己的面额股支付股息，则该股份应当按面值发行，并且将相当于股份总面值的盈余，转移至设定资本。

（4）如果公司宣布以无面额的自有股份支付股息，且该股份在非自愿清算的情况下对公司资产享有优先权，则上述无面额股应以清算价值发行，并在宣布支付股息时，将相当于该优先股总额的盈余，转移至设定资本。

（5）如果公司以无面额的自由普通股支付股息，则应按照董事会决议的价值发行，并将相当于该股份总价值的盈余转入设定资本。公司应当向股东披露每股转入股本的金额。

（6）股份分拆不视为本节所称的股票股利。

（7）股息的支付不得违背公司章程。

评析： 密苏里州商事公司法关于分红的财务约束规则，仅体现于该条（1）（2）两款。（3）~（6）款所规定的是股票股利。股票股利不导致公司净资产减少，不属于分配。密苏里州允许以资本盈余分配，故分配条件两分：

第一，如果以营业盈余分配的，依据§351.220（1），存在唯一条件：净资产不得少于或者因分配而少于股本。由于净资产=股本+资本盈余+留存收益，故"净资产不得少于股本"之表述，等价于"资本盈余+留存收益>0"之表述。另由于资本盈余≥0，故"资本盈余+留存收益>0"，等效于"留存收益>0"。因此，营业盈余分配的条件，就是分配额度必须在留存收益以内。

第二，如果以资本盈余分配的，依据§351.210，须遵循两项条件：首先，分配前后净资产不得高于股本。其次，累积优先股股息在分配前已获支付。条件一与盈余分配相同，似意在确保公司营业亏损时不分配。条件二为新增，即意在确保公司普通股权益劣后于优先股权益，因为以资本盈余的主要组成部分是投资溢价款，以资本盈余分配本质是变相允许股东以异常方式回收投资。

小结： 密苏里州是少有的分别给出分红、减资、回购财务约束的州。其对减资、回购采取的是偿付能力测试，对分红则采取净资产测试。

3.1.2.6 俄克拉何马州公司法[1]

§18-1049 股息-支付-递耗资产公司

（1）董事会有权在注册证书所记载之限制内，宣布并支付股息。如果公司为非股份公司（nonstock corporation），则股息可从依据§1035、§1079规定计算得出的盈余中支付。如果没有盈余，也可以从本财政年度或者上财政年度中的净利润中支付。如果依据§1035、§1079所计算的公司净资产因资产折旧、损失或者其他原因，低于公司发行的全部优先股之股本总和，则董事会不得宣布支付股息，直至优先股股本的不足得到弥补为止。公司使用本票、债券、其他债权凭证分配的，只要分配符合本条本款对于公司净资产或净利润的要求，则上述证券不会无效。

（2）在遵守章程限制的前提下，递耗资产公司（包括但不限于自然资源、专利权、特定资产变现公司）的董事会在决定开发递耗资源所得的净利润或者净收入时，有权不考虑随着时间、消费或利用而导致的资产的减少。

评析：俄克拉何马州关于分红的规定，与特拉华州完全一致。其采用两种测试，一是盈余（或者近期净利润）测试，即份额分配不得超过盈余或者本财年、上财年的净利润；二是净资产测试，即公司分配前后的净资产不得小于优先股总索取权。其中，补充采用净利润测试，无疑比单纯采用盈余测试要宽松。

同时，俄克拉何马州相关法条内容同样存在令人困惑的表述：如果公司资本因折旧、损失或者其他原因，小于已经发行流通的优先股股本总和，（if the capital of a corporation has been diminished by depreciation, losses or otherwise to an amount less than the aggregate amount of the capital represented by the issued and outstanding stock of all classes having a preference upon the distribution of assets）则不得宣布

---

[1] 参见 http://ok.elaws.us/os/title18，最后访问日期：2021年2月5日。

支付股息。其中的"capital"令人费解，个中原因在 3.1.2.1 已经分析。将其理解为"净资产"是几乎唯一合理的解释。

然而，理解为净资产也讲不通。俄克拉何马州要求，无论是盈余还是净资产测试，都必须满足"净资产>优先股股本"之要求。然而，这一要求会推出矛盾。过程如下：（1）净资产=股本+资本盈余+优先股股本+留存收益。因此，"净资产>优先股股本"，可等价转化为"股本+股本盈余+留存收益>0"。（2）由于股本恒>0，股本盈余恒≥0，故如需满足"股本+股本盈余+留存收益>0"，必须要求留存收益>0。（3）留存收益约等于营业盈余。因此，"留存收益>0"，即"盈余>资本盈余"。很显然，这又回到了盈余测试。矛盾得出：净资产测试本身就是为了突破盈余测试而存在的，却还要满足盈余测试甚至更严的条件，这是做不到的。

总之，俄克拉何马州规则完全照搬 DGCL，但该规则似乎有内在矛盾。

§18-1049 公司基于自己股份的所有、投票等权利；回赎权

公司有权购买、回赎、受让、取得或以其他方式取得、拥有、持有、出售、出借、交换、转让或以其他方式处置、质押、使用或以其他方式处理其股份；但是，

当公司资本受损时，或者当回购或者回赎将会导致公司资本受损时，公司不得以现金、其他财产回购、回赎其股票。除非，第一，公司使用资本回赎的股份是具有资产分配优先权的股份；第二，公司回购非优先股，且股份在被回购后注销，且公司依据 §1078、§1079 之规定减少资本。

评析： 俄克拉何马州关于回购的规定亦与 DGCL 相同。同样，此处的"资本受损"（when the capital of the corporation is impaired）含义不明。

3.1.2.7 罗德岛州商事公司法[1]

与伊利诺伊州商事公司法情况类似，罗德岛州商事公司法形式

---

〔1〕 参见 https://codes.findlaw.com/ri/title-7-corporations-associations-and-partnerships/ri-gen-laws-sect-7-1-2-614.html，最后访问日期：2021 年 2 月 16 日。

上没有界定"分配"，但其§7-1.2-614实质上整合了公司资产流向股东的情况。该条关于分配财务约束的规则（a）款（3）项。其内容为：

§7-1.2-614（a）（3）如果分配将导致如下情况，则不得分配：

①公司将丧失偿付能力；

②公司资产将少于其负债与假定公司此时清算时的优先股股东索取权之和（除非优先股东弃权）。公司章程另有规定的，分配不受②之限制。

评析： 罗德岛州规则是对MBCA§6.40（c）的移植。

3.1.2.8 小结

尽管形式上未采用大分配概念的州有7个，但针对不同分配形式相应设置财务约束的州仅有特拉华州、俄克拉何马州、纽约州、密苏里州四个（见表18）。

表18 分别对分红、回购、减资设置不同财务约束的州

	分红	回购	减资
Delaware	来自盈余或本、上财年净利润 分配后净资产>优先股索取权	不得令资本受损	无条件
Oklahoma	完全同上		
New York	分红前后不得丧失偿付能力 来自盈余或本、上财年净利润	保持偿付能力 来源于盈余	未提及
Missouri	净资产分配前后不少于股本 累积优先股股息已支付	不丧失偿付能力	不丧失 偿付能力

上表显示：第一，各州之间的规则差异较大，特拉华州规则影响力有限。第二，普遍而言，减资不被视为一种独立的分配类型，相应地也不存在独立的分配规则。第三，某一州的内部，分红与回购规则一般不一致。其宽严尺度也不同，例如：特拉华州规则下，

"净资产>优先股索取权"（分红）与"净资产>股本"（回购）难以比较。纽约州规则下，分红规则可以额外来自净利润，故比回购要求宽松。密苏里州规则下，净资产测试（分红）与偿付能力测试（回购）无法比较。

3.2 法条分析

每个州都含有多种子测试。最常见的三项子测试，是衡平偿付能力测试（equity solvency test）、资产负债表测试（balance sheet test）、盈余测试（earned surplus test）。例如，MBCA 中，分配后公司不得丧失对正常经营中正常债务的偿付能力之规定，为衡平偿付能力测试；分配后公司资本不得少于负债与优先股权益之和之规定，为资产负债表测试。[1]DGCL 中，分红须来自盈余；在任何给定时点，公司净资产超出其资本之部分，视为盈余之规定，为盈余测试。

另有其他测试类型，但不甚重要。例如，不害及资本测试（no impairment of capital test），指分配后资产不得低于股本。灵活股息测试（nimble dividends test），指累计盈余为负的，也可以在本财政年度或上财政年度的利润范围内分配。

3.2.1 盈余测试

盈余是美国传统公司分配制度中最具特色的概念。盈余之于公司分配制度犹如股本之于公司资本制度。在 1980 年 MBCA 修订引入"偿付能力测试"概念之前，盈余是公司分配规则的核心概念。盈余在数额上很清楚，就是净资产减去股本。不过，盈余测试的理念尚有不清之处。本书借鉴美国文献，补充发展之。

---

〔1〕 See Cynthia M. Krus, *Corporate Secretary's Answer Book*, Aspen Publishers, 2003, https://1-next-westlaw-com. b12135. top/Document/ Ib5c4e067 346e11e08b05fdf15589d8e8/View/FullText. html, 最后访问日期：2021 年 2 月 16 日。

3.2.1.1 盈余测试的定义、内容与评价

采用 MBCA 式分配测试的大多数州法中，并无盈余概念。此概念出现在纽约州、俄亥俄州等不采大分配概念的州法中。值得注意的是，盈余也不是一个会计学概念，而是一个被法律人创造的公司法概念。无论在会计学上还是在财务报表——尤其是资产负债表中，并不存在单独的"盈余"概念。这或许是因为盈余一词的指向具有非单一性和模糊性，不适于作为会计要素存在。因此，盈余其实是法律人借鉴会计术语，另行创制的一个法律词汇。

法律文献中，盈余的含义并不统一。有时，这些差异性之大及文献作者使用含混概念之自信，达到令人费解的程度。原因似乎有二：一是，盈余不是会计而是法律概念，失去了会计实践对会计术语准确性要求的加持，沾染了教义法学对概念人为任意发挥的沉疴。二是，有些法律辞书对盈余的解释，即便比之最随意的望文生义，或许也不遑多让。《元照法律词典》认为，盈余（surplus）一词，在公司法语境下指"资本盈余"，即"公司资本的一个组成部分，由盈利、利润和其他资本增长额构成"。其错误有三处：其一，资本和资产应当是严格区分的。资本是公司募集或者拟议募集（认缴）的股本，对应资产负债表上的实收资本概念。资本与利润没有关系；利润不是资本的组成部分。其二，"盈利"甚至不是一个会计术语，其含义不明确。在"盈利模式"语境中，盈利大概指营业收入或者销售收入。在"盈利或亏损"语境中，盈利指某个财政年度的净利润为正，大体相当于净利润概念；此时盈利与利润是一回事，不应当并列。其三，资本增长额不可能属于盈余的组成部分。资本增长可能因为公司引入新的投资者而增资扩股，也可能是向既有股东配股，还可能是发放股票股利的结果。但无论何种情况，资本的增加跟盈余没有任何关系。辞书尚且如此，指望学人"小心求证"，恐是奢望。

一、美国公司成文法盈余定义

表 19　部分州对盈余的定义

条文	定义
俄亥俄州商事公司法 § 1701. 32	公司的盈余，是指公司的资产比其负债与声明资本之和，多出的部分。营业盈余（earned surplus）指的是，从公司注册时起算，或者从公司最近一次以资本盈余或者其他手段，弥补营业盈余的亏损时起算，公司的净利润（net profits）、收入（income）、利得（gains），减去该公司对股东的分配额度，再减去公司以营业盈余转增资本或者资本盈余，所得之净差额。除了营业盈余以外的盈余，是资本盈余（capital surplus）。[1]
DGCL § 154	在任何给定时点，公司净资产超出其资本之部分，视为盈余。[2]
纽约州商事公司法 § 102	盈余指公司净资产超出其设定资本的部分。[3]

---

〔1〕　参见 http：//cedes. findlaw. com/on/title－xvii－corp－orations－partnerships/on/rev－code－sect－1701-32. html，最后访问日期：2023 年 4 月 7 日。

原文：（A）The surplus of a corporation is the excess of its assets over its liabilities plus stated capital, if any. The earned surplus of a corporation is the net balance of its net profits, income, gains, and losses form the date of incorporation, except as otherwise provided in this section or form the latest date on which a deficit in earned surplus waseliminated by application of capital surplus or otherwise, after deducting distributions to shareholders and transfers to stated cupital and capital surplus to the extent that such distributions and transfers are made out of earned surplus. Surplus other than earned surplus is capita surplus.

〔2〕　参见 https：//codes. findlaw. com/de/title－8－corporations/de－code－sect－8－154. html，最后访问日期：2021 年 2 月 1 日。原文：The excess, if any, at any given time, of the net assets of the corporation over the amount so determined to be capital shall be surplus.

〔3〕　参见 https：//codes. findlaw. com/ny/business－corporation－law/bsc－sect－102. html，最后访问日期：2021 年 2 月 1 日。原文："Surplus" means the excess of net assets over stated capital.

条文	定义
德州商事组织法典 § 21. 002	盈余指公司净资产超出其设定资本之部分。[1]
俄克拉何马州公司法 § 18-1035	盈余指任何时候公司净资产相对其资本之超额部分。
(1994年前旧法) 阿拉巴马州商事公司法 §10-2A-67	营业盈余指公司成立时起，或自最近一次公司赤字被设定资本、资本盈余或者其他方式弥补时起，公司净利润、收入、利得与损失，减去对股东的分配，以及向资本、资本盈余的转移 (如果这些分配和转移来自营业盈余的话)。[2]

特拉华州、纽约州、德州三州的规定比较简略："盈余=净资产-资本"。但实际上，该公式有更精简的表述。由等式 (1) 资产=负债+所有者权益，以及 (2) 所有者权益=资本+ (资本盈余) +留存收益，可得：资产- (负债+资本) =留存收益 (+资本盈余)。因此，只消规定"盈余=留存收益 (+资本盈余)"即可。精简后的表达，仅仅与资产负债表中的所有者权益有关，更接近盈余的会计

---

〔1〕 参见 https://codes. findlaw. com/tx/business-organizations-code/bus-org-sect-21-002. html，最后访问日期：2021年2月1日。原文："Surplus" means the amount by which the net assets of a corporation exceed the stated capital of the corporation. 有学者也确认说：盈余是公司净资产超过其资本的部分。公式为盈余=净资产-设定资本 (stated capital)。See Greg Abbott, Doug Coulson, *Texas Practice Guide*: *Business & Commercial Litigation*, Thomson Reuters 2010, https://westlaw-com. s12133. top/Document/ Icc50ac47f21e11d987a284cafe4a59e9/View/FullText. html，最后访问日期：2021年2月13日。

〔2〕 参见 https://westlaw-com. s12133. top/Document/I34d21c2839c011da9b23ea265e5761dc/View/FullText. html，最后访问日期：2021年2月27日。引文处举例说，例如，公司有100 000美元的营运资本 (此处疑似指实收股本)，共1000股，每股100美元。假设通过一年的运营，公司获利50 000美元，则资产负债表左侧资产部分增加50 000美元，右侧则进账50 000美元的营业盈余 (earned surplus)。随后，公司宣布支付50 000美元的股息。此时，公司资产负债表左侧再次显示100 000美元的资本，右侧再次显示100 000美元的股本权益。

本质，计算也简化了。

俄亥俄州也表达了清晰的逻辑，即盈余＝营业盈余+资本盈余。此外，该州其对 "gains" 的使用颇有特色。汉语文献中，gains 的含义较广，泛指 "经济业务上的收入超过支出，或者售价超过成本的部分"。[1]而美国文献中 gains 取狭义，似乎仅指在主要营业之外，通过出售库存以外的公司资产而取得的收益。[2]

阿拉巴马州的规定值得商榷。其一，循环嵌套。营业盈余定义中又包含营业盈余，不符合形式逻辑。第二，净利润（net profit）和收入（income）不是并列关系。通常而言，利润＝收入−费用。[3]因此，以两者之一表达 "因营业而发生的积极财产的净增长" 之意即可。

总之，各州公认的规则是：（1）盈余指 "净资产超过股本之部分"，也就是股本溢价与留存收益之和。（2）盈余由两部分组成，一是资本盈余，数额上对应前述股本溢价部分；二是营业盈余，数额上对应前述之留存收益部分。资本盈余（capital surplus/paid-in surplus）指公司在其股票溢价发行时的溢价款，此时也通常被称作额外实收资本或发行无面值股所得的股款中专门划作资本盈余的部分。营业盈余（earned surplus）即所有营业收益减去一切业务亏损后，尚未分配股利及提存公积金等之时的累计净剩盈余。

盈余是专为分配而创造的概念。它强调的理念无非是：分配不得蚀本。据此，以下三种定义是正确且等价的：第一，盈余指净资产超过股本部分之数额；第二，盈余指股本溢价与留存收益之和；第三，盈余指除股本以外的所有者权益之数额。因为盈余来自资产负债表中（见表 20）的特定部分。

---

〔1〕 参见宋雷主编：《英汉法律用语大辞典》，法律出版 2019 年版，第 843 页。

〔2〕 参见 https://www.accountingcoach.com/terms/G/gains，https://www.accountingco-ach.com/blog/what-are- gains，最后访问日期：2021 年 2 月 1 日。

〔3〕 参见刘燕：《会计法》，北京大学出版社 2009 年版，第 277 页。另参见 [美] 莱斯利·K. 布莱特纳、罗伯特·N. 安东尼著，杨冰 等译：《会计学基础》，清华大学出版社 2013 年版，第 80 页。

表 20　资产负债表简图中的"盈余"部分

资产负债表

编制单位：　　　　　年　月　日

资产			负债及所有者权益		
项目	期初余额	期末余额	项目	期初余额	期末余额
流动资产			流动负债		
货币资金			流动负债合计		
应收账款			长期负债		
短期投资			长期负债合计		
流动资产合计			负债合计		
固定资产			所有者权益		
固定资产合计			实收资本		
无形及递延资产			资本溢价		
无形及递延资产合计			留存收益		
……			所有者权益合计		
资产总计			负债及所有者权益总计		

二、美国公司判例法盈余定义

盈余概念的生成过程，可在特拉华州判例法史上窥见一二。1913 年的一起案件中，法官指出能够用于股利分配者"绝不是公司资本，而是运用公司资本所产生的利润"。[1]1926 年，特拉华州衡平法院[2]审

〔1〕　See Bryan v. Aikin, 10 Del. Ch. 446, 86 A. 674 (1913).

〔2〕　Del. Ch. 是否是"特拉华州衡平法院"（Delaware Courts of Chancery）的简称，本书调用可查找的资料仍未十分确定，待求教方家。只是比较"特拉华州最高法院"（Delaware Supreme Court）和"第三巡回上诉法院"（United States Court of Appeals for the Third Circuit），Del. Ch 的简称似与衡平法院最接近。

理的一则案例中，法官再次指出，红利必须来自于利润（profits），而股东投入公司的资本必须完好无损。[1]1930年和1931年的两则案件对分配的探索有了突破。特拉华州衡平法院认为，对于一个持续经营中的公司而言，优先股的分红必须以存在净利润形成的剩余金/盈余（surplus）为前提。[2]从"利润"到"盈余"是一次飞跃。因为，净利润所描述的跨度仅仅是某个会计期间，反映权益资本在某个会计期间内的增长；而盈余的跨度是从公司"权益性资本即为全部资产"开始，直到当下，反映公司权益资本在公司整个生命周期的增长。1931年的一则衡平法院案例中，法官侧面提及，盈余是"超过资本部分的净资产"（net assets in excess of capital）。该定义已经与当代的DGCL§154别无二致。此处的突破点在于，盈余的来源已经不限于利润，而扩展至数额上与净资产相当的所有者权益。此时，距离得出"盈余=营业盈余+资本盈余"的等式仅一步之遥。

三、域外学者论盈余的定义

（一）Richard A. Thigpen论重估盈余

Richard A. Thigpen指出，重估盈余指因资产的重新评估，而在资产负债表的资产科目增加的额度。例如，公司的一宗土地不动产最初记载价值是50 000美元。后来，该不动产价值上涨到100 000美元。假设在会计上允许以市场公允价值价格（而非严格依其成本价格）入账，则公司董事会可以宣布一项最高额为50 000美元的分红。支持重估盈余的案例，如纽约州著名的Randall v. Bailey案。多数情况下，重估盈余被记载在资产负债表的资本盈余项下。但也有学者指出，由于此种增值来源于公司资产的增值，更应被视为营业盈余。传统上，大部分美国州不承认重估盈余的概念。少数州承认此概念；不过，其中有些州仅仅允许就此修改资产负债表，不允许

---

〔1〕 See Wittenberg v. Federal Mining & Smelting Co., 15 Del. Ch. 147, 133 A. 48 (1926).

〔2〕 See Penington v. Commonwealth Hotel Constr. Corp., 17 Del. Ch. 188, 151 A. 228 (1930), rev'd on other grounds, 17 Del. Ch. 394, 155 A. 514 (1931).

就重估盈余实施分红。[1]

评析： 此段将重估盈余做了清楚的介绍。不过如前所述，以重估盈余为基础决定分配，似乎确无因亏损而破产之虞，确有因现金流断裂而破产之忧。

（二）Francis C. Amendola 论盈余

Francis C. Amendola 等指出，盈余意味着负债与股本以外的剩余财产。或者说，盈余是一个账户的名称，代表公司资产超过负债和股本的部分。盈余存在的前提是净资产超过股本。在一般意义上，盈余并不是公司资本的一部分，尽管它的确构成公司资产的一部分。当然，盈余可以经股票股利的宣布，而变成公司资本的一部分。

非营业盈余（unearned surplus）指营业盈余以外的成分，包括股东出资中超过股本的资本盈余。"重估盈余"来自资产重新估值后，超过其入账的成本价格而产生的盈余，以及股东或者其他人捐赠而产生的盈余。

营业盈余指净利润的累计额（net accumulation of profits）。该部分盈余所代表的是公司的净收益、利得、利润（减去全部损失之后的净值），且尚未分配、尚未转移到资本或者资本盈余、尚未用于其他合法用途的部分。营业盈余的起算期日，是公司成立日、最近的重组日、首次从盈余中分离的日期（the time when it is first segregated from surplus）、两个公司兼并或者合并的日期。

公司可以将收到的无面额股票对价的一部分，归于资本盈余。资本公积可以在不影响未来收益的前提下全部耗尽。

评析： 此处的定义再次强调：盈余＝净资产－股本。或者，盈余＝资产－负债－股本。其实，后几句都是该等式的必然推论，本不必说。因为，（1）盈余不可能是公司资本的一部分，而必然是资产的一部分。因为在减法等式中，股本是减数，资产是被减数，盈余是差。差必然是被减数的一部分，两者是包含关系；差不可能是减

---

[1] See Richard A. Thigpen, Alabama Corporation Law, [St. Paul, mien]: Thomson Reuters, 2010, https://westlaw-com. s12133. top/Document/I34 d21c3139c0 11da 9b23ea2 65e5761dc/ View/FullText. html, 最后访问日期：2021 年 2 月 13 日。

数的一部分，两者是互斥关系。所以，这完全是一个减法的结构。
（2）至于"盈余可以经股票股利转为资本"，这是盈余的用途，不是盈余的定义和外延。

Francis C. Amendola 等人强调，非营业盈余包括资本盈余（paid-in surplus）。那还包括什么？能否一次性把非营业盈余的结构说清楚？此外，依据中国《企业会计制度》第 82 条，捐赠的资产应贷记资本公积。[1]因此，在中国法上，捐赠形成的盈余似应属于资本盈余，而非重估盈余。但这只是人为归类，无关紧要。

Francis C. Amendola 等人认为，营业盈余不包括应分配或者向股本、股本盈余转移的部分。这一说法固然不错，但不必要，且具有误导性。一个公司的营业盈余是多少，就以现有的额度计算，无需考虑未来是否会发生分配或者转增。原文想指出的或许是这样一种情况：例如，公司尚未分配，但已经从营业盈余中预先划定出分配的额度。按照原文的意思，这些额度不属于盈余。这种观点似是而非。盈余中的若干额度是否被虚拟地标出待用，甚至已经单独转入特定账户，这些都不具有法律上的重要性。此时，这些额度依然属于盈余。决定他们不再属于盈余的，是待分配、转增的资产是否发生所有权变动。因此，没有必要强调所谓"营业盈余不包括分配、转增的部分"：如果尚未完成分配、转增，则该部分自然还是属于营业盈余；如果已经完成，则自然不属于营业盈余，而成为股东的财产或者公司股本、资本盈余的一部分。

原文的逻辑错误类似于：张三是一个风险投资家，但除非张三已经死了。"除非张三已经死了"是不必要的限制。因为，"张三是一个风险投资家"中的主语"张三"，自然包含"张三是活人"的内在规定性。正如，"盈余等于净资产减去股本，但不包括已经分配或者转增的部分"中，但书部分是不必要的限制。因为，"盈余等于净资产减去股本"中的盈余，自然包含"盈余尚未被转作他

---

[1] 该条规定，资本公积包括资本（或股本）溢价、接受捐赠资产、拨款转入、外币资本折算差额等。资本公积项目主要包括：……（三）接受现金捐赠，是指企业因接受现金捐赠而增加的资本公积；……

用，失去盈余属性"的内在规定性。

（三）Elizabeth S. Miller 论盈余

Elizabeth S. Miller 指出，公司盈余可以在资产负债表上读出。盈余是以下三项的总和：（a）公司收到的面额股票对价中，超出面额的部分。（b）公司收到的无面额股对价中，董事会分配给盈余的部分。前两项也被合称为"资本盈余"。（c）尚未分配给股东的公司利润。此项通常被称为"营业盈余"。有些州会区分营业盈余与资本盈余。有些州不区分，例如德州。

利用资产负债表计算盈余较为便利，但也可能制造掣肘。例如，如果公司资产自购置后升值，则公司可能拥有远超资产负债表数字的实际"净资产"。公司的账面净资产可能为负，但是以公允价值计算也可能调整为正。类似的道理，公司账面盈余可能为负，但以资产的升值调整利润，盈余也可能变成正。曾经的难题是：可否使用此种"重估盈余"发放利润？该问题已经获得某些立法机构明确无误的肯定回答，例如德州。通常的表述是，公司法允许在计算盈余时，使用在该情形下合理的，账面估值方法以外的其他公允的估值方法或者信息。

立法机构不仅允许以公允价值替代账面价值计算盈余，而且走得更远。在公司董事会决定公司当下是否有足够的盈余分配，以防分配后丧失偿付能力的问题上，立法者甚至允许推测和预见（projections and forecasts）。立法机关的这一立场相当激进——相比之下，尽管对资产的估值也是判断而非事实，但至少它是对现有情况的判断，且可以依照类似资产的价格。推测与预见属于对未来事项的猜测，其结论要不确定得多。[1]

评析： 如上，盈余存在资本盈余、营业盈余、重估盈余三种形态。重估盈余固然有合理性，但也许会导致公司偿付能力恶化。例如，公司土地、厂房、设备等难以变现的固定资产经重估后价值增

〔1〕 See Elizabeth S. Miller, Robert A. Ragazzo, Business Organizations §28：16（3d ed.），https://westlaw—com. s12133. top/ Document/I7cffb0481bf311e19b420000837bc6dd/ View/FullText. html，最后访问日期：2021 年 2 月 6 日。

长，导致公司的"重估盈余"远远超过公司的现金。此时顶格分配合法但不合理。此例也部分解释了"盈余测试"向"偿付能力测试"的转向。

（四）M. Thomas Arnold 论盈余

M. Thomas Arnold 指出，盈余是净资产与资本之间的差额。净资产是总资产超过总负债的金额。盈余的确定对分红和回购很重要。在公司不存在盈余时，可以从本年度或者上年度的净利润中宣布和支付股息，此所谓灵活股。允许发放灵活股息的法理基础在于，从当期收入（current earnings）中分配并不等于从股本中分配，即使在支付时，公司处于蚀本状态。但是，假如一个公司的资本（capital）经价值重估、亏损后，减少至公司发行的优先股股本总额以下，就不能支付灵活股息。现行市值（current market value）被用以决定上述事项。

评析： 此段有两个信息点。（1）分配灵活股息并非只需存在当期收入，还需要公司净资产高于优先股股本。即在"普通股股本>净资产>优先股股本"时，允许分配灵活股息。这一点说得通。（2）允许打破"不得蚀本"原则而发放灵活股息的理由在于，"从当期收入中分配"毕竟区别于"从股本中分配"。这个理由似是而非。它混淆了两种讨论标准。股本是一个资产负债表概念，当期收入是一个损益表概念。因此，"从当期收入中分配"和"从股本中分配"根本不具有可比性。只要公司处于蚀本状态，即净资产低于股本，那么一切分配本质上都只能是"从股本中分配"。包装成"从当期收入中分配"是掩耳盗铃，毫无必要。实际上，灵活股息毫无疑问是违反规则之举。它的正当性只能从利弊的现实权衡中去找，不可能从法内的秩序中去找。在公司蚀本时，公司可能急需融资自救，允许灵活股息政策是吸引融资的一种暂时"饮鸩止渴"的手段。

（五）Clifford R. Ennico 论盈余

康涅狄格州执业律师 Clifford R. Ennico 指出，传统和现代的纽约州公司法都允许公司从所有类型的盈余中分配。盈余是净资产超过股本的剩余。显然，盈余是合法分配的基础，而资产负债表又是确定盈余的基础。分配的合法来源有以下四项：

其一，实收盈余（paid in surplus）。它来自发行价格超过低股票面值的部分，或者来自董事会自无面额股发行所得中分配给盈余的部分。分配实收盈余的本质，是向股东返还部分出资。其二，重估盈余（revaluation surplus）。在一些有争议的会计实践中，包括商誉在内，一些尚未实现的资产增值会被记为资产，从而形成重估盈余。Clifford R. Ennico 同时强调，尽管在著名的 Randall v. Bailey（1940）案中出现过一种判决思路——董事会有权在宣布和支付股息前重新评估资产，以免受到资产贬值的影响，俾便利用尚未实现的增值用以分配——它却并未彰显于纽约州商事公司法。这是因为董事可以善意信赖特定的财务报告（纽约州商事公司法 §717）。纽约州商事公司法起草人强调，此举是要避免对盈余进行重组，且允许依赖于普通的会计数字。其三，减资盈余（capital reduction surplus）。具体方式：（1）董事会消除此前从盈余转移到资本的数额。（2）减少面额股的发行溢价。（3）减少无面额股的资本。（4）修改公司注册证书，减少每股面值。（5）修改公司注册证书，减少股数。（6）修改公司注册证书，将已发行、已回购、已注销的股份从授权股份中删除（removing from the number of authorized shares such shares as have been issued, reacquired, and cancelled by the corporation）。其四，组织体变更可能产生的盈余（合并等）。

发放灵活股息是指在公司资本受损时，不减少资本，而从给定期间内的净利润中支付股息。这在强调净利润的公司法上是允许的，例如特拉华。但纽约州不允许。

无论是在纽约州还是其他州，"盈余"（surplus）和"资本盈余"（capital surplus）都没什么区别。纽约州商事公司法不区分盈余和资本盈余。[1]

评析：第一，重估盈余、灵活股息是衡量分配测试宽松性的重

---

[1] See Clifford R. Ennico, West's McKinney's Forms Business Corporation Law, https://1-next-westlaw-com. s121 33. top/ Document/Ie01ede82464811daa89cb48e91fc7d32/View/FullText. html, 最后访问日期：2021 年 2 月 21 日。

要指标。重估盈余突破了会计规则，灵活股息突破了"无盈余不分配"的法定规则，实际上是两个破坏既定规则的措施，两害相权取其轻的产物。第二，Clifford R. Ennico 的表述似乎有误导性。结合纽约州商事公司法可知，不是不区分盈余和资本盈余——即只有资本盈余才是盈余，净利润累计成的营业盈余不是盈余——而是纽约州采取"大盈余概念"，各类原因形成的盈余都归为盈余，不再特别细分和强调具体盈余的类型。

（六）Clifford R. Ennico 论营业盈余

Clifford R. Ennico 在介绍印第安纳州商事公司法时指出，商事公司法要求分红只能来自未保留和不受限制的营业盈余。营业盈余并不是一个会计意义上的资产负债表概念。盈余是一个综合性的数字。它的计算公式为：盈余＝（相关期限内的）利润＋收入＋利得－（同期）损失－股息－向其他账户的转移额度。营业盈余和资本盈余不同。资本盈余被印第安纳州商事公司法界定为：公司盈余减去营业盈余的剩余部分。不过，印第安纳州商事公司法在构建公司分配测试时，跟随 MBCA，放弃了盈余的概念。

评析：本段最有价值的信息点在于，Clifford R. Ennico 提出盈余不是一个简单的资产负债表数字，而是综合计算的结果。从其给出的公式看，真正的分歧在于：盈余究竟是可以从资产负债表推知，还是必须结合损益表才能推知。本书认为，用资产负债表计算足够。理由（1）盈余的立法定义是净资产减去法定资本。资产负债表足以显示出这一数字，即资本溢价（公积）加上未分配利润。（2）盈余的计算结果是为"当下能否分配"这个决策负责的，因此盈余的起算时点只能是公司设立时，或者公司在设立后净资产等于股本时。视此前提于不顾，而单纯去计算某个特定期间内的损益结果并称之为"盈余"，那可能对观察公司在此期间内的财务表现有意义，但对于背书分配的合法性没有意义。

（七）Charles W. Murdock 论盈余

Charles W. Murdock 提到，1983 年伊利诺伊州商事公司法允许以营业盈余和资本盈余分红。但是，会计法和税法则严格、精确得多。

商事公司法通常仅允许从留存利润中分红，超出该范围分红应当披露。将分配来源限定在留存收益中，原因在于，当公司声称区分资本盈余与营业盈余时，财务报表可能会被扭曲。由于股息出自资本盈余，营业盈余数额保持不变，这对于公司实力的描述构成误导性信号。[1]

评析：本段的介绍接近常识，但并未讲清楚两个高于常识的问题：(1) 税法究竟是否允许从资本盈余中分红，以及 (2) 使用资本盈余分红有何必要，以至于立法者明知此举可能扭曲公司信用却依然允许。

（八）American Jurisprudence 论营业盈余

公司的累计收入与利润（earnings & profits，E&P）通常被称作其营业盈余。其总额等于公司每个税收年度的 3 月 1 日至确认日之间，收入与利润减去损失，再减去同期从营业盈余中所作的分配。营业盈余从每个纳税年度的年初计算。任何年度的损失，均由近期的利润所弥补。被亏损所抵消的收益不再参与累计。[2]

评析：本段的有价值信息在于联通了营业盈余与 E&P 两个概念。但是后半段的解释过于累赘，信息冗余。

（九）Craig A. Peterson 论盈余测试

密歇根大学霍沃斯商学院助理教授 Craig A. Peterson 指出，纽约州等州使用了盈余测试来规制分配。这种方法允许从资本盈余和营业盈余中分配。它比 MBCA 双重偿付能力测试的操作空间更大。同时，它比灵活股息测试的限制更多。因此，允许灵活股息的州与仅允许盈余分配的州相比，前者公司与其债权人另行签订合同的频率更高、内容更严。而盈余测试州与采用 MBCA 双重偿付能力测试的州相比，前

[1] See Charles W. Murdock, *Business Organizations*, west, 2010, https://1-next-westlaw-com.s12133.top/Document/Iaeb61 9712f5b11da 849de79c964689ee/View/FullText.html，最后访问日期：2021 年 2 月 21 日。

[2] See American Jurisprudence, Second Edition, https://1-next-westlaw-com.s12133.top/Document/I53db902bb 27b11d 9815db1c9d88f7df2/View/FullText.html，最后访问日期：2021 年 2 月 21 日。

者公司与债权人签订合同的频率与严苛性又甚于后者。[1]

评析： Craig A. Peterson 讲的核心意思是就严格程度而言，灵活测试<盈余测试<双重偿付能力测试。这一结论是通过观察公司与债权人缔约的频率与严苛性推知的。隐含的逻辑前提是正式法的保护力度与公司债权人通过合约自我保护的力度，成反比。

（十）Matthew G. Dore 论盈余测试

Matthew G. Dore 指出，盈余测试是一种复杂的监管计划，且存在缺陷。大部分州的公司内部人都可以通过操纵股票面值，来改变资本和盈余账户。事实上，只要股东愿意，他们有能力将全部或者大部分的净资产——包括公司的股本和收益——合法分配出去。而也正因如此，MBCA 才取消了票面金额概念，改革了基于资本和盈余概念的传统分配，采用了更加简洁和有意义的偿付能力测试。[2]

评析： 历史一再表明，一项制度本身无所谓绝对落后或者先进，要看实施得如何。Matthew G. Dore 指出盈余测试容易被操纵，但并未指出操纵方法。一种可能的操纵空间是，公司有条件以减资增加资本盈余，并用以分配。[3]但是，很显然这不是盈余测试本身的问题。这取决于盈余测试下两种具体的机制选择，（1）公司对减资的认定。如果认定减资也属于分配，减资本身也要接受测试，那么操纵空间有限。（2）资本盈余是否可以分配。如果禁止或者限制资本盈余的分配，那么操纵空间有限。因此，第一，不应当让某个概念（盈余测试）背责任，而应当追究具体实施机制的责任。第二，哪

---

[1] See Peterson, Craig A., Hawker, Norman W., "Does Corporate Law Matter? Legal Capital Restrictions on Stock Distributions," *Akron Law Review*, Vol. 31, No. 1, 1998, pp. 191–192.

[2] See Matthew G. Dore, *Business Organizations*, West Gourp Publishry, 2003, https://westlaw-com. s12133. top/Document/I67306b6fb9d511daaef3cf03 ff0f60f7/View/FullText. html, 最后访问日期：2021 年 2 月 6 日。

[3] See Barbara J. Van Arsdale, "Maryland Law Encyclopedia", https://westlaw-com. s12133. top/Document/I97720c 98649c11d 9940dedc4a8893d7c/View/FullText. html, 最后访问日期：2021 年 2 月 13 日。

怕采用偿付能力测试，只要在实施机制上动手脚，照样存在操纵空间。

留存收益是一个观念数字，并不是现实存在的现金、流动资产，而是公司经营收入超过初始投资额且尚未分配的累计值，是公司净资产中利用股本所净赚得的价值。一个公司可能拥有巨额的留存收益，但账面现金完全可能为 0。此时，上述留存收益沉淀、隐藏在固定资产的不动产、厂房和设备（property，plant and equipment，PPE）中。此时，该公司资金流面临断裂的危险，债权人的利益无法得到保障。此时，允许公司实施留存收益以内的分配未必合理。

3.2.1.2 资本维持：盈余测试的等价表达

资本维持原则是大陆法系概念，是所谓资本法定、资本维持、资本不变的"资本三原则"之一。"资本三原则"在资本制度领域似乎具有"原教旨意义"，以至于学者讨论公司基本制度时，言必称三原则。其中，资本维持原则无疑是三原则中最核心，且迄今仍有巨大生命力的原则。据学者考证，该原则产生于欧洲，其概念继受路径大体是"德国—日本—中国台湾地区—中国大陆"。[1]

资本维持原则的通常含义是，公司有义务维持与其股本相当数额的资产。[2]从该定义出发，资本维持原则其实是资产维持原则，是"以资本为标准来维持资产的原则"或者"公司应当维持与资本数额相当的资产"。因此，如果较真，"资本维持"是错误的说法。资本只不过是公司账簿上和工商局登记上的数字而已，不需要维持。公司资本不是一个在现实物理空间中被冻结的、放入保险箱的一笔现金或者一批财产。它只是观念上的数字。现实存在的，只有资产。

资本维持原则研究的重镇在英国和德国。学者对资本维持原则核心意涵的提炼大同小异。例如，"出资不得返还给股东"（Dine，

---

〔1〕 参见方流芳：《温故知新——谈公司法修改》，载郭锋、王坚主编：《公司法修改纵横谈》，法律出版社 2000 年版。

〔2〕 参见施天涛：《公司法论》，法律出版社 2018 年版，第 168 页。

1994）〔1〕、"维持公司净资产至股本数额以上"（Gower-Davies, 1997）〔2〕、"分配不得逾越可分配利润为之"（Ferran, 1999）〔3〕、"净资产少于股本不能分配"（Armour, 2000）〔4〕、"一系列规则的集合"（Hannigan, 2003）〔5〕、"资本在没有特殊的债权人保护的前

〔1〕 See Janet Dine, *Company Law*, Macmillan Press Ltd, 1994, p. 106. 原文：The principal concern of the law in this area is that the company should get full value for the shares it issues and that having received the money, that money should be kept within the company. Because the members of a company are in control of it, they could make the company transfer all its assets to them. In particular, therefore, money should not be returned to the member of the company, leaving the creditors with an empty shell to rely on when their bills are due to be paid.

〔2〕 See Paul L. Davises, *Gower Principles of Modern Company Law*, Sweet & Maxwell Ltd, 1997, p. 247. 原文：In saying that it should not be reduced, do we mean that the notional liability shown under that head in the companies' balance sheet should not be reduced? If so, there's no difficulty about that; all that is needed is to say so or, indeed, merely to provide no means that can be done. Or does it mean, instead or in addition, that the company must not allow the value of its net assets to fall below the figures representing "capital"? In fact, as finally enacted as a result of implementing the Second Company Law Directive, it now means (at any rate in relation to public companies) something approaching both of these possibilities without, however, going quite so far as either.

〔3〕 See Eilis Ferran, Look Chan Ho, *Principles of Corporate Finance Law*, Oxford University Press, 2014, p. 186. 原文：The common law rule prohibiting the return of capital is now reinforced by statutory rules relating to distributions and to reduction of capital.

〔4〕 See John Armour, "Capital Maintenance", in *ESRC Centre for Business Research Literature Survey on Factual*, *Empirical and Legal Issues*, No. 166, 2000, p. 4. 原文：The underlying idea of the maintenance of capital principle is that only profits may be distributed by a company to its shareholders whilst it is a going concern. This will " maintain" the capital in the sense that where a company's net assets are less than or equal to the amount of its capital accounts, a distribution to shareholders would deplete the assets which represent the value of the capital. 16 Hence distributions may not be made in these circumstances. The principle is really a negative one: distributions may not be made when net assets are less than the capital accounts. It does not amount to a positive obligation on shareholders to contribute fresh assets.

〔5〕 See Brenda Hannigan, *Company Law*, Oxford University Press, 2003, pp. 587 - 591. 原文：To that end there develop the doctrine of capital maintenance which essentially is a collection of rules designed to ensure, first, that a company obtains the capital which it has purported to raise and, secondly, that capital is maintained, subjected to the exigencies of the business, for the benefit and protection of the company's creditors. In particular, the doctrine of

提下不可以返还给股东"（Rickford 报告，2004）[1]或"充当保护垫的财产在特定情况下不可以返还给股东"（Payne，2008）[2]、"保障债权人的基金"（Hudson，2010）、"禁止公司资产实际流向股东"（Dignam，2011）[3]、"出资到位且不得违法返还出资"（French，2013）[4]。

（接上页）capital maintenance precludes the return of capital, directly or indirectly, to the shareholders ahead of a winding up of the company. …More than a century later there is a multi-faceted doctrine, still concerned in part with the protection of creditors, but also operating to constrain directors and in particular, to reinforce their duty to act bona fide in the interests of the company.

〔1〕 See Jonathan Rickford, Reforming Capital: Report of the Interdisciplinary Group on Capital Maintenance, *European Business Law Review*, Vol. 15, No. 4, 2004, p. 928.

〔2〕 See Jennifer Payne, *Legal Capital in the UK Following the Companies Act* 2006, in J. Armour, J. Payne, eds. , Rationality in Company Law: Essays in Houror of D. D. Prentice, Hart Publishing, 2008, p. 5, p. 21. 原文：…and the purpose of the capital maintenance rules is to ensure that shareholders don't undermine that principle by improperly distributing assets to themselves, not only once the company is insolvent, but also while the company remains solvent…The Companies Act 2006 does not contain a radical reformulation of the rules regarding a company's legal capital, although there is some significant de-regulation for private companies. The rules can still be divided into those provisions that are intended to ensure that a certain guaranteed cushion is created for creditors by ensuring that shareholders pay a certain amount into a company (the minimum capital rules) and those which attempt to ensure that this cushion isn't returned to the shareholders in certain circumstances (maintenance of capital).

〔3〕 See Alan Dignam, *Hicks and Goo's Cases and Materials on Company Law*, Oxford University Press, 2011, pp. 283-286. 原文：The principle of maintenance of capital is perhaps one of the areas most understood by students of company law…Thus the essence of the misnamed "maintenance of capital" principle is twofold. First, the members must pay in or be committed to pay in the full amount of the capital payable on the shares for which they subscribe, i. e. the capital must first be raised. Then it must be maintained in the sense that it must not be repaid to the members…To summarize, therefore, the requirement to maintain the issued capital is first and foremost a practical obligation not to return cash or assets to members that amounts to a return of share capital, and secondly it is a formal accounting requirement that the historical figure in the capital account must not be reduced other than as permitted by the act.

〔4〕 See Derek French, Stephen W. Mayson, Christopher L. Ryan, Mayson, *French & Ryan on Company Law*, Oxford University Press, 2013, p. 286.

不难发现，资本维持的实现机制是通过"净资产与股本的数量关系"来实现的。第一，净资产<股本，此时禁止公司分配；第二，净资产≥股本，此时允许在净资产高出股本的余额范围内，实施分配。也就是说，资本维持的核心，正是一个资产负债表测试，或者盈余测试。在这个意义上，欧陆的资本维持和美国的盈余测试同宗同源。

人们早期对资本维持原则存在误解。一种典型的批评是：资本维持不可能实现，因为公司很可能发生正常的经营亏损，进而使公司资产跌至资本线之下。对这一违反常识的误解，早在 1887 年 Trevor v. Whitworth 案中，法官 Watson 即指出，公司的实缴资本在公司的经营过程中的减损，绝非法律所能化解的商业风险。[1] John Armour（2006）给出了更加精准的回应，称"资本维持"不是积极原则而是消极原则，不是要确保资产在股本之上，而是禁止因分配导致资产落在股本之下。[2] 换言之，资本维持不是说必须把资产维持在股本之上，而是说当资产跌至股本之下时不得分配。

本书认为，盈余测试在技术构造上的缺点在于，"无盈余不分配"的立场，会令那些高速发展、快速扩张、前景向好、现金流充沛但暂时亏损的公司不能分红。这对股权投资的抑制作用是不言而喻的。中国《公司法》第 210 条目前依然采取这样的规定。"无盈余不分配"大体属于一种工业文明、实业经济时代配套规则。信息文明时代，大量互联网企业的经营策略是率先融资烧钱扩张，占领市场，主动寻求亏损。这不是个别的小型公司的打法，而是大量头部企业的打法，是网络信息时代所有"2C 模式"的企业的必然策略。

在偿付能力测试议题下，最具有"学术八卦"性的问题似乎是欧洲的资本维持原则和美国的公司测试制度谁更"先进"。就目前看，多数人对资本维持原则持批评态度。本书的认识是：第一，两

---

[1] 参见沈四宝：《西方国家公司法原理》，法律出版社 2006 年版，第 261 页。

[2] See John Armour, "Capital Maintenance", in *ESRC Centre for Business Research Literature Survey on Factual, Empirical and Legal Issues*, No. 166, 2000, p. 4.

者不是同一层面上的事物。资本维持原则是一套更为多元的体系，不仅包含分配测试，还包含禁止折价发行、禁止抽逃出资、严格限制现物出资等。美国的分配测试仅仅针对公司分配。第二，资本维持原则在分配测试上，体现为盈余测试。而盈余测试与资产负债表测试、衡平偿付能力测试相比，缺点在于标准僵化、过分依赖公司的历史信息；优点是标准简明、确定性强，便于操作。究竟是周到复杂同时高度不确定、操纵空间大、可操作性差的制度好，还是简陋单一同时简明确定、操纵空间小、可操作性强的制度好，又是价值判断，无非是在学术的幌子之下表达主观好恶。据有些学者考证，两种制度看似差别很大，其实制度成本和实际效果差不多。[1]第三，表面上的比较，发生在盈余测试、偿付能力测试、净资产测试之间。但真实的比较不在此处。资本维持原则的基石是股本概念以及围绕股本建立的一整套体系；净资产或者偿付能力测试的关键在于责任机制，即董事的信义责任与恶意股东的返还责任机制。所以，这样的比较，其实没什么意义。

3.2.1.3 灵活股息：盈余测试的例外

灵活股息测试指当公司没有盈余时，即公司净资产低于股本、处于股本亏蚀状态时，法律基于某些原因考虑，打破无盈余不分配的一般原则，允许公司以本期、本财政年度的净利润，或者上期、上财政年度的净利润进行分配。此种测试规则首辟于 1965 年版 MB-CA，[2]被称为净利润测试、当期盈余测试[3]、灵活股息（nimble dividends）测试。此种多应用于特拉华州等不采大分配概念的州法族群（见表 21）；但 MBCA 体系的马里兰州也采用该测试。

---

〔1〕 See Fernando Dias Simões, "Legal capitalrules in Europe: is there still room for creditor protection?" *International Company and Commercial Law Review*, Vol. 24, No. 4, 2013, pp. 166–172.

〔2〕 参见葛伟军：《公司资本制度和债权人保护的相关法律问题》，法律出版社 2007 年版，第 160 页。

〔3〕 参见仇京荣：《公司资本制度中股东与债权人利益平衡问题研究》，中信出版社 2008 年版，第 229 页。

表 21　采用灵活股息测试的州法

出处	表述
马里兰州公司与协会法 § 311（a）	公司的分配可以来源于：（i）分配所在财政年度公司净利润（net earnings）；（ii）前一财政年度净利润；（iii）此前八个财政季度的净利润之和。
DGCL § 170（a）	无盈余的，股息可以来源于本财政年度或上财政年度的净利润。
纽约州商事公司法 § 510（b）	如果无盈余，股息也可以来自本年度或上会计年度的净利润。
俄克拉何马州公司法 § 1049	如果无盈余，也可以从本财政年度或者上财政年度中的净利润中支付。

一、净利润与相似术语

《元照法律词典》中，net profits 解释为净利润，指扣除所有费用之后的净利润，可分为税前净利润和税后净利润。销售收入减去生产成本后为毛利，从毛利扣除所有经营费用后为营业利润，营业利润扣除所得税后为净利润。与之易混淆的一词为 net earnings。1955 年特拉华州衡平法院的一个判例中，法院以"net earnings 在分配规则语境下不存在固定含义"为借口，推脱了对其定义进行决断的职责。[1]时至今日，net earnings 的含义趋于清晰。据《元照法律词典》显示，此术语已经不太为人使用，取而代之的是其同义词"net income"，含义为（1）指某一时期的总收入扣除总费用和损失后的余额；（2）在计算所得税时，指总收入减去所有允许抵减和免税的项目后所得的收入。所以，net earnings 和 net income 的含义，类似于 surplus。

---

〔1〕　See Weinberg v. Baltimore Brick Co. , 35 Del. Ch. 225, 114 A. 2d 812（1955）.

二、域外学者论灵活股息测试

（一）M. Thomas Arnold 的讨论

当期盈余测试之所以被称为"灵活股息"，据 M. Thomas Arnold 的说法，是因为没有盈余的情况下，从净利润中支付利息的权利仅限于特定时期的利润（本财年或上财年）。因此，董事会必须"灵活地"宣布在上述有限时期的净利润中分红。换言之，在 M. Thomas Arnold 看来，所谓灵活，指的是作为净利润期间的特定性。[1]

评析： 所谓灵活，看来就是指一种变通和允许例外的立场：有盈余可以分，没有盈余特殊情况下也可以分。灵活股息的分配底线是本财年和上财年有利润。

（二）Paul J. Galanti 的讨论

印第安纳大学法学院教授 Paul J. Galanti 指出，传统上，州法在规制分配时专注于法定资本与盈余。而有些州则有所突破，允许使用当期收入分红。这样的分红被称作灵活股息，因为法律限定了用于计息的期限，要求在该期限内的净利润中分红。换言之，董事会必须"灵活地"在法定期间内——例如本会计年度——的净利润中宣布股息。灵活股息也许对优先股股东有利。如果优先股股东因为逾期股息（passed dividend）[2]而控制了董事会，他们也许会避开减资，而是从当期收入中分红。因为，减资手段也许会引起普通股股东的反对。

印第安纳州法不允许灵活股息。公司只能从未分配且不受限的营业盈余中分红。然而仍有两种方法能达到类似效果：第一，减少

---

〔1〕 See M. Thomas Arnold, H. Wayne Cooper, Oklahoma Business. Orgarizations Foths and Practice（Vernon's Oklahoma. Forms, 2d）, Thomson Reaters, https://westlaw - com. s12133. top/Document/I4367be2eeb5911da80c48b5dc69dfef6/View/FullText. html, 最后访问日期：2021 年 2 月 16 日。

〔2〕 元照英美法词典线上查询：在公司以往习惯的红利公布时间未公布的红利，特别是应定期向优先股支付的红利。载 http://lawyer. get. com. tw/dic/DictionaryDetail. a- spx? iDT＝68525，最后访问日期：2021 年 2 月 21 日。

法定资本，并从据此产生的资本盈余中分配；第二，使用资本盈余弥补营业盈余的赤字。由此，在法定程序内，公司照样可以在当期收入中实施分配。

依照印第安纳州商事公司法之规定，公司在减少资本上的权利不是无限的，需要经过股东的同意。下述情况中，公司不得以资本盈余实施分配：（1）分配前或者分配后公司丧失偿付能力的；（2）公司章程或者股东会决议不允许的；（3）存在尚未支付的累计优先股股息的；（4）分配会使公司净资产低于优先股索取权的。该法要求，以资本盈余进行分配应当确认分配的来源，并披露每股分配的数额。

尽管公司对减少资本并据此将资本盈余分配给股东的行为实施加了上述限制，但毕竟不是禁止。这就说明试图用法定资本保护公司债权人是不可行的。债权人只能自我保护，即在合同中单独约定公司分配的限制。只是，不是所有的债权人都力所能及。小型债权人一般无力施加上述条款。[1]

评析：第一，灵活指董事会只能从给定的期限内宣布股息——Paul J. Galanti 对"灵活"的这一解释颇为奇怪。实际上，灵活无非指不拘泥于有没有盈余。第二，此处又提供了灵活股息存在的另一原因。结合而言（1）公司在经营不善时，保持融资的吸引力。（2）满足优先股股东的分配需求。

（三）Gregory C. Yadley 的讨论

佛州律师 Gregory 与 Julio 介绍说，灵活股息指，当公司当前收益为负，或者留存收益账户出现赤字时所发放的股息。佛州商事公司法 §607.06401 的分配测试没有直接规定盈余、本财年收益、灵活股息这些概念。既然如此，佛州公司的董事会准许公司支付灵活股息，只要该股息能同时通过衡平测试与资产负债表测试。

评析：Gregory 的介绍带出了一个问题：灵活股息测试与资产负

---

〔1〕 See Paul J. Galanti, Business Organizations（Indiana Practice），West Pub Co. 1991，https://1-next-westlaw-com. s12133. top/Document/I74f038c535f911da9cbec375d603e62d/View/FullText. htm，最后访问日期：2021 年 1 月 2 日。

债表测试能否同时适用于一部公司法？可以肯定：灵活股息测试与衡平测试无疑是兼容的。企业自成立以来是否营利，与该企业目前的现金流和偿债能力如何，并无本质关系。

灵活股息测试运用的前提，是企业没有通过盈余测试，即企业处于"净资产<股本"的状态。而资产负债表测试的要求是"资产>负债+优先股权益"，即"净资产>优先股权益"。因此，假设一个公司能同时通过灵活股息测试，以及资产负债表测试，该企业的净资产是X，则集合｛X丨优先股权益<X<普通股股本｝不能是空集。很显然，｛X丨优先股权益<X<普通股股本｝不必然是空集，在逻辑上是有可能的。

该集合也可以用常理解释。第一，净资产大于优先股权益，说明净资产至少为正。即公司虽然累计利润为负，目前属于蚀本状态（盈余测试失利），但资产依然高于负债（资产负债表测试成功）。第二，普通股股本大于优先股权益。这说明公司的权益资本的"担保价值"，不仅足以"担保"债权融资，也足以"担保"优先股这样的准债权金融工具融资。

（四）James J. Hanks Jr. 的讨论

2009 年，受到严重经济危机的影响，马里兰州立法者修订了公司与协会法，以削弱遵守资产负债表测试的影响，包括与经营业务或现金流无关的费用。如果公司不满足资产负债表测试，§2-311（a）（2）允许公司在本财政年度有净利润，或者上一财政年度有净利润，或者前八个财政季度有净利润的情况下，进行合法分配。§2-311（b）节授权董事会，可以依据当时情况下合理的会计惯例和原则或者估值方法，来确定上述"净收益"。然而，公司如果依据§2-311（a）（2）的"净收益"条款授权分红，就不得随后依据§2-311（a）（2）节的不同分节，重复计算相同的收益。此修订不影响§2-311（a）（1）（i）条之衡平测试。[1]

---

〔1〕 See James J. Hanks, Jr., Maryland Corporation Law, Aspen Publishers, 1995, https://1-next-westlaw-com. b12135. top/ Document/Ia22471ccb93b11de9b8c850332338889/View/FullText. html, 最后访问日期：2021 年 1 月 2 日。

评析：有效信息两点。第一，灵活股息为非常股息，必然诞生于非常时期，例如经济危机。第二，灵活股息不影响偿付能力测试。

"不得随后依据 §2-311（a）（2）节的不同分节，重复计算相同的收益"之表述[1]令人费解。§2-311（a）（2）的内容是公司的分配可以来源于：（i）公司分配所在的财政年度，公司的净利润；（ii）前一财政年度的净利润；（iii）此前八个财政季度的净利润之和。假如不犯低级错误，看不出有"重复计算"的可能。

（五）Craig A. Petersona 的讨论

西密歇根大学 Haworth 商学院金融学助理教授 Craig A. Petersona1 与 Norman W. Hawker 指出，1980 年之前的旧版 MBCA 存在 §45（a）条，允许董事从"上财政年度和本财政年度的收益之和"中，支付股息。这一条是盈余测试的例外，意味着盈余为负时照样可以派息。不过，灵活股息测试仍然受衡平偿付能力测试的制约。即公司目前或分配后将无力偿债时，不得派发灵活股息。灵活的股息测试似乎起源于特拉华州，是 Manning 和 Hanks 所谓的"对商业现实的让步"。不过，MBCA 与 DGCL 不同。MBCA 赋予董事使用当期收益或者盈余来支付股息的自由裁量权；DGCL 的本意则是，盈余不可用时才能使用灵活股息分配。[2]

评析：有效信息点是灵活股息的定义、起源，以及 MBCA 与 DGCL 的区别。但意义不大。

三、灵活股息小结

灵活股息测试指当公司盈余为负时，公司法依然允许公司在本财政年年度或者上财政年年度的利润中，分配股息。灵活股息测试不是一项独立的测试。它必然作为盈余测试的补充、例外而出现。

---

[1] 原文：However, a corporation that has been authorizing dividends in reliance on the "net earnings" provisions of Section 2-311（a）（2）may not then "double count" the same earnings across the different subsections of Section 2-311（a）（2）.

[2] See Craig A. Petersona, Norman W. Hawker, "Does Corporate Law Matter? Legal Capital Restrictions on Stock Distributions", *Akron Law Review*, Vol. 31, No. 2, 1997, pp. 190-191.

只存在"盈余测试+灵活股息测试"的组合，不存在单独的灵活股息测试。

不宁唯是。在"盈余+灵活股息"的组合之外，一部州法可能还存在其他子测试。例如，DGCL§170（a）、俄克拉何马州公司法§1049（a）的逻辑，是"（盈余测试 OR 灵活股息测试）& 资产负债表测试"。又如，纽约州商事公司法§510（a）（b）的逻辑，是"偿付能力测试 &（盈余测试 OR 灵活股息测试）"。再如，马里兰州公司与协会法§311的逻辑，是"资产负债表测试 & 偿付能力测试 &（盈余测试 OR 灵活股息测试）"。这就增加了评价灵活股息测试的难度。一方面，它嵌套在"盈余+灵活股息"的固定搭配中；另一方面，固定搭配之外尚可能有偿付能力测试，或者/以及资产负债表测试。

理念上，偿付能力测试是盈余测试宽松化的产物。"盈余+灵活股息"的逻辑是：公司应当在盈余范围内分配。没有盈余的，法律网开一面，允许公司退而求其次，在近期净利润范围内分配。如果公司成立以来无盈余，且近期仍然没有实现盈利，那就不能分配了。立法者的考虑包括：第一，公司在经营不善时，保持融资的吸引力。第二，满足优先股股东的分配需求。第三，在经济下行周期时，满足股东及时获得部分投资回报的需求。

采用灵活股息测试的是少数州。本书检索到特拉华、马里兰、纽约、俄克拉何马四州。测试的接受度不高，原因有：第一，该测试与盈余测试存在配套关系，前者是后者的例外和补充。盈余测试随着法定资本理念的淘汰而衰落，灵活股息测试亦随之减少。第二，采用盈余测试的州也并非全然采用灵活股息测试。该测试允许公司在"蚀本"状态下分配，提高了公司对权益性投资人的吸引力，也限制债权人索取投资回报的优先权。灵活股息测试不是造蛋糕，而是打破"权益性投资人–债权人"固有平衡的分蛋糕。对债权人利益有所考虑的州，自然不会轻易认可灵活股息。

3.2.1.3 盈余测试小结

盈余测试曾是美国公司法的主流模式，现在仅有四州采用。以资产负债表上的科目表示，盈余就是公司净资产超出股本的部分。也可以表示为营业盈余（也叫留存利润）和资本盈余之和。盈余测试要求，公司自设立以来总的累计收益为正，才能分配。

有趣的是，坚持采用盈余测试的州中，包括颇具法律示范性与影响力的特拉华州（DGCL§170a）、纽约州（商事公司法§510b）。这与盈余测试式微的趋势相逆。推测：第一，重要州在公司法改革方面反而持重。第二，盈余测试在技术上仍然成立，其式微乃是受法律资本体系倒塌之牵连。第三，特拉华州、纽约州两处系经济繁荣之地，代表权益性投资人的立法游说力量不可小视；代表银行等债权人利益的势力，未取得决定性优势。

美国的盈余测试与大陆法系的"资本维持原则"不只相通，而且相同。英国牛津大学教授John Armour对资本维持原则的表述最为准确：它不是一项积极规则，即要求把资本维持在一定水准（注册资本）之上，而是一项消极规则，即要求在公司资本减少到一定水准之下时，禁止分配。盈余测试或者资本维持，都强调"无盈余不分配"。该要求无疑是严格的。类似一些知名上市公司，自成立以来总体亏损，但营业收入持续增长、现金流正常、投资人对其前景看好的互联网企业，就不能合法分红。

历史上有三种盈余测试的宽松化修正。第一，扩大盈余范围，允许资本盈余用于分配。第二，同样谋求扩大解释盈余，将重估资产后增加的部分计入允许分配的范围。此为重估盈余。第三，灵活股息，即公司盈余虽然为负，但只要近期（通常是本会计年度或者上一会计年度）存在净利润，仍然可以分配。

盈余测试的宽松化有必然性。宽松化有两重后果：一方面，它延续了盈余测试的历史寿命；另一方面，它又埋下了该测试灭亡的种子。盈余测试筑基于法定资本体系，其弱点在于依赖历史信息和账面数字，不能科学、精准地反应公司债权人的需求；其优点在于规则的确定性强、易于操作，解释和操纵的空间有限。但是，宽松版盈余测试的出现，使该测试弱点犹存，优点却大打折扣。规则的确定性与科学性之间，似乎有内在矛盾。既然一项规则既可操纵又不科学，就不如代之以虽可操纵但相对科学的规则。从盈余测试到偿付能力测试的转折，可能正是在此刻萌芽。

3.2.2 衡平偿付能力测试

偿付能力（solvency）是美国破产法、反欺诈转移法、公司法、统一商法典等共享的术语。不同语境下，其内涵略有差别，大体指在特定期间内，商事企业清偿其到期债务的能力。偿付能力测试（solvency test）是指一套用以检验公司是否具有偿付能力的规则。历史上，美国公司分配规则以盈余测试为主。随着法定资本概念与规则体系的衰落，偿付能力测试成为当前美国公司法最重要的分配测试。更准确地说，大多数州使用"偿付能力测试+资产负债表测试"的组合。

针对偿付能力测试的全称"equity solvency test"，有文献将其翻译为"衡平偿付能力测试"，有文献则翻译为"权益偿付能力测试"。衡平说似乎较妥。其一，尽管有文献证据支持权益说，James E. Tucker 在解读美国麻省反欺诈转移法时曾评论说，"equity solvency test" 通常被称为"权益偿付能力测试"，但这是一种误解。"权益测试"考察的并不是权益，而是公司的营运资本和现金流。称"权益偿付能力测试"是一种约定俗成，倒也无伤大雅。[1] James E. Tucker 的表述反证：通用的翻译，其实是权益偿付能力测试。其二，衡平说的依据是 MBCA § 6.40（c）（1）。本款中的"equity"似乎翻译为衡平才讲得通，即在衡平的意义上，如果公司已经陷入偿付不能，或者分配后将陷入偿付不能，则禁止分配。权衡之下，本书暂取衡平说，并在下文简称"偿付能力测试"。

"solvency"的反面是"insolvency"，后者可以简单地翻译为破产，或者丧失偿付能力，与"bankruptcy"是近义词。但是，当进一步追究"insolvency"的精确、丰富的含义时，出现障碍。比如，弗莱彻百科全书下"insolvency"词条，就异乎寻常的含混。其谓：

---

〔1〕 针对"equity insolvency test"，有翻译为"权益偿付不能"者，亦有翻译为"衡平偿付不能"者。两种译法都说得通。本书认为后者在文义上更通顺。

"insolvency" 一词公认有两个含义。第一种是在衡平 （equity）意义上，它指的是债务人不能偿还到期债务。第二种含义通常被称为 "资产负债表测试"。1898 年《破产法》采用资产负债表标准。该法规定，按照公允价值计算，如果债务超出资产，则债务人构成破产。核定资产时，不包括被豁免或者被欺诈性转移的资产。此外，法院根据《破产法》对非自愿债务人进行救济的标准之一是，债务人不能在债务到期时偿还债务。"insolvency" 的衡平定义见于旧版的 MBCA，指公司无力偿还正常经营过程中的到期债务。许多州法采用之。许多法院对该词作宽泛解释，指债务届期时，公司不能以现有资产和诚实的信贷来偿还。MBCA 在定义一节没有 "insolvency"。在破产优先权、破产接管的语境下，"丧失偿付能力" 的含义也不尽相同。一个早期的案例回顾了衡平偿付能力测试与资产负债表测试，认为不能排除一个、采用一个。法庭指出，公司、债权人、公司三方面的需求差别如此之大，以致不可能存在普适性的规则。立法可以同时采用两种测试，将 "偿付不能" 定义为：公司在正常经营过程中不能偿付到期债务，或者负债超过资产。[1]

比弗莱彻百科全书对 "insolvency" 的解释更混乱无序的文字，大概不多见了。该百科全书没有放弃任何一个可以搅乱概念的机会。在庞杂无序、前后矛盾的信息中，稍有价值的信息点：一是 insolvency 有两个面向，（1）衡平偿付能力测试——债务人在正常经营过程中能否偿付到期债务，以及（2）资产负债表测试——资产与负债的关系。二是资产负债表测试的局限性之一是，公司虽然资不抵债，但假如公司可以通过诚信手段获得信贷资本，保持对未付债务的偿付，那么不宜认定为破产。三是一些判例放弃追求定义，认为 "insolvency" 不存在一个跨越不同立法、不同案例、不同语境的标准概念。

---

〔1〕 See William Meade Fletcher, Cyclopedia of the Law of Rrivate Corporations Volume 1, RareBooksclub. com, 2020, https://1 − next − westlaw − com. b12135. top/Document/ Ia9531d0f3a 6311d98fda8225aecac63f/View/FullText. html, 最后访问日期：2021 年 2 月 23 日。

本质上，偿付能力测试秉承大道至简的理念。该测试的出发点，不是法律人的看法，也不是会计人的分析，而是公司债权人对能否收回投资的真切忧虑，以及企业家对公司对企业违约风险的真切忧虑。商业上，企业家为了抵御财务风险，采用的核心方法很简单，就是通过融资、加快回款等手段增加现金，加厚公司的现金流。市场有很多通俗的说法，比如，链家公司前董事长左晖说，我们会做一些事情去对冲长期主义的风险……而作为做好准备的核心在于钱要足够厚。[1]车好动公司（旗下品牌瓜子二手车）董事长杨浩涌说，市场好的时候要更激进一点……差的时候，安全线会划得更高一点，比如像我们这样的公司，账上要有多少钱，这是安全线，低于这个线不行，就跟银行一样。[2]京东集团董事长刘强东说，我们这种模式投资很重，资金需求很多……幸亏京东在大家还看不明白时，就拿到足够多的钱，支撑足够长的时间。[3]

一言以蔽之，保持公司偿付能力、防范财务风险的核心就是紧盯自由现金流。其他的因素也有影响，但不是关键。因此，分配测试自我迭代到"偿付能力测试"的版本，并不是重大发明创造，只不过是回归常识、符合趋势的必然结果。尽管如此，偿付能力测试依然足够深奥，需要研究。

3.2.2.1 破产法语境

美国《破产法》§301规定了"非自愿破产案件"。其第（h）条（1）款规定，对申请未及时提出异议的，法院应当裁定对债务人进行救济。否则只有在下列情况下，法院才应在审判后下令对债务人进行救济：（1）债务人在该债务到期时将大概率（be generally not paying）不予支付，除非该债务的效力或数额存在事实上的争

---

〔1〕 参见李翔：《详谈：左晖——做难而正确的事》，新星出版社2020年版，第100页。

〔2〕 参见李翔：《详谈：杨浩涌——在大赛道里持续迭代》，新星出版社2020年版，第98页。

〔3〕 参见李志刚：《创京东：刘强东亲述创业之路》，中信出版集团2015年版，第39页。

议。[1]

此处规定的正是衡平偿付能力测试。美国《破产法》官方评论指出，一方面，该测试并不存在一个普适于各类案件的标准，因此其适用范围与含义由法院依据个案决定。但另一方面，法院的裁量也存在约束。认定债务人失去偿付能力，至少应认定（1）公司对预期之部分债务将失去偿付能力；（2）公司对历史之部分债务曾偿付不能。美国法院在认定公司丧失偿付能力时，一般会考虑未偿还数额、债权人的数量、支付情况以及商业惯例。就债务人的业务与支付惯例而言，如果债务人在正常经营中未能偿还债务，法院就应当对债务人实施救济。以及，要发现债务人在正常经营中偿付不能，就要以证据证明什么是公司业务的正常运营。[2]

Glenn A. Guarino 撰写了一份法律报告，整合了判例对美国《破产法》§303（h）（1）"丧失偿付能力"（generally not paying such debtor's debts as such debts become due）的解释。鉴于其参考价值较大，下文将析出其判例。值得关注的是：第一，认定偿付能力的丧失，法院通常考虑哪些因素？第二，这些因素的权重是什么？有没有一些因素是认定偿付能力的必要，甚至充分条件？

一、判例全译

表 22　美国破产法判例中债务人"丧失偿付能力"的标准

判　例	规　则
Tarletz（1983，BC DC Colo）27　BR787，10 BCD 911	由于众议院版本"整体偿付不能"（generally unable to pay）与参议院版本"整体偿付不能或者对主要债务偿付不能"（generally unable to pay or

---

[1]　参见 https://uscode. house. gov/browse/prelim @ title11/chapter3/subchapter1& edition＝prelim，最后访问日期：2021 年 3 月 1 日。

[2]　See Glenn A. Guarino, When is debtor "generally not paying such debtor's debts as such debts become due" so as to warrant relief against debtor in involuntary bankruptcy〔11 U. S. C. A. § 303（h）（1）〕, 73 A. L. R. Fed. 763（Originally published in 1985）, American Law Reports, https：//1-next-westlaw-com. b12135. top/Document/ Ie216ce8a476711da84aad 7732687bc25/View/FullText. html，最后访问日期：2021 年 3 月 1 日。

续表

判　例	规　则
	has failed to pay a major portion thereof）存在差异，两院协商委员会（conference committee）〔1〕又没有就此差异作出决议，故解释时诉诸立法史是徒劳的。在认定时，未偿还债务的数额是一个重要因素。本案中，法院综合考虑了逾期债务的数量、金额、违约的持续时间，以及债务人偿付无争议债权的消极态度，驳回申请。
Bowers（1981, BCDC Conn）16 BR 298, 5 CBC2d 1376	法庭认为，未偿付的债务数额是一个重大因素。如果未偿付数额并不占到公司经营规模的主要部分，则不应当支持非自愿救济。
All Media Properties, Inc.（1980, BC SD Tex）5 BR 126, 6 BCD 586, 2 CBC2d 449	法庭指出，新标准不是为了限制非自愿破产，而是为了提供更大的灵活性。法律在认定"整体偿付不能"（generally not paying debts）时，应考虑拖欠的款项及其所占总营业规模的比例。如果该比例不大，则认定非自愿破产是不适当的。"整体偿付不能"不能机械地解释为该公司未能偿付的债务占到51%以上。相反，"整体"（generally）一词是为了给破产法院处理各种不同情况留足余地。如果债务人的债权人较少，则其中大宗债权人的数量，将会少于债务人的债权人较多的情况。〔2〕

---

〔1〕　元照英美法词典线上查询, http://lawyer. get. com. tw/dic/, 最后访问日期：2021 年 3 月 1 日。

〔2〕　原文：The court in Re All Media Properties, Inc.（1980, BC SD Tex）5 BR 126, 6 BCD 586, 2 CBC2d 449, affd without opinion（CA5 Tex）646 F2d 193, in stating that the phrase "generally not paying debts" for purposes of the equity insolvency test of 11 U. S. C. A. § 303（h）（1）includes regularly missing a significant number of payments to creditors, noted that where the debtor has few creditors, the number of creditors which will be significant will be fewer than where the debtor has a large number of creditors. 但此处法院的判断令人费解：（1）"债权人数量越多，则其中大宗债权人数量越多"完全是一个事实判断，不构成规则。（2）更何况，上述事实判断是一句常识性的废话。

判 例	规 则
Betteroads Asphalt, LLC, 594 B. R. 516 (Bankr. D. P. R. 2018)	法院据以决定债务人是否陷入整体支付不能,继而认定非自愿破产申请主体资格的因素包括:(1)未偿付债务占总债务比例;(2)未偿付债务金额;(3)陷于迟延的时间;(4)未付债务的性质及重要性;(5)债务人财务行为的性质(the nature of the debtor's conduct of its financial affairs)。(6)违约的债务数量及金额。尽管认定"整体偿付能力"时,法院无需考虑所有因素,但多数法院高度依赖的因素是未偿付的债权数量、金额所占的比例。此外,法庭还应当考虑到期债务占到总债务的比例。
EM Equipment, LLC, 504 B. R. 8 (Bankr. D. Conn. 2013)	破产法院将考虑以下四个因素作为指导:(1)未偿付债权的数量;(2)未偿付债权的金额;(3)未偿付债务的实质性;(materiality of debtor's non-payment)(4)债务人的整体财务行为。
Century/ML Cable Venture, 294 B. R. 9 (Bankr. S. D. N. Y. 2003)	即使债务人仅就单笔债务未偿付,但只要其足够重大(sufficiently substantial),照样可以满足非自愿破产所需的"整体偿付不能"条件。此外,作为债务人的合资企业对其一名普通合伙人的 2.798 亿美元的债务应当纳入"整体偿付不能"的考虑中,尽管其属于善意争议的主体。
Paper I Partners, L. P., 283 B. R. 661 (Bankr. S. D. N. Y. 2002)	为了确认"整体偿付不能"之状态,法庭将审查已届期且未支付的债务所占公司整体资产的比例,以及上述债务占公司全部债务总额之比例,以参酌决定。
Express Car & Truck Rental, Inc., 440 B. R. 422 (Bankr. E. D. Pa. 2010)	为了确认债务人是否整体偿付不能,破产法院应当考虑拖欠债务的数量、拖欠的金额、拖欠部分的重要性、债务人业务行为的性质(nature and conduct of debtor's business),以及其他许多潜在因素。该问题在事实的密集性与分析性上富有挑战,至少需要一些思考和准备。

续表

判　例	规　则
Jones & McClain, LLP, 271 B. R. 473（Bankr. W. D. Pa. 2001）	构成"整体偿付不能"的合伙存在如下情况：该合伙企业共有约50笔清偿期届满的债务，总额约为93 000.00美元。此外破产法院也未发现合伙人出具可靠承诺，担保全额偿还上述债务。
Quinto & Wilks, P. C., 531 B. R. 594（Bankr. E. D. Va. 2015）	确认涉案债务人是否整体不能清偿，是一个灵活而非硬性的判断。它要求根据涉案债务人的总体财务状况，仔细权衡未偿债务的数量、金额占全部债务的比例。法庭应当考虑：（1）未偿付债权的数量；（2）未偿付债权的金额；（3）未偿付债权的重要性；（4）债务人整体财务行为。
Kennedy, 504 B. R. 815（Bankr. S. D. Miss. 2014）	第一，判断"整体偿付不能"不是一个简单建立在债务人资产与债务基础上的资产负债表"偿付能力"测试。这是一个事实性判断而非法律判断，要求同时考虑未偿付债权的笔数与金额。法律要考虑如下因素:（1）未偿付债务的数量；（2）未偿付债务的金额；（3）未偿付债务的重要性；（4）债务人的整体财务行为。第二，本案中，债务人虽然一直在偿还到期的经常性债务，但没有支付因醉酒驾车肇事死而产生的150万美元判决债务，这一债务占他债务总额的大部分。故进入非自愿破产程序。
Green Hills Development Co., LLC, 445B. R. 647（Bankr. S. D. Miss. 2011）	美国《破产法》非自愿破产一节所规定的"整体偿付不能"，其判断标准并非基于公司资产和负债的比较，而仅仅是在一般意义上简单地探寻：债务人是否将实际偿还其债务。
Acis Capital Management, L. P., 584 B. R. 115（Bankr. N. D. Tex. 2018）	第一，在确认债务人能否整体偿付其债务，继而决定是否按照非自愿破产申请获得救济令时，法庭一般考虑如下四个因素：（1）此类债务的数量；（2）此类债务的金额；（3）未偿付债权的重要性；（4）债务人整体财务行为的性质。没有一个要素比其他要素更有价值，因素的相关性取决于具体案件。第二，法庭认为，"整体偿付不

判　例	规　则
	能"包括对大量债务笔数的经常性违约，以及对与整体经营规模相比大量债务数额的经常性违约。第三，本案中，除了可能有四个相对不重要的债权外，所有债权都过期了，96%超过 90 天，大约 70%超过 120 天，还有一些超过 150 天。
Edwards，501 B. R. 666（Bankr. N. D. Tex. 2013)	破产法院在确定涉案债务人是否整体偿付不能时，必须考虑四个因素：（1）未获给付债权的数量；（2）此类债权的金额；（3）未付款部分的重要性，以及（4）债务人整体财务行为。
In re OGA Charters, LLC, 554 B. R. 415 (Bankr. S. D. Tex. 2016)	在确定涉案债务人是否有资格进入非自愿破产程序时，如下四因素决定其是否整体偿付不能：（1）未偿付债务的数量；（2）未偿付债务的金额；（3）未偿付部分的重要性；（4）债务人的整体财务行为。
Bates，545 B. R. 183（Bankr. W. D. Tex. 2016)	在确认债务人能否整体偿付其债务，继而决定是否按照非自愿破产申请获得救济令时，法庭一般考虑如下四个因素：（1）此类债务的数量；（2）此类债务的金额；（3）未偿付债权的重要性；（4）债务人整体财务行为的性质。没有一个要素比其他要素更有价值，因素的相关性取决于具体案件。
Murrin，477 B. R. 99（D. Minn. 2012)	第一，在决定债务人是否构成整体偿付不能时，作为"总体场景"的一部分，如下因素应被考虑：（1）此类债务的数量；（2）此类债务的金额；（3）未付款债权的重要性；（4）债务人整体财务行为的性质。第二，破产法院在受理申请时，仅仅依据债务人未偿还申请人 55 万美元的事实就发出救济令，显属错误。应当将未偿付债务与应偿付的总债务——包括 170 多万美元的担保债务——相比较后再决定。

判　例	规　则
Mikkelson, 499 B. R. 683 （Bankr. D. N. D. 2013）	在决定涉案债务人是否在债务到期时整体清偿不能时，法院根据债务人的总财务状况，考虑了几个因素：（1）未付债权的数量；（2）未付债权的金额；（3）未付债权的重要性；（4）债务人整体财务行为。
Vortex Fishing Systems, Inc. , 262 F. 3d 985, 38 Bankr. Ct. Dec. （CRR） 96 （9th Cir. 2001）	仅仅是债务人的负债可能超过其资产这一事实，并不必然导致债务人"整体不能偿付"债务，继而以此进行非自愿申请。
St. Marie Development Corp. of Montana, Inc. , 34 B. R. 663 （Bankr. D. Mont. 2005）	作为申请人的债权人仅仅举出债务人存在若干未偿付债务的事实，并不足以证明后者处于"整体偿付不能"。债权人还必须整体说明债务人的财务状况与债务结构。
EB Holdings II, Inc. , 589 B. R. 704 （Bankr. D. Nev. 2017）	在决定涉案债务人是否在债务到期时整体清偿不能时，法院应该考虑各种因素，包括未偿付债权的数量、金额、重要性，以及债务人的整体财务行为。
General Aeronautics Corporation, 594 B. R. 442 （Bankr. D. Utah 2018）	判断"整体偿付不能"不仅要求确定存在若干未付债权的事实，还要求综合考虑债务人的财务状况与债务结构。根据美国《破产法》关于非自愿案件一节之规定，在确定债务人是否整体不能偿付时，应偿付还债务的数额是重要的；如果未偿付的数额与债务人的经营规模相比并不显著，则不进入非自愿救济。
Federal Financial Co. v. Dekaron Corp. , 261 B. R. 61 （S. D. Fla. 2001）	决定债权人是否属于"整体不能偿付"时，法庭需考虑未付债权的数量、债权的数额、未偿付部分的重要性，以及债务人的整体财务行为。

判　例	规　则
Gill Enterprises, Inc. (1981, BC DC NJ) 15 BR 328, 4 CBC2d 1312.	第一，法庭认为，在做判断时，尚未清偿的债权人的数量是一个重要的考虑因素。第二，法庭认为，需要考虑债权人在历史上偿债的及时性、逾期的债务金额、迟延的期间、资产减少的情况、资产负债表所表示的财务赤字的情况。
Arker (1980, BC ED NY) 6 BR 632, 6 BCD 1281, 3 CBC2d 121, CCHBankr L Rptr	法庭指出，第一，破产法院一贯认为，在决定债务人是否构成 USCA§303（h）（1）"整体偿付不能"时，未获偿付的债权人数量是一个重要因素。第二，原则上，如果未获偿付的债权人只有一个，则不能作出认定。除非：（1）债务人只有一个债权人，且后者已经穷尽了其他救济，仅可能依据美国《破产法》此处的规则获得救济；（2）债权人证明债务人存在欺诈（fraud）、欺骗（trick）、施展诡计（artifice）、诈骗（scam）等情形。第三，法院指出，债务人账户上仅剩6499.40美元。§303（h）（1）的立法目的是就债务人的资产在债权人之间作出公平分配。如果没有可供执行的财产，法院批准救济令是没有意义的。
Amanat, 321 B.R. 30 (Bankr. S. D. N. Y. 2005)	破产法院通常审查债务人未偿付的债权数量、金额、债务人未偿付债务的重要性，以及债务人的整体财务状况和业务。假设不获偿付的债务人仅一人，但占到整体债务的重要部分，法庭可以认定该情形构成非自愿破产意义上的"整体偿付不能"。
Colon, 474 B.R. 330 (Bankr. D. P. R. 2012)	美国《破产法》所确立的"整体丧失偿付能力标准"并非资产负债表测试或者衡平偿付能力测试。毋宁说，它是一个综合性测试，需要考虑非自愿破产申请提起之日，债权人数量与债务金额。

续表

判 例	规 则
ELRS Loss Mitigation, LLC, 325 B. R. 604 (Bankr. N. D. Okla. 2005)	考察债务人是否"整体偿付不能"是一种"全部情况测试"。本案中债务人已经向 200 多个债权人支付了超过 80 万美元的债务。未偿付债务主要是向申请非自愿破产的债权人承担，其他未付债务很少。（此时不应认定为"整体偿付不能"）
International Oil Trading Company, LLC, 545 B. R. 336 (Bankr. S. D. Fla. 2016)	法院判断"整体偿付不能"时采用灵活的整体情况测试 (a flexible totality of the circumstances test)。该测试关注未付债务的数量、金额、重要性，以及债务人的总体财务行为。这种灵活测试允许法庭处理有时由非自愿破产申请带来的极端情况。
Blaine Richards & Co. (1982, BC ED NY) 16 BR 362	法院认可如下观点；原则上，仅仅一位债权人不获偿付，并不足以认定债务人整体偿付不能。但存在例外。其一在于，假设该债权舍此无法获得充分救济，则可以例外认定。
R. V. Seating, Inc. (1981, BC SD Fla) 8 BR 663	法院支持如下观点，即假设债权人可以证明（1）债权人反复声索权利而不获偿付，且债权人不能从非破产方式中获得充分救济；（2）债务人存在欺诈、欺骗、施展诡计、诈骗等行为。
7H Land & Cattle Corp. (1980, BC DC Nev) 6 BR 29	法庭指出，债权人如果仅仅对一位债务人偿付不能，则法庭一般不发出救济令。但是，如果该债权人舍此无法获得充分救济，或者债务人存在欺诈、欺骗、诡计、诈骗的情形，则应当例外发出。法院同时指出，申请人仅仅证明透支账户的存在是不够的。其还需证明，该单一债务产生于债务人以非法商业手段拒付存款行为，且其属于欺诈、欺骗、诡计、诈骗。

判　例	规　则
In re Manolo Blahnik USA, Ltd. , 619 B. R. 81, 69 Bankr. Ct. Dec.（CRR）54（Bankr. S. D. N. Y. 2020）	债务人无法对某一个重要的债权人实施偿付，可以构成美国《破产法》上非自愿破产申请意义上的整体偿付不能。
Trans-High Corp.（1980, BC SD NY）3 BR 1, 6 BCD 213, 1 CBC2d 509	法院认为，以常识解释美国《破产法》§303（h）（1），"整体偿付不能"的语境应为正常的经营过程中。因此，申请人有义务证明，债务人日常经营中的实际状况是什么。
Bowers（1981, BC DC Conn）16 BR 298, 5 CBC2d 1376	法院指出，审查债务人通常的支付习惯是适当的，包括逾期债务的类型、数量、金额。在此意义上，"整体偿付不能"含有这样的意义：历史上，债务人经常性地不能偿付多笔债务，或者经常性地不能偿付额度与其经营规模呈相当比例的债务。法院另指出，（1）尽管存在23个债权人，但提出申请的4个债权人拥有的债权占90%以上；（2）针对债务人提出的抗辩，即其所欠债权均为特别债权而非一般债权，法院认为，这一观点没有价值，债务人没有援引任何判例法或者美国《破产法》条文来说明上述区分是有必要的。
Galanis（1982, BC DC Conn）20 BR 590, 6 CBC2d 932	法庭指出，在适用美国《破产法》非自愿破产条款时，需要就债务人的偿债实践作出审查。在本案中，债权人名单上共计23人，债权总额为5 886 485.11美元。法庭认为，这些数额巨大的未偿付债权数额加上债务人的自认，得出必然的结论：债务人构成"整体偿付不能"。
Reed（1981, BC SD W Va）11 BR 755, 4 CBC2d 934	在审查债务人是否构成"整体偿付不能"时，需要把握债务人处理财务事项的整体情况，并具体审查未付债权的数量、金额、重要性。法院指出，如果债务人正在清算公司营业或者个人事务，以清算方式出售资产，偿还无法通过破产程

续表

判　例	规　则
	序消除的债务（non dischargeable debts）或者共同债务人的债务（co-obligor debts），用空头支票进行交易（kiting checks），或者实施其他正常营业期间与诚信经营有别的其他财务行为，则对债务人不予偿付的行为就需要特别的解释。就本案情况，法院认为认定"整体偿付不能"几乎是无疑的：（1）债务人共拖欠 17 个债权人，共计 117 753.04 美元。而其流动资产不足以偿付任何债权人；（2）债务人当前每月仅 400 美元~500 美元收入，完全不匹配债务规模；（3）债务人财务状况缓解的希望仅在于，从其子公司提起的两起诉讼中获得赔偿；（4）截至申请人，债务人向银行申请的 30 万美元授信额度已被拒绝。
Aloia，496　B. R. 366（Bankr. E. D. Pa. 2013）	法庭应当考虑每个月未付债务与已付债务的比例、逾期债务的额度、重要性、债务人财务行为的性质。
VitaminSpice，472 B. R. 282，56 Bankr. Ct. Dec.（CRR）104（Bankr. E. D. Pa. 2012）	法庭会考虑未付债务的数量、金额、重要性、债务人财务行为的性质。本案的关键事实为：申请人未举证说明逾期债务占总债务的比例，以及总的债务结构。驳回申请。
Graber，319　B. R. 381（Bankr. E. D. Pa. 2005）	作"整体偿付不能"的判断时，债务由第三人而非债务人本人支付，是一个考虑因素。
Law Center，261 B. R. 607（Bankr. M. D. Pa. 2001）	申请人必须证明合伙企业整体不能偿付债务。陷入善意争议中的债务不予考虑。
CorrLine Intern.，LLC，516 B. R. 106（Bankr. S. D. Tex. 2014）	本案的关键事实是，作为有限责任公司的债务人在应付账款管理方面存在重大问题，对数个重要供应商持续发生迟延给付。

判　例	规　则
St. Marie Development C-orp. of Montana, Inc., 334 B. R. 663（Bankr. D. Mont. 2005）	法院考虑四个因素：（1）涉及债务的数量；（2）未付债权的金额；（3）未付债权的重要性；（4）债务人财务行为的性质。
Hentges, 351 B. R. 758（Bankr. N. D. Okla. 2006）	作出延期付款的安排，是债务人不能偿付到期债务的证据。
Agrawal, 562 B. R. 510（Bankr. W. D. Okla. 2016）	在作出认定时，法院需要参考如下因素，考虑整体情况：（1）非强制破产是否符合债务人及全体债权人的最佳利益；（2）作为申请人的债权人是否还有其他州法上的救济手段；（3）作为申请人的债权人在获得给付之外，是否还有其他动机；（4）签发救济令是否会对使用债务人服务的企业，或者这些企业的债权人造成损害；（5）作为申请人的债权人是否有挑选法院（forum shopping）的行为；（6）债务人的整体财务行为。
Hudson（1983, BC ED Tenn）28 BR 876	法庭必须考虑债务人没有偿付的数额，占其应偿还债务的比例。本案中，债务人欠申请人 80 000 美元债务，欠银行 20 000 美元，欠每月须支付的 518 美元购车债务，还欠须定期支付的衣服、煤气、电话服务等日常账单。
Chong（1980, BC DC Hawaii）16 BR 1, 6 BCD 8652, CBC2d 1037	法庭批准了一项针对个人的非自愿救济申请。主要事实：（1）债务人没有提交任何证据证明其已经付款。（2）债务人自称"游手好闲"者。目前受雇于人，跑腿打杂，报酬仅够支付食宿。其他经济来源是向亲戚索要获得。
Amanat, 321 B. R. 30（Bankr. S. D. N. Y. 2005）	债务人未偿付的债务占到总债务的 65% 和全部无担保债务的 87%。

续表

判　例	规　则
Einhorn（1983，BC ED NY）29 BR 966	法院认为，由于本案缺乏证据，法院无法确定航空公司债务的支付条件或支付时间，也没有充分的依据认定申请人的债权占总额的绝大部分。
B. D. International Discount Corp.（1983，CA2 NY）701 F2d 1071，10 BCD 406	破产法院发出的救济令是适当的，它基于以下因素：（1）债务人公司已完全停止经营，并已将所有资产存入律师的代管账户；（2）对申请人的逾期债务占债务人资产的很大一部分（约98%）；（3）存在若干"特殊情况"，包括将430万美元从该国转移到拥有债务人公司股票的外国公司，随后向该外国公司提供71万美元贷款等。
North County Chrysler Plymouth, Inc.（1981，BC WD Mo）13 BR 393，7 BCD 1409，4 CBC2d 1533	法庭注意到：（1）本案中有98名债权人，不包括交易商和提出申请的信贷公司的雇员。而且在约6个月的时间里，没有一人得到付款。（2）没有证据表明，与已付债务数量和金额相比，未付债务的数量和金额是微不足道的。
A & J Quality Diamonds, Inc., 377 B. R. 460, 49 Bankr. Ct. Dec.（CRR）4（Bankr. S. D. N. Y. 2007）	尽管债务人承认逾期债务数额为12 300美元，但没有证据表明其他债权的数量和金额，也未表明债务人的总体财务行为。
Win – Sum Sports, Inc.（1981，BC DC Conn）14 BR 389，5 CBC2d 248	法院认为，需要考虑逾期债务的数量、金额，以及债务人通常的付款方式。
Goldsmith（1983，BC ED NY）30 BR 956，8 CBC2d 1054	法院指出，仅一个债权人未得到偿付，且该债权处于善意争议中。没有证据表明债务人存在欺诈。

判　例	规　则
Covey（1981，CA7 Ill）650 F2d 877，7 BCD 1069，4 CBC2d 719	法院认为，审查时不应当排除有争议的未付债务。因为这样一来，无异于允许债务人"升起争议的红旗"来规避强制破产。
Hill v Cargill, Inc.(1981, DC Minn) 8 BR 779，3 CBC2d 920	法庭认为，应当审查未付债务在总债务中的比例。人们通常认为，债务人不能利用支付小额流动债务，例如租金、杂货、水电等消费债务，来挫败大债权人的强制破产申请。
Atlantic Portfolio Analytics & Management, Inc., 380 B. R. 266（Bankr. M. D. Fla. 2007）	准予救济，是因为债务人存在一种特殊情况：曾试图通过欺诈、欺骗、诡计、虚假手段，故意隐瞒信息，通过财务手段阻挠判定债务的追偿。

二、判例小结

法院通常认为，确认涉案债务人是否整体不能清偿，是综合性的判断，而非仅仅比较资产与债务的关系；是灵活性的判断，而没有简单、僵固的公式可套；是事实性、商业性的判断，而非法律判断；是在事实的密集性、分析性上颇具挑战的判断，而不是简单的判断。

判断依据有两类。一类是抽象性指标。此类指标的抽象程度虽然不比"丧失偿付能力"，但依然包含自由裁量空间，需要整体把握。另一类是可以量化的确定性指标。

第一类依据如下：（1）债务人整体的财务行为表现。（2）债务人的财务状况，尤其是债务结构。（3）整体的利益权衡。包括非强制破产是否符合债务人及全体债权人的最佳利益、作为申请人的债权人是否还有其他州法上的救济手段、签发救济令是否会对使用债务人服务的企业，或者这些企业的债权人造成损害等。（4）作为申请人的债权人的过错。例如债权人在获得给付之外是否还有其他动机、是否有挑选法院的行为。（5）未付债权的重要性。个案中，衡量这一重要性的指标各有不同，包括：未付债权占到全部债权的比例、未付债权占到全部应付债权的比例、未付债权占到公司整体资产的比例、未付债权与公司整体经营规模的相称性。

第二类依据如下：（1）公司未能如期偿付的债权的笔数。（2）未能如期偿付的债权的总额。（3）债务人当前的收入或者现金流状况。（4）违约或者迟延给付的持续时间。（5）债务人近期历史上的违约状况。例如，债务人是否对大笔债务存在经常性违约、偿债的及时性、是否经常性地不能偿付额度与其经营规模呈相当比例的债务。（6）债务人资产负债表上资产与债务的情况。如资产负债比、赤字等。（7）以下法律事实：债权人反复声索权利而不获偿付；债权人不能从非破产方式中获得充分救济；且债务人存在欺诈、欺骗、施展诡计、诈骗等行为。

本书特别感兴趣的是因素的权重。一些判例直接点出了因素的权重。例如，Betteroads Asphalt（2018）一案指出，多数法院高度依赖的因素是未偿付的债权数量，及其金额所占的比例。Arker（1980）一案指出，破产法院一贯认为，未获偿付的债权人数量是一个重要因素。Acis Capital Management（2018）一案指出，在未偿付债权的数量、金额、重要性，以及债务人的整体财务行为中，没有一个因素比其他因素更重要。

值得注意的是，判例反复援引以下四点：（1）涉及债务的数量；（2）未付债权的金额；（3）未付债权的重要性；（4）债务人财务行为的性质。严格来说，以上四点之组合，在逻辑性、周延性、配合性上，未必是最优解。例如，第（1）点可能无意义。一笔大额债权重于数笔小额债权。又如，第（3）（4）两点，表述失于抽象。但无论如何，以上四点是定式。

3.2.2.2 反欺诈转移法语境

偿付能力测试是一种中性的技术工具，不仅运用于公司，也运用于破产法。反欺诈转移法大体也属破产法范畴，核心规则是破产债权人的撤销权。公司法中，偿付能力测试用于限制股息分配；反欺诈转移法中，该测试用于帮助债权人证明公司行为的"推定欺诈"性质。推定欺诈是大多数此类案件的核心。推定欺诈含三项构成要件。其一，公司向第三方转移资产或者承担义务。其二，第三方没有支付合理的对价。其三，公司丧失偿付能力或者仅有少到不合理程度的资本。[1]因此，公司丧失偿付能力，同样是反欺诈转移法上的判断。

偿付能力测试在公司法与破产法上，含义、标准是否相同，是一个辩证的问题。一方面，该测试内嵌于不同的法律，必然有不同的使命。法律概念不是自然界客观形成而是人为设计的。归根结底，概念的含义是由其使命，或者说立法者的主观目的所决定的。但另一方面，该测试作为技术工具，必然具有内在的、固有的标准。下文对反欺诈转移法上的偿付能力测试稍作讨论，俾便比较分析。

一、Kenneth C. Kettering 的讨论

依据宾州反欺诈转移法的规定，如果债务人对财产的转移没有合理等值的对价，且满足下列任一条件，推定为具有欺诈性：（1）债务人在转让时或者转让后丧失偿付能力（insolvency）；此处的丧失偿付能力（insolveney）指合理估值下债务超过资产（也就是通常所称的"资产负债表"破产测试）。（2）债务人的剩余资产相对于其所从事的行业或交易而言，缩减至不合理的程度（通常称"资本少至不合理程度"测试）。（3）债务人有意致使、相信或者应当相信转移财产将会导致公司不能偿还到期债务（通常称"衡平偿付能力"测试）。美国反欺诈转移法包含了与破产法实质相同的财务状况测试。宾州反欺诈转移法在若干细节上，改进了这些测试。

宾州反欺诈转移法建立了一个可推翻的假定：如果公司通常不能偿还届期债务，则其在资产负债表意义上是破产的。美国《统一反欺诈转移法》或者《破产法》第548条并无类似规定。宾州的法律推定，相当于把"没有破产"的举证责任转移到被推定人处。这一推定最早出现在美国《统一反欺诈转移法》的官方评论，但宾州

---

[1] See Engert Andreas, "Life Without Legal Capital: Lessons from American Law", https://ssrn.com/abstract=882842, 最后访问日期：2021年1月17日。

反欺诈转移法把它写入了正式条文。

评析： 宾州反欺诈转移法将（1）资产负债表测试；（2）衡平偿付能力测试；（3）资本不合理缩减测试，相并列。其中有趣的点是：

第一，资本不合理缩减测试，其实更像是"公司法人格否认"的具体缘由。破产、反欺诈转移、公司分配、公司法人格否认诸项制度内在的联系隐现。实际上，上述制度具有保护公司债权人之共性。其内在共同性似乎在于：一旦公司不合理地缩减财产，在形式层面意味着公司有丧失独立人格、沦为客体的风险；在实质上有损害公司债权人责任财产库的风险。

此外，"资本不合理缩减"测试的标准，（1）此处的资本应当指资产。（2）其标准应当严于资产负债表测试。即公司的净资产大于零，但与行业、日常经营所需的财产相比已经不相称。

第二，债务人有意致使、相信或者应当相信转移财产将会导致公司不能偿付到期债务。"有意致使"似乎指直接故意；"相信"指具有预见性，似乎指间接故意。此外，有意致使、相信，都属于主体的思想事实，难以证明。原告证明的可行切入点几乎只能是"应当相信"，即存在显著的外在证据、财务报告、常识等指向公司将会丧失偿付能力，而债务人依然为之。在结构上，其与"知道或者应当知道"的善意/恶意判断近似。两者的共性在于，都是着眼于行为人某种主观想法的判断，且都包含事实判断（知道、相信或者故意致使）与价值判断（应当知道、应当相信）两种因素。两者的区别在于，前者是对未来某个事实的主观善恶，后者指对已经发生的某个民事瑕疵事实的主观善恶。

二、James E. Tucker 的讨论[1]

一般来说，欺诈性转让法意在保护债权人的利益。该法约束公司的两种行为：（1）公司分配时，意图阻碍、拖延、欺诈公司债权

[1] See James E. Tucker, "Director and Shareholder Liability for Massachusetts Corporations' Distributions to Shareholders: a Suggestion for Change in Standards of Director Liability", *New England Law Review*, Vol. 28, 1993-1994, pp. 1038-1047.

人——不论公司的偿付能力如何；（2）法律认为公司行为属于欺诈性分配——而不论公司的实际意图如何。正如普通法那样，当公司无法通过两种测试之一时，债权人有权依据反欺诈转移法获得救济。这两种测试是资产负债表测试与衡平偿付能力测试。资产负债表测试比较公司的资产与负债，衡平偿付能力测试衡量公司偿还到期债务的能力。反欺诈转移法通常会规定上述两种测试。

不过，大多数法院认为他们大同小异。所有的测试结果，均取决于时机的选择和估值。从财务角度看，"权益"（equity）正是资产与负债的差额。资产超过负债，权益为正；资产低于负债，权益为负。"权益测试"其实属于"标题党"——它真正考察的是公司的营运资本或者现金流，而不是权益。只不过按照惯例，人们还是称其"权益/衡平偿付能力测试"。[1]

如果公司（1）意图欺诈债权人；（2）已经资不抵债；（3）分配后将资不抵债，则麻省反欺诈转移法、破产法将保护债权人。当公司分配资产导致剩余资产不足，或者将导致不能偿还到期债务时，上述两法同样将介入保护债权人。第二种情况基于衡平偿付能力测试。资产负债表测试和衡平偿付能力测试在检验债权人利益是否受损失时，是互为替代的关系。因此，尽管反欺诈转移法是在资产负债表基础上界定"丧失偿付能力"的，但它同样有助于界定衡平偿付能力测试。

依据麻省《反欺诈转移法》的§477与§548，其对欺诈性转移的定义是推定式的。即公司以非公允或者不合理的对价转让财产的，公司已经或者在转移财产后将要丧失偿付能力（insolvent），则推定构成欺诈性转移。至于两条分别使用"公平对价"（fair）和"合理对价"（reasonable），以及"转让"（conveyance）与"转移"（transfer），其差异可以忽略不计。

根据麻省《反欺诈转移法》§5103和《破产法》§548的规

---

[1]　针对"equity insolvency test"，有翻译为"权益偿付不能"者，亦有翻译为"衡平偿付不能"者。两种译法都说得通。本书认为后者在文义上更通顺。

定，如果公司在从事或即将从事令资本减少至不合理程度的业务时进行分配，则该分配属于欺诈性的转让。根据麻省《反欺诈转移法》§6105 和《破产法》§548 的规定，如果公司故意致使或相信分配将导致公司丧失偿付到期债务的能力，则该分配属于欺诈性的转移。

GAAP 将资本定义为资产与负债的差额。尽管依据 GAAP 和法定的资产负债表测试，公司的资产与负债的估值不同，但只要公司资产超过负债，公司在上述两种标准下都具有偿付能力。GAAP 和法定资产负债表测试都能衡量公司的资本额。但前者测试的是公司资本的充足性，后者测试的是公司营运资本和现金流的充足性。尽管如此，法院通常认为两者大同小异。为了确定分配公司是否丧失偿付能力，法院将会确定一段分配日期前后的合理期限，审查公司的资本和现金流情况。法院根据公司性质以及公司在相关期间的资本和现金流需求，权衡原始财务数据。衡平偿付能力测试归根结底是一种合理性测试，需要对推测的合理性以及推测的基础进行严格审查。最终，法庭依据公司状况与分配前后的情况，做出个案的具体判断。

法院在应用衡平偿付能力测试时，没有一定之规。因此，分配前，公司必须客观评估其资本与现金流需求，合理预估其未来前景。历史与预期现金流、销售额、利润率、收益、市场对公司产品或服务的需求、公司预算、市场趋势、融资或再融资能力等，都是参考因素。公司还必须预测到可能出现的困难，包括市场衰退，并纳入误差幅度中。预测的时间段也必须合理。

总之，无论是依据资产负债表还是衡平测试，公司债权人都可以依据反欺诈转移法，防止股东从丧失偿付能力的公司中获得分配。无论是在分配前还是分配后，公司债务超过其资产的公允价值，则公司在资产负债表意义上丧失偿付能力。如果公司在分配时，明知其将无法偿还到期债务，则公司在衡平测试意义上丧失偿付能力。

评析：James E. Tucker 的介绍水准一般，不够清晰，舍本逐末。

第一，在其看来，资产负债表测试与衡平偿付能力测试具有内在的关联性。其论据是，一方面，"衡平偿付能力测试"的关键词是股东权益"equity"，而股东权益正是公司总权益（资产）减去债权人权益（负债）的所得。这就和资产负债表测试打通了联系。另一方面，大多数法院也认为两种测试大同小异。但是必须注意，衡平偿付能力测试名实不符。其表面上关注的是"权益"，实质上关注的却是营运资本和现金流。因此，对两种测试的关联性评价不宜过高。

第二，其把衡平偿付能力测试分为 GAAP 模式和法定资产负债表模式，其分类来源和分类依据模糊不清。在本书看来，偿付能力测试问题是一个典型的被搅浑的问题。其基础模型、思维框架本来清晰、简单，但被大量随意发挥的概念不必要地搅浑。

第三，在作者看来，衡平偿付能力测试是一种法官主动进行严格审查的过程。这一说法与 MBCA 官方评论有差别。关键不在于如何审查，而在于谁来负举证责任。如果是债权人负举证责任，就应当推定公司的分配是符合偿付能力测试的，应由原告债权人方举证否定。否则才由公司主动证明。

三、Jeffrey L. LaBine 的讨论

各国早已承认，普遍停止支付债务往往是证明"破产"（insolvency）最有力的证据。美国《统一反欺诈转移法》把它定位为一种可反驳的推定，这就使债权人在诉讼实践中质疑某项交易，变得容易一些。实践中，不合作债权人（noncooperative creditor）往往不掌握公司信息，就算掌握也往往欠准确、欠完整。这种法律推定，的确是一种折中的办法。

评析：此段论述表明，偿付能力测试已经成为最重要的单项测试。

四、Andreas Engert 的讨论

柏林自由大学教授 Andreas Engert 介绍了美国反欺诈转移法上"推定欺诈"的丧失偿付能力要件。他说，"无力偿债"已经成为重要的标准。欧洲学者对此非常感兴趣，以便将其与法定资本制相比

较。但是，欧洲人注定会失望。因为美国并没有达成统一明确的标准，而是逐案衡量。可以说，这方面的规则确定性较低。法律中出现了两种不同的"偿付能力"概念。第一种指债务总额超过资产之公允价值的情况。美国《破产法》、较新的《统一反欺诈转移法》采用该标准。第二种指资产的当前公允可售价值，低于现有债务在成为"绝对、到期债务"时，所需支付的金额。较早的美国《统一反欺诈转让法》纽约州等州依然采用。事实上，大多数法院倾向于以非常相似的方式解释这两种标准。[1]

评析：Andreas Engert 说明了偿付能力测试在反欺诈转移法中所处的位置。

五、小结

在反欺诈转移法中，偿付能力测试是证明"推定欺诈"的关键步骤。很遗憾，本书搜集的素材有限，无法反映反欺诈转移法对"丧失偿付能力"的判断标准。在 Jeffrey L. LaBine 等人的评析中，可以一窥原因：该法似乎大大降低了债权人的举证责任。作为原告的债权人仅需证明：债务人已经普遍、实际不能支付债务，即基本完成欺诈之推定。举证责任的安排，意外削弱了偿付能力测试的意义。

3.2.2.3 公司法语境

一、Anil 与 Timothy 的讨论[2]

Anil Hargovan 与 Timothy M. Toddal（2016）指出，虽然从抽象会计意义上界定"丧失偿付能力"很容易——即债务超过资产，但该定义与为了其他目的而需要的定义，存在紧张关系。公司法与破产法承认的经典"丧失偿付能力"定义有两个：其一，资产负债表

---

〔1〕 See Engert, Andreas, "Life Without Legal Capital: Lessons from American Law", https://ssrn. com/abstract=882842, 最后访问日期：2021 年 1 月 17 日。

〔2〕 See Hargovan, Anil, Timothy M. Todd, "Financial Twilight Re‐Appraisal: Ending the Judicially Created Quagmire of Fiduciary Duties to Creditors", *University of Pittsburgh Law Review*, Vol. 78, No. 2, 2016, pp. 135–180.

测试，即"在公平估值基础上，某个实体的债务超过了其总资产"。其二，现金流测试，即"在正常经营的前提下，公司不能偿付其到期债务"。但是，决定采用哪种测试并不简单。例如，特拉华州法院就择一使用，或者并用。

即使就定义达成一致，判断"丧失偿付能力"也颇为棘手。对资产负债表测试而言，方法和时机是两大挑战。方法上，一些负债，尤其是或有负债很难估值。时机上，在市场动荡和不确定的时期，例如2008年的"大衰退"和随后的全球金融危机时期，年度或者季度测试偿付能力便可能过于严格或过时。对现金流测试而言，一个暂时的、偶然的，而且即将解决的信贷问题，完全有可能导致"偿付不能"的测试结果。

鉴于资产负债表测试与现金流测试的缺陷，有人提出"不可逆的偿付能力丧失"测试。其内容是"资产低于负债，且排除了企业能够继续成功经营的合理预期"。Anil与Timothy评价说，由于不可逆测试要求公司的"悲惨命运"成为既成事实，因此对董事相对有利，对债权人相对不利。"不可逆的偿付能力丧失"测试业已应用于破产财产托管人的指定程序中。不过，其向其他领域的扩张并不顺利。特拉华州衡平法院拒绝将其适用于债权人派生诉讼（creditor-derivative claims）。

依据澳大利亚法律，债务超过资产，或者缺乏流动性，均可以构成丧失偿付能力。澳大利亚2001年《公司法》§95A规定，当且仅当民事主体有能力支付全部到期债务时，该民事主体才具备偿付能力。立法者试图减少公司偿付能力测试的争议，而司法者则认为此种努力过于矫揉造作。欧文法官在贝尔集团诉西太平洋银行一案中指出，丧失偿付能力概念的核心特征是明确的：假如民事主体不能偿还到期应付的债务，就丧失了偿付能力。但是，概念在核心特征以外，就变得不甚清晰了（But thereafter, the fog descends）。

尽管存在浩繁的判例和司法指南，判定公司是否丧失偿付能力仍有其内在的复杂性与困难。"大都会消防集团诉米勒"一案的法官指出，"我毫不怀疑，假如资产负债表在经营困难时期制作，许多公司将被认定为偿付不能。自事后视角，在高度竞争乃至杂乱无章的商业领域，企业的日常经营也很容易人为造假。"

类似地，帕尔默法官在"南十字内饰公司诉税务局副局长"案中提及，有些情况实难判断公司的偿付能力。公司偿付不能的对象是"到期应付债务"。然而，争议在于，到期应付债务是包括全部履行期限届至的债务，还是可以排除那些履行期限虽已届至，但债权人可能会给予一定宽限期的债务。前一种观点可能僵硬而不切实际，后一种观点则不够精确，不能提供统一的适用标准。许多判决努力在两种观点中找平衡。因此，此处的规则很不幸处于一种不确定状态。

上述讨论表明，丧失偿付能力的定义虽然简单，但在复杂场景下却难以执行。

评析： Anil 与 Timothy 对破产/丧失偿付能力的讨论仅仅是附带的。其论文的主题是董事在公司破产或者接近破产时期，应对公司债权人承担何种信义义务。不过，在附带性的讨论中，"丧失偿付能力"的定义的复杂性已经展现。

第一，在纯粹定义层面，何谓丧失偿付能力，并无统一说法。传统方法侧重资产负债比以及流动性；新近则有"不可逆的丧失"说，指（1）资产低于负债，且（2）丧失了对企业继续成功经营的合理预期。首先，三种相关但不同的标准，其各自的应用领域是什么，测试时是并存还是择一的关系，个中复杂性不言而喻。其次，所谓不可逆说，无非是资产负债表测试之外，附加了某种高度抽象的表述。"已排除对企业继续成功经营的合理预期"，貌似严密，实则比其解释的对象"丧失偿付能力"更令人无从把握。逻辑上，这属于循环论证，甚至"论证蜕化"——论据比论点更需要获得解释。最后，欧文法官也说，"丧失偿付能力测试"在概念的核心部位是明确的，但在概念的边缘区则趋于模糊。

第二，在定义的应用层面，Anil 与 Timothy 也列举了若干有争议的情形。首先，一个公司可能仅仅因为偶然的、周期性的经营困难，就会在资产负债表上满足丧失偿付能力的要求。其次，在竞争激烈、杂乱无章的商业领域，偿付能力测试往往测不准。最后，就连偿付能力测试所依赖的概念基础——到期应付债务的范围，竟然也有争议。

无疑，对于有雄心探索"丧失偿付能力"精确定义与测试方法的人而言，Anil 与 Timothy 的论述是一盆冷水。

二、Barbara Black 的讨论

Barbara Black 指出，股息分配的合法性可以从三个方面评价：公司的现金流、收益与净资产。不同的司法管辖区会结合使用三种因素，规制分配。[1]

衡平偿付能力测试关注的是现金流。其他测试关注分配来源的最大数额。而公平破产测试指，如果公司在正常经营中或者分配后无法偿还到期债务，则不得分配。几乎所有的公司法均禁止公司在丧失偿付能力时，支付股息。通过关注现金流，衡平偿付能力测试为短期交易的债权人提供了保护。

利润测试则考察近期利润或者累计盈余，确定公司可供分配的最大值。习惯上，1980 年之前的 MBCA 被划分为盈余或者留存收益测试法。尽管它例外地允许分配部分非盈余。1977 年的 CGCC 放弃了"盈余"的概念，直接采用留存收益测试。一些州采用"灵活股息测试"，允许分配公司近期的收益。

专注于净资产的测试把资产高于负债的部分称为"缓冲"。此类测试又被称作资产负债表测试，尽管资产、负债数额不一定取自资产负债表。在传统的盈余测试中，这一缓冲指设定资本，即股票面值总额。只要净资产高于设定资本，就可以分配。换言之，只要有"盈余"，就可以分配。修订后的 MBCA 取消了设定资本与盈余概念。在采用 MBCA 模式的州中，优先股的清算优先权也成为"缓冲"。

---

〔1〕 See Barbara Black, *Corporate Dividends and Stock Repurchases*, Clark Boardman Callaghan, 1990, https://1-next-westlaw-com. b12135. top/Docu ment/I3f9f6854629d11 daad31d984158e6572/View/FullText. html, 最后访问日期：2021 年 2 月 23 日。

　　大多数州采用两项或者三项测试，呈现并存或择一的结构。所有州都放弃了 1980 年之前 MBCA 的模式，即同时满足偿付能力与盈余测试。特拉华州和纽约州允许从任何盈余中分配。特拉华州还允许灵活股息分配。纽约州则要求满足（1）偿付能力测试；（2）盈余或者灵活股息测试。39 个州采用了新 MBCA 模式，即分红必须满足（1）偿付能力测试；（2）净资产高于优先股在清算中的优先索取权。加州取消了法定资本的概念，采用留存收益和资产负债表两个择一的测试。

　　尽管 Barbara Black 明确指出衡平测试关注的核心是现金流，但就其具体方法的提炼，Barbara Black 认为，法无定法。氏谓：衡平偿付能力测试的性质是独特的，因此难以给董事会具体指导。董事会必须就股息支付对公司业务运营的影响进行商业判断。该判断的核心是预测公司未来能否支付预期合理债务。仅仅比较流动资产和流动负债是不够的，仅仅测算公司资产的清算价值能否覆盖其债务也是不够的。法律实际上允许采用任何合理的方法。而且，对于小型的封闭公司来说，甚至不一定需要进行详细、正式的分析。总之，衡平测试要求董事会评估公司前景，这在某种程度上是一个主观判断的问题。

　　评析：该论述清晰地提炼出三种测试，及其关注的财务指标：（1）衡平偿付能力测试——现金流（现金流量表）；（2）盈余测试——利润（损益表/资产负债表）；（3）净资产测试——资产与负债（资产负债表）。这再次说明，至少在公司法语境下，"偿付能力测试"与盈余测试、净资产测试是并列关系。这不同于破产法。在后者，"缺乏偿付能力/破产"是上位概念，下位概念则是资产少于负债（净资产测试）、丧失偿付能力。

　　不过，Barbara 的观点似乎略有微瑕。第一，Barbara 认为，衡平偿付能力测试与其他关注分配最大值的测试不同。这值得商榷。任何测试都是为了确认分配的上限。只不过偿付能力测试确认的是模糊的、默认的上限而已。第二，Barbara 认为 CGCC 废除盈余概念，改采留存收益测试。这值得商榷。本质上，营业盈余就是留存收益，两者可以替代。因此，加州还是采用盈余测试，是一回事。

三、James J. Hanks Jr. 的讨论[1]

James J. Hanks Jr. 指出，MBCA §6.40（c）（1）的衡平偿付能力测试，本质上是对公司流动性的测试。确认一家公司——哪怕其陷入财务困难——能否在正常营业中偿还到期债务，通常很容易。因为一般来说，公司要么按时还债，要么不按时还债。真正的困难在于，确定公司在未来不确定的一段时间内，能否偿债。此段时间越长，董事会决策时的难度就越大。

MBCA §6.40 官方评论指出：在确定公司是否满足衡平偿付能力测试时，董事关于公司未来营业状况的假定被推定是合理的，除非存在相反证据。这些假定包括：（a）基于市场对公司产品、服务现有的或者预期的需求，公司未来将获得足够的现金流，以偿付到期债务。（b）基于公司的财务状况与未来前景，以及类似情况下企业可以获得的信贷，公司将有能力获得新的融资，偿付近期届期的债务。除了未来销售和可能的债务再融资外，董事会在确定衡平偿付能力时，还可以考虑可能的资产销售（包括应收账款保理和售后回租）、定价趋势、股权融资、现有负债的贴现预付款以及或有负债的和解。类似地，董事还可以考虑公司的经营战略与计划、当前和预计财务报表（包括现金流量表）、预算和重大风险因素。

重要的是，§6.40（d）允许董事会基于"在当时情况下合理的会计惯例和原则编制的财务报表，或基于在当时情况下合理的公允价值或其他方法编制的财务报表"，确定公司偿付能力的偿付能力。其造成的影响是，一方面，如果有理由相信某些负债的额度可能低于根据 GAAP 编制的公司资产负债表上显示的金额，则在判断衡平偿付能力时，可以考虑这一事实。另一方面，如果基于新近公认会计原则编制的资产负债表显示，应收账款的全部金额不太可能

---

[1] See James J. Hanks Jr., "Legal Capital and the Model Business Corporation Act: An Essay for Bayless Manning", *Law and Contemporary Problems*, Vol. 74, No. 1, 2011, pp. 211-230.

收回，则在判断衡平偿付能力时也要有所反映。

在 Vista Eyecare 案中，破产法院指出，运用衡平偿付能力测试要求董事评估公司的未来前景。这本质上是一个判断而非计算题，必然带有一定程度的主观性。公司法中的"将不能偿付"字样，要求董事会评估未来现金流支付到期债务的可能性。相关的考虑因素包括企业能否持续经营，以及能否获得再融资以偿还债务。其中，企业需要考虑的未来时间范围虽因个案而不同，但该时间段至少应延至现有大额债务清偿期届至的期日，特别是该期日在拟议分配日一年以内的话。法庭进一步强调，公司的流动资产低于其流动负债的事实——这正是衡平偿付能力的一般标准——不是认定丧失偿付能力的合理标尺。相反，关键问题在于，当债务到期时，公司能否获得再融资。

在俄勒冈州的米克斯诉 PRN 公司案中，美国第九巡回上诉法院也持有类似见解。其指出，根据俄勒冈州私人公司法规定的分配规则，关于公司有足够的偿付能力的判断可以基于任何当时情境下合理的方法。本案的要点在于：第一，公司规模较小、较为封闭，因此董事负有的对现金流进行详细、正式分析的义务，相应较低。第二，董事会有权考虑公司的未来前景，例如其再融资偿债的能力。法庭针对此案补充道，FSI 承诺的 30 万美元信贷额度将能覆盖公司的所有债务。仅此一事实就足以支持一个合理的结论：公司将能够偿还到期债务。

事实上，几乎所有董事会的决定——聘请新的 CEO、开设新的产品线、关闭工厂、借钱——在很大程度上都是基于对未来的预测。因此，判断分配对公司在其未来正常经营中偿还债务的能力的影响，完全在董事商业判断的范围内。MBCA §6.40 给董事们留下了足够的余地，让他们可以根据经验和对公司及其环境的理解，以符合公司最大利益为原则，作出审慎的商业判断。一般来说，需要确定偿付能力的未来期限越长，董事在判断时应当享有的自由度就越大。未来偿付能力的确定，只是董事会为公司融资的总体义务的一部分，后者又是董事会监督公司业务和事务管理的一般义务的一部分。因此，董事会对偿付能力的判断，应当与其对任何其他商业判断的权利一样受到尊重。该判断仅须有合理依据即可，即便该依据事后被证明是错误的。

评析：Hanks 教授的讨论清晰、深刻、切中要害。其论述提供了三点普通论者看不到的角度。

第一，一般人忘了，偿付能力测试的本质是对一个未来事实的预测——这是公司法上的"偿付能力测试"与破产法上"整体偿付不能"的最大区别。破产法要求判断者对公司现状作出结论，公司法要求判断者对公司来作出预测。因此，同为"（in）solvency test"，破产法的判断属于技术问题，提炼参考因素，并进行权重配比；公司法的判断则是艺术。既然公司法偿付能力测试是一种针对未来的判断，那么多久的未来就是关键因素。未来越久，艺术性越强。Vista Eyecare 中法院的观点颇有启发性。不妨尝试据此构建规则：未来债务的发生期限应取如下距离决策时点较长者：（1）1年；（2）依据合同，公司现有的主要债务履行期限届至的期日。

第二，Hanks 教授提醒，偿付能力测试既然是对未来事实的艺术性的预测，它就绝不可能存在公式，更不可能是"流动资产高于流动负债"这样的简单化公式。它的本质是董事的商业判断，只要有合理依据即可作出。董事受到"推定合理"之法律拟制原则的保护。Hanks 教授的这一观点和 Manning 教授一脉相承。后者认为，为了构建资本制度而要求司法理论大规模地发展其会计方面的内容，这被公认为不可行，且将会是个灾难。[1]

遗憾的是，Manning 教授并未解释为什么会是灾难。本书认为，Manning 的警告是，法律当然不可避免地要接触、吸收其他世俗领域的规则、假定、技术、惯例等，但必须保持独立性，不能走得太远。其一，可能会令法学的知识目的不必要地膨胀，法律人不堪其累。例如，把逻辑走到极端，环境法立法、司法、执法者必须通晓环境化学、核聚变技术；军事法则需要通晓兵法；婚姻法需要通晓

---

[1] 参见［美］贝利斯·曼宁、詹姆斯·汉克斯：《法律资本制度》，后向东译，载《商事法论集》2007年第1期，143页。

精神分析学和行为经济学；网络法需要懂得编程和算法。其二，可能会影响法律独立的、内在的价值判断。其他领域的规则、技术都有内在的价值判断，过分依赖相关知识，会大大增加法律精神被诱偏或者淡化的风险。例如，商业有其独立的价值伦理。而且其在人性的加持下，比法律伦理强大得多。如果民商事立法对商业伦理、惯例过分倚重和吸收，则法律会丧失独立性。其他领域也是同理。总之，所谓灾难是说，法律必须明确自己的边界，以免在无限膨胀中自我毁灭；法律也必须保持自己价值的独立性，在尊重其他价值和保持自我价值上，找到平衡点。

实际上，会计学给评价公司的偿债能力提供了极为丰富的工具。比如：（1）流动比率。公式为流动资产/流动负债。反映对流动负债的保障程度。（2）速动比率。公式为速动资产/流动负债。更为慎重、保守地反映流动负债的保障程度。（3）现金比率。与流动比率、速动比率类似，且要求最为严格，只有变现成本为0的现金资产，才有资格参与对公司债务偿付能力的评估。（4）资本周转率，公式为流动资产/长期负债，反映公司清偿长期债务的能力。（5）清算价值比率，公式为有形资产/负债，反映公司清偿全部债务的能力。（6）利息支付倍数，公式为息税前收益/利息费用，反映公司负债经营的财务风险程度。

但是，Hanks 教授提醒，要把偿付能力测试的"术"和"道"分开。测试的手段是丰富的，这是术；但是，测试的道才是根本的，就是偿付能力测试注定是一种艺术。至少，艺术性会压过科学性。本质是艺术，就用艺术的方法处理。大不了一事一理。明明是艺术，却非要打扮成科学，会发生牴災。

第三，Hanks 教授援引 MBCA 官方评论，提醒：假如公司当前处于资不抵债状态，且流动资产少于流动负债，且盈余或者累计净利润为负，则是否构成"丧失偿付能力"？答案为否。因为公司未来仍有可能凭借持续经营能力、核心业务的增长、估值前景的看好等，顺利获得融资而偿付债务。这方面典型的例子当为纳斯达克上市公司京东集团。其 2019 年年度报告显示，京东集团直到 2017 年度、

2018 年度，累计赤字（accumulated deficit）分别为 22 234 609 000
元人民币、24 038 081 000 元人民币。其所有者权益部分，或者说资
产高于债务的部分，完全是靠巨额的资本公积支撑的，分别为 76
254 607 000 元人民币、82 832 895 000 元人民币，分别占总资产的
41.43%、39.60%——这说明京东具有出色的权益性融资吸引
力。[1]

四、Kox 与 Hazen 的讨论

"丧失偿付能力"实际存在两种竞争性解释：（1）商业或者衡
平测试，即不能清偿到期债务。（2）破产或者资产负债表测试，即
负债超过资产。分红规则到底采取哪一种含义，有时并不清楚。防
止股本受到损害的规则，当然需要考虑资产与负债的关系。不过，
假如分配规则要达到额外的目标，也不得不考虑债务到期时能否清
偿的问题。只要上述一项测试满足，原告就可以提起诉讼。或许，
在分配规则中更普遍的解释还是衡平测试。

在传统的会计规则下，公司的净资产可能为正，但与此同时却
不能，或者在分配后不能正常地清偿到期债务。

衡平偿付能力测试需要考虑的，通常包括要素、假定和期限。
例如，1980 年 MBCA 官方评论意见已经纳入现行 MBCA，其指出：
在判断偿付能力时，董事有权考虑对债务进行再融资[2]的可能性。
问题是，这是否同样允许董事考虑在应付票据到期时以借款支付？
类似问题需要在更广泛的公司法视野下解释。因此，不应机械运用
那些被认为与公司未来偿付能力相关的僵硬标准，而应当考察董事
在做出上述决策时的善意。就此，偿付能力测试本质上是传统商事
判断规则的一个具体情境。此时，应当综合考虑各种因素。MBCA
官方评论认为，如果没有明确相反证据，则对公司未来业务的假定

---

[1] 数据参见京东集团官网，https://ir.jd.com/static-files/fc93d5dd-9437-4141
-9191-f960ba46874b，最后访问日期：2021 年 3 月 23 日。
[2] 原文为 refinance。据元照英美法词典解释，refinance 具体指：（1）以举借新
债偿还旧债；（2）延长债务期限或增加债务的额度；（3）安排一个新的偿债计划。

和判断应被视为合理。这包括对公司未来产品及服务产生偿债现金流的预估、对公司未来以偿债为目的之再融资能力的预估等。

有人指出，分配限制规则与反欺诈转移规则具有类似功能。那为何还需要前者？第一项区别是，分配限制仅仅救济债权人；而反欺诈转移规则还救济了受损害的股东。第二项区别是，反欺诈转移规则防止来自受让人的侵害；分配限制规则防止来自非法分配的董事的侵害。第三项区别是，公司禁止非法分配的范围比反欺诈转移更广，因为即使分配不会导致公司丧失偿付能力，或者对公司造成切实损害，也可能构成非法分配。

评析： Cox 与 Hazen 强调的多是常识。其一，指出 equity insolvency test 与 balance sheet test 具有竞争性，以及两者规范域交集关系（实际上仅仅指出，满足后者未必满足前者。其实，满足前者也未必满足后者。见下图）。其二，指出偿付能力测试难以构建固定的实体标准，实质上只是商业判断规则的一种具体场景。

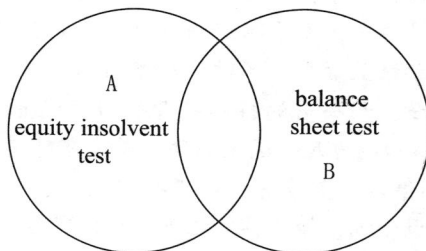

图 5　偿付能力测试与资产负债测试的应然关系

五、Fletcher cyclopedia of the law 的讨论[1]

据该书 § 5329. 10. "法定限制—衡平偿付能力测试"介绍，大多数公司法都采纳了衡平偿付能力测试。规则的内容是，如果公司在衡平意义上无法偿付既有或者未来债务，则不得支付股息。资产

---

〔1〕　See 11 Fletcher Cyc. Corp. § 5329. 10, https://1-next-westlaw-com. b12135. top/Document/Ia712f0fa3a6311d98fda8225aecac63f/View/FullText. html, 最后访问日期：2021年 1 月 23 日。

负债表抑或利润表，都不是决定性证据。大量的股东权益（significant shareholders' equity）和正常的经营状况，是决定性证据。

　　一般情况下，假如经审计的财务报告无保留意见，随后亦无不良事件发生，则审计师关于公司"持续经营"状况的最新意见是决定性的。然而，当公司面临财务或运营商的困难，流动性不确定时，结论权则转移到董事会及其所依赖的管理层手中。（1）董事有权考虑当前和未来市场对本公司产品服务之需求，预测其产生的现金能否偿付债务。（2）董事有权依据公司情况和类似公司的情况，合理预测为公司债务再融资的可能性。（3）如果公司存在或有负债，董事应当预测对公司索赔的概率、金额和时间，同时考虑公司保险及其他保护机制。（4）董事有权依据未来足够长时期的业务预测与预算，做出现金流分析，并据此合理预期公司有能力在该期间内履行债务。

　　衡平测试与美国联邦破产法或者州反欺诈转移法所规定的同名测试不尽相同。

　　评析：上文价值在于，针对模糊抽象的衡平测试，讲出了一些具体要素。氏谓，第一，衡平测试意在确认公司处于正常持续经营中，且公司有大量权益资本。不过，后半句话令人困惑。权益资本或者说股本的数量，和公司的持续经营能力、现金流能力、盈利能力、偿债能力等核心能力几乎毫无关联。或许是对"equity insolvency test"望文生义？第二，董事有权依据公司现状、未来发展趋势等，预测公司的未来现金流、债务再融资可能性或有负债等。即便如此，这些依然过于概括，且缺乏约束力。只有进化出有约束力的任意性条款，偿付能力测试才会具有规则属性。否则就一直是无谓消耗精力的个案分析、自由裁量。

六、Kristijan Poljanec 的讨论

　　克罗地亚萨格拉布大学经济与商业系的 Kristijan Poljanec、Hana Horak 讨论衡平测试时提出以下观点。第一，资产负债表测试存在相对缺陷。一方面，该测试在很大程度上依赖于当前资产负债表上的指标，但很多表外项目却被忽略了。最典型的是公司的商业经营前景。另一方面，资产负债表测试允许采用富有争议的公允价值会

计方法。这一点可能导致相应的高估或者低估，并对公司财务的可持续性与分配的合法性之期望，产生负面的扰动。第二，美国法要求偿付能力（交易/现金流）与净资产（资产负债表偿债能力）的双重测试，这使得美国更难分配股息。第三，美国 MBCA 式的偿付能力测试，不仅为普通法系的加拿大、澳大利亚、新西兰所采用，也不同程度影响和渗透了荷兰、英国、法国、波兰等国家的立法。〔1〕

评析： 在论文中，Kristijan Poljanec 将衡平测试看作一种公司债权人保护机制来评价。与之并列的机制有合同机制、公司信息披露机制。

七、Irina Fox 的讨论

美国克雷顿大学法学院助理教授 Irina Fox 把 MBCA 的双重测试称为现代规则。与其相对应的是股本减值测试（the impairment of capital test）。Irina 谈及衡平测试与资产负债表测试的区别时举例：假定公司是一个生产厂商，其绝大部分资产是厂房、设备等不动产。假定该公司的资产超过负债 400 万美元，而今年到期负债为 100 万美元。则该公司显然可以通过资产负债表测试，但大概率通不过偿付能力测试，因为公司现有资产难以变现。

评析： 没有太多知识增量。有效信息，一是"股本减值测试"的概念，二是满足净资产测试而不满足衡平测试的实际例子。

八、J. B. Heaton 的讨论〔2〕

美国芝加哥巴特利特贝克律师事务所合伙人 J. B. Heaton 对偿付能力测试有深入研究。其指出，偿付能力测试问的是，能否合理期待公司支付其到期的债务。涉及偿付能力测试的各部立法，具体表述如下：

---

〔1〕 See Kristijan Poljanec, Hana Horak, "Solvency Test as Yardstick for Prudent Dividend Distribution: a Croatian Outlook", InterEvlawEast: *Journal for the International and European Law, Economics and Market Integrations*, Vol. 7, No. 2, 2020, pp. 17–52.

〔2〕 See J. B. Heaton, "Solvency Tests", *The Business Lawyer*, Vol. 62, No. 3, 2007, pp. 983–1006.

the Federal Fraudulent Conveyance Statute	公司是否有意图产生债务，或者相信将会产生债务，在其到期时超出公司的支付能力
The Uniform Fraudulent Transfer Act	打算产生，或相信债务人将产生，或者有理由相信债务人将产生超出债务人到期支付能力的债务
Uniform Fraudulent Conveyance Act	债务人是否意图或者相信他将产生超过其支付能力的债务
Uniform Commercial Code	除善意纠纷（bona fide dispute）外在日常经营中停止支付债务，或者不能支付到期债务

偿付能力测试，有时也被称为"现金流偿付能力测试"（cash flow solvency test）、衡平偿付能力测试（equitable solvency test），这是一项前瞻性测试。它不只测算公司对当前债务的履行能力，还考虑偿付未来债务的能力。

偿付能力测试听起来简单，用起来难。假设公司现金流与债务不受任何不确定因素影响，那么检测一段时期内两者的匹配性是很容易的。事实上，两者都有极大的不确定性。债务可能受公司担保、未决诉讼、信用证等影响。现金流也是如此。那么，当两者都高度不确定时，公司拥有超出其债务的预期现金流意味着什么？有一件事是肯定的——仅仅在概率上比较预期债务和现金流的关系是没有意义的。因为即使公司的预期现金流体量极高，但是在常识、常理、常情上，公司照样丧失了偿付能力。举例：

例如，公司签了欠了一笔 100 美元的债务，目前无力偿还。但是，在债务到期之前，该公司有 15% 的概率收到 1000 美元，有 85% 的概率收到 0 美元。纯粹以概率计算，该公司的预期现金流是 150 美元，因为 1000 * 15% + 0 * 85% = 150。可是在现实中，该公司几乎肯定（85% 的概率）无法偿还到期债务。此例说明，概率意义上预期现金流，未必总是有意义的。

既然偿付能力不是由预期现金流决定的，那是由谁决定的呢？不知道。但可以肯定，偿付能力测试意义上的偿付能力，低于绝对确定的偿付能力。但它又高于小概率的偿付可能性，例如前例中的15%。不幸的是，案例法在此方面没有提供指导。一个自然的出发点是：如果公司至少有50%的概率可以偿付债务，就不应当断言其丧失了偿付能力。例如，如果一家公司每一年都有10%的违约概率，并且这些概率在一段期间内是独立的，则该公司在7年内违约的概率将超过50%。即，该公司的偿付能力测试失利。

评析：J. B. Heaton 的讨论是相对诚恳和透彻的。有效信息点颇多：其一，偿付能力测试的是前瞻性测试，本质是预测未来（较短时期内）预期现金流和债务的匹配度。其二，单纯的预期现金流概率预测，意义是有限的。其三，J. B. Heaton 认为，"偿付能力"的阈值，既不是100%确定的高要求，也不是任何概率的可能性，而是一种"至少超过50%的大概率"。类似于"优势证据"。

本书针对两个问题的理解：首先，美国法意图（intend）或者相信（believe）将产生超出债务人支付能力的债务中，"意图"相当于主观故意、积极促成的心态；"相信"相当于主观上明知、放任的类似心态。其次，美国《统一商法典》中"停止支付债务"（having generally ceased to pay debts）或者"不能支付债务"（being unable to pay debts）的区别，两者的证明要求不同。停止支付债务，证明要求低，只需要证明行为的外观即可；不能支付债务，证明要求更高，不仅要证明行为的外观，还要证明造成此种外观的原因是丧失了支付能力。最后，每年违约率10%，则7年内违约概率超过50%，使用的是独立重复事件的概率计算（$1-90\%^7=52.17\%$）。这当然没有问题，可问题是，每年的违约概率为10%，实在是一个过于不确定的估计。能计算出公司在未来第7年的违约概率是10%，这不属于科学范畴，属于中国传统文化上的"神机妙算"范畴。

九、J. B. Heaton 论偿付能力的计算公式[1]

美国芝加哥"One Hat"研究中心管理合伙人 J. B. Heaton 设计

〔1〕 See J. B. Heaton, "Simple Insolvency Detection for Publicly Traded Firms", *The Business Lawyer*, Vol. 74, No. 3, 2019, pp. 723-734.

259

了一种计算偿付能力的方式。他先扼要说明了偿付能力测试落实之难。其谓，从机制上讲，偿付能力测试，问的是资产的市场价值是否超过债务的票面价值。而资产市值、债务面值这两个变量很难准确测度。第一，债务类型复杂、范围不定，不易计算。例如或有债务必须被确认，但很难计算其数额。第二，资产难以估值，无论是现金流折现分析、可比公司分析、可比交易分析，都存在相当大的主观判断，并导致巨大的估值误差。公认的会计原则不一定反映公平估值或对或有负债的准确估值。

J. B. Heaton 设计了一项公式，用于解决上述难题。其目标是避开公司资产价值、公司债务的市场价值这两个不易计算的变量。

设置四个变量。第一，A_M 为公司资产的市场价值，也就是公司所有可用于偿还债务的价值——该数值对大多数公司而言是不可观测的，因为其资产并没有在任何活跃的交易市场上直接定价。第二，D_M 为公司债务的市场价格。第三，D_F 为公司债务的账面数值，包括表内债务和表外债务，并假定所有的债务 D_F 具有同等的优先级水平。D_F 反映的是公司承诺承担的数额，而 D_M 反映的是市场对债务清偿概率的预期。第四，以 E_M 为股权的市场价格。E_M 可以直观观测，即以股票价格乘以流通股数量。

公司丧失偿付能力，以 $D_F > A_M$ 来表示。同时，由于资产的市场价值 A_M，是债务的市场价值 D_M 与股权的市场价值 E_M 之和，该不等式可以转换为：$D_F > D_M + E_M$。也就是说，当公司的债务面值大于其资产的市场价值时，该公司就陷入偿付不能的状态。对上述公式两边同时减去 D_M，得到

D_F（债务的账面价格）$-D_M$（债务的市场价格）$>E_M$（股权市值）

其中 D_F-D_M，表示债务的折扣。考虑到 D_M 仍然是难以观测的变量，需要原公式进行换元。设计者考虑到，虽然 D_F-D_M 绕不开对 D_M 的观测，但具有类似意义的 $D_M \div D_F$ 的比率，却可以在市场上很容易观测到——例如，很容易知悉公司债券在市场上的买卖价格；由于此前假定了所有债务的优先级是均质的，因此公司债券的折扣

可以代表全部债务的折扣价。因此换元的思路是，用 D_F 和 D_M 的比，替换两者的差。

J. B. Heaton 以 P 代表 $D_M \div D_F$ 的商，表示单位美元的账面债务在市场上的价格。在公司需要进行偿付能力测试的场合，大概率为 $0 < P < 1$，代表债务低于面值进行交易。此时，可以将 $A_M = D_M + E_M$ 改写为：

A_M（资产价值）= P（债务折扣）* D_F（债务账面价值）+ E_M（股权市值）

将 A_M 带入 "$A_M > D_F$" 的不等式，得：

$P * D_F$（债务的市场价值）+ Em（股权的市场价值）> D_F（债务的面值）

也可以将其变形为：

$$E_M / (1 - P) > D_F，或者；\frac{E_M}{D_F} > 1 - P$$

如上所述，该不等式中所有的元都是可以观测的，E_M 即股权市值，可以通过资本市场信息直观获得；D_F 即债务的账面价值，相比 D_M 也就是债务的市场价值而言，也是相对客观的数据；P 也是可观测的，以某一类债务的市值除以其面值即可。

将 D_F 看作函数（因变量），E_M 与 P 为元（自变量），对不等式 $E_M / (1 - P) > D_F$ 的含义解释如下：第一，D_F 与 E_M 成正相关。也就是说，在给定的债务折扣下，公司的股票越值钱，公司借贷的空间越大。第二，D_F 与 P 成正相关。也就是说，在给定的股权市场价值下，债务价格越接近面值，公司的借贷空间越大。

评析：J. B. Heaton 这套公式推演很精彩，技术含量远超一般文献。不过如果允许找茬，可能存在如下漏洞：

第一，这套公式推演的逻辑起点，是所谓"资产的市场价值 A_M，是债务的市场价值 D_M 与股权的市场价值 E_M 之和"。这个说法值得商榷。它看似脱胎于资产负债表恒等式"资产＝负债＋所有者权益"，但实际上颇为怪异。公司的资产价值其实等于其股权的市场价值。至于债务的市场价值，自然包含在股价的评价机制之中，不应该另外设元来反映其权重。

第二，依然是作为逻辑起点的"$A_M > D_M + E_M$"中的问题。E_M的测算可能没有那么简单。市值只是一个形式上的数字，并不能真正兑现。一个公司的市值为 X，并不意味着该公司出售掉全部股票可以换得价值 X 的现金。

第三，这套公式成立的重大前提，是必须假定公司每一种债务市场价值与面值的折扣，都是相同的。而且所有种类的债务不仅仅像其设计者说得那样优先级一致，而是在全部要素上完全一致。这是违反常识和不可能的。能够公开发行的债务，其折扣与私人债务相比差别明显；而能够观测折扣数据的，却只有公开发行的债务。

第四，这套公式最终只解决了 50% 的问题，甚至没有解决问题。公式推演的初衷在于，"A_M（公司资产价值）$> D_F$（公司账面债务额度）"的关系中，前后两个变量都难以观测。所以 J. B. Heaton 进行公式转换的指导思想就是换元。可最后的成果 $E_M/(1-P) > D_F$，依然没有能成功消掉 D_F。当然，它还是有价值，就是给 D_F 设定了一个明确的上限。在 D_F 多少可以观测，可以有把握地确定该值高于或者低于该上限时，公式就可以发挥作用。

第五，设计者的这套公式似乎混淆了资产负债表测试与偿付能力测试。如果是资产负债表测试，那就只看账面；如果是偿付能力测试，在起点上就不是用"资产价值>账面负债"这种思路来测试。

综上，公式是精妙和形式上自圆其说的。J. B. Heaton 先生对偿付能力的理解之深刻，令人击节。但公式的逻辑还要再验证，实操性还要再观察。

十、John Kong Shan Ho 的讨论[1]

香港城市大学助理教授 John Kong Shan Ho 指出，本质上，当前对于资产负债表内的资本维持概念的主要批评，以及随之而来的对分配的限制，主要是回顾性的观点，而不是对未来现金流的前瞻性的讨论。这意味着论者对公司未来的流动性状况和投资决策依然不

---

[1] See John Kong Shan Ho, "Revisiting the Legal Capital Regime in Modern Company Law," *Journal of Comparative Law*, Vol. 12, No. 1, 2017, pp. 1–21.

够重视。论者介绍说，欧盟公司法专家高层小组在 2002 年建议，任何股息或其他分配的支付，都需要进行适当的偿付能力测试。偿付能力测试包括两项：（1）资产负债表测试；（2）流动性测试。专家组进一步建议，董事会应出具一份偿付能力证明，以确认拟议的分配符合偿付能力测试。该报告提供的测试建议，与美国规则颇有一致之处。不过令人失望的是，欧盟公司法第二号指令继续采用了资产负债表测试。相关的可行性研究报告只是提到，如果成员愿意，可以自由引入额外的偿付能力测试。

评析：两项有效信息。第一，论者默认，传统的法定资本制（legal capital regime），尤其是作为其核心规则的资本维持体系，实际与资产负债表测试（balance sheet test）是高度类似的制度。第二，欧盟公司法专家高层小组，实际上轻微改变了"偿付能力测试"的概念。原汁原味的偿付能力测试，与资产负债表测试是并列关系；但在欧盟小组的改造下，两者变成了种属关系。

十一、Josef Arminger 的讨论

上奥地利应用科技大学估计金融会计教授 Josef Arminger 介绍了美国偿付能力测试的 MBCA、CGCC、DGCL 三个样本，介绍了美国制度对欧盟的影响，并批评性地讨论了美国的偿付能力测试。Josef Arminger 教授援引他人文献指出：第一，美国的衡平测试既没有规定测试的"时间框架"（time frame），也没有规定计算公司偿付能力的具体方法。这就意味着广泛的自由裁量权和相应的不确定性。第二，所有的法律法规都没有对偿付能力的计算提供精确指导。尤其是，由于缺乏"法律确定性"（legal certainty），在很多案件中，法庭接受事后评估的结果。第三，对资产和负债的确认和计量标准可能是不同的，从而导致不同的结果。[1]

评析：Josef Arminger 的批评是站在欧洲人的局外视角上提出

〔1〕 See Josef Arminger, "Solvency-Tests—An Alternative to the Rules for Capital-Maintenance within the Balance Sheet in the European Union", *Journal of Finance and Risk Perspectives*, Vol. 2, No. 1, 2014, pp. 1-8.

的。巨大的不确定性和缺乏明确的操作指引是偿付能力测试的首要问题。所有对于偿付能力测试的讨论，只要给不出技术指引，无论价值和道理多么华美，价值上都要打折扣。欧陆相对于美国而言，更重视立法的明确性。

十二、Andreas Haaker 的讨论

德国哈根大学博士后 Andreas Haaker 认为，偿付能力测试在衡量支付对公司的影响时，使用的是财务计划工具，而不是客观的股息支付指标。据说，偿付能力测试非常适于评估公司的偿付能力，因为它是事前导向的，考虑的是未来情况：其一，财务报表本身也包含一些预测，例如预计使用期限、准备金评估；其二，权责发生制会计能够更好地根据风险相关时间进行微调。但是，文献并没有说明究竟如何计算。例如，不支付任何股息与支付 100 万欧元，在影响财务计划上实际有何区别。然而，必要的标准化和客观化，如限制预测范围或排除尚未启动的额外投资，可能会使偿付能力测试沦为一个单纯的股息支付潜力的指标。此外，偿付能力测试仍然是一个模糊的概念，其确切细节仍然完全不清楚。它的价值似乎值得商榷，大概充其量能为资产负债表测试提供一个补充。无论如何，偿付能力测试远非债权人保护的理想方式，充其量只能提高测试的可信度，防止严重扭曲。偿付能力测试这种高度主观化的工具，即使单纯用于提供信息仍然很难被接受。而它居然成为一种股息限制规则，实在令人费解。[1]

评析：Andreas Haaker 对偿付能力提出严厉批评，可以理解。大陆-英美公司法文化本就不同。普通法系中立法的地位没有大陆法系那么高。业界对立法的期待值也是有限的。在疑难问题上，大陆法系习惯于集中精力于制定统一、明确的规则，普通法系则只是以立法提出框架性方案，具体难题靠司法的个案裁判来解决。大陆

---

〔1〕 See Andreas Haaker, "The Future of European Creditor Protection and Capital Maintenance from a German Perspective", *German Law Journal*, Vol. 13, No. 6, 2012, pp. 650–651.

法系的法理思维在立法-修法中，普通法系的法理则在裁判中。

十三、WEE Meng Seng 的讨论

新加坡国立大学 WEE Meng Seng 助理教授援引 Great Eastern Hotel 案中，Grimberg J. C 法官的观点：当债权人对已经到期的债务提出要求，而公司无法从其现有的流动资产中支付债务时，就满足了一般现金流偿付能力测试。他归纳了现金流偿付能力测试的三项构成要件：（1）只考虑当前已经被债权人所主张，需要偿还的债务。这意味着，即使是法律上已经到期的债务，如果目前没有迹象表明有关债权人要求偿还，也将被忽略。其现实意义在于，倘非如此，银行和大多数初创企业将在测试中达到破产标准，因为他们往往在股东处大量贷款。（2）公司是否有充分的流动资产支付债务。WEE Meng Seng 特别指出，这倒并不要求公司必须有现金。能在规定时间内借款偿债，或者处置自身流动资产偿债也可以。（3）仅仅暂时缺乏流动性并非抗辩事由。假如一个公司有足够的资产，只是暂时缺乏流动性而无法偿债，这照样构成缺乏偿付能力。资产与债务的关系是资产负债表测试关系的问题。偿付能力测试关注当下的流动性。

WEE Meng Seng 特别强调说，破产法下的偿付能力测试不关心公司现金流的整体健康状况，它仅仅关注公司有没有按时清偿目前已经被债权人主张的任何一笔债权这样一个简单事实。这与会计师或金融专业人士使用的"流动性"不同。金融会计人士使用各种财务比率来确定公司的财务实力，例如，其盈利能力、流动性等。他们用来确定公司的流动性的两个关键测试是流动比率和速动比率。但是，偿付能力测试与这两个比率不同，它不考虑目前不需要偿还的到期债务。此外，正如弗莱彻教授所说，一直以来，英国上诉法院都坚持认为，即使是没有支付一笔到期的、没有争议的债务，其本身就是可以发出清盘令的破产证据。原则上，没有理由认为，只有在公司未能支付一个以上的债务，或未能满足一个以上的债权人，才能认定其丧失偿付能力。这样的规则在实践中不可行且不公平。提出

清盘申请的债权人难以知悉公司对其他债权人所欠的债务信息。[1]

评析：WEE Meng Seng 教授讨论的是破产法中的偿付能力测试。在其犀利和精准的论述中，含着颇多可以参考的知识。其一，破产法中的偿付测试与公司法自然不同。破产法从其独特性出发，（应当）采用一种较为严格、明确的测试标准。它的严格性在于，只要一笔债务当下无法得到满足即构成清盘要求，无需综合判断公司的整体财务状况。这似乎与美国税法判例有明显区别。其二，这也提示了，公司法上的偿付能力测试确实有极大的不确定性和极多的参考因素。如何确定这些因素及其权重，实在存在太多的自由裁量权。

十四、Stefan Wielenberg 的讨论

汉诺威大学经济系教授 Stefan Wielenberg 构建模型证明，第一，美国的偿付能力测试模式相比欧洲的法定资本制，能产生可预期的激励机制，促成最佳的投资与清算决策。第二，当关于公司未来现金流的陈述错误时，偿付能力测试也会比法定资本制产生更大的副作用。[2]

评析：Stefan Wielenberg 结论与常识、日常感知相符。偿付能力测试的弱点是不够精准和难以实操，是一个制度效果的上下限都很高的制度。相反，法定资本的上下限都比较低：功效和副作用都有限。其实更应当考虑的是要将制度置于何种具体实施环境。

十五、H. Boschma 的讨论

荷兰格罗宁根大学公司法教授 H. Boschma 等在其研究报告《资本保护的替代制度》中设计了欧盟资本制度改革的理想图。其指出，应采用资产负债表测试和流动性测试相结合的方式。流动性测试是为了弥补资产负债表测试的估值不确定性的弱点，并为债权人提供额外的保护。而资产负债表测试是为了规避流动性测试的缺点，

---

[1] See Meng Seng Wee, "Taking Stock of the Insolvency Tests in Section 254 of the Companies Act," *Singapore Journal of Legal Studies*, No. 2, 2011, pp. 486-509.

[2] See Stefan Wielenberg, "Investment and Liquidation Incentives under Solvency Tests and Legal Capital", *European Accounting Review*, Vol. 22, No. 4, 2013, pp. 787-808.

因为后者只考虑相对短期的负债。其中，流动性测试的标准是假设公司继续经营，在进行分配后是否有足够的现金来满足其在未来一段时间（例如 12 个月）正常业务运营过程中到期的债务。这种测试不妨以澳大利亚的偿付能力测试为模式。流动性测试虽然有许多硬性数字指标，但其猜测性还是会导致不确定。董事必须出具一份未来 12 个月的公司流动性报告，具体模式可以与会计组织协商后确定。[1]

评析：第一，H. Boschma 再次强调了两种测试在考虑长期、短期债务上的差异。第二，流动性测试的标准应当是假设公司为持续经营状态。这是公司法测试与破产法测试的区别所在。第三，H. Boschma 在具体解决偿付能力测试或者报告的不确定性问题上，并未推进太多。

十六、Jonathan Rickford 的讨论[2]

在欧洲公司治理研究所助理研究员 Jonathan Rickford 个性化、凌乱而充满灵气的表述中，可以析出以下洞见：

第一，偿付能力是一个相当棘手的概念，充满不确定性。Jonathan Rickford 此处使用了颇有趣味的极值法思路：公司具有偿付能力的关键在于期限，理论上这一期限是无限的。但现实并非如此。假设不允许自动解散、清算，必须强制经营下去，则任何公司总会在某一时刻（因资不抵债而）失败。因此，如果把偿付能力测试的期限定得足够长，则一定有足够多的公司测试失败。这是一种扼杀行为。实际上，公司只不过是在相当有限的生命周期内创造财富的组织。

第二，资产负债表测试和偿付能力测试，有内在相通的一面。

〔1〕 See Paolo Santella, Riccardo Turrini, "Capital Maintenance in the EU: Is the Second Company Law Directive Really That Restrictive?", *European Business Organization Law Review*, Vol. 9, No. 3, 2008, pp. 427-461.

〔2〕 See Jonathan Rickford, "Legal Approaches to Restricting Distributions to Shareholders: Balance Sheet Tests and Solvency Tests", *European Business Organization Law Review*, Vol. 7, No. 7, 2006, pp. 167-169.

两者区别有多大，取决于我们如何界定资产和负债。假设我们将资产定义为企业可利用的所有资源，即所有那些实际或潜在产生价值的条件。同时假设，我们将负债定义为包括所有引起实际或潜在的支出义务的条件。然后，我们为这些条件将产生的利益和损害赋值，并适当地进行折现，以反映它们将在不同的时间点和概率上产生的事实。此处，我们使用的是资产负债表测试思维，可同时它又是一个偿付能力的预测。

第三，公司分配的偿付能力测试，显然借鉴了破产法上的破产测试。Jonathan Rickford 的观点是，破产测试的标准应当比偿付能力测试更加严格。因为清算是一种破坏价值的手段，应当慎重清盘。

第四，对公司债权人来说，分配股息、回购股份、通过返还资本的方式进行减资（实质减资），经济效果是一样的。有学者建议对三者设置同样的测试规则。

评析：Jonathan Rickford 有两处令人击节的思考；实际上这些思考也没有多么惊世骇俗，也接近常识。无奈只是比其他人的清晰、深刻太多。

其一，偿付能力测试所针对的未来期限，长短应当适中；通常是 12 个月。这是常识性观点。不过 Jonathan Rickford 的论证颇为精到，他说，因为过短则形同虚设，过长则扼杀公司——毕竟公司总是要解散清盘的。

要求预测的期限，是极为重要的问题。当前学者的建议通常是 12 个月。这个期限与会计学界定"流动资产""流动负债"的标准是一致的。不过，据学者张雪娥介绍，MBCA 和许多州法的规定，预测未来现金流的期限，是以最远届至的债务时点为准。[1] 管见以为，12 个月的规定更好。财务意义上当然有办法预测公司 10 年后的现金流，但即使预测出来，也没什么意义。一方面，预测出 10 年

---

〔1〕 参见张雪娥：《公司信用内部性保障机制研究——以资本维持原则的考察为基础》，经济日报出版社 2015 年版，第 66～67 页。

后的信息，根本不可靠。另一方面，还有一种比较意义上的不可靠：既然偿付能力测试的或然性和随机性是如此之强，它还有什么理由去嘲笑类似资产负债表测试所依据的信息过于陈旧而不可靠呢？

其二，通常认为资产负债表测试与偿付能力测试是不同的。Jonathan Rickford 独到地提出，两者是相同的。相通的关键在于对资产和负债估值时，考虑"未来性"。资产的未来性在于其未来现金流折现的估值方法；负债的未来性在于预期负债和或有负债。

Jonathan Rickford 的其他观点就比较常识化，或者值得商榷。例如，他说，分红、回购、减资经济本质类似，可以统一规制。这也是美国大分配概念的理论基础。值得赞同。至于他提出破产标准更严，就值得商榷。这里根本不是一个简单的比较。

Jonathan Rickford 在研究公司分配的学者群中，是少见的不故作高深、不宏大叙事、不羁縻于琐碎，逻辑清晰且富有思想穿透力的一类。其对公司分配的理解之深令人尊重，可与 J. B Heaton 和 James J. Hanks Jr. 比肩。

十七、Christoph Kuhner 的讨论[1]

首先，科隆大学金融会计与审计学教授 Christoph Kuhner 对发轫于英美的偿付能力测试整体评价说，通过会计和利润规则对分配实施限制是一种事前性规制，广泛采用于盎格鲁-萨克逊法系。偿付能力测试和偿付能力声明，直接涉及公司的未来财务前景，因此依赖于预测性信息。有两种会计选择可以作为偿付能力声明的基础。第一种基于资产负债表，即证明分配后净资产为正数。第二种涉及未来的现金流量表，即证明未来的自由现金流足以支持分配后公司的持续经营。

其次，Christoph Kuhner 说，与资产负债表测试相比，基于预期现金流量表的偿付能力声明似乎更为普遍。但令人困惑的是，迄今

〔1〕 See Christoph Kuhner, "The Future of Creditor Protection Through Capital Mainte-nance Rules in European Company Law", in Marcus Lutter, eds., *Legal Capital in Europe*, Ecfr Special, Vol. 1, 2011, pp. 341-364.

为止，关于预期现金流测试的技术还没有发展成型，也没有普遍认可的原则。对此，文献只提供了一些模糊的方法。特别是对现金流预测的时间尺度没有明确。如果存在期限极长的负债——例如养老金债务——理论上就需要进行几十年的现金流预测。有些文献建议，仅仅预测 12 个月内的债务。

再其次，偿付能力测试标准的模糊性会产生数个影响。一是赋予公司管理层更多的自由。二是导致诉讼结果的可预期性降低。但是，Christoph Kuhner 认为，偿付能力标准的不精确未必会导致债权人保护水平的降低。理由是，假想一个涉及公司管理层和法院博弈的场景，并假设管理层是风险厌恶的，可以很容易地证明，管理层为了避免败诉，相对于标准精确的测试而言，将更不愿意授权可能威胁到公司偿付能力的分配。

最后，Christoph Kuhner 介绍说，在大多数司法管辖区，在董事非法分配责任的问题上，董事受到商事判断规则这一免责事由的保护。这意味着质疑分配的一方要承担举证责任。考虑到现实中的诉讼结果，偿付能力测试对债权人的保护能力要打上一个问号。

评析：Christoph Kuhner 的讨论发生于 2006 年，但清晰而切中要害。目前，资产负债表测试+偿付能力测试的组合已经是定式，12 个月的预测期限也几乎成为惯例。不精确的规则是否比精确的规则更有保护力，这是一个法理问题，里面的变量多而复杂。在涉嫌非法分配场合，董事是否受到商事判断规则的保护，确实是一个重大的制度安排。

十八、Craig A. Petersona 与 Norman W. Hawker 的讨论[1]

西密歇根大学 Haworth 商学院金融学助理教授 Craig A. Petersona 与 Norman W. Hawker 把衡平破产测试作为六种分配限制模式之一。其他五种为：1. 传统的双重破产测试（the traditional dual insolvency approach）；2. 灵活股息测试（the nimble dividend provision）；3. 资

---

〔1〕 See Craig A. Petersona, Norman W. Hawker, "Does Corporate Law Matter? Legal Capital Restrictions on Stock Distributions", *Akron Law Review*, Vol. 31, 1997, pp. 175-227.

产负债表盈余测试（the balance sheet surplus method）；4. 修订版
MBCA 测试（the Revised Model Business Corporation Act）；5. 限制性
比率测试（restrictive ratio test statutes）。至 1997 年，麻省、明尼苏
达州、北达科他州都仅规定了衡平破产测试，也就是公司应当在分
配后，能够支付其正常经营中的债务。在这项测试中，留存收益、
实收资本、收益这些指标都是不相干的。两位副教授特别评价说，
在采用衡平偿付能力测试的州，公司的贷款人得到的法定保护较少，
他们可能通过契约——制定比其他州更严格的契约条款来自我保护。

评析：两位副教授的分类形成于 1997 年，恐怕分类标准不是完
全清晰确定的，仅有一定的参考价值。此外，麻省等三州目前已经
向最新版 MBCA 靠拢，都采用"净资产+偿付能力"的双重测试。
两位副教授评价说，单独的偿付能力测试确实力度不够，逼得债权
人只能缔结更严格的合约——言下之意，同等条件下必然以损失、
让渡其他利益为代价，比如降低利息。这是需要资产负债表测试的
理由。

十九、Matthew G. Dore 评爱荷华州商事公司法 [1]

对偿付能力的测试是多种多样的，但常见的有两种。一种叫
"衡平偿付能力测试"，它考察公司作为债务人能否偿还到期债务。
另一种叫"资产负债表测试"，它考察公司负债是否超过了其资产。
爱荷华州商事公司法 § 490.640（3）在限制公司分配时，同时使用
了这两种测试。即公司分配之后，（1）资产应高于负债；（2）应当
有能力偿付到期债务。

衡平偿付能力测试意在保护公司债权人，免受公司流动性受到
的损害。MBCA 的官方评论对此有进一步评论。多数情况下，一家
正常经营中的公司的公开信息即可明显反映其偿付能力，无需特别
调查。股东权益的存在以及公司的正常运营，本身就是公司可以通

---

[1] See Matthew G. Dore, *Business Organizations*, West roup Rublishing, 2003, ht-tps://1-next-westlaw-com. b12135. top/Document/I67306b72 b9d511daaef 3cf03ff0f60f7/View/FullText. html，最后访问日期：2021 年 2 月 23 日。

过测试的强烈信号。仅当情况表明，公司经营遇到困难，或者流动性和经营情况不确定时，管理层才需要解决该问题。

MBCA 的起草者还指出，衡平偿付能力测试没有明确标准。他们认为董事：（1）一般有理由假定公司当前的经营与财务状况，会持续下去；（2）有权依赖于他人提供的信息、观点、报告、声明来做出决策；（3）没有义务对决策时不可预见的事后情况负责。

爱荷华州商事公司法 § 490.640（3）（b）是关于资产负债表测试。它所防范的是一个稍微不同的问题：股东以分配的手段，侵犯第三人对公司资产的优先债权。上述第三人通常是公司债权人。因此，立法禁止公司在负债超过资产时分配。此外，立法还要求普通股股东尊重优先股东在尊重上的优先权。这就是立法规定，公司资产除超过负债，还必须超过优先索取权的由来。爱荷华州商事公司法对优先股股东的保护，是"选择退出"式的授权性条款。该法规定，公司有权以章程形式排除对优先股股权的保护。

爱荷华州判例法很少解释 § 490.640。迄今为止唯一的上诉判决是达莫斯诉韦茨公司案。爱荷华州上诉法院确认了初审法院的判决，即分配是适当的。因为（1）公司在正常经营中，已经作出了向票据持有人付款的安排；（2）公司拥有足够的资产偿付票据持有人和任何有优先权的人。

评析： Matthew 的评论中，值得注意的观点有三项。第一，在破产法上，偿付能力测试似乎包含（1）资产负债表测试；（2）现金流测试。而在爱荷华州，乃至一切州公司法上，资产负债表测试、偿付能力测试却是相对的。上述不起眼的冲突，必将引发文字上的扯皮。第二，Matthew 强调，资产负债表测试另有任务：保障，至少是象征性地保障公司债权人、优先股股东对公司资产的优先索取权。资产负债表测试的批评者可能需要注意此点。象征性防范是否有实际意义，则是另一回事。第三，MBCA 的起草者强调，衡平偿付能力测试没有明确标准。此外，立法强烈表现出推定董事无责任的倾向。

二十、James J. Hanks Jr. 评马里兰州公司与协会法[1]

James J. Hanks Jr. 教授可能是研究公司资本制度成就最高的当代学者之一。他指出，多数情况下，要确定公司是否在"衡平"意义上破产并不困难。一般可获得的信息和对公司持续经营的认识，通常足以令董事会确定，在分配后，公司是否有能力在通常情况下支付其到期债务。多数情况下，当前被财务报告认定为缺乏"持续经营"资格的公司，足以说明其可以进行分配。[2]令人费解。

困难的是，即使是一家资本充足的公司，其财务状况也可能在短时间内发生巨大变化。因此，在授权进行分配之前，董事会可能希望得到一位负责任和有见识的高级管理人员的保证，即分配不会妨碍公司在正常经营过程中支付到期债务。在确定是否符合衡平测试时，董事们可能要考虑公司当前、未来的现金来源与需求，以及任何未确认的或有负债或潜在的赔偿金（recoveries）。衡平测试应以现金流分析为基础。现金流分析则是基于商业测算，分析对象是在未来足够长的时间内，公司的已知负债能否得到满足。

评析：这是一段大略的介绍。有效要点有两项：其一，衡平测试的难点之一，在于需要考虑到一个当前资本相对充足的公司，未来的财务状况可能发生巨变。其二，衡平测试的核心是现金流分析。至于"一家不能被认定为'持续经营'的公司，几乎可以被推定为有权实施分配"，个中逻辑则令人费解。

二十一、Stephen H. Schulman 评密歇根州商事公司法

韦恩州立大学教授 Stephen H. Schulman 指出，针对衡平测试，MBCA 的重点提示说，一个持续经营中公司很容易满足衡平测试。

---

[1] See James J. Hanks Jr. , "Legal Capital And The Model Business Corporation Act: An Essay For Bayless Manning", *Law and Contemporary Problems*, Vol. 74, No. 1, 2011, pp. 219–223.

[2] 原句：The absence of a "going concern" qualification to current audited financial statements for the corporation will in many cases provide sufficient assurance that the distribution may be made. 如果翻译不存在错误的话，此句表达的意思，似乎与事实恰恰相反。

大量股东权益的存在和正常的经营状况本身就是偿付能力的有力证据。只有当公司面临困难，或者业务运营、流动资金存在不确定性时，才需要彻底调查。此时，除非有特殊需要就长远期限作考察，否则仅需关注近期的偿付能力即可。[1]

公司分配受到密歇根州商事公司法§345（3）的双重分配测试：衡平偿付能力测试与资产负债表测试。第一项意在测试公司分配时或者分配后，能否偿付正常经营中的到期债务。第二项指公司分配后，总资产应当不少于总负债与优先股索取权之和。资产负债表测试与密歇根州此前的法律有很大不同。1989年修订之前，密歇根州商事公司法以法定资本、资本盈余、营业盈余的复杂系统规制分配。[2]

评析：盈余测试的消亡，似乎是趋势。不过，认为盈余测试一定就逊色于资产负债表测试、衡平偿付测试，略显夸张。盈余测试的真正问题不在于盈余本身，或者累计盈余并不失为良好的分配限制——而在于（1）把股本复杂化和神话之后，创造出一套武断的法定资本规则；（2）把盈余规则不断推向复杂化，包含资本盈余和营利盈余。换言之，盈余测试的问题在于概念的绝对化和复杂化。衡平偿付能力测试的理念，类似于张居正改革的"一条鞭法"，放弃层层把关的复杂设计，直接退守最后一关，要求给出一个一揽子的结果。简化问题反而能避免弄巧成拙。但是，衡平偿付测试也完全有复杂化的可能。不是某一种测试有问题，而是任何测试一旦绝对化和复杂化，都会有问题。任何立法技术，都不可能从根本上消灭人们摆弄规则设计、耍弄立法权力的无尽欲望。

---

〔1〕 See Stephen H. Schulman, Cyril Moscow, Margo Rogers Lesser, Ryan B. Opel, *Michigan Corporation Law & Practice*, Aspen Publishers, 2020, https://1-next-westlaw-com.b12135.top/Document/ I4b1785f2b93d11de9b8c850332 338889/View/FullText.html, 最后访问日期：2021年1月27日。

〔2〕 See Stephen H. Schulman, Cyril Moscow, Margo Rogers Lesser, Ryan B. Opel, Michigan Conporation Law & Practice, Aspen Publishers, 2020, https://1-next-westlaw-com.b12135.top/Document/ I4b1785f2b93d11de9b8c850332 338889/View/FullText.html, 最后访问日期：2021年3月7日。

二十二、Paul J. Galanti 评印第安纳州商事公司法

氏谓：衡平偿付测试需要现金流分析来确定分红或分配是否正当。这一过程需要对未来进行足够长的业务预测，才能得出结论，即可以合理预期公司的现有债务能够在到期时得到满足。仅仅衡量流动负债和流动资产的关系，或估算公司的"清算价值"能否产生足够的资金来清偿公司的现有负债，是不够的。

评析：Paul J. Galanti 强调的是，衡平测试需要测试者预判"足够长"的业务期间，而不能仅仅依据当下，甚至短期的公司状况就下结论。这当然是对的。只是问题在于：多长才是足够长呢？有没有一个超越"具体问题具体分析"的标准？

二十三、David C. Cripe 评南卡罗来纳州商事公司法典[1]

针对衡平偿付能力测试，南卡罗来纳州商事公司法典官方评论指出：早期立法的禁止支付股息规则是，支付股息不得导致公司丧失偿付能力（insolvency）。这一测试被保留下来。

对于一个持续经营的企业来说，衡平测试乃是基于现金流分析。而现金流分析又基于足够长时间的商业预测和预期，以得出结论，即在合理预期之下，公司的既有债务可以在期限届满时获得履行。仅仅衡量流动资产与流动负债是不够的。或者，仅仅确定公司资产的当前估计清算价值能否产生足够的资金来偿付债务，也是不够的。

在确定公司目前是否丧失偿付能力，或将因为拟议的分配而导致丧失时，董事会可以依赖公司高管提供的信息。如果拟议的分配不包含导致公司丧失偿付能力的重大风险，董事就没有必要知道现金流分析的细节信息。此外，在授权进行分配时，必须根据董事会掌握的信息做出判断。

此外，官方评论指出：联邦破产法和州反欺诈转移法规旨在使

---

〔1〕 See David C. Cripe, *Methods of Practice Colorado Business Entities Deskbook*, Thomson Reluers, 2019, https://1-next-westlaw-com. b12135. top/Document/I446 c5fc33cf811 daa6e8fcd07044b801/View/FullText. html，最后访问日期：2021 年 3 月 7 日。

受托人为债权人的利益，收回不当转移给他人的资金。有鉴于不同的立法目的，没有必要使公司法中的衡平测试与破产法、反欺诈转移法中的衡平测试相同。

评析：再次验证了衡平测试不是新办法，反而是比资产负债表规则更早的老传统。不过对衡平偿付能力测试的解读欠力道。"仅仅衡量流动资产与流动负债是不够的。或者，仅仅确定公司资产的当前估计清算价值能否产生足够的资金来偿付债务，也是不够的"，几乎成为各种文献抄来抄去的套话。同为衡平测试，在公司法、破产法、反欺诈转移法的具体标准不同，对此官方意见只是说立法目的不同。但立法目的不同，为什么标准就不同？不同在哪？

二十四、Gregory C. Yadley 评佛州商事公司法

Gregory C. Yadley 与 Julio C. Esquivel 在解释佛州商事公司法时提到，衡平偿付能力测试没有一个"明确的"标准。该测试需要董事会利用其对公司商业事务的了解作出决定。就此，董事会有权信赖、使用该法 §607.0830（2）规定的信息、报告与专家意见。此外，评估应当依据公认的会计原则编制的财务报表，或者依据当时情况下其他合理方法编制的财务报表。任何会计师报告均应说明，会计师是否对公司的持续经营状况持有疑问。如果对公司的衡平偿付能力存在怀疑，律师应考虑建议董事会聘请独立专家协助判断。[1]

评析：衡平测试的最大挑战依然是具体化与可操作性。由 Gregory 的介绍可知，该测试在程序上的可操作性建设已有所成，但难点始终在于实体规则。

二十五、Jennifer Payne 评英国偿付能力测试

牛津大学法学院教授 Jennifer Payne 谈及英国的偿付能力测试时

---

[1] See The Florida Bar, *Florida Corporate Practice*, *Florida Bar Continuing Legal Education*, 9th Edition, https://1-next-westlaw -com. b12135. top/Document/I3be6244eb4a0 11e08b05fdf15589d8e8/View/ FullText. html，最后访问日期：2021 年 1 月 23 日。

提到，英国在私人公司法的股份回购领域开辟了偿付能力测试的试验田。该测试要求董事对未来 12 个月进行展望，以确定公司是否有能力支付该期间的到期债务（或在该期间内清算时全额支付其债务）。Jennifer Payne 评论说，董事是否要亲自对公司财务进行调查其实并不重要，因为董事总是要在声明之前，得到公司审计员的意见。这将导致审计员成为非法分配之诉的被告之一。Jennifer Payne 教授认为，在偿付能力测试的宏观制度结构中，测试内容仅占 1/3 权重。剩余两项重要的支点，一是董事的责任（刑事责任与民事责任）机制，二是非法分配财产的返还机制。[1]

评析：Jennifer Payne 对于偿付能力测试结构的评析切中要害。

二十六、Seppo Villa 评芬兰偿付能力测试

赫尔辛基大学教授 Seppo Villa 专文研究了芬兰的偿付能力测试。芬兰的公司法分配制度改革借鉴新西兰法较多，故该文也比较研究了芬兰、新西兰的分配测试。其中逻辑成立、有借鉴价值的要点为：

第一，资产负债表与偿付能力两种测试的配合关系。在芬兰有限责任公司法，两种测试是双重的，各司其职。资产负债表测试是第一关，它显示可以分配的金额上限；偿付能力测试是第二关，目的是确保分配不会违背股权、债权是两种投资人不同投资回报方式的初始设定。此外，偿付能力测试也避免了资产负债表测试的不可靠之处，例如，与无形资产或其他有估值问题有关。在新西兰，放弃只使用资产负债表测试的最重要的理由，就是难以对资产负债表中的项目进行估值。

第二，芬兰有限责任公司法第 22 章第 1 节第 2 分节似乎采用突破性规定，即一旦确认公司、股东、第三方因公司分配而产生损失，

---

〔1〕 See Jennifer Payne, "Legal Capital in the UK Following the Companies Act 2006", in J. Arrrmour, J. Payne, eds., Rationality in Company Law: Eassys in Honour of P. D. Prentice, Hart Publishing, 2008, p. 45. https://papers. ssrn. com/sol3/papers. cfm? abstract_ id=1118367，最后访问日期：2021 年 6 月 7 日。

董事应当承担过错推定责任。[1]

第三，关于偿付能力测试的内容。Seppo Villa 认为至少要明确四方面前提：（1）确定是作公司丧失偿付能力（破产法预警）还是具备偿付能力（公司法）的评估；（2）评估的时点；（3）应当依赖哪些信息；（4）评估的是未来多长期间内的公司偿付能力。

关于第（2）点，作者介绍说，在芬兰，公司通常的做法是，董事在向股东大会提议进行分配时，就要进行测试。不过，在股东会作出决议到董事会执行决议期间，股东负有对公司的持续审查义务，以便确保其通过偿付能力测试。

关于第（3）点，作者介绍说，芬兰公司法没有明确界定偿付能力测试的内容。一是立法者认识到界定的困难，二是想避免人们对它注定的批评。偿付能力测试必须以最新通过的财务报表为基础，也要同时考虑其他信息，对公司的业务作出预测。对偿付能力的评估应基于关于公司财务状况的所有可用信息，如资产的数量、形式、类型、流动性，负债的数量及期限等。评估偿付能力的关键点是公司的现金流预测。

评析：Seppo Villa 对偿付能力测试的评述是芬兰视角的。两点原因：第一，时间和移植代际产生的距离。芬兰公司法的借鉴样本是新西兰公司法。后者本身已经是美国公司法的变种，芬兰则是第三代变种。第二，空间和法系上的距离。芬兰属于欧盟第二号公司法指令管辖区，故芬兰公司法有欧盟及自身烙印。例如芬兰公司法有"受限权益"与"不受限权益"这样的地方性名词。

没有投反对票、没有按照法定程序表示反对的董事，对非法分配承担过错推定责任。这一逻辑在美国法上并不明确。第一，程序

---

[1] 原文：A member of the board of directors or the supervisory board and the managing director shall likewise be liable in damages for a loss that he or she, in violation of other provisions of the act or the articles of association, has in office deliberately or negligently caused to the company, a shareholder or a third party. A key point is that in such cases, a presumption of fault is applied, unless the liable person does not prove that he or she has acted with due care.

上，美国州法只是说上述董事会成为被告，但其是否被推定过错，也就是在举证责任上是否有义务自证清白，并不清楚。第二，被推定过错的董事需要自我证明，自己履行了必要的注意义务。但芬兰法上的这种证明义务是否高于美国法上的"商事判断规则"三标准——（1）无利害关系；（2）知悉且适当决策；（3）理性地相信决策符合公司最佳利益，并不清楚。商事判断规则是针对一切决策的免责事由，其内容具有一般性。分配测试决策与公司一般行业决策不同，董事义务有可能高于一般的商事判断规则。

二十七、WEEMeng Seng 评新加坡偿付能力测试[1]

新加坡国立大学副教授 WEE Meng Seng 专文讨论新加坡的公司分配改革。新加坡公司法分配偿付能力测试（s7A），要求董事出具四个方面的意见：（1）须声明在公司发表声明之日，没有理由认为公司当时不能支付其债务；（2）如果打算在声明日期后的 12 个月内清算公司，须声明公司将能够在清算开始后的 12 个月内全额支付其债务；（3）如果不打算清算公司，须声明公司将有能力在声明日期后的 12 个月内支付其到期的债务；（4）须声明公司的资产价值不低于其负债，并且在拟议的资本削减、回赎或提供财政援助后仍将如此。WEE Meng Seng 教授作出如下评论：

第一，第 7A 条偿付能力声明不仅复杂，而且对董事提出了繁苛的要求，很可能带来过高的成本。董事不仅要评估公司目前的财务状况，包括评估其资产和或有负债，而且要预测未来 12 个月的事项。该声明背后所涉及的工作量将取决于许多因素，包括公司的财务记录状况、公司所处的经济和行业状况、公司的业务性质、资产和负债以及会计标准。完全可以预见，对一些董事，特别是独立董事来说，可能很难做出偿付能力声明。因为独立董事缺乏对公司财务状况和商业前景的深入了解，且慑于刑事责任，很可能拒绝做出声明。总之，新加坡公司法的偿付能力测试之复杂性，远高于其他

---

〔1〕 See WEE Meng Seng, "Reforming Capital Maintenance Law: The Companies (Amendment) Act 2005", *Singapore Academy of Law Journal*, Vol. 19, 2007, pp. 295-336.

国家（如新西兰）。可以考虑微调其难度。

第二，不同场合、不同类型的偿付能力测试存在诸多无端的差异，这可能既没有必要，又会造成潜在的负面影响。例如，§7A 的偿付能力测试与§76F 关于股份回购的偿付能力测试之间存在差异。又如，作出偿付能力声明和实施交易之间总会有时间差。这段时间内，公司的财务状况有可能恶化，导致董事改变原有意见。然而，新加坡公司法只仅仅在为收购股份提供财政援助的场合，特别规定：如果公司的任何董事不再有合理的理由支持偿付能力声明中的任何意见，则禁止该公司提供援助。但是，不清楚为什么类似的规则不适用于§7A 涵盖的其他交易。再如，新加坡公司法仅仅针对上述第（4）类测试，即资产负债表测试规定，董事必须考虑公司最近的财务报表，以及知道或应该知道的，影响或可能影响公司资产或负债价值的所有其他情况，并可依靠在当时情况下合理的资产或负债估值。可是，这一规定并不适用于（1）（2）（3）类测试。而并不清楚其中的理由。

第三，在国外，偿付能力测试的适用之难是有目共睹的。该测试还应用于破产法，用于决定是否支持债权人提起的对债务人的清算申请。此处对利益相关各方的消耗极大。

第四，传统的资本维持原则与偿付能力测试的比较。两者的出发点是不同的。前者关注的是资本的完整性；后者则允许公司向其成员返还资本，条件是公司此后仍有偿付能力。由此，WEE Meng Seng 说，如果公司法在资本维持的总体结构下，却在一定范围内要求公司减少资本只需要有偿付能力即可，这就是自相矛盾的。

评析：WEE Meng Seng 教授的介绍和评论相当充分。在局外视角可知，第一，新加坡公司法的偿付能力测试，同时包含了具体的偿付能力测试和资产负债表测试。美国 MBCA 两种测试的并列关系，在新加坡有所微调。第二，新加坡公司法推进了偿付能力测试的具象化工作。它规定，测试包含三个方面：（1）当下状况；（2）预期清算条件下的未来状况；（3）持续经营条件下的未来状况。尤其是，新加坡公司法合理地区分了公司预期清算和预期持续经营下，不同的偿付能力评估框架。新加坡公司法并没有提供方法指引，但它提供了明确的议程、主题设置，这也属于重要贡献。第三，分红、回购、实质减资、为股份收购提供财务资助，这些行为的偿付能力测试为什么会有不同，涉及这些行为本质（经济）区别的比较。

二十八、Richard Jooste 评南非偿付能力测试 [1]

南非开普敦大学教授 Richard Jooste 以 1999 年南非公司法修正案为参照物，评介了 2007 年南非《公司法案》。其中关于偿付能力测试的要点如下。

第一，测试的时间。《公司法案》§48（1）（b）要求在"测试生效"后立即满足偿付能力测试与流动性测试；所谓"生效"，Richard Jooste 说大概是在"向股东进行分配时"。《公司法案》§48（2）规定，如果在一定时期内没有完成分配，则需要重新考虑测试。Richard Jooste 评论说这一点令人费解，因为 §48（1）（b）已经规定，在分配后必须立即满足测试要求，无论是全额支付还是分期付款，似乎没有必要制定 §48（2）。

第一，流动性测试针对的未来期限。《公司法案》§4（1）（b）（ii）规定，只有当公司在分配后的 12 个月内保持流动性时，才能满足流动性测试。而旧法 1999 年修正案没有明确的期限规定。

第二，偿付能力测试和流动性测试是否要考虑"或有负债"。新旧法规定不一致。旧法 1999 年修正案 §38（2A）、§38（2B）均要求必须考虑或有负债。但是，新法 2007 年《公司法案》第 4 条并没有规定该问题。这是否意味着不需要甚至不应当考虑或有负债呢？Richard Jooste 评论说不知道，令人费解。

评析：首先，两种测试的称谓关系上，南非公司法的处理与美国不同；南非和美国无所谓对错，但研究时容易混淆。南非的偿付能力测试相当于美国的资产负债表测试，南非的流动性测试，实际

---

〔1〕 See Richard Jooste, "The maintenance of capital and the Companies Bill 2007", *South African Law Journal*, Vol. 124, No. 4, 2007, pp. 710-733.

指美国的偿付能力测试。其次，从南非、芬兰以及美国的法律文本可以看出，偿付能力测试大概率还是一个缺乏共识的试验品。美国州法的粗疏、新加坡的明显过于严格以至于学者担心会难以实施、芬兰和南非法在新旧体系和新体系内部的不协调以至于本国学者都觉得令人费解，等等，说明立法者对该测试的章法、分寸，还都在实验阶段。最后，从 Richard Jooste 的评介可知：第一，南非公司法在测试时间规定上缺乏可借鉴价值。第二，预测的期限一般是 12 个月，各国立法基本统一了意见。第三，或有负债要不要考虑，南非立法好像也没想清楚。

二十九、Fritz N. Ewang 评澳大利亚偿付能力测试 [1]

澳大利亚查尔斯特大学讲师 Fritz N. Ewang 评介澳大利亚的现金流偿付能力测试（cash flow solvency），要点如下：

第一，现金流测试或者商业破产测试（commercial insolvency test）是澳大利亚（公司法和破产法上）唯一采取的测试。来自澳大利亚业界的观点是：资产负债表测试是无关紧要的。资产超过负债的事实并不重要。Fritz N. Ewang 援引著名学者 Bayless Manning 的观点说，"一般贸易债权人真正关心的是近距离和短时间内的事情。贸易债权人以天和小时来衡量他的世界。他对古老的商业历史的关注微乎其微。他根本不关心资产负债表会计的微妙之处。他要的是现金。他要的是即时的现金。他不关心债务人早先持有的现金可能去了哪里。"

第二，澳大利亚业界似乎认为，"公司的偿付能力"问题是商业判断而不是会计判断，是个案判断而不是抽象判断。Fritz N. Ewang 说，现金流测试所认可的债务人的自有资金，并不局限于他立即可用的现金资源。考虑到债务的性质、数额、债务人业务状况与性质，债务人在较短的时间内通过出售、抵押、质押其资产而

---

〔1〕 See Ewang, Fritz N., Regulating Share Capital Transactions and Creditor Protection: A Multi-Faceted Model, *Australian Journal of Corporate Law*, Vol. 21, No. 2, 2007, pp. 1-23, https://ssrn.com/abstract=1028447，最后访问日期：2021 年 6 月 9 日。

获得的资金也算在内。在 Hamilton v. HBP Steel Ltd（1995）一案中，法官指出，付款期限不一定严格拘泥于合约上的具体时间。行业惯例或者交易各方形成的习惯表明，其实每个人都不同程度地接受债务人不按时付款。在一个衰退行业中，这更加常见。如果绝对不接受赊账，债权人可能根本无法出售商品。尽管人们通常希望遵守 30 天内的延期习惯，但现实是：有不按时付款的客户，总比没有客户好。

第三，Fritz N. Ewang 认为，建构偿付能力测试规则依然是困难的。其援引和强调了牛津大学法学教授 Roy Goode 在其名著《公司破产法的原则》中，对偿付能力测试提出的五大"谜题"。（1）如何定义债务？（What is the meaning of debts?）（2）对于那些偿付期限尚未届至的债务，法庭应当在多大程度上将其纳入考虑？（To what extent, if at all, may or should the court look at debts becoming payable in the future?）（3）法庭应当考虑的债务，是否包括履行期限已经届至，但债权人尚未就其主张权利的债务？（Are debts to be included which though legally due, are not the subject of any current demand for payment?）（4）在评估偿债能力时，是仅仅考虑自有资金，还是可以将公司以借贷、处置资产等方式融资的前景考虑在内？（Is ability to pay debts to be determined exclusively by reference to the company's own money or can the prospect of raising funds through borrowing or the disposal of assets be taken into account?）（5）在考虑偿付能力时，是必须要求公司严格按期支付，还是允许有一定的宽限期？（Must it be shown that the company is able to pay its debts exactly on the due date or is some margin of tolerance to be allowed?）

评析： 第一，澳大利亚摒弃资产负债表测试的做法令人印象深刻。事实上，各国几乎公认资产负债表意义不大，对其保留的原因，只不过是出于对偿付能力测试的不放心。第二，在偿付能力测试时不严格按照债务履行期限来判断，是相当务实的做法。这说明偿付能力测试的确对法官提出了极高的要求。第三，Roy Goode 的"偿付能力测试五问"是针对破产法的，确实切中要害。其中的第 3 问、第4问，目前似乎存在优势答案。法律上届期但尚未被声索的债务，被考虑在内为宜。因为债权人是否行权，影响的是自身的时效利益，不应当影响债务人的偿付能力。评估偿付能力时，考虑公司的筹集资金能力更符合实际，只是这样的考虑，难免又增加了该测试的不确定性和可操纵性。

三十、Christopher I. Haynes 评新西兰偿付能力测试[1]

Christopher I. Haynes 讨论了 1993 年新西兰《公司法》第 4 条规定的偿付能力测试。要点有如下。

第一，概念与应用场景。新西兰法中，偿付能力测试（solvency test）是上位概念，流动性测试（liquidity test）与资产负债表测试（balance sheet test）属于并列的"两翼"。流动性测试要求公司有能力支付其正常经营中的到期债务；资产负债表测试要求公司的资产价值高于负债，包括或有负债。此外，依据 1993 年新西兰《公司法》，偿付能力测试不仅应用于分配场景，还应用于向"向股东提供折扣（discounts provided to shareholders）"（第 55 条）、一致同意（第 108 条）、少数股东挤出条款（第 110 条）、非公正损害救济（第 174 条、第 175 条）、公司合并（第 221 条、第 222 条）。

第二，测试的时间。在授权和进行分配的间隔期间，董事会有权根据合理的理由，不再相信公司将在分配后满足偿付能力测试。此时，分配将产生与未经授权分配相同的后果。Christopher I. Haynes 评论说，为了规避上述风险，董事授权后最好及时分配。

第三，分配定义的外延。1993 年新西兰《公司法》第 2 条所定义的分配，必须是股东收到的"与所持股份有关的"分配。字面上，这意味着只有以股东身份收到的利益才被视为分配。Christopher I. Haynes 评论说，这种拘泥于字面的狭义解释可能会损害债权人和非参与股东的利益。因为有时，股东也可能是公司职工。公司可以工资之名，掩盖对控股股东分红之实。目前，并不清楚这种情况是否

---

[1] See Christopher I. Haynes, "The Solvency Test: A New Era in Directorial Responsibility", *Auckland University Law Review*, Vol. 8, 1996, pp. 124-141.

需要满足偿付能力测试。Christopher I. Haynes 认为应当采用广义解释，即这种情况也要接受偿付能力测试。

第四，流动性测试的判例经验与难点。流动性测试的概念 1993 年才引入新西兰《公司法》的分配测试，但早就出现在 1955 年版的新西兰《公司法》。"可撤销的优先权（voidable preferences）"（第 309 条）、"公司高管的疏忽与欺诈行为（reckless and fraudulent trading by company officers）"（第 320 条）两个领域积累的判例经验，可以借鉴。难点有两项，一是"有能力支付到期债务（ability to pay debts as they become due）"的含义，二是"正常经营过程中（in the normal course of business）"的含义。

第五，关于"有能力支付到期债务"的含义。Christopher I. Haynes 重点援引"Re Northridge Properties (in liq)"这样一份文件，列出以下五项判断标准：（1）公司是否有能力支付其现有债务。不过，公司历史上和近期的偿债情况，也可以参考。（2）应当考虑公司尚未清偿的债务。（3）所谓"到期"，指的是债务在法律上到期的时点。（4）如果非现金资产的变现能力充足，则应当考虑；而此时的到期债务也应当考虑。（5）偿付能力测试是客观测试。

第六，关于"正常经营过程中"的含义。Christopher I. Haynes 指出，相关疑点有两项。其一，法律的要求是"公司只需要有能力支付在正常业务过程中到期的债务（不包括异常债务）"，还是"公司应当能支付正常业务过程中的一切债务（包括异常债务）"。Christopher I. Haynes 倾向于第一种含义。其二，法条使用的是"正常经营过程（in the normal course of business）"，而非大量新西兰判例法使用的"通常经营过程（in the ordinary course of business）"。是否有深意？Christopher I. Haynes 说，没有。

评析：Christopher I. Haynes 在 1996 年就给出上述讨论，难能可贵。其中尤其有价值的是把流动性测试的难点，聚焦在"有能力支付到期债务"和"正常经营过程"两个概念的解释。此处不赘。

另一值得讨论之处，是测试时间。Christopher 的讨论、新西兰法律的规定似乎回避了重点。测试时间规则的本意，是董事的义务。

也就是说，董事必须保证在 X 这个时点上，公司通过测试，否则将承担责任。可是 Christopher 的讨论是"跑题的"。他的观点是，在宣布分配后，公司情况有所改变而不再满足测试时，董事有权撤销此次分配。这一观点失焦了。它讲的是董事的权利，而非义务。而且这跟债权人没有关系。真正重要和有待规定的是义务——如果宣布分配后，实际支付前，公司状况发生变化，董事有没有责任？或者说，董事要不要对从分配到支付的全程负责，要不要保证全过程公司都是具有偿付能力的？这才是重要的事情。测试时间的本质，是规定董事的义务，不是权利。

三十一、J. Barneveld 评 2008 年欧洲有限责任公司立法提案

荷兰阿姆斯特丹大学法学院 J. Barneveld 介绍说，提案建议，允许在公司章程中规定除资产负债表测试外的偿付能力测试。委员会认为，引入强制性的偿付能力测试是不可取的，因为目前仅少数成员国采用此方案。除非当私人公司注册资本低于 8000 欧元时，应采取强制的偿付能力测试。测试时，董事会需要签署一份偿付能力证书，保证公司能够在分配日期的一年内支付其在正常业务过程中到期的债务。提案还规定，偿付能力证书应该被披露，但没有说明披露的对象和方式。

J. Barneveld 提出一个有趣的观点：强制偿付能力测试是不必要的。理由在于董事的信义义务中，已经足以解释出董事有义务在公司分配前，审查公司偿付能力的意思。因为，董事对公司负有信义义务，应当为公司的最佳利益行事。而公司分配后丧失偿付能力，不符合公司的最佳利益。

评析：通常的观点是，过度分配损害的是债权人利益。而 J. Barneveld 认为本质上也损害公司利益，公司将丧失债权融资的信用基础，进而大概率导致破产。本书的初步评论是：J. Barneveld 的新观点有趣且思辨，理论上也说得通，而且不必再由"董事对债权人的信义义务"理论来迂回、搭桥。不过，董事侵害公司利益造成的损失，可能难以计算。该损失不再是简单的过度分配额，即"实际分配额–理论上可以合法分配的最高额度"。它变成了公司因非法

分配遭受的复杂损失，即"公司假定合法分配且持续正常经营的价值–公司非法分配后现有的价值（公司很可能破产）"。显然，损失计算的不确定性增加了。

3.2.2.4 偿付能力测试小结

偿付能力测试出现在美国破产法、反欺诈转移法、公司法、统一商法典上。其本质类似，都是判断公司的现金流是否充分，有无偿还债务的能力。但是，破产法、反欺诈转移法上的偿付能力标准，对公司法来说意义不大。一方面，破产法的偿付能力测试，发展出涉及债务的数量、未付债权的金额、未付债权的重要性、债务人财务行为的性质的"四要件说"。但是，破产法的视角是当下，公司法的偿付偿付能力却具有未来性和预测性。另一方面，反欺诈转移法的偿付能力标准就更不清晰了。原因在于，该法对债权人证明标准的调低，意外使得研究偿付能力测试的标准，变得不再那么重要。因此，公司法上的偿付测试的理念和架构，需要单独研究。

一、定义

美国多数州公司法上，偿付能力测试与资产负债表测试是并列关系。前者预测公司未来短期内以预期现金流支付预期债务的能力；后者评估公司净资产状况。两项测试的组合，统称分配测试。不过，偿付能力测试在跨法律部门的借鉴，以及跨国家的法律移植中，概念上出现了伸缩和位移，需要辨析，以免各说各话。

美国破产法，澳大利亚、新西兰、新加坡的法律与学说，欧盟公司法专家高层小组报告的建议，提出了另一套概念关系模式。它是把偿付能力测试（solvency test）作上位概念。资产负债表测试（balance sheet test）与流动性测试（liquidity test）作下位概念。

南非公司法上，概念关系又不同。南非公司法上的"偿付能力测试"，实际是美国公司法上的资产负债表测试。而后者的偿付能力测试，在南非公司法上称流动性测试。

二、难点

偿付能力测试的难以操作显而易见。对此，文献时常不失优雅地发些牢骚。其实该测试的要点无非期限、未来现金流评估、债务评估三项。难点目前集中在债务上。

第一，期限。期限是重要的，过短则形同虚设，过长则过于严苛。毕竟，所有的公司都是要消亡的，而公司的平均寿命远远短于人寿。[1] 目前的共识是，以 12 个月为宜。第二，未来现金流。如何评估一个持续经营企业未来 1 年内的预期现金流，财务上已有相当成熟的惯例，尽管这些方法主要依靠猜测，近乎艺术。其中较有争议的是对于公司通过股权、债权等工具进行再融资能力的评估。第三，未来债务。债务评估的争议包括一系列细节问题：（1）或有债务问题；（2）如何评估履行期限虽已届至，但债务人却并未主张的债务；（3）如何评估履行期限届至、债权人已经主张，但可能给予一定宽限期的债务；（4）如何评估履行期限在 1 年至 2 年期间内届至的重大债务。

三、原则

第一，商业判断原则。测试的本质是董事的商业判断，只要有合理依据即可作出（James J. Hanks Jr.）。第二，未来性原则。测试预测的是未来预期现金流和预期债务的匹配度。假如公司当前处于资不抵债状态、流动资产少于流动负债，且盈余或者累计净利润为负，依然不能认定测试失败。因为公司未来仍有可能凭借持续经营能力、核心业务的增长、估值前景的看好等，顺利获得融资而偿付债务（James J. Hanks Jr.）。第三，优势概率原则。通过测试并不要求接近 100% 的确定，而只是要求"至少超过 50% 的大概率"。类似

---

〔1〕 据调查，在中国，民营企业平均寿命 3.7 年；中小企业平均寿命 2.5 年；大公司平均寿命 7 年~9 年。在美国与日本，中小企业的平均寿命分别为 8.2 年、12.5 年。参见刘兴国：《中国企业平均寿命为什么短》，载中国社会科学网，http://www.cssn.cn/bk/bkpd_ qklm/bkpd_ bkwz/201606/t20160601_ 3045989. shtml，最后访问日期：2021 年 1 月 27 日。

于"优势证据"（J. B. Heaton）。

四、规则

立法与学说给出了诸多指导规则，大体分为两类：绝大多数是消极性规则，即不能、不需要如何测试，或者仅仅如何测试是不够的；少数是积极性规则，即应当如何测试。积极规则显然有更优的指导性与担当。

消极规则诸如：衡平测试没有明确标准，取决于董事的商业判断（MBCA official comment）；仅仅比较流动资产和流动负债是不够的，仅仅测算公司资产的清算价值能否覆盖其债务也是不够的（Barbara Black）；小型封闭公司不需要严格详细的测试（Barbara Black）；不应拘泥于债务的履行期限来判断（澳大利亚判例）。

积极规则中，最有参考价值的，可能是新加坡《公司法》§7A (1)。该条规定董事的偿付能力声明须含以下四点：第一，基于声明之日的事实，没有理由认为公司当时无法支付其债务。［§7A (1)（a）］第二，如果计划在声明日12个月内清算公司，公司将能在清算开始后的12个月内支付其债务。［§7A (1)（b）（i）］第三，如果无清算计划，公司将能在声明日期后的十二个月内支付其到期的债务。［§7A (1)（b）（ii）］第四，公司的资产价值不低于其负债，并且在拟议的资本削减、赎回或提供财政援助后仍将如此。［§7（a）(1)（c）]。诚然，新加坡《公司法》§7A (1)并未提出具体方法。但是，框架和议程的设定也很重要。

大陆学者张雪娥指出，偿付能力可以从如下角度评估：A. 财产超过负债；B. 对公司财政声明的查询和分析；C. 对模糊评估问题的声明；D. 对公司重大风险账户的查询声明；E. 可能影响公司财政和运营的外部条件包括竞争的调查报告；F. 偶发性债务声明；G. 公司近期偿付其到期债务的情况。[1]该观点有良好的参考价值。

---

〔1〕 参见张雪娥：《公司信用内部性保障机制研究——以资本维持原则的考察为基础》，经济日报出版社2015年版，第60~61页。

五、与资产负债表测试之关系

衡平偿付能力测试关注未来现金流的充分性，其会计基础是现金流量表。资产负债表测试关注当前资产与负债的关系，其会计基础是资产负债表。盈余测试关注公司整体盈亏、累计利润，其会计基础是资产负债表、损益表。

偿付能力测试与资产负债表测试是交叉关系。两者无所谓谁更严格。两者当然都会阻止那些净资产、现金流水平都欠佳的企业。重要的是，两者会拒绝一些"看上去不错"的公司。分别而言，偿付能力测试拒绝高净资产，但以固定资产为主、未来业务成长空间有限的公司。资产负债表测试拒绝现金流充沛，但成立以来高速成长扩张，以至于暂未实现盈利的公司。

Jonathan Rickford 提出一种富有启发性的观点，认为本质上，两种测试没什么不同；至少，其差异性被高估了。表面上，偿付能力测试考虑未来现金流和未来负债的关系；资产负债表测试考虑现有资产和现有负债的关系。两种测试的变量有明显差异。然而，在资产端，一旦运用现金流折现思想，那么对一个持续经营的公司而言，未来现金流就是现在的"资产价值"。而现代资产负债表测试通常允许采用公允的估值方法，而不必拘泥于资产负债表的成本法，这一规则令两种测试更加接近。在负债端，随着资产负债表测试也允许甚至要求考虑预期负债、或有负债，两种测试对负债的评估也接近了。

Jonathan Rickford 这一观点不是破坏性的。它的启发是：两种测试各守本分即可。资产负债表测试保持刚性和简洁，偿付能力测试保持衡平和弹性。任何一种测试都必然有长短。试图无限挖掘每个测试的潜力，催逼其无限生长和延展，必然就会失去其固有的功能。令资产负债表测考虑各种模糊空间，令偿付能力测试过分具象化，就是在做这样的事情。

六、破产法与公司法上偿付能力测试之关系

两者的相同点在于考察现金流与负债的关系。权益性投资人–

债权人的利益平衡，是制度设计、解释时的出发点。更重要的是差异。

第一，两者的根本差异在于对公司状态的预设前提。分配语境下的测试，必然假定公司处于持续经营状态；否则，分配的正当性根本不存在。破产语境下的测试，对公司的状态不作任何假定；因为，这是破产测试的探究目的而非前提。

第二，分配测试是对一个未来事实的预测；破产测试是对现状的测试。因此，分配测试不仅允许甚至欢迎猜测，艺术性可能高于科学性。后者则尽力排除猜测成分，仅做事实鉴定。

第三，实践中，破产测试比分配测试激活的概率显著更高。理由可能在于：分配测试发挥的更多是阻吓效用。非法分配被发现、追究的场景，大概率是公司已经陷入全面偿付不能、濒于破产。此时，非法行为已经发生，破产机制、反欺诈转移机制更多地发挥作用。

第四，两者的证明对象，同质而反向。分配测试要证明公司不丧失偿付能力；破产测试要证明公司丧失偿付能力。法律似乎作出不同的"法律推定"。在分配测试中，只要董事遵循商事判断规则作出决策，法律似乎就推定公司具备偿付能力。此时，更多的举证责任在原告方，即公司、债权人方。破产测试中，只要公司符合一定的破产特征（例如 3.2.2.1 处，破产法庭通常援引的四点因素），法律似乎就推定公司丧失偿付能力。此时被告即公司的举证责任更重，需要提出额外、有利的证据，证明公司并未丧失偿付能力。

3.2.3 资产负债表测试

资产负债表测试（balance sheet test）的经典表达是：分配前和分配后，公司的资产总额，不得少于其负债与优先股票的优先清算权益之和。显然，该测试考察在分配前后，公司资产与公司负债之间的关系。其中，优先股股东的索取权在法律属性上属于股权，但在经济属性上与债权的近似度较高。资产负债表测试将其列入债权侧，明显是为了提高测试的严格度。MBCA 与美国公司法上，资产负债表测试通常与偿付能力测试形成组合。这说明立法者认为，第一，两种测试不是重合关系，而是或者分离，或者交叉。第二，该两项子测试都是分配测试的必要组成部分，缺一不可。

资产负债表测试的名称，有两处值得注意。其一，资产负债表测试，并非唯一依据资产负债表实施的测试。盈余测试也主要依据该表。因此，较真地说，美国公司法上的资产负债表测试，宜作"净资产测试"。

盈余测试：可分配额=净资产-实收资本 = 留存收益+（资本盈余/公积）

资产负债表测试：可分配额=资产-负债-优先股权益 =净资产-优先股权益

其二，法律移植的过程中，资产负债表测试的名称与所指可能发生分离。这给文献研究带来额外成本。例如，南非公司法上，"solvency test"的名为偿付能力测试，实际内容更接近美国公司法的资产负债表测试。[1]即

美国：distribution test ⊃ balance sheet test（资产负债表测试）& solvency test

南非：distribution test ⊃ solvency test（偿付能力测试）& liquidity test

3.2.3.1 业界评介

一、Gregory C. Yadley 的讨论

资产负债表测试下的可分配金额可用公式表达为：总资产-［总负债+可适用的（applicable）清算优先权］= 可分配金额。举例：

ABC 公司有 100 股普通股和 100 股流通的优先股。优先股的清算优先权为每股 2 美元，共计 200 美元。ABC 公司建议对其已发行的普通股宣布每股 5 美元的现金股息，共计 500 美元。假定此时，ABC 公司的资产负债恒等式为：

---

〔1〕 See Van Der Linde, Kathleen, "The Solvency and Liquidity Approach in the Companies Act 2008", *Journal of South African Law*, Vol. 2009, No. 2, 2009, pp. 224-240.

总资产＄10 000－总负债＄9500＝权益资本＄500

结论是，即使此时公司通过了衡平偿付能力测试，也不能进行分配。因为拟议的分配之后，资产（9500 美元）＜负债（9500 美元）＋优先股清算优先权（200 美元）。故，该公司无法通过资产负债表测试。换言之，公司可供分配的最大金额是 300 美元。即，资产（9500 美元）－（负债 9500 美元＋优先股清算优先权 200 美元）＝ 300 美元。[1]

评析：Gregory 给出了资产负债表测试的清晰、可操作的定义。并有两项隐含信息：第一，优先股权益此时视为负债。第二，偿付能力测试与资产负债表测试不能相互替代。至少，满足衡平测试，未必满足净资产测试。

二、J. B. Heaton 的讨论[2]

资产负债表测试的核心之问是：公司的资产是否大于负债？关键在于对资产和负债如何估值。估值的前提是判定公司处于"持续经营"（going concern）还是"濒临死亡"（on its deathbed）状态。显然，这里有两种估值逻辑：持续经营公司将源源不断地产生现金流；濒临死亡公司只能停止营业、抛售资产。通常，定性是困难的。因为多数涉诉公司，恰恰介于持续经营与濒临死亡之间。

在有些判例中，除非公司即将关门，法院总是倾向于迫使诉讼当事人构建持续经营的估值。但事实上，有些时候，以清算价值估算更符合债权人的利益。如果决定以清算价值来评估资产，则假定出售该资产的时间也是一项权衡。显然，资产销售的价格随着资产销售期的延长而提高。法院通常会避免以减价处理式销售（fire sale）来估算价格。不过，假定的出售期间越短固然导致评估价格

---

〔1〕　See The Florida Bar, Florida Corporate Practice, Florida Bar Continuing Legal Education, 9th Edition, https://1-next-westlaw -com. b12135. top/Document/I3be6244eb4a011 e08b05fdf15589d8e8/View /FullText. html，最后访问日期：2021 年 1 月 23 日。

〔2〕　See J. B. Heaton, "Solvency Tests", *The Business Lawyer*, Vol. 62, No. 3, 2007, pp. 983－1006.

越低，但假定的出售时间过长，也会影响债权人受偿的满意度。因此，法院通常假定一个合理期间。例如，在 Trans World Airlines, Inc. 一案中，第三巡回上诉法院支持 12 个月至 18 个月是假定出售航空公司资产的"合理期间"的结论。

有趣的是，对债务的估值要按面值而非市场价值。只有按照面值，资产负债表测试才能有意义。如果债权人完全了解债务人的事务，且资产价值低于债权面值，则债权人对其债权的估值绝不会超过资产的价值。同样地，完全知情的债务人永远不会愿意向债权人支付高于债权人愿意接受的金额。因此，债权的价值永远不会超过资产的价值，破产永远不会发生。如果债务按市场价值估价，破产就永远不会发生。这是一个荒谬的结果。公司的预期现金流有可能足以支付公司的到期债务，但这些现金流的现值却小于债务的未折现面值。例如：

一家公司有 100 美元债务，需在年底偿还本金及 5 美元利息。目前，公司仅有一个项目将在年底产生一次性的、确定的 108 美元现金流。偿债后，公司将支付 3 美元利息，解散并清算。该公司无疑能通过偿付能力测试。然而，它在资产负债表测试中将遇到麻烦。假设反映货币实践价值的必要利率是 10%，则贴现系数为 1÷1.1，约为 0.91。因此，108 美元未来现金流的现值是 108×0.91 = 98.28 美元。由于未来现金流折现价值<债务面值，公司未能通过资产负债表测试。

怎么会产生这种现象？问题在于，未来现金流与其折现价值是不同的。现值必须考虑到货币的时间价值和风险折扣。尽管未来的现金流很高，足以在到期日支付债务，但折现率使得未来的现金流价值低于今天未折现的债务面值。比较资产价值与债务面值时，发生了两个脱节。第一个是时间因素。将任何事物的现值与其他事物的未来价值相比较，必然会导致麻烦。第二个因素是风险折现。事实上，企业是用实际的现金流来偿还债务，而不是用现金流的折现价值来偿还债务。结论是：资产负债表测试虽然最直观，但显然是不完善的。

总之，偿付能力测试只是询问现金流能否与到期债务面值相匹配。而资产负债表测试则涉及估值。采用未来现金流折现法估值，就需要考虑现金流的时间价值和风险。因此，是否考虑未来现金流折现的风险因素和时间因素，是区分两者的关键。换言之，当公司确定通过偿付能力测试时，是否通过资产负债表测试则不一定。如果对时间价值和未来现金流风险做出乐观估计，那就可能通过；悲观估计下则未必通过。

评析：J. B. Heaton 讲出了高明的见识。就若干观点理解如下：

第一，论者说，资产负债表测试的要点当然是资产、负债的评估。而评估的大前提，是确认公司目前是处于持续经营还是濒临死亡的状态——因为两种状态适用的评估方法是不同的。观点很有道理。需要补充的是，用该观点解释公司法上的分配，则大为受限。因为公司可以实施分配的大前提，大概率是公司仍在持续运营中。如果濒临死亡，那就连做分配测试的资格都没有。仅有的例外比如，公司以章程形式约定了经营期限，或者以决议形式意定解散。此种解散之前的分配测试，确实需要考虑估值方法。

第二，论者说，对债务的估值应该取账面值，不能取市场估值。否则，资产负债表测试就没有意义了。因为债务的市场估值，正是由公司的偿付能力决定的，两者是恒等的关系。观点很有道理。可要补充说明的是，这种观点的本质，其实就是区分一项债权的法律应然价值和实然价值。一份债权的实际市场价值，指的是对它进行转让能获得的对价。这种对价与债务人的偿付义务没有关系。哪怕一份债权现在已经因公司偿付能力不足而大为贬值，债务人照样在法律上有义务全额偿付；哪怕一份债权现在已经因种种原因，市场实际价值超过了票面价值，在法律上债务人照样仅有义务按票面价值偿付。

第三，论者举出的现金流折现的例子同样有价值，值得分析。一方面，论者提到的场景是完全可能的。公司未来产生的现金流足以偿付债务（偿付能力测试成功），但在当前，该现金流的折现价值却低于公司债务的账面价值（资产负债表测试失败）。另一方面，论者认为此例证明资产负债表测试是不完善的，则值得商榷。这并不能证明资产负债表测试不完善。其一，公司通过衡平测试却通不过资产负债表测试，或者相反，本来就属于正常现象。并不是两种测试必须同时通过或不通过，才是合理的。否则就不需要两项测试了。其二，论者批评资产负债表测试的理由是，"企业是用实际的现金流来偿还债务，而不是用现金流的折现价值来偿还债务"。这个说法并非毫无问题。资产负债表测试本来就不是测试公司偿付能力的，而是去关注净资产的。即便资产负债表有缺陷，那也应当批评关注净资产本身的局限性，而不是去批评净资产不能反映偿付能力。

第四，关于 J. B. Heaton 提出的资产负债表法需要考虑估值，并且考虑（1）时间价值；（2）风险折扣。据本书的理解，时间价值和风险折扣不是并列关系，而是前者包含后者的关系。假设未来第 N 年，公司将预计取得现金流 P，则依据现金流折现公式，该现金流的折现值是：折现价值=$P/(1+R)^N$。

其中的 R 为折扣率（discount factor）。折扣率=无风险收益率+风险溢价。其中，无风险收益率指投资于一个没有任何风险的投资对象，所能得到的收益率。通常取短期国债利率。风险溢价指投资人要求较高的收益以补偿更高的风险。J. B. Heaton 所指的"时间价值"，指的是此处的 R。而"风险折扣"应当指此处的风险溢价。所以，两者是包含关系，而非并列关系。

三、Andrea C. Saavedra 的讨论

美国纽约州 Weil, Gotshal & Manges 律师事务所律师 Andrea C. Saavedra 谈及破产法中的资产负债表测试时说，此测试在实践中一般分三步走。

第一步，确定公司状态，即作为债务人的公司，目前是以持续经营的方式存在还是面临清算。因为前者通常比后者的价值更高。一般而言，持续经营中公司的合理估值，指其在合理的时间内以谨慎的方式出售资产可以获得的公允市场价格。"合理时间"以最有利于债权人的原则确定：不能过短，以至于价值因迅速强制出售而受损；不能过长，以至于影响债权人对资金的及时回收。第二步，

依据具体的案件情形，在公认的估值方法中选择合适者。最常见的三种商业评估方法是现金流法、可比公司法和可比交易分析法。法院也接受这些估值方法。计算出债务人的资产价值后，在将其与债务人的负债进行比较，得出初步的测试结论。第三步，进行追溯调查，以确定公司在过去某些特定试点的偿付能力。追溯调查时应当警惕后视偏见，主要依靠当时的已知事实和信息进行评估。

评析：破产法上的资产负债表测试有借鉴意义。Andrea C. Saavedra 的讨论至少有两个信息点：一是梳理了实践中该测试的三步走实操模式，二是暗示了估值是 balance sheet test 的核心问题。

四、Fritz N. Ewang 的讨论[1]

澳大利亚查尔斯特大学讲师 Fritz N. Ewang 对资产负债表测试评价说，资产负债表测试的共同定义是，公司的资产不足以偿还其债务。其基本思想是，如果公司的总负债最终只能通过资产的变现来满足，而资产变现又不足以偿付，那么，公司就没有能力履行其当前的义务。

Fritz N. Ewang 指出，该测试面临的困难是资产的估值和债务的评估。一方面，资产估值不是一门精确的科学。不同的会计师对某一特定资产估值的方法，会有不同看法；甚至，针对特定资产，使用特定方法，不同会计师也可能给出不同的估值。因此，完全可能出现这样的情况：从一种合理观点来看，A 公司具有资产负债表意义上的偿付能力；从另一种合理观点来看，A 公司则不具有。另一方面，在估计负债上也有不确定性。在未量化的现有负债、或有负债、资产的可变现价值和清算费用方面，尤其如此。

此外，有论者指出，资产负债表测试或许不适于由金融机构提供信贷的公司集团。因为在该集团中，某个公司的资产可能小于负债，但是其债务往往是由该集团的其他公司整体做担保的（因此偿

---

[1] See Ewang, Fritz N. , "Regulating Share Capital Transactions and Creditor Protection: A Multi-Faceted Model", *Australian Journal of Corporate Law*, Vol. 21, No. 2, 2007, pp. 1-23.

债能力无虞）。

评析： Fritz N. Ewang 对资产负债表测试的理念和难点表述得很清楚。只是公司集团对测试的适用问题，有讨论空间。资产负债表测试本就不能，至少不能独立测试公司的偿债能力。这本就是偿付能力测试的任务。两者各司其职。像上述情况下，集团公司内部的公司 A 当然不能通过资产负债表测试，但可以通过偿付能力测试。这种情况也会发生在非集团公司语境下。假设公司 B 在账面上资不抵债（比如借用了大量的过桥贷款），但与此同时，B 公司所处行业持续向好，公司盈利能力极强，且短期内将从某项目中赚取大量投资回报。则 B 公司的结论是：不能通过资产负债表测试，但能通过偿付能力测试。资产负债表必须有独特的、内在的、固有的标准，给定条件下，测试结果必须是确定的，不能随着公司偿付能力因素或者其他因素而调整、摇摆。至于偿付能力测试与资产负债表测试，在上述情况下得出冲突结论，这是立法者操心的事情。

五、Jonathan Rickford 的讨论[1]

欧洲公司治理研究所助理研究员 Jonathan Rickford 介绍了欧洲立法先后出现的四个资产负债表测试版本。第一个版本是欧盟公司法第四号指令的旧版。该版本完全依靠历史成本，不承认现值（current value）、或有负债的概念，也不包括按照全额计价的债务和准备金（provisions）。该版本显然不足以评估公司真实的财务状况，以及持续的现金流前景。第二个版本是欧盟公司法第四号指令的修订版。该版本允许资产的实际价值出现在账面上。但是，其唯一的效果是在出现未实现的损失时，以非对称和有偏见的方式减少可分配金额。第三个版本是现代的第四号指令，它允许对所有资产进行公允估值，甚至允许在无法获得市场参考价格的情况下，由董事自行估值。公允估值的引入，可能会导致相当主观的会计报表决策，

---

　　〔1〕 See Jonathan Rickford, "Legal Approaches to Restricting Distributions to Share-holders: Balance Sheet Tests and Solvency Tests", *European Business Organization Law Review*, No. 7, 2006, pp. 167–169.

也会导致测试结果的高度波动。第四个版本是什么，本书没有看懂论者的表述。似乎是与国际会计准则（IAS）相关的版本。

评析：本书没有完全读懂 Jonathan Rickford 的表述，但从四个版本的演变，依稀可以看到：资产负债表测试的核心是资产与债务的评估。它经历了一个从账面到账外、从固定到灵活、从成本价格到公允价格、从现有到或有的一个过程。这让资产负债表测试变得不确定。此外，欧洲的资产负债表测试，其实是广义的。它指基于资产负债表的测试，既包括盈余测试，也包括净资产测试。所以，欧洲的概念和美国名似而实异。

六、南卡罗来纳州商事公司法典§33-6-400官方评论〔1〕

资产负债表测试通常要求在任何分配后，公司的资产大于等于其负债加上优先股权证券的清算优先权。确定资产、负债、优先股索取权，既可以依据财务报表，也可以在财务报表之外，选择其他公允的评估方法。法律允许偏离历史成本会计进行评估的原因在于，不同的评估方法，的确对应不同的企业类型、所处情况和评估目的。例如，多数情况下，对一个持续经营的企业，采用公允估值法将是合适的。而对于正在清算或者正在将其资产、业务大规模缩减中的企业，采取快速出售估值（Quick Sale Value, QSV）〔2〕的办法将是合适的。估值时应考虑公司的所有资产而不应有所选择，无论其是

---

〔1〕 See David C. Cripe, *Methods of Practice Colorado Business Entities Deskbook*, Thomson Reuters, 2019, https://1 - next - westlaw - com. b12135. top/Document/I446 c5fc33cf811daa6e8f cd07044b801/View/FullText. html，最后访问日期：2021 年 1 月 15 日。

〔2〕 关于 Quick Sale Value（QSV），线上词典 lawinsider. com 的解释是：在财务压力促使卖方在短时间（通常为 90 天或更短时间内）出售资产的情况下，卖方就该资产可能获得的报价的估值。参见 https://www. lawinsider. com /dictionary/quick-sale- value，最后访问日期：2021 年 1 月 5 日。美国国税局官方网站披露的"国内税收手册"第五部分给出的解释是：QSV 的定义是在财务压力的促使下，资产所有者在短时间内，通常为 90 天或更短时间内出售资产，卖方可以获得的资产价格的估计值。一般来说，QSV 低于公平市场价值。参见 https://www. irs. gov/irm/part5/irm_ 05-008-005r，最后访问日期：2021 年 1 月 5 日。

否反映在财务报表中。例如，一份有价值的待履行合同（a valuable executory contract）。

资产负债表测试将优先股的优先受偿权视为等同于负债，而不是股本权益。这是延续了 MBCA 的传统做法。

评析：资产负债表测试是公式化的，因此方法具有刚性。弹性空间自然在于构造公式的资产、负债、优先股权益诸元。诸元的评估是否存在相对硬性的约束，南卡罗来纳州商事公司法典官方评论没有涉及。

七、David C. Cripe 评科罗拉多州资产负债表测试[1]

David C. Cripe 等人所著《实践方法—科罗拉多上市公司企业手册》提到，资产负债表测试是该法突破最多的地方，也是给董事带来最大潜在风险之处。此前，科罗拉多州商事公司法从未使用过"一贯适用、普遍接受的会计原则"这一术语。当然，风险也是可控的。MBCA §6.40 的官方评论（4）（a）明确指出，假如按照 GAAP 编制的最新会计报表显示，在分配和支付优先股权益之后公司净资产为正，则董事几乎肯定会免于责任。除非，有证据表明董事依赖这些会计报表是不合理的。只是许多公司不使用 GAAP，因此第（4）分节特地开一道口子，允许公司使用"在当时情况下合理的会计惯例和原则"编制会计报表，采用与传统会计程序完全不同的估值方法。这就意味着大量的、潜在的估值程序都是成立的。

就此巨大的弹性空间，立法抑或官方评论都没有具体指导意见。官方评论只是说，在多数情况下，机构贷款人经常使用的"快速清算估值"或者"最低价估值"（knock-down value），不适用于正常经营中的企业。然而，官方评论似乎很清楚，公司所使用的估值程序必须全面覆盖公司所有资产和负债，不能单一地冲一项财产出具详细评估报告，而不考虑其他资产的价值增减。与 MBCA §6.40（d）

---

[1] See David C. Thomson Reuters, 2019, *Methods of Practice-Colorado Business Entities Deskbook*, Thomson Reuters, 2019, https://1-next-westlaw-com. b121 35. top/Document/I487ee7a1369 e11da8975c1d23319d955/View/FullText. html，最后访问日期：2021 年 1 月 28 日。

一样，科罗拉多州商事公司法也规定，公司可以使用任何其他在当时情况下合理的方法。MBCA 的官方评论可能比 MBCA 的语言走得更远。其认为，董事可以依靠会计师、公司高管和其他专家。后者可能比董事更了解企业的现实需要和资产的估值情况。

评析：资产负债表测试的模糊地带是估值。MBCA 给出的一些确定性评论：其一，对持续经营公司估值，不宜轻易采取快速清算法或者底价法。其二，估值时不能揪住一项财产不放，而是要全面估计所有财产与负债。MBCA 的观点是公允的。但不得不说，越公允、稳重的观点，就越接近废话。

八、James J. Hanks Jr. 评马里兰州资产负债表测试[1]

资产负债表测试的一般要求是，在分配之后，公司的资产必须不少于其负债加上（除非章程另有规定）优先股清算优先权的总和。马里兰州公司与协会法 §2-311（b）允许董事会在实施资产负债表测试时，既可以使用 GAAP，也可以使用在当时情况下合理的其他会计原则与惯例，来编制财务报表。该法 §2-311（b）（2）还允许董事会实施该测试时，既可以采用公允估值方法，也可以采用在当时情况下合理的其他方法实施估值。

这与此前的"盈余测试""不伤及股本测试"截然不同。由于资产的市场价值一般高于其账面价值，上述变化意味着，那些受限于盈余限制（依据 GAAP 计算）的公司，现在有了更大的分配灵活性。（令人费解）§2-311（b）没有具体规定因资产的公允市场价值超过其成本价值而产生的额外盈余的会计处理。将此部分列入资本盈余或者营业盈余似乎都不合适。因此，首选的处理办法是设置"增值盈余"或者"重估盈余"账户。就若干术语的解释：

第一，"特定情况下合理"（reasonable in the circumstances）。所谓合理是因条件而异的。例如：其一，估值方法和对象的匹配。公

---

[1] See James J. Hanks Jr., *Maryland Corporation Law*, Aspen Publishers, 1995, https://1-next-westlaw-com. b12135. top/ Document/Ia22471ccb93b11de9b8c850332338889/View/FullText. html，最后访问日期：2021 年 1 月 2 日。

允价值可能适用于升值资产（appreciated assets）。而依据 GAAP，历史成本价值不适用于减值资产。QSV 不适于估算持续经营中公司的财产，却是面临清算企业唯一适宜的估值法。其二，估值对象的选择。一些资产并不显示在依据 GAAP 编制的资产负债表上；但特殊情况下，估值时考虑这些资产却是恰当的。其三，估值方法的自由度。根据 § 2-311（b），使用 GAAP 来估值通常是合理的。通常（除非公认会计原则要求）不允许使用不同的方法分别评估资产和负债，也不允许使用不同的方法评估不同的资产。不过，公司总是有可能证明上述选择性评估在特定情况下是合理的。同样地，基于充分理由，财务报表假设未来事件的发生也可能是"合理的"。

第二，"公允估值"（fair valuation）。"公平估价"是编制资产负债表的一项独立的法定基础，不受"在特定情况下合理"的影响。资产负债表偿付能力测试的主旨很简单，就是确定资产是否超过负债。这基本上是一个为资产估值的问题，也顺便为负债估值。只要估值是"公允"的，就没有必要考虑其是否"在特定情况下是合理"的。"公允估值"应当包括对资产集合的整体估价，即作为持续经营之部分的估值。

尽管在衡量分配影响时，董事会有权采用合理的会计惯例和原则、公平的估值或其他合理的方法，但实际上董事会的自由裁量权是有限的。Lerner v. Lerner Corp. 是此方面的典型案例。本案中，无可争议的事实是，公司分配后负债超过了其资产。法官提到，董事们考虑公司通过增发来筹集现金是合理的。然而，没有证据表明依据 § 2-311（c）规定的分配基准日，存在任何关于发行股票筹资的合同或者单方承诺。因此，法院认为，公司因负债超过了其资产而未能通过资产负债表测试。尽管在晚些时候，公司的确发行了股票。这令人费解。

Lerner v. Lerner Corp. 一案的法院支持"董事有权考虑公司当前和未来的现金来源"之主张，所引用的唯一权威来源是 MBCA § 6.40 的官方评论。该评论允许董事"对公司业务的未来进程作出某些判断或假设"。不过，这一规则仅适用于衡平偿付能力测试，不适用于资产负债表测试。理由一，如上所述，董事会可以根据公平估值或其他合理的方法作出决定，考虑公允市场价值超过账面价值的部分。理由二，允许董事会在确定公司是否有能力支付其到期债务时，考虑当前和未来的现金流是有意义的（衡平测试）。然而，允许董事会比较尚未收到且不受任何承诺约束的资产，与已在账面上的债务，是没有意义的（资产负债表测试）。没有证据表明，MBCA 的起草者允许资产负债表测试出现上述期限错配的比较。

评析： James J. Hanks Jr. 教授如上论述，有效信息点如下：其一，马里兰州公司与协会法（实际上 MBCA 也是如此）允许在做资产负债表测试时，不拘泥于 GAAP，也可以采用当时情况下合理的其他会计原则与管理；允许不拘泥于成本估值法，也可以采用公允市场估值法、其他合理方法，这就令公司的合法分配区间，相较盈余法大为增长。其二，合理的资产估值存在一些管理，例如市场公允价值可能适用于升值资产。历史成本价值不适用于减值资产。快速出售估值法不适于估算持续经营中公司的财产，适用于面临清算的企业。其三，衡平测试允许董事对公司未来业务做估计；资产负债表则不允许。

论者提出了一个有趣的问题，即关于"资产负债表"测试中期限错配。论者批判说，在做资产负债表测试时，不能拿公司未来的或有资产和当下既有的账面债务进行比较。这当然是对的。可问题在于，只要估值采用未来现金流折现，那就一定不可避免地要考虑未来或有资产。如果仅允许使用资产的账面价值、迅速清算价值，那对于持续经营中的公司来说，那就注定会低估资产。因此，资产负债表测试大概注定就是一种账面的、形式上的测试法。

James J. Hanks, Jr. 的上述表述有三处存疑。其一，其谓，由于新马里兰公司与协会法允许对公司资产采取市场估值法，而市场价值通常高于账面价值，所以公司过去的分配受制于盈余，现在就有更大灵活性了。然而，盈余测试既然已经被废除，还如何作为比较的参照物呢？逻辑不够精确。其二，Lerner v. Lerner Corp. 一案实际隐含这样一种规则：诚然，董事是有权考虑未来进行债务再融资可能性的，可是，仅仅考虑还不够，还必须至迟至分配日，实际订立关于进行股权再融资的合同或者发布单方面承诺。哪怕分配后事实上进行股权再融资也不可以。然而，这实际上修改了规则，几乎令"董事有权考虑未来债务再融资可能性"的规定形同虚设。其三，所谓"特定情况下合理"指的是会计原则，所谓"公允估值"指的是价值评估方法，但这两者是不能截然区分的。

九、Christopher I. Haynes 评新西兰资产负债表测试[1]

Christopher I. Haynes 讨论了 1993 年新西兰《公司法》的资产负债表测试，要点如下。

第一，测试难点和整体原则。对资产和负债进行估值可能是困难的。根据 1993 年新西兰《公司法》第 10 条，董事可以依据在当时情况下的合理方法进行资产估值。董事有权自行估值，也有权聘请评估师估值。资产评估本质上是主观的，特定资产的价值在不同的评估师之间可能不同。

第二，资产评估。首先，需要确定是按持续经营企业进行估值，还是按照清算或者即将清算企业估值。这是测试的大前提，影响到整体评估方法的选择、商誉的计算，也会影响那些专属性较强、市场需求逼仄的特殊财产的估值——比如肉联厂的肉食加工设备。其次，或有资产问题。1993 年新西兰《公司法》资产负债表测试没有提到或有资产。因此，测试不应当考虑或有资产。这也符合会计的稳健性原则。

第三，负债评估。首先，长期负债更难估值，董事往往需要求助于专家。长期租约债务、融资租赁债务等在评估时应注意其各自特点。其次，或有负债的估值最为困难。或有负债包括担保、未催缴的股本、信用证、汇票、未决诉讼、租赁义务、履约保证金、承销和租购协议。1993 年新西兰《公司法》§4（4）规定，董事在确定或有负债的价值时，可以考虑两个因素：(1) 发生的可能性；(2) 合理预期下，公司有权获得的可以减少或有负债的任何索赔。从会计角度来看，"或有事项"不包括一般或不明确的商业风险。最后，次级债务的性质认定。由于次级债权只有在优先债权得到满足才有义

---

[1] See Christopher I. Haynes, "The Solvency Test: A New Era in Directorial Responsibility", *Auckland University Law Review*, Vol. 8, 1996, pp. 124–141.

务清偿，因此对公司而言是一种或有负债。可转换的次级债务对公司而言，可以不作为负债，而作为资本。

评析：第一，Christopher I. Haynes1997 年的论文已经比 20 年后的许多论文清晰和细致，也展示了新西兰立法的不俗之处。第二，"资产负债表测试"的核心是评估并比较资产和债务。而各自的评估，早已不拘泥于表内数字。因此，"资产负债表测试"确实是名不副实。第三，资产评估的核心是评估公司状态，负债评估的核心是或有负债问题。

十、J. Barneveld 评 2008 年欧洲有限责任公司立法提案

2008 年 6 月，欧盟委员会公布了关于欧盟"有限责任公司"的立法提案，但嗣后未能在欧盟成员国部长理事会上通过并生效。阿姆斯特丹大学法学院 J. Barneveld 介绍和简单讨论了其中的资产负债表测试部分。其要点是：

第一，资产负债表测试是强制性测试，即公司的资产必须完全覆盖分配后的负债。不过，提案没有定义资产和负债。委员会指出，相关会计规则使用欧盟公司法第四号指令或第 1606/2002 号条例（EC）。第二，目前的提案允许从资本中进行分配。对此，德国学者认为不能按照字面意思解释，因为该议案第 21.2 条意在确保资本不能被分配。德国学者建议直接修改议案。欧洲议会也同意了德国学者的意见。其决议建议在第 21.1 条中增加一个句子，规定：只有当存款的剩余金额不低于第 19.4 条中提到的最低金额时，才允许分配。但是，论者 J. Barneveld 评论说，没有必要这样做。因为资本通常为 1 欧元的低额度，且大量研究表明最低资本对债权人缺乏保护意义。[1]

评析：对于资产负债表测试，欧盟的争论在于要不要分配资

---

〔1〕 See Barneveld Jaap, Legal Capital and Creditor Protection – Some Comparative Remarks（March 5, 2012）. THE EUROPEAN PRIVATE COMPANY（SPE）：A CRITICAL ANALYSIS OF THE EU DRAFT STATUTE, D. F. M. M. Zaman, C. W. Schwarz, M. L. Lennarts, eds., Intersentia, 2009, https://ssrn.com/abstract=2016076. 最后访问日期：2021 年 6 月 25 日

本——本书认为这一讨论其实是跑题的。第一，资产负债表测试，讨论的是资产和负债的关系，资产大于负债就通过测试，资产小于负债就不通过。这跟资本没有任何关系。第二，如果考虑资本，那就不叫资产负债表（净资产）测试，而是盈余测试了。不是不能使用盈余测试，而是不能混为一谈。

3.2.3.2 资产负债表测试小结

资产负债表测试要求，公司在分配后，资产应当大于负债与优先股权益之和；否则不得分配。公式：可合法分配额＝总资产−负债−优先股清算优先权。该测试的基本思想乃是基于一种谨慎的、底线的偿债思维：即公司变现全部资产后，能否清偿其债务。如果不能，当然不得分配。

测试的关键是资产估值。美国公司法通常规定，估值既可以依据财务报表，也可以在报表之外选择公允方法估值。估值的前提，是判定公司是否处于持续经营（going concern）状态。对持续经营中公司，通常采取现金流折现法（Discounted Cash Flow Technique）估值。否则，采取 QSV 是适当的。拟议分配的公司，几乎不可能正处于破产、清算状态，否则根本不能分配。但是，快速出售估值法仍有适用余地。因为处于正常经营状态的公司，可能：（1）经营期限将于近期届满；（2）决议将于近期自愿解散；（3）在当期和未来大规模缩减业务。估值时，通常认为可以考虑表外资产。

测试的另一要点是债务确认，它要简单得多。只需，也必须按照债务的账面数额来确认。按照面值确认债务，测试才有意义。否则，理论上公司将永远不会资不抵债（J. B. Heaton，2007）。在市场交易充分、信息披露充分的前提下，当资产的公允价值降至债务的面值以下时，债权的公允价值也会下降，且不可能高于资产价值。债务确认也有不确定因素，例如未量化的现有负债、或有负债、清算费用等（Fritz N. Ewang）。或有负债问题尤其重要（Christopher I. Haynes）。

3.2.4 测试组合之分析

美国分配测试的演变史上，两种趋势隐现：其一，从盈余测试到偿付能力测试。其特征是分配测试从刚性到柔性，从确定到模糊，从依据表内因素到允许表外因素。其二，从单一测试到多重测试。其特征是从单一的盈余测试，到偿付能力测试+资产负债表测试之组合。当前，美国分配测试的主流，可以概括为盈余测试以外的子测试组合。

美国法上主要的子测试有三种：A. 盈余测试，B. 资产负债表测试，C. 偿付能力测试。三种测试自然组成 B+C／A+B／A+C 的排列组合。三种子测试各有其核心逻辑。盈余测试的本质是，分配额＝净资产－股本。资产负债表测试的本质是，分配额＝资产现值－债务面值。偿付能力测试的本质是，分配额＝预期真实偿付能力值－预期偿付能力底线值。其排列组合能发挥何种效用，是复杂而有趣的事情。

3.2.4.1 模式一：偿付能力+资产负债表

多数美国州法采用该组合。其典型表述是 MBCA § 6.40（c）：分配不得导致如下后果：公司将不能偿还正常经营中的到期债务（偿付能力测试），或者，公司的总资产将小于总债务与优先股股东的剩余索取权之和（资产负债表测试）。该组合也被称作双重破产测试。因为破产法上，丧失偿付能力和资不抵债，通常是破产的标准。[1]本句中的"或者"是有意义的连接词，不可以替换为"而且"。"或者"，意味着只要不通过任一测试，就不得分配；"而且"，意味着只有同时不通过两项测试，才不得分配。

偿付能力测试、资产负债表测试，有显而易见的差异与互补性。第一，前者建立在公司持续经营的假定之上，考察一个持续经营公司，能否用未来现金流偿债；后者建立在公司即时清算的假定之上，考察假设公司当即清算，其资产的价值能否偿还其现时债务。第二，前者是一个多元、复杂函数，即 y（偿付能力测试结果）= 多元变量的复杂计算。迄今没有一个唯一明确的解析式；后者是一个二元、简单函数，即 y =（资产负债表测试结果）= x（资产价值）－z（债

---

〔1〕 参见葛伟军：《公司资本制度和债权人保护的相关法律问题》，法律出版社2007年版，第160页。

务面值）。第三，资产负债表测试的依据，大多是公司现实资产、负债等历史信息；偿付能力测试则更多考虑公司的未来情况，核心是未来现金流。

两种测试的规范对象，是交集较大的交叉关系。申言之，其一，多数情况，假如一个公司在偿付能力测试中失败，其大概率也会受阻于资产负债表测试。反之，通过偿付能力测试的公司，大概率也会通过资产负债表测试。其二，少数情况，通过一种测试的公司，却将受阻于另一种测试（见表23）。

表23 资产负债表测试、偿付能力测试与公司画像

TEST		公司画像
Balance	Solvency	
YES	YES	正常状态的持续经营公司
NO	NO	资不抵债、濒临破产公司
YES	NO	［典型画像1：未来或有债务剧增］某公司正常经营中，但其产品被检测出严重瑕疵，虽然尚未出现受害者，但预期未来将发生大规模侵权赔偿诉讼。 ［典型画像2：公司现金流断裂］公司因过度赊销、过度投资扩张等，公司账面净资产为正，但营运资本枯竭，现金流断裂。
NO	YES	［典型画像3：高速成长、扩张中的潜力企业］公司有成长性，或者未来有确定收入，并未丧失偿付能力。但对未来现金流折现后，不足以覆盖现有的债务。 ［典型画像4：获得担保的集团公司成员］公司资产小于债务。但是，公司为某公司集团成员，其债务往往是由该集团的其他公司整体做担保的，偿债能力无虞。

值得一提的是，证明两种测试的功能并不重合，只能说明测试组合的可行性。但这并不涉及必要性，即立法者为什么不选择任意

一种测试，而是不惜使用成本更高的测试组合？单一测试有哪些劣势？——该问题并非纯粹的理论假设。单一的偿付能力测试也有支持者。第一，澳大利亚公司法即采用了单一的偿付能力测试，放弃了资产负债表测试。第二，有学者指出，在如表 23 中"典型画像4：获得担保的集团公司成员"那样的场合，适用资产负债表测试，似显不当（Fritz N. Ewang，2007）。

　　理论上存在三种分配测试版本。版本一：法律提供两项子测试，且允许公司任选一项测试，通过即可分配。版本二：法律设定单一子测试，通过即可分配。版本三：测试组合。即必须同时通过两项测试，才能分配。显然，三个版本的宽严度依次排列。在"对权益性投资人友好度"与"对债权人友好度"的光谱上，三种版本也依次排列。当前，没有立法采用版本一；少数立法采用版本二；多数立法选择组合测试。换言之，多数立法严控分配尺度，注重债权人利益保护。分配是微妙的权衡，此间尺度近于艺术而远于科学。到底采用哪个版本，本来就是价值判断。单一测试应当如何评价呢？

　　第一，单一资产负债表测试有明显瑕疵。

　　其一，理念维度。净资产的多少，并不是公司债权人关心的核心问题。资产负债表的信息量颇大，但公式化的资产负债表测试即"资产>负债"，则过滤掉了太多信息而失真，徒具形式。此外，资产负债表测试只能保证资产和负债在抽象数字上的"匹配"，但忽略了履行期限、信用质量、流动性这些更加重要、本质的匹配性。[1]例如，一个具有可观净资产的公司完全可能在流动性上产生问题，因为其资产构成中绝大部分可能是难以变现的不动产。又如，资产负债表测试并无必要地将全部债务考虑在内——一个目前资不抵债的公司可能没有偿付能力问题，因为其绝大多数债务的清偿期是数年之后。[2]

　　其二，实际效果维度。有时，该测试失之过宽，枉纵财务问题严重的公司。例如，允许资产高于负债，但未来将产生大量或有债

〔1〕 参见李微等：《别了，雷曼兄弟》，中信出版社 2009 年版，第 216 页。
〔2〕 See James J. Hanks Jr.，"The new legal capital regime in South Africa"，*Acta Juridica*，Vol. 131，No. 1，2010，pp. 147-148.

务的公司分配（表23，典型画像1）。又如，允许资产高于负债，但目前现金流濒临断裂而陷入严重财务危机的公司分配（表23，典型画像2）。有时，该测试失之过严，误杀特殊情况下的正常公司。例如，公司集团中的某公司虽然资不抵债，但拥有其他母公司、兄弟公司的担保债权。又如，公司虽然资不抵债，但由于行业前景向好、公司现金流充沛、毛利润高，债权人又同意其分配。允许此类公司分配，并无显著不妥。

第二，单一的偿付能力测试则无显著不妥。

这是因为，当前两种测试已经大为接近，资产负债表测试的补充性、辅助性正在消失。这是欧洲学者 Jonathan Rickford（2006）的洞见。两种测试差异的消失，是在资产负债表测试允许采用公允估值、考虑表外资产、考虑或有负债等一系列的演进后发生的。本源上，资产负债表测试的逻辑是"账面资产－账面负债"；偿付能力测试的逻辑是"未来现金流－未来负债"。现金流折现法的采用，使"账面资产"和"未来现金流"变成同一件事。或有负债的考虑，使"账面负债"和"未来负债"变成同一件事。

不过，美国律师 J. B. Heaton 也相当精彩地指出，我们依然需要资产负债表测试。一方面，现金流的预测相当困难，甚至充满随机性；准确预测现金流甚至不可能。而资产负债表测试则具有相对的确定性，值得依赖。另一方面，通常来说，将正常公司错验为不合格公司的代价，小于反向错验的代价。因此，采用多重测试以维持严格度是有益的。

究竟应当是单一偿付能力测试还是测试组合，本书有两点结论：其一，由于前者的功能基本覆盖后者，因此单一的资产负债表测试不可行，单一的偿付能力测试可行。偿付能力测试，具有综合检测能力。资产负债表测试的使命局限于评价公司本身。偿付能力除评价公司外，还需要考虑未来宏观经济走势、金融与产业政策、无风险利率、公司与关联方关系等周边综合因素。其二，由于资产负债表测试也有独立价值，因此组合模式也是可行的。但前提是保持资产负债表测试的简洁性。附加过多弹性考量因素不妥。

一是，这无异于令其化身为另一种"偿付能力测试"，是不必要的重复。二是，自毁长城，放弃了偿付能力测试简洁、测试成本低的优势。

3.2.4.2 模式二：盈余+偿付能力测试

随着盈余测试的式微，采用"盈余（或者灵活股息）+偿付能力测试"的州只有纽约州。其商事公司法§510（a）规定，公司可以宣布股息，但公司当前或者分配后缺乏偿付能力的除外。其商事公司法§510（b）规定，股息或者其他分配的标的，应当来自盈余，以使公司分配后的净资产，不低于股本；如无盈余，也可以来自本会计年度或者上年度净利润。

两种子测试着重的面向不同，在功能上是互补关系。将两者搭配，并无不妥。盈余测试，追究的是公司自成立以来的整体盈亏；偿付能力测试，追究的是公司未来的预期现金流如何。整体盈亏是一个结果值，不能展示类型化的信息，确实需要偿付能力测试来弥补。假设只有盈余测试一项，可能会产生较大的疏漏。

为形象说明此问题，假定公司目前经营到第 7 年，股本为 10，资本盈余为 0。而且目前盈余为正。大体有以下四种类型。我们对其随机赋值如下：

表 24　公司盈余与历年净利润示意关系

		第 1 年	第 2 年	第 3 年	第 4 年	第 5 年	第 6 年	第 7 年
甲	净利润	−3	−5	−1	2	5	8	13
	盈余	−3	−8	−9	−7	−2	6	19
乙	净利润	1	−0.5	0.3	2	−1	0.3	0.1
	盈余	1	0.5	0.8	2.8	1.8	2.1	2.2
丙	净利润	5	3	2	1	−4	0.5	−2
	盈余	5	8	10	11	7	7.5	5.5

		第1年	第2年	第3年	第4年	第5年	第6年	第7年
丁	净利润	−3	−1	14	−2	−3.5	0.1	−1
	盈余	−3	−4	10	8	4.5	4.6	3.6

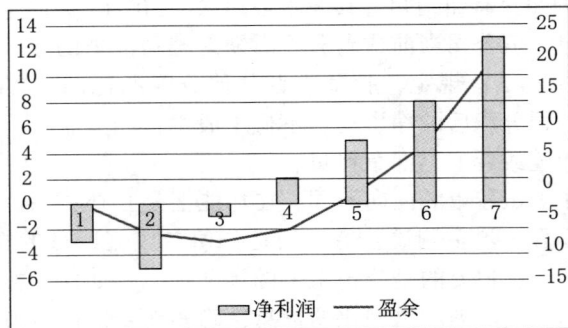

图6　甲公司净利润与盈余示意图

甲公司为正常公司的理想状态。其盈余的获得，乃是基于循序渐进的成长、发展。盈余曲线呈现单调性，且缓慢、稳定上扬。此时，甲公司盈余测试而可以分红，合乎情理。

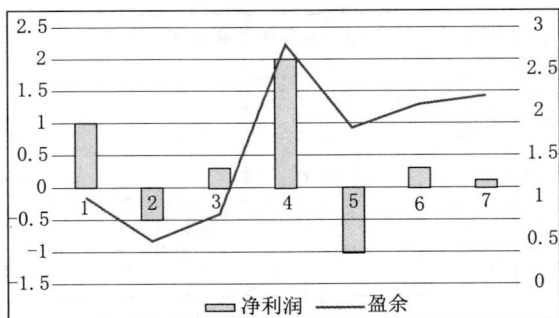

图7　乙公司净利润与盈余示意图

乙公司目前盈余虽然为正，但盈余曲线不具有单调性，在某些区间较为陡峭，整体波动较大。公司各年度盈利状况不确定，缺乏稳定的、可靠的利润增长点。当然，此时公司通过盈余测试而分配，法律正当性上并无问题。

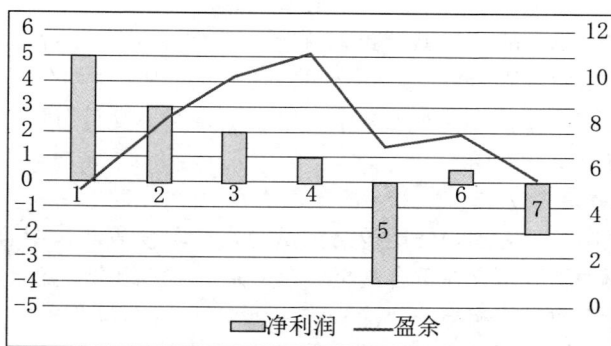

图8 丙公司净利润与盈余示意图

丙公司盈余为正，可以通过盈余测试。但问题在于，该公司经营7年来业绩不断滑坡，自第4年开始，公司盈余整体呈持续下降趋势。其盈余的累计主要是在前4年完成的。近三年则累计亏损5.5。公司的目前的财务状况和前景不乐观。此时允许其分配，在法理正当性上，并非毫无疑问。

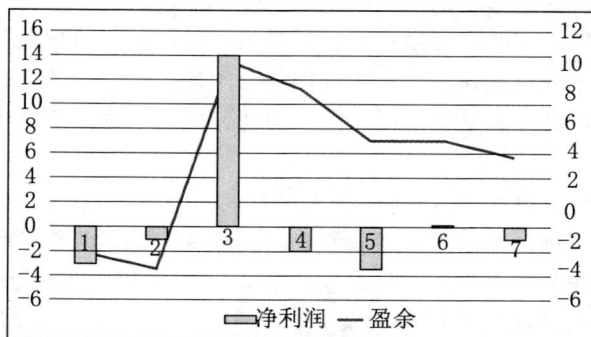

图9 丁公司净利润与盈余示意图

丁公司盈余同样为正，但同样有严重问题。其盈余全部来自第3财政年度；而公司在其他6年几乎全部为亏损。公司在第3财年的盈利具有显著的投机性和偶然性，完全没有形成稳定的盈利模式。允许丁公司分配，正当性上并非毫无问题。

总之，单独的盈余测试虽然无不可，但未必充分合理。其一，企业有盈余，原则上自当允许分配。但在上述丙、丁两公司情况下，有质疑空间。其二，企业无盈余，原则上自当不允许分配。但特殊情况下也有质疑空间。

3.2.4.3 模式三：盈余+资产负债表

在美国，只有加州使用盈余测试与资产负债表测试组合。逻辑上看，两种子测试存在重合甚至包含关系，不宜组合。盈余测试下，合法分配额数量上相当于"净资产－股本（－资本盈余）"，资产负债表测试下，合法分配额数量上相当于"净资产"。可知同等条件下，盈余测试严于资产负债表测试。换言之，盈余测试的存在，令资产负债表测试成为多余。

加州强行组合两种测试，也说得通。第一，当代的资产负债表测试已经发展变异，不再拘泥于资产负债表上的数字。无论是资产评估还是债务确认，都允许甚至要求考虑表外因素。这样一来，其与盈余测试的包含关系就不成立了。第二，两种测试并非同时作用。CGCC § 500（a）规定，分配之前，公司的留存收益必须超过分配额与拖欠的优先股股息之和；分配之后，公司财产价值要超过债务与优先股索取权之和。盈余测试把关分配前，资产负债表测试把关分配后，两者并未重复作用。至于为何分配前后采用不同测试，另作讨论。

3.2.4.4 模式四：盈余+当期净利润

这是一种"盈余测试 OR 灵活股息测试"的次级组合模式，为美国四个州公司法所采，其中包括 DGCL 和纽约州商事公司法。盈余测试与灵活股息测试的含义、制度逻辑、立法目的，前文已述。下文将说明：这种模式，可能会出现公司财务状况与最大合法分配额度的倒挂现象。公司可能为此操纵利润。

灵活股息的意义是，对于那些没有盈余，但已经开始盈利的公司，法律允许其现行分红。其目的在于，（1）使投资人先行获得一定的投资回报，以满足个人必要的资金用度；（2）保持公司对潜在权益性投资人的吸引力。换言之，灵活股息是对股东网开一面的权宜之计。在法理上，盈余多的公司理应比盈余少的公司，有更大的合法分配额度；盈余为正的公司理应比盈余更少的公司，有更大的合法分配额度。但是，实践中却未必如此。

第一，在公司截至上财政年度的累计盈余为负，而本年度扭亏为盈的情况下，本年度实现净利润越多，合法分配范围反而可能越少。这是一种与法理相抵牾的非理想状态。证明如下：

假定甲公司截至上财政年度累计亏损状态，盈余为 a（a<0），当年净利润为 X（X>|a|）。则至本年度累计盈余为 a+X；假定乙公司截至上财政年度累计亏损状态，盈余为 a（a<0），当年净利润为 Y（0<Y<|a|）。则至本年度累计盈余为 a+Y。

甲公司的累计盈余 a+X>0，依据盈余测试规则，此时合法分配额度是 a+X；

乙公司的累计盈余 a+Y<0，依据盈余测试规则，此时合法分配额度是 Y（灵活股息）。

因为 X>|a|>c，所以，甲公司的本年度利润高于乙公司。又因为甲、乙公司此前财政年度累计盈余同为 a，所以，依据法理，甲公司的整体财务状况优于乙公司，甲公司的合法分配额度（a+X）理应恒高于乙公司的分配额度（Y），即"a+X-Y"恒大于零，即"X-|a|-Y"恒大于 0。但是，该不等式显然不能恒成立。证明如下：

因为 Y<|a|，所以，X-|a|-Y < X-2Y。假设 X-|a|-Y>0，必然满足 X-2Y>0，即 X>2Y。而在题设的变量关系中，显然得不出 X>2Y 的结论。

举例说明。比如，甲、乙两公司截至上财政年度，累计盈余为 -10 万元。在当年财政季度，甲实现净利润 11 万元，此时盈余为 1 万元；乙实现净利润 9 万元，此时盈余为-1 万元。依据"盈余测试

OR 净利润测试"规则，甲公司最大可分配利润为 1 万元；乙公司为 9 万元。同等条件下，甲的当年净利润高于乙，最大可分配利润却更少，这是不合理的。关键在于，公司会提前实施利润控制，将当年净利润 X，操纵在（0，∣a∣）之间。这属于制度套利，其危害性不言而喻。

第二，在公司截至上财政年度的累计盈余为负，而本年度扭亏为盈的情况下，此前的累计亏损越多，合法分配数额却可能越大。这同样是一种不合法理的状态。试证明：

假定甲公司截至上财政年度处于累计亏损状态，盈余为 X（X<0），当年净利润为 b（∣X∣<b，且 b>0）。则至本年度累计盈余为 X+b；假定乙公司截至上财政年度累计亏损状态，盈余为 Y（Y<0），当年净利润为 b（∣Y∣>b）。则至本年度累计盈余为 Y+b。

甲公司当前盈余 X+b 大于 0，故依据盈余测试，甲公司可分配利润为 X+b；乙公司当前盈余 Y+b 小于 0，故依据灵活股息测试，乙公司可分配利润为 b。

因为 ∣X∣<b<∣Y∣，且 b 为常数，因此，甲公司财务状况更优，合法分配额度理应更高。即合乎法理的状态是：X+b>b，即 X>0。但是，依据假定条件，X 恒小于 0。因此，在这种情况下——即（1）两个公司当年净利润为，且相等；（2）一个公司此前累计亏损多，加算本年度净利润后依然亏损；另一公司累计亏损少，加算本年度净利润后扭亏为盈——一定会发生分配额度与公司财务状况"倒挂"的不公平的现象。

举例说明。甲公司此前累计亏损 10 万元，本年度实现净利润 11 万元。乙公司此前累计亏损 100 万元，本年度同样实现净利润 11 万元。则依据"盈余测试 OR 灵活股息测试"之规则，甲公司可分配利润为 1 万元；乙公司 11 万元。倒挂现象出现。

综上所述，"盈余+灵活股息"会出现不合理的倒挂现象。

3.2.5 分配测试的其他规范要点

3.2.5.1 会计依据

会计依据是分配测试的基础。三种子测试均离不开会计报表，尤其是资产负债表。测试的核心问题是资产估值。此时，重要的选择题出现：是必须严格依据资产负债表的记载，以成本法确认公司资产价值，还是允许合理使用其他方法进行估值？一般而言，拟议分配的公司总体财务状况正常。此时，采用现金流折现法、可比公司法、市场法等进行估值，结果一般会高于入账的成本价值。进而，公司将有更大的合法分配空间。因此，公司法的任务是：明确允许的估值方法，并提前防堵董事对估值方法的操纵、滥用。

资产估值的方法选择，对资产负债表测试、盈余测试、偿付能力测试，都有影响。第一，资产负债表测试的逻辑正是比较资产与负债，资产估值的角色不言而喻。第二，盈余测试似乎只取决于相对确定的"营业盈余"或者"留存利润"。资产价值似乎不是有效变量。不过，该测试实际有两条等效路径：一是直接观察盈余；二是迂回观察净资产与股本的大小关系。资产估值在路径二中，得以发挥作用。采用其他方法得出较高的估值，会产生更多盈余。这正是所谓"重估盈余测试"（revaluation surplus test）。塔尔萨大学法学院教授 M. Thomas Arnold 指出，DGCL、俄克拉何马州公司法允许重估盈余测试。公司有权适当地重估其资产与负债，以显示其盈余。特拉华州最高法院也确认，公司的账面价值并不必然反映资产与负债的现有价值。例如，未实现的升值或折旧会使账面价值不准确。允许公司进行资产价值重估，符合公司回购限制的法定政策，即实际的、尽管尚未实现的升值代表公司可以实际抵押的价值，也是公司债权人可以实际声索或者执行的价值。[1]第三，资产评估对偿付能力测试的影响较小。原因在于：（1）该测试是综合性、弹性测试，本就无确定的财务指标与公式可依；（2）该测试估算的是企业的未来价值，而非现值；（3）偿付能力测试的逻辑是比较未来现金流与负债。因此，负债的估值远比资产的估值重要。

---

〔1〕 See M. Thomas Arnold, H. Wayne Cooper, OkLahoma Busess Organizatiens Foums and Practice（Vernon's Oklahorna Forms, 2d），Thomson Reuter, https://westlaw - com. s12133. top/ Document/ I4367be2eeb5911da80c48b5dc69dfef6/View/FullText. html，最后访问日期：2021 年 2 月 16 日。

目前，没有检索到禁止采用其他估值方法的州。一方面，以MBCA 为蓝本的多数州，基本照搬 MBCA §6.40（d）之表述：董事会遵照 MBCA §6.40（c）所据以作出分配决议的依据，既可以是基于当前情况下合理的会计实践与会计原则所支持的财务报告，也可以是当前情况下的公允价值或其他方法。另一方面，其他各州也并未明文禁止估值方法之选择。此外，如上所述，特拉华州、俄克拉何马州的判例法允许其他方法估值。

塔尔萨大学法学院教授 M. Thomas Arnold 指出，尽管董事会在盈余计算上拥有一定自由权，但董事在估值时有义务以可接受的数据为基础，并以其有理由相信能够反映当前公司价值的标准为依据。资产重估不需要尽善尽美。只要董事善意地评估资产与负债，以可接受的数据为基础，使用董事合理相信可以反映现值的方法，估值结论又不构成实际或者推定欺诈即可。董事会有权依赖专家的判断。如欲证明董事存在恶意或者欺诈，则举证责任在原告方。其需要证明：（1）计算盈余的数据和方法是不可靠的；（2）对盈余的计算结果构成或者涉嫌欺诈。[1]

3.2.5.2 测试基准日

一、定义及制度的必要性

所谓测试基准日，是指公司进行分配测试的法定期日，或者时点。考试时间虽然没有考试内容那么重要，但也不可忽视，值得像 MBCA §6.40（e）那样，单独设款规定。测试基准日的原理有两项。

第一，测试基准日的存在，是由分配的时间属性决定的。分配是一段区间，而不是一个时点。公司分配，从实际讨论、决议，到公司向股东的支付履行完毕，有时横跨数月之久。公司在分配全过

---

〔1〕 See M. Thomas Arnold, H. Wayne Cooper, Oklahoma Busrness Organizations Forms and Practice（Vernon's Oklahoma Forms, 2d）, Thonason Reutens, https://westlaw-com. s12133. top/ Document/ I4367be2eeb5911da80c48b5dc69dfef6/View/FullText. html, 最后访问日期：2021 年 2 月 16 日。

程，不同的时点之上，其财务状况是非均质的。而测试总要选择明确的时点，以彼时的事实为基础，才好判断公司彼时和未来能否存在法律要求的净资产（资产负债表测试）、累计利润（盈余测试）或者现金流（偿付能力测试）。

第二，测试基准日的存在，是为了设置合理的董事权利-义务边界。有学者认为，测试的目的在于保护董事，使其在公司财务状况在授权日和分配日之间发生未知的、不利的变化时得以免责。[1]只要公司在基准日通过测试，哪怕嗣后的财务状况不再满足测试标准，此次分配依然合法，董事没有责任；只要公司在基准日没有通过测试，则哪怕嗣后公司扭转了财务状况，此次分配依然违法，做出分配决议的董事依然承担责任。如果没有测试基准日，则董事的权利义务边界是模糊的——权利声索人（公司、债权人）可以任选一日，证明公司在次日通不过测试；董事作为抗辩者，也可以任选一日，证明公司在此日能够通过测试。

二、技术原理

（一）期日还是期间

基准日有三种方案。第一，是实践中广泛采用的单一基准日。其原理如上所述。第二，双重或者多重基准日方案。本质是对公司进行两次或者多次测试。第三，基准区间方案。即指定一段法定期间，进行全区间测试，要求公司在此区间的任何时点都满足测试要求，否则不得分配。显然，"单一基准日/多重基准日-全区间方案"，渐次"严格"，方案二、三本质类似。

全区间方案并非没有道理。然而现实中，美国没有一个州采用全区间测试。新西兰似乎有全区间方案的意思，但本质并不是。其公司法规定，在授权和进行分配的间隔期间，董事会有权根据合理

[1] See The Florida Bar, Florida Corporate Practice, Florida Bar Continuing Legal Education, 9th Edition, https://1-next-westlaw-com.b12135.top/Document/I3be6244eb4a011e08b05fdf15589d8e8/View/ FullText.html，最后访问日期：2021 年 1 月 23 日。

的理由，不再相信公司将在分配后满足偿付能力测试。[1]规则落脚点是董事的权利。管见以为，全区间测试有可行性，但是没有必要。其一，没有必要将董事的注意义务抬高到如此程度。充其量可以如新西兰法，赋予董事一个自我纠错的权利，允许其撤销偿付能力声明。其二，基于某个期日、时点作出的偿付能力测试，并非局限于针对公司当天情况的判断，而是蕴含对公司历史信息、未来情况的前后一段区间的回顾、预测。其三，可以通过制度设计，使基准日达到类似区间的效果。基准日设计不当，的确可能产生非公允的后果。例如，假设单纯以分配日为基准日，则意味着在实际支付时，哪怕公司已经资不抵债，仍可合法发放股息。决议日到支付日的期间越长，上述风险就越大。但规则可以通过设计避免风险，例如在［决议日，支付日］区间过长时，选择支付日为基准日。这也正是MBCA 等立法的基本思路。

（二）选择哪个期日

既然现实方案都是单一期日，那么期日的选择就成为关键。分配全区间中，含有数个标志性时点，按照时序排列：1. 董事会决议日；2. 董事会指定日（或有）；3. 在承债式分配等场合，公司债务的成立之日；4. 在承债式分配等场合，如果该债务为附期限生效的债务，所附期间届至或者届满之日；5. 公司分配债务履行之日；6. 债务履行日不能完成分配标的物所有权变更手续的，标的物所有权变更之日。从 1 至 6，有时会形成相当长的期间。法律确定 1 还是 6 为基准日，就有较大的区别。

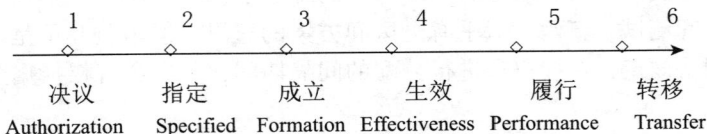

图 10　分配之重要时点示意图

---

〔1〕 See Christopher I. Haynes, "The Solvency Test: A New Era in Directorial Responsibility", *Auckland University Law Review*, Vol. 18, 1996, pp. 124-141.

我们将以上各时点，按照其英文单词首字母，简称为 A 点、S 点等，以此类推。常识如下：

第一，有些时点比较特殊。其一，并非恒定存在的点。S 点在多数立法中没有。仅 BCL § 1551（d）、德州商事组织法典 § 303 等个别立法才存在。F 点和 E 点只有在负债式分配场合，才可能独立存在。多数情况下，该两点被 A 点所吸收。即董事会决议的作出，就意味着分配之债的成立且生效。其二，可能被其他点吸收，并不独立存在。F 点与 E 点分别是分配之债的成立、生效日。该两个时点一般合二为一，成立即生效。只有在附条件、附期限等场合，才会分离。P 点与 T 点分别是履行交付分配标的物的义务，以及标的物所有权发生转移两个时点。由于分配的标的物绝大多数时为现金或者其他普通动产，因此 P 点和 T 点大概率合二为一。只有在财产转让需要公示、变更登记等特殊手续时，才会分离。

恒定存在的时点是 A 点（限于合法分配）、P 点/T 点（可能合二为一）。

第二，从恒在性、确定性、法律意义的重大性等因素考虑，不同时点担当分配日的"候选资格"是不同的。A 点和 P 点最有资格担当。该两点也是一项完整的交易中，最重要的两个法律时点。一项交易通常包括前端的缔约，以及后端的履行。前者是债权行为，后者是物权行为。A 点代表债权行为的完成，P 点代表物权行为的完成。所以，绝大多数立法，选择 A 点和 P 点作为测试基准日的时点。

第三，A 点必然是基准日的首选。因为基准日规则，正是为设定董事的权利与义务。董事在作出决议之日，是行使商业判断决策权、履行审慎决策义务的当然时点。舍 A 点而取其他点作基准日，是舍近求远。例如，假如要求董事决议时，须以 P 点为基准日，则构造了一个"预测之预测"的双层预测结构：（1）要求董事在 A 点基于未来 P 点的情况做声明，是第一层预测；（2）在此基础上，偿付能力声明有必须对未来——也就是以 P 点为起点的未来，作出公司现金流充分性的预测。客观地说，此种规定倒未必带来灾难性后果。只是其舍近求远，舍优取劣，没有必要。

第四，仅仅选择 A 点位做基准日，对公司债权人可能不公。因为，假如 P 点与 A 点距离较远，则（1）公司在 P 点时财务可能已经恶化，却依然可以合法分配。（2）甚至董事、公司内部人可能会产生操纵的动机，伪造出公司在 A 点具有分配能力的假象，一嗣公司通过测试，再也不必负责。因此，多数立法以 A 点为基准日的同时，另有补充规则。

三、MBCA §6.40（e）解读

MBCA §6.40（e）是典型的基准日规则。其内容是：第一，一般而言，分配基准日是哪一天，取决于决议日到付款日的距离。如果该期间在 120 日以内，则以决议日为分配日；超过 120 日，以付款日为分配日。第二，回购、回赎或以其他方式取得自己股票的情况。此时，基准日为下列两个日期中较早者：（1）金钱或其他财产的转让之日，或者公司债务发生之日；（2）股东因公司取得股票而终止股东身份之日。第三，负债式分配的情况。此时，基准日是债务分配之日（as of the date the indebtedness is distributed）。

§6.40（e）要点如下。第一，§6.40（e）采用类型化规范，认为一般的分配、公司负债式分配、公司回购，需要设置不同的基准日规则。第二，一般分配的情况。其背后的思想很明确：以 A 点为基准日，同时防范其风险。第三，回购式分配的情况。法律提取了"转让日/债务生成日""股东身份终止日"两个时点，是可以理解的。公司的支付行为和股东的交付行为，孰先孰后不一定。但是"取两个日期中较早者"的逻辑，本书认为讲不通。3.1.1.1 已有解释。第四，承债式的分配的情况。此种情况到底以哪个期日为基准日，法律表述是模糊的。实际上，前文的 A 点至 T 点，都可以解释为"the date the indebtedness is distributed"。这就需要判例进行限缩解释了。

当然，本书大概率没有弄明白 §6.40（e）在承债式分配、回购式分配处的精微考虑。只是仍有一线可能：§6.40（e）不必要地复杂化了。管见以为，所有的分配，无论是发放现金、动产、不动产、债券，或者公司承担债务、回购，都适用一套规则即可，即：

$$测试基准 \begin{cases} 决议日 \quad 条件：P\text{-}A < 120日 \\ 支付日 \quad 条件：P\text{-}A \geqslant 120日 \end{cases}$$

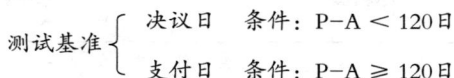

图 11　测试基准日示意图

分配形态固然千变万化，技术复杂，时点众多，但分配测试的初衷无非是保护债权人利益。而影响债权人利益的关键所在，就是公司财产通过合法的债权行为和物权行为，流入股东手中。至于股东身份什么时候注销一类事实，债权人根本不关心。因此，焦点就是分配日A 点和支付日 P 点。只需盯住这两日即可。甚至在本书看来，§6.40（e）的繁琐规定，还不如直接采用双重支付日规则，即：公司需要在董事决议日、分配财产所有权的实际转移之日，均满足测试要求。

四、全景回顾

表 25　基准日的一般规则

出　处	规　定
MBCA §6.40（e）	分配决议后 120 日内付款，则为决议日；分配决议后 120 日后付款，则为支付日。
佛州、华盛顿、麻省、爱荷华、马里兰、新泽西、弗吉尼亚、佐治亚、贝卡莱罗那、密歇根、科罗拉多、明尼苏达、康涅狄格、北达科他、哥伦比亚、怀俄明、内布拉斯加、新罕布什尔、南达科他、夏威夷、俄勒冈、威斯康星、田纳西、印第安纳、路易斯安那、阿拉巴马、肯塔基、犹他、内华达、新墨西哥、蒙大拿、亚利桑那、阿肯色、西弗吉尼亚、爱达荷、密西西比、南达科他、佛蒙特、缅因、伊利诺伊、俄亥俄同上	
CGCC §500（d）	如果实际支付发生在决议日后 120 日内，则董事会判断分配是否满足 §500（a）（1）或者（2）的基准日为董事会决议日。
BCL §1551（d）	以分配之日（the date of distribution）为基准日。如果分配行为发生于董事会指定的日期（the date specified by the board of directors）或者决议日之后 125 之内，则分配基准日为董事会指定日或者决议日。
德州商事组织法典 §303	如果履行日期在决议分配之后 120 日之内，则以决议日为基

出　　处	规　　定
	准日。如果分配实施日在决议日 120 日之后，则：（A）如果董事会指定日在距离分配履行日 120 日以内，则以董事会指定日期为基准日；（B）如果董事会没有指定特定日期，则以分配或者股票分红的履行日为基准日。

表 26　负债式分配的基准日特殊规则

出　　处	规　　定
MBCA§6.40（e）	"债务分配日"（the date the indebtedness is distributed）
佛罗里达、华盛顿、麻省、爱荷华、马里兰、弗吉尼亚、佐治亚、贝卡莱罗那、科罗拉多、康涅狄格、北达科他、哥伦比亚、怀俄明、内布拉斯加、新罕布什尔、南达科他、夏威夷、俄勒冈、威斯康星、田纳西、印第安纳、路易斯安那、阿拉巴马、肯塔基、犹他、内华达、新墨西哥、蒙大拿、亚利桑那、阿肯色、西弗吉尼亚、爱达荷、密西西比、南达科他、佛蒙特、缅因同上	
CGCC§500（e）（2）	如果公司为分配而负担债务，则每一笔对本金和利息的实际支付都应当视为分配，并应当以实际支付日为基准日。
德州商事组织法典§303	公司债务或者义务发生之日
密歇根§345（5）	如果履行发生在决议日 120 日之内，则以决议日为基准日。如果履行发生在决议日 120 日以后，则以履行日为基准日。
俄亥俄州商事公司法§1701.33（h）	债权证书交付日（the date of delivering an obligation or other evidence of indebtedness）
俄克拉何马州公司法§1049	无明显规定，但有美国学者通过解释该条得出，负债式分红是在票据、债权等债权债务凭证交付给股东之时。[1]

---

[1]　See M. Thomas Arnold, H. Wayne Cooper, Oklahoma Business Organizations Forms and Practice（Vernon's Oklahoma Forms, 2d）, Thonason Reutens, https://westlaw-com. s12133. top /Document/ I4367be2eeb5911da80c48b5dc69dfef6/View/FullText. html, 最后访问日期：2021 年 2 月 6 日。

表 27　回购/赎基准日特殊规则

出　处	规　定
MBCA § 6.40（e）	下列两个日期中较早者：（i）金钱或其他财产的转让日，或者公司债务发生日；（ii）股东因公司取得股票而终止股东身份。
佛州、华盛顿、麻省、爱荷华、马里兰、新泽西、弗吉尼亚、佐治亚、贝卡莱罗那、宾夕法尼亚、密歇根、科罗拉多、明尼苏达、康涅狄格、北达科他、哥伦比亚、怀俄明、内布拉斯加、新罕布什尔、南达科他、夏威夷、俄勒冈、威斯康星、田纳西、印第安纳、路易斯安那、阿拉巴马、肯塔基、犹他、内华达、新墨西哥、蒙大拿、亚利桑那、阿肯色、西弗吉尼亚、爱达荷、密西西比、南达科他、佛蒙特、缅因、伊利诺伊	同上
德州商事组织法典 § 303	既可以是合同成立或者生效之日，也可以是股票被公司回赎、交换、取得之日。

鉴于前文 3.1 已有讨论，此处仅扼要归拢对上述三表的观察结论。其一，全部州法都采用"单一基准日"模式。这一模式的基本立场是对董事有利。其二，绝大部分州都是照搬 MBCA，独立思考的成分不多。其三，宾州、德州两州独特地规定了"董事会指定日"，参与基准日建构系统。本书认为，如果此项规定是从实践而来，则还需要学习研究；否则，这一规定是失败的设计。它将简单问题复杂化，徒增操纵空间。其四，承债式分配场合，多数州沿袭 MBCA 的规定，把日期作模糊处理，等待司法的解释；俄亥俄州、俄克拉何马州、德州以债权证书交付日、债务发生日等为基准日，日期清晰但是偏离了立法目的。只有加州的规定，即"如果公司为分配而负担债务，则每一笔对本金和利息的实际支付都应当视为分配，并应当以实际支付日为基准日"，清晰而切中要害。其五，回购式分配场合，多数州沿袭 MBCA 的规定，取"公司履行债务日"和"股东身份注销日"较早者。德州则是允许在"合同成立或生效日"与"股票被回购日"之间任选。上述四个日期都是失焦的。彼此之间，五十步笑百步。

3.2.5.3 负债式分配

负债式分配是指，公司以发行债券或者应付票据的形式，向股东支付股利。在此情形下，获得债券或者应付票据的股东对公司享有债权。[1]负债式分配（a distribution of indebtedness）明文规定于MBCA§6.40（6），被美国州法普遍承认为一种法定分配的方式。美国法之所以单独将负债式分配单列，可能是基于其如下特殊性：其一，分配的标的不同。一般分配的标的是财产，多为现金；负债式分配的标的则是财产性权利，即债权。其二，股东获得分配请求权的时点不同。一般分配，股东在分配决议有效成立后，即取得请求权。负债式分配，在分配决议有效成立后，股东获得的不是分配之债请求权，而是一项债权；换言之，是分配之债请求权的期待权。

一般分配与负债式分配在规则上的核心差异，体现在分配基准日。一般分配，基准日的设定，取决于分配日与支付日的距离。负债式分配则没有这种逻辑，而是付诸一个模糊的"债务分配日"。本书认为：第一，负债式分配的独特性被高估了；第二，一般分配与负债式分配的基准日规则，没有必要分别规定。第二点在3.2.5.3处已有评价，此处不赘；单论第一点。表面来看，两者的法律结构不同，负债式分配多出一个环节：

一般分配 = 债权行为（决议）+ 物权行为（支付）

负债分配 = 债权行为（决议）+ 债权行为（负债）+ 物权行为（支付）

但是，两者并无本质差异。有两种论证路径：

路径一：消除负债式分配的虚置环节。在负债式分配中，公司决议本身并不能产生分配请求权，或者说并不是股东请求公司支付的请求权基础。它的实际地位被嗣后的债权行为削弱、抽空了。此时，决议仅仅相当于"预约"；债券的发放或者应付票据的制作交付，才是"本约"。因此，负债式分配中，决议虚化，实质性环节仍然只有两处。

---

〔1〕　参见施天涛：《公司法论》，法律出版社2018年版，第227页。

一般分配 ＝ 本约（决议）＋ 物权行为（支付）

负债分配 ＝ 预约（决议）＋ 本约（负债）＋物权行为（支付）

路径二：增加一般分配的隐含环节。在一般分配中，公司决议本身就是股东分配请求权之基础。不过，当公司决议相当常见地为分配附上条件或者期限时，一般分配就与负债分配产生共性：决议本身只能产生分配请求权之期待权，而无法产生本权。即：

一般分配=债权期待权（决议）+附期限附条件+物权行为（支付）

负债分配=债权期待权（决议）+债权本权（负债）+物权行为（支付）

设计测试基准日规则时，立法者没必要被分配形式诱偏。归根结底，测试基准日是为保护债权人利益，使分配测试的功能，不因测试时间选择的轻率而落空。决议日、支付日两个时点才是关键。MBCA 和大部分州法对此问题没有想透，模糊处理。CGCC §500 (e)（2）则想得比较清楚。它要求不论如何负债分配，最终在支付每一笔本金和利息时，都要满足测试。这就抓住了要害。

3.2.5.4 事前与事后视角

分配测试中含有一类看似无意义的表述，即对"分配前"或者"分配后"视角的限定。例如：CGCC §500（a）规定，分配之前，公司要有足够的留存收益；分配之后，公司要有足够的财产价值（事前视角的盈余测试+事后视角的资产负债表测试）。又如，MBCA §6.40（c）规定，分配不得导致公司丧失偿付能力，或者公司总资产不足（事后视角的偿付能力测试+事后视角的资产负债表测试）。再如，DGCL §170（a）规定，分配必须来源于盈余，或者净利润（事前视角的盈余测试）。

这样一来，事情变得有趣。子测试的类型及其排列组合，已经构造出多样性。分配前、分配后视角的运用，使本已多样化的测试系统更复杂。第一，同一种测试，在不同立法中，可能被置于不同的视角下使用；第二，同一种视角下，可能包含不同的测试；第三，同一州法上，可能会存在分配前、分配后两种测试的视角。问题在于，"事前-事后"视角到底是严肃的规定，还是随意的修饰？

表 28 视角类型之设定

视角	测试	类型		表　述
事后	盈余测试	A1		分配不得导致净资产小于股本。
	资产负债表测试	A2	A2 (1)	分配后，总资产≥负债+优先股索取权。
			A2 (2)	分配后，总资产≥负债。
			A2 (3)	分配后，资产与负债的比率在一定基准之上。
			A2 (4)	分配后，总资产≥优先股索取权
	偿付能力测试	A3		分配后不当丧失偿付能力。
事前	盈余测试	B1	B1 (1)	留存收益−拟分配额>拖欠的优先股息。
			B1 (2)	分配的来源应当是盈余或者近期净利润。
	资产负债表测试	B2		分配不得超出净资产限额。
	偿付能力测试	B3		公司当前应当具有偿付能力。

　　表 28 展示了"事前−事后"视角的可能类型。需要解释的，一是，盈余、资产负债表、偿付能力三种子测试，现实中都有事前抑或事后视角。二是，资产负债表测试、盈余测试项下，又可以细分为不同类型的"孙测试"。此处仅指出这一点，但不予比较分析。

表 29　视角的立法应用

立法	类型									
	事后视角 (After，简称 A)						事前视角 (Before，简称 B)			
	A1	A2				A3	B1		B2	B3
		A2 (1)	A2 (2)	A2 (3)	A2 (4)		B1 (1)	B1 (2)		
MBCA	√					√				
CA	√						√			
NM			√			√				
NY						√		√		√
TX						√		√	√	
IL			√		√	√				
MN					√	√				
DE								√	√	
OK								√	√	
ND					√	√				
AK				√			√			
MD	√					√		√		
OH						√		√		√
MO						√				
VA	√					√				
GA	√					√				
NC	√					√				
MI	√					√				
CO	√					√				

立法	类型									
	事后视角 (After，简称 A)						事前视角 (Before，简称 B)			
	A1	A2				A3	B1		B2	B3
		A2 (1)	A2 (2)	A2 (3)	A2 (4)		B1 (1)	B1 (2)		
CT		√				√				
PA		√				√				
WA		√				√				
FL		√				√				
MA		√				√				
IA		√				√				
DC		√				√				
WY		√				√				
NE		√				√				
NH		√				√				
SD		√				√				
HI		√				√				
OR		√				√				
WI		√				√				
LA		√				√				
TN		√				√				
IN		√				√				
LA		√				√				
AL		√				√				

续表

立法	类型									
	事后视角 （After，简称 A）						事前视角 （Before，简称 B）			
	A1	A2				A3	B1		B2	B3
		A2 （1）	A2 （2）	A2 （3）	A2 （4）		B1 （1）	B1 （2）		
KY		√				√				
UT		√				√				
NV		√				√				
NM		√				√				
AZ		√				√				
AR		√				√				
WV		√				√				
MS		√				√				
SC		√				√				
ID		√				√				
VT		√				√				
ME		√				√				
RI		√				√				
总计	0	46				47	8		3	2
	事后视角 93						事前视角 13			

表 29 显示：第一，绝大部分州采用"事后偿付能力测试+事后资产负债表测试"模式。第二，事后视角远多于事前视角（93∶13）。不过，事前视角也出现在纽约州、加州、德州等重要立法州。特拉华州、俄克拉何马州两州甚至完全采用事前视角。第三，就同一测试，要求事前事后均需满足的州仅有三个。纽约州、俄亥俄州要求

事前、事后均满足偿付能力测试。马里兰州要求事前、事后均满足资产负债表测试。第四，盈余测试出现了 8 次，全部为事后视角。"事后盈余测试"这一假想类型，在实践中为空集。对上述现象，试解释如下：

现象一："事后偿付能力测试+事后资产负债表测试"模式广受欢迎。直接是多数州以 MBCA 模式为蓝本。内在原因是，该模式具有合理性。其一，该模式含两项不同的子测试，数量适中，有交叉规制的效果。其二，偿付能力测试就是要求未来公司有充沛现金流，带有天然的、内在的事后视角。事前视角的偿付能力测试颇显怪异。

现象二、三：多数州并不认可事后视角。原因在于，事前、事后视角具有重复性。分配后，公司财务状况必然整体弱化，轻资产、现金流、净资产、盈余必然相应减少。一般而言，公司事后满足测试，事前必然满足。事后是事前的充分条件。因此，纽约州、俄亥俄州、马里兰州就同一测试要求事前事后都满足，这一做法不值得借鉴。

现象四：全部州认为盈余测试是一种事前测试。这是合乎逻辑的。盈余测试具有内在的事前视角。"公司分配应当来源于盈余，或者本年度、上年度净利润……"之表述，当然是基于分配前时点的考察。将盈余测试置于事后视角也无不可，只是颇显怪异。

小结：第一，盈余测试带有天然的事前视角。偿付能力测试带有内在的事后视角。资产负债表测试事前、事后均可。第二，同一测试下，事后视角包含事前视角，因此没必要同时存在。

3.3 中美比较

中国现行公司法对分红、减资、回购是分别规定的。回购、减资没有实体测试标准。回购与实质减资的性质，也属于"大分配"，理应受到分配测试的约束。中国公司法承袭德国公司法，对回购、减资不设财务约束机制。但是，这不等于没有约束。对于回购，中国公司法的态度是：原则上禁止；符合六种法定事由的，例外允许。对于减资，中国公司法的态度是：公司可以减资，但负有应债权人请求，提前清偿债务或者提供担保的义务。再加上回购、减资需要的内部特别决议程序，两种行为受到的约束，强度高于分红的盈余测试。这样一来，阴差阳错之间，对回购、减资实施财务约束的需求，被上述更强机制替代满足了。

中国公司法的分红规则是第 210 条，本质上是一条盈余测试。只是此处的盈余受到提取 10% 的法定公积金的限制（法定条件可豁免）。学者总结说，股利的分配实行的是纯利润分配原则，即无利润不分配原则。[1] 可以想象，司法实践上，分配测试的焦点是盈余或者可分配利润的确认。

3.3.1 财务报表的地位

对此问题，美国州法通常规定董事可以依据财报进行测试，也可以依据公认的会计实践和会计原则，甚至可以依据一切合理的估值。其整体立场是宽松、弹性的。中国司法判决则相对谨慎，大多尊重财务报表对盈余的决定作用，不轻易认可合同书、个人估算等其他证据的决定力。典型判决结论如：

虽有各方股东关于同意分配的一致的、明确的意思表示，也有具体同意的分配数字，甚至有当事人提交的能反映公司经营状况的合同书等证据，但没有确切的财报依据为基础，该分配属于不当分配。人民法院不支持当事人的分配主张。（北京一中院，2012；济南中院，2005；江苏淮安中院，2011）[2]

依法经会计师事务所审计的财务会计报告，是公司股东确定公司是否有税后利润的基础资料，也是公司股东决议分配利润的切实

---

[1] 参见施天涛：《公司法论》，法律出版社 2018 年版，第 225 页。

[2] 北京蓝色假日国际旅行社有限公司与北京嘉年华旅行社有限公司公司盈余分配纠纷上诉案，（2012）一中民终字第 2476 号；济南隆格医药科技有限公司与韩某公司盈余分配纠纷上诉案，（2005）济民二终字第 485 号；郑国凤诉淮安第一钢结构公司名为欠款实为公司盈余分配纠纷案，（2011）淮中商终字第 0002 号。

根据所在。公司分红不仅需要有财务会计报告，且需要经过会计师事务所审计。(浙江绍兴中院，2011)[1]

　　会计报告显示可分配利润为负数，而当事人个人以经营收入和成本估算显示公司具有可分配利润的，人民法院对个人估算不予认定。(浙江衢州中院，2015)[2]

　　即使经会计师事务所审计的会计报告不能反映一个完整的会计年度的公司经营状况，依然可以之为公司分配的依据。(杭州高院，2009)[3]

　　在公司法定设立的账簿外另行设立账簿，并通过股东会决议进行分配，应认定为无效。但是，当事人"未提供证据证明上述账外收入是否属于公司当年的税后利润、是否已重新入账，也未提供证据证明该账外收入由各被告按股分红所得"的，人民法院对其退回分红款的请求不予支持。(浙江武义县法院，2016)[4]

3.3.2 可分配利润的认定

　　美国采取盈余测试的州，往往补充以灵活股息测试。而在中国，人民法院有时也表现出令人意外的宽缓立场，承认"预测利润""未实现利润"。例如：

　　审计报告中预测的、尚未实现的利润，也可以用于分配。(杭州高院，2009)[5]股东大会决议以尚未实现之预期利润实施分红，且该数额低于该年度终了后实际可分配的利润的，当事人请求人民

---

　　〔1〕　戚灵忠与绍兴西联进出口有限公司公司盈余分配纠纷上诉案，(2011)浙绍商终字第860号。

　　〔2〕　刘瑾与衢州市衢江区银兴水电有限公司公司盈余分配纠纷上诉案，(2015)浙衢商终字第321号。

　　〔3〕　HuShaoKuang（胡绍光）与杭州鸿镁房地产开发有限公司股东权纠纷上诉案，(2009)浙商外终字第34号。

　　〔4〕　武义机床制造有限公司诉潘永强等公司盈余分配纠纷案，(2016)浙0723民初175号。

　　〔5〕　HuShaoKuang（胡绍光）与杭州鸿镁房地产开发有限公司股东权纠纷上诉案，(2009)浙商外终字第34号。

法院认定该决议效力瑕疵，人民法院不予认可。 （北京一中院，2011）[1]

3.3.3 某种行为是否属于利润分配

美国法上，关于公司违法分配的诉讼极少，更鲜见关于某种行为是否构成分配的诉争点。而在中国，某种行为是否构成分配的案件争点较多。人民法院的主要观点有：（一）"定额分配协议/决议"需要通过中国《公司法》第210条之检验；（二）不以分红名义向股东分配公司资产，仍应接受第210条的规制。

股东以章程、协议等方式约定，（无论公司利润情况如何）一方每年获得与其投资额挂钩的定额回报，"其所产生的法律后果无疑是公司无论有无利润或盈亏，均须无条件分配股东固定的红利"，此种方式可能损害公司或公司债权人的合法利益，与公司股东之间共担风险、共享收益的基本原理不符。 （上海黄浦区法院，2012；常州武进区法院，2014）[2]

公司以决议行使允许某股东不论经营业绩如何，每年获得固定数额的分配，此约定损害公司与公司债权人利益，无约束力。（浙江舟山定海区法院，2015）[3]

股东会决议各股东有权依据持股比例领取"分红工资"，应属无效条款，因为"除利润分配，股东无正当理由不得擅自私分、处置公司的责任财产，否则将损害其他股东或公司债权人利益"。（上海松江法院，2015）[4]

---

〔1〕 唐山世博大厦有限公司诉北京科技园置业股份有限公司等公司决议效力确认纠纷案，（2011）一中民终字第14680号。

〔2〕 常州天兴环保科技有限公司诉常州市武进南方加油有限公司公司盈余分配纠纷案，（2014）武前商初字第473号；某公司诉洪某等公司利益责任纠纷案，（2012）黄浦民二（商）初字第633号。

〔3〕 宁波安成投资有限公司诉宁波高新区信诚科锐股权投资基金管理有限公司等公司盈余分配纠纷案，（2015）舟定商初字第1412号。

〔4〕 上海中友实业有限公司诉上海金蕾丝花边绣品有限公司公司盈余分配纠纷案，（2015）松民二（商）初字第903号。

股东协议约定公司每年无论盈利情况如何，均应支付给某股东与其投资金额一定比例的定额分利的，属于私权范畴，并不违反法律的强制性规定，因而合法有效。(上海二中院，2013)[1]

股东之间约定，一方确保另一方每年获得固定分红，前者为此支付保证金并以其股份为担保的，该条款合法有效。但是，该协议对公司不产生拘束力。(深圳中院，2014)[2]

股东甲、乙以协议约定，即使是零利润或负利润，负责经营生产的股东甲亦确保股东乙年提取科研和有关经费不少于人民币6万元，并不违反公司法的有关规定及公司章程。乙以该约定为依据主张相关权利的，人民法院应予支持。(浙江杭州中院，2010)[3]

以某种名义向股东分配公司资产，虽然名义上不是分红，但依然要满足弥补亏损、缴纳税款和提取法定公积金的分红规定，否则属于抽逃出资。(江苏盐城中院，2013)[4]

3.3.4 涉及回购的判决要点

美国采取大分配模式，基于回购而引发非法分配的情势并不多见。中国对回购、减资单独规制，且规定较为复杂，相关案件较多。

要点一：公司为本公司股东对内、对外转让股份提供担保，是否有效。有些判决认为此行为可能涉及公司回购，故应当受《公司法》第162条回购规则，以及相关资本制度的约束。本书认为，此种情况属于关联交易，与分配近似但不同。因此，此行为不受《公司法》回购规则约束，而受第15条对外担保规则、第22条关联交易规则之约束。相关判例如：

公司遵守《公司法》第15条之规定为本公司股东之间的股权

---

[1] 洪波与上海六合顺风餐饮有限公司损害公司利益责任纠纷上诉案，(2013)沪二中民四(商)终字第898号。

[2] 深圳市城铁物业发展有限公司与深圳市华宁投资发展有限公司公司盈余分配纠纷案，(2014)深中法商终字第1727号。

[3] 郑若敏与陆敏芳等公司股东纠纷上诉案，(2010)浙杭商终字第599号。

[4] 林瑞骏等诉江苏瑞城房地产开发有限公司公司盈余分配纠纷案，(2013)盐商初字第0157号。

转让提供担保的，当事人以该担保行为违反公司不得回购股份规则和资本维持原则为由主张该担保无效的，人民法院不予支持。（广东肇庆鼎湖区法院，2014）[1]

股东之间转让股权，交易各方与公司约定，由公司为受让方的支付承担无限连带担保义务的，即使股东会没有决议授权公司提供担保，但出于交易安全考虑，加之《公司法》第15条并非效力性强制性规定，如无其他影响担保效力事由，人民法院亦应认可担保的效力。（江西鹰潭中院，2015）[2]

公司为本公司股东对外转让股权提供担保，则意味着在受让方不能支付股权转让款的情形下，公司应向本公司股东支付股权转让价款，从而导致股东以股权转让的方式从公司抽回出资的实际后果。故此种担保行为违反公司法禁止性规定，亦违背了公司资本维持原则，对公司的债权人和交易安全造成损害，相关协议的担保条款应认定无效。（湖北武汉中院，2015）[3]

公司为本公司股东之间的股权转让提供担保的，可能导致公司回购股份，违反公司法对回购的禁止性规定，因此此种担保行为无效。（广东韶关武江区法院，2014）[4]此种保证行为"虽然并非直接抽逃出资，但实际造成公司资本的不当减少，将损害公司及债权人合法权益"，人民法院应予否定评价。（江苏南通中院，2011）[5]

要点二：公司取得被开除或者离职股东的股份，是否因违反回购规则而无效。本书认为应区分讨论。其一，如果公司取得股份后注销或者作为库存股自我持有，则相当于减资。其行为违反回购、减资规则。其二，如果公司取得股份后，在合理期限内转让给其他

---

〔1〕 鼎湖永盛化纤纺织印染厂有限公司诉韦某某等股权转让合同纠纷案，（2014）肇鼎法莲民初字第68号。

〔2〕 孙玉玲与陈文秋、朱福等股权转让纠纷案，（2015）鹰民一终字第56号。

〔3〕 湖北太阳岛体育发展有限公司与顾忠、咸宁湘瑞置业有限公司与公司有关的纠纷案，（2015）鄂武汉中民商初字第00565号。

〔4〕 刘楚坤诉郑增龙等股权转让纠纷案，（2014）韶武法民二初字第77号。

〔5〕 南通轻工机械厂诉江苏黄河公司、江苏苏辰公司股东之间股权转让及公司为股东担保纠纷案。

股东，则本质上相当于原股东与新股东直接的股权转让。该行为不违反资本制度。其三，如果公司取得股份后又转让，但价格显著过低，则违反资本制度。相关判决：

公司以收购辞职或开除股东股权为目的取得自己股份，又将该股份转让给其他股东的，当事人以公司违反资本维持原则为由主张该收购行为无效的，人民法院不予支持。（广东佛山中院，2005）[1]

要点三：资产置换股权的法律性质。"以资产置换股权"只是表面称谓，本质还是公司分配资产。或许是因为非法回购、非法减资的民事责任不够明确。故人民法院通常将其定性为抽逃出资，以利用其民事责任规定 [《最高人民法院关于适用〈中华人民共和国公司法〉若干问题的规定（三）》第14条]。相关判决如下：

有限公司以资产置换股权的法律意义。意味着部分股东的出资提前得到偿还，实质是股份回购。甚至，在回购的股权比例，用于回购的资金来源以及回购后的股权处理等方面都大大超出了公司回购股权的合理界限的情况下，该行为属于抽逃出资，应认定为无效。（浙江义乌法院，2015）[2]

要点四：股转债的法律性质。该行为的本质是公司分配债权。除非双方约定，股转债中之"债权"，劣后于公司其他现有和未来债权。假如中国存在大分配概念和统一的分配测试，则股转债、资产置换股权一类行为易于规制。现实中，人民法院习惯于假借资本维持这一上位原则，或者"抽逃出资"这一邻接制度来处理。有判例如下：

公司与股东就后者的股权转为债权达成协议，约定公司回购股东股权，后者退出公司的，违反公司资本维持原则，亦不符合公司法关于有限责任公司股权回购的立法精神及法律规定，损及公司及

〔1〕 佛山市康思达液压机械有限公司与古小庆股东权纠纷上诉案，（2005）佛中法民二终字第831号。

〔2〕 李建明诉义乌市住宅建筑工程有限公司公司决议效力确认纠纷案，（2015）金义商初字第2982号。

债权人利益，应属无效。（上海普陀法院，2011）[1]

要点五：对赌式协议回购或收购的法律效力。人民法院一般区分回购、收购的主体。公司实施回购，构成分配，受到《公司法》第 162 条之规制；其他股东实施收购，不构成分配，属于一般的股权转让。有判决如下——投资人与公司及公司控股股东约定，公司在约定该期限内无法完成上市或无法达到某业绩，则投资人有权要求公司或者控股股东回购其股份。投资人要求公司回购违反资本维持原则，人民法院不予支持；投资人要求控股股东回购，系双方真实意思表示，人民法院应予支持。（上海奉贤区法院，2014）[2]

3. 4 小结

美国注重分配的财务约束，发展出了丰富的分配测试体系。大陆法系对分配的约束，主要不是通过财务路径。其对分红采用了财务测试标准，相当于美国的盈余测试。对回购，则是原则禁止而例外允许，是一种事由约束模式。对减资则加入了债权人异议模式，是一种债权人干预模式。整体而言，美国模式是财务思维，大陆法系模式是政治思维；美国模式下分配的经济成本低，非法分配的风险高，大陆法系模式则相反；美国模式在"公司内部人－外部债权人"利益均衡线上，选点偏向前者，大陆法系模式则偏向后者。两种模式无所谓高下。但是，美国发展出的分配测试体系有丰富的内容，值得研究。

美国公司法的分配测试体系，主要是资产负债表测试（balance sheet test）、偿付能力测试（equity solvency test）、盈余测试（surplus test）三项子测试构成的组合，甚至是排列——假如考虑"分配前－分配后"视角的话。这项体系中，资产负债表测试、偿付能力测试并非公司

---

〔1〕 王伟俊诉上海金力达机械科技有限公司其他与公司有关的纠纷案，（2011）普民二（商）初字第 1185 号。

〔2〕 张福长诉上海卓霖电子照明有限公司等公司增资纠纷案，（2014）奉民二（商）初字第 2597 号。

法原创，而是源自破产法。两者合称为双重破产测试，由美国1984年版MBCA最早确认。有趣的是，借鉴自破产法的双重破产测试，不仅为美国多数州法采用，也向域外移植——当然，制度继受者对它做了本土化改造，例如新加坡设置了偿付能力测试的四项议程、英国把它限定在私人公司中使用、澳大利亚干脆只采用偿付能力测试。公司法内生的盈余测试却式微，目前在美国仅8州采用。

偿付能力测试堪称美国公司分配制度的代名词。其逻辑是预测公司的未来现金流。会计基础是现金流量表。流动性测试（liquidity test）与偿付能力测试含义相近。偿付能力测试表述简洁，理念清晰，直击债权人保护的痛点。当然，立法论常识是：立法文字越简洁，理念越无可挑剔，则立法的可操作空间就越小、可操纵空间就越大。换言之，立法的正确性系数＊可操作系数＝某个常数。又换言之，正确到无可挑剔的话，必然是废话。因此，偿付能力测试迄今没有统一的测试准则。目前测试的共识，主要在于未来现金流评估：（1）以12个月为期限；（2）明确公司是否处于持续经营状态是前提。该测试的不确定性，主要来源于对未来债务的估计。

资产负债表测试的逻辑，是比较资产与负债的关系。会计基础是资产负债表。净资产测试（net asset test）、资产负债比率测试（debt-asset ratio test），本质上是资产负债表测试的衍生品种。最初的资产负债表测试，是简单的表内计算"资产-债务"，本质上是净资产测试。演变中，资产负债表测试可以不再依赖表内数据。在资产端，估值可以采用一切公允方法；在负债端，需要考虑表外的或有负债。这样一来，发生了有趣的变化：第一，资产负债表测试越来越接近偿付能力测试；第二，资产负债表测试丧失了自身特色，变得可被取代。澳大利亚、美国纽约州就仅采偿付能力测试，删除了资产负债表测试。

盈余测试的逻辑，是确认公司自成立以来的总体盈亏。核心指标是累计未分配利润。会计基础是资产负债表和损益表。灵活股息测试（nimble dividend test）、递延资产测试（deferred assets test）属于盈余测试的衍生品种。股本减值/损害测试（the impairment of capital test）是盈余测试的等价形态。美国的盈余测试，实际上就是大陆法系资本维持原则在分配上的反映。盈余测试的式微，主要是受到法定资本（legal capital）理论与概念体系的衰弱的影响。事实上，盈余测试本身仍有一定的生命力，一直是大陆法系资本维持原则的核心规则。美国则将盈余测试大面积废除，这近似古代王朝更替。人们对待旧体系，总是倾向于全盘弃用，并重建新猷。立法的变革实验，也发生于真实的社会而不是实验室。立法变革的根本力量，在于决策者的主观价值偏好，以及深层的各方利益诉求。逻辑、技术、学术，只是桌面上的修辞工具。

美国州法上，最常见的组合模式是偿付能力测试+资产负债表测试。盈余测试衰退，其与另两种组合不多见。分配测试尚有其他要点，例如测试基准日、测试的内在视角。基准日上，美国各州均采用单一基准日模式，且针对一般分配、回购式分配、承债式分配分别规定。本书认为，单一基准日或者双基准日均可行。没有极大必要分别规制，只需盯住董事会决议日（债权行为）、分配支付日（物权行为）两处关键期日即可。此外，美国少数州采用了"事前分配"视角。本书认为，盈余测试具有天然的事前分配视角；偿付能力测试则以事后视角为宜。本质上，事前视角被事后视角所包含，没有必要独立存在。

美国分配测试的特色是偿付能力测试。但是中国借鉴起来难度较大。偿付能力测试的弱点是不够精准和难以实操，这对普通法系而言不成问题。大陆法系是一种计划和政策思维，习惯于事前集中、大量投入智力资源于立法，按照垂范久远的标准设计蓝图，求得集中、统一、自上而下、一劳永逸地解决问题。普通法系是一种市场和实验思维，习惯于发挥"干中学"效应，立法仅提供框架，主要靠司法来试错、证伪、磨合，成本与收益都在司法一侧。

4 后果模式：违法分配的民事责任

公司分配规则的精彩之笔是分配测试，关键之处却是民事责任。民事责任是公司分配规则的牙齿。第一，抛开民事责任机制不谈，分配测试无非是一堆财务指标和会计公式。二流的分配测试如果有设计严密、执行有力的民事责任机制托底，也会成为效果良好的测试。反之，分配测试再精彩严密，民事责任机制无力，公司非法分配也将无从遏制。第二，美国分配测试的灵魂是偿付能力测试。偿付能力测试的底牌不在自身，而在于严格的董事违信责任。相比之下：盈余测试仅仅要求分配决策者为过程负责（份额小于当前累计利润），不必为结果负责（公司丧失偿付能力）。盈余测试之下，真正为公司债权人提供"抽象保证"的是公司法本身，而不是分配决策者。偿付能力测试之下，权力下放的同时，义务也悄然转移。决策者则成为公司债权人的"抽象保证人"。倘非如此，无论前端配置何种测试，无论其依赖会计三张表上哪一张，无论其重视净资产、净利润还是未来现金流，无论其依赖表内信息还是表外信息，无论其重视的是历史信息、现实情况还是未来预期，无论其繁复严苛还是简明宽缓，都无关紧要，其结果都必然是纸上谈兵，不能落地。

德国哈根大学博士后 Andreas Haaker 也表达了这层意思。他说，美国的分配测试是欧陆资本维持原则的替代性机制。替代性机制不必然等同于更高级的制度；事实上，英美模式将不可避免地把债权人保护转向民法领域。[1]英国牛津大学教授 Jennifer Payne 也说，偿付能力测试有三个要素，测试内容只是其一。剩余的重要内容，分别是董事责任机制和非法分配款项的返还机制。此外，Jennifer Payne 教授表达了对董事民事责任机制的深层担忧：（1）董事往往没有多少财产可供执行，这往往是因为他们有办法将财产转移到责任财产之外；（2）现实中常以董事责任保险来应对，但该保险本质上是把负担转嫁给公司，并最终又把球踢回债权人。[2]这些分析已经超出本书，甚至已经超出法律条文解释学，可谓是"法律无效定理"（the law irrelevance of the law）的一个注脚。

弄清公司非法分配的民事责任机制，需要直面以下问题：（1）责任人是谁？在董事方面，哪些董事应对非法分配造成的损失负债？投弃权票的董事是否有责？在股东方面，善意股东应否豁免返还义务？（2）公司对董事和股东的两项请求权，是何种关系？（3）公司债权人在该机制中的角色，是派生诉讼原告还是直接诉讼的原告？假如是直接诉讼，则其属于侵权行为的受害人，还是债权的撤销权人？（4）对董事而言，是其决策行为符合商事判断规则即足以免责，还是需要满足特殊的、更高的注意义务标准？下文照例全景式研读美国州法。

4.1 法条文本

4.1.1 采用大分配概念的法域

4.1.1.1 MBCA § 8.33[3]

（a）如果主张者证明公司履行职务时未满足§8.30之规定，违

---

[1] See Andreas Haaker, "The Future of European Creditor Protection and Capital Maintenance from a German Perspective", *German Law Journal*, Vol. 13, No. 6, 2012, p. 645.

[2] See Jennifer Payne, Legal Capital in the UK Following the Companies Act 2006, in J. Armour, J. Paynl. eds., Rationality in Compacy Law: Esays on Horoer of D. D. Prentice, 2008, p. 45. https://papers. ssrn. com/sol3/papers. cfm? abstract_ id = 1118367, 最后访问日期：2021 年 8 月 7 日。

[3] 采用 2002 年版本。

反§6.40（a）以及§14.09（a）作出分配决议，则该董事应当就实际分配额和假定遵守§6.40（a）等规定应当分配的假想额之差额，向公司承担责任。[1]

（b）根据第（a）项被要求承担责任之董事有权：

①针对依照第①项同样应承担责任之其他董事，要求其分担（contribution from）责任；以及

②针对明知分配违反§6.40（a）以及§14.09（a）之股东，要求其按比例返还非法所得分配。

（c）上述强制执行程序须遵循：

①对董事责任之追究，受到2年诉讼时效的限制。起算时间为：

（i）§6.40（e）或（g）规定的分配基准日；

（ii）由于违反公司章程之限制，导致违反§6.40（a）规定之日；

（iii）依据§14.09（a）将财产分配给股东之日。

②董事追索权之行使，受到1年诉讼时效的限制。起算时间为董事之责任被最终判定之日。

评析：

一、关于§8.33提到的相关条文

（一）§8.30的内容

§8.30规定了董事信义义务的一般内容。其大概是：（a）董事履行职责时，应当做到①诚信；②理性地认为其行为符合公司的最佳利益。（b）董事履行决策或监督职能时所负之注意义务，应当达到类似处境之人所合理相信应当达到的适当程度。（c）董事有权依赖第（e）①小节或第（e）③小节中规定的任何人员之履行。（d）（e）不具备相关知识的董事，有权依赖法定人士编制或提交的信息、意

---

[1] 原文：（a）A director who votes for or assents to a distribution in excess of what may be authorized and made pursuant to section 6.40（a）or 14.09（a）is personally liable to the corporation for the amount of the distribution that exceeds what could have been distributed without violating section 6.40（a）or 14.09（a）if the party asserting liability establishes that when taking the action the director did not comply with section 8.30.

见、报告或报表。

（二）关于§14.09（a）之内容

本条规定，董事应促使被解散的公司解除或为偿付债权作出合理的准备，并在偿付或准备偿付债权后将资产分配给股东。

二、违法分配董事的民事责任法律关系分析

（a）款规定了董事违法分配导致的民事责任法律关系，有如下特征。第一，该责任的产生，源于违反§6.40（a）的法定分配义务。该义务性质上隶属于董事§8.30董事信义义务。第二，在违法分配民事责任法律关系中，受害人即赔偿对象是公司。即董事应当向公司支付赔偿。第三，但是追责人却并不限于股东。而可以是"追究董事赔偿责任的一方"（the party asserting liability）。换言之，不限于公司本身。如果是在大陆法系或者中国民法语境下，责任主张人究竟以何种理由、请求权基础要求董事向公司赔偿，值得分析。

假设是公司（经股东会决议，或者董事会新决议自我纠正分配决议的方式）向董事会请求赔偿多分配的部分，则请求权基础应当是董事违反其信义义务，产生的相应民事责任。该请求权基础不应当视作股东侵权产生的侵权损害赔偿法律关系。因为，董事违法分配属于实施职务行为，此时董事的自然人人格被公司法人所吸收，不应视作两个独立民事主体之间的侵权。

假设是公司债权人向董事会请求赔偿多分配的部分，则规范基础是债权人的撤销权。依据§8.33（a），董事承担责任的对象是公司，而不是公司债权人。这就与债权人撤销权的"入库规则"相符。

三、董事的追偿权法律关系分析

（b）款规定了董事的两组追偿权法律关系。（1）第一组，承担了责任的董事有权向其他董事追偿——该细节说明，过错董事之间，对外承担连带责任。该追偿权的规范基础，应当是连带责任内部追偿机制中的"超额给付部分追偿请求权"。（2）第二组，承担了责

任的董事有权向恶意股东主张赔偿。该权利的基础，应当是不当得利返还请求权。以违法超额分配行为为民事法律事实，"公司－股东"之间形成不当得利之债的关系。不过，在公司已经向过错董事追偿完毕之后，受损失的人从公司变为承担了责任的董事。即以董事向公司履行完毕违信责任为民事法律事实，形成"董事－股东"之间的不当得利之债的关系。此即董事向恶意股东追偿的请求权基础。

值得注意的是，（b）款仅仅要求恶意股东承担不当得利返还之义务，不知情的股东可以保有分配之利益。这与大陆法系上不当得利一般理论不符。一般理论认为：善意不当得利人有权利不返还非现存之不当得利，而并非有权利不返还一切不当得利。因此，在"董事－善意股东"法律关系中，（b）款将利益进一步倾向于善意股东。

同样值得注意的是，依据§8.33以及一般私法原理，在董事非法超额分配的场合，公司实际享有两种救济途径。第一，公司首先向股东主张不当得利请求权，赔偿额为全部超额分配部分。假设股东清偿不能或者部分清偿不能，再就该部分损失，向董事请求违信责任之赔偿。第二，公司首先向董事主张违信责任之赔偿，额度为全部超额分配部分。假设董事不能完全清偿，再就该部分损失，向股东主张不当得利之返还。显然，无论哪种途径，公司的预期利益是基本相当的，但过错董事和股东的预期利益则否。首先被公司所主张权利的一方，终局性损失更大。

四、基于董事违信责任请求权的诉讼时效问题

（c）款规定，2年期限经过后，董事的违信义务就被"阻止"（barred）了。公司向董事追责的权利为请求权，故该2年期限解释为诉讼时效为宜。而诉讼时效的起算时间，应当是权利人知道或者应当知道权利被侵害之事实，以及侵权人之日。具体到本语境，则是公司作为信托权利人知道或者应当知道董事违反信义务之日，以及债权人知道或者应当知道董事侵害债权利益之日。

（c）款之（iii）规定的是清算分配，不予讨论。其（i）与

（ii）规定的是运营中分配，且从文义看是一般法-特别法关系。（i）规定从分配基准日起算，是一般规则。（ii）则规定，如果违法分配是因违反章程规定而违法，则从违反之日起算。此处翻译后的文义不甚确定，又缺乏其他资料互证，难以解释其意。

可以确定，将分配基准日作为追究董事责任的诉讼时效起算日，并不妥当。因为确定基准日的目的在于判断公司情况是否资不抵债或者丧失偿付能力。美国法的一般规则是：分配决议日与履行日间距较短（通常为 120 日以内），则以分配日为基准；较长则以履行日为基准。在以履行日为基准日时，实际上公司及其债权人至迟在决议日即知悉了其权利被侵害的事实。

五、附：MBCA §8.33 官方评论 [1]

尽管在修订后的 MBCA 中，有关分配有效性的规则已经大为简化和合理化，但违法分配依然有可能发生。§8.33 规定，如果董事没能遵从 §8.30 相关规定（例如善意，合理注意，合理信赖等），对非法分配投出赞成票或者表示赞成，则该董事个人对违法超额分配部分——即实际分配部分减去可以合法分配的最大额——承担责任。

董事有权援引一般可用的抗辩权，包括基于普通法上商事判断规则的抗辩权。不过，基于 §8.30 的抗辩权［例如，（d）款的合理注意，以及（e）款的合理信赖］，与商业判断规则抗辩权，相互之间可替代。只要满足 §8.30 的抗辩权要件，诉诸一般的商业判断规将变得不必要。

有义务向公司偿还非法分配数额的董事，有权向其他有责董事追偿。董事也有权向恶意股东追偿，善意股东不受追偿。虽然 MBCA 没有详细规定向董事的追偿权与向恶意股东的追偿权之间，是何种关系，但是可以期待的是：法院可以公平分配相关的权利与义务。

---

〔1〕 See Kelly Culp, "Banks v. Credit Unions: The Turf Struggle for Consumers", *The Business. Lawyer*, Vol. 53, No. 1, 1997, pp. 157、189-191.

　　针对董事的诉讼，应在分配基准日或者违反公司章程日起，2年内提起。虽然诉讼时效在 MBCA 上是新概念，但少数州法早就有相关规定。§8.33（c）还规定了追偿权的 1 年时效。该 1 年时效可能在上述 2 年时效之内，也可能超出期限。

　　4.1.1.2　CGCC §316、§506

　　§316（a）根据§309 的规定，批准下列任何公司行为的公司董事，应当为了有权依据（c）小节的规定提起诉讼的所有债权人或股东的利益，对公司承担连带责任：

　　（1）违反§500-503 之规定，对股东实施分配；（2）（3）略。

　　§316（b）在实施（a）小节涉及的行为时，出席董事会或其任何委员会的董事，如果放弃投票，视为批准了该行为。

　　§316（c）以下情形，可以公司名义，提起派生诉讼：（1）依据§316（a）（1）所规定的有责董事，向§506（b）规定的相关主体所承担之责任；（2）（3）略。

　　§316（d）可向董事主张的损害赔偿额，包括：第一，非法分配的金额（如果非法分配的是财产，则为非法分配时该财产的公平市场价值）；第二，自分配之日起，按法定利率计算的利息，直至支付为止；第三，该财产的所有合理的评估或其他估值费用（如果有的话），或者公司因非法贷款或担保而遭受的损失（视情况而定）。但是，赔偿额不超过公司在违法行为发生时，对不同意之债权人的负债额，和不同意之股东遭受的损失（视情况而定）。

　　§316（e）根据本节规定被起诉的任何董事，可在该诉讼中或在针对未参与该诉讼的董事提起的独立诉讼中，要求所有其他董事承担责任，并可强制进行分担。

　　§316（f）根据本节的规定承担责任的董事，也有权代位享有公司的下列权利：

　　（1）关于（a）（1）之规定，针对获得分配的股东。（2）（3）略。

　　§506 收到违法分配的股东之责任；针对股东的诉讼

　　§506（a）任何明知分配违法而接受分配的股东，应当对公司承担返还责任，责任范围是本金、利息，加上合理的评估费用。而

§506（b）所授权的公司债权人或股东，有权对上述股东提起诉讼，请求其返还。但索赔额不得超过公司违法分配时，公司对非自愿债权人的债务加上非自愿股东受到的损失。假如股东收到的是非现金财产，则应当向公司返还该财产的市场公允价值，加上自违法分配以来的法定利息，并加上财产评估所得的其他价值。但不应当超过公司非自愿债权人的债务加上非自愿股东受到的损失。[1]

其§506（b）规定，公司债权人、优先股东，有权以公司名义起诉欠款之恶意股东。被诉股东有权要求将其他有责股东加入诉讼。

评析：CGCC§506（a）有三项特色。

第一，规定了股东责任，而没有规定董事责任。这一点更符合法理，将法律关系区分得更清晰。董事会违反法律、公司章程进行超额分配，是作为公司的机构，代表公司进行分配，此间的法律关系主体是公司与股东，并不包括董事。因此，符合民法法理的方式是，公司有权向股东主张不当得利返还。至于董事，则是在另外一个信义义务法律关系中，考虑其是否具有过错，是否向公司承担违信责任的问题。

第二，针对公司的不当得利返还请求权施加了双重限制。其一，仅能向恶意股东分配。如前所述，这与大陆法系法理不同。大陆法

---

〔1〕 原文：（a）Any shareholder who receives any distribution prohibited by this chapter with knowledge of facts indicating the impropriety thereof is liable to the corporation for the benefit of all of the creditors or shareholders entitled to institute an action under subdivision（b）for the amount so received by the shareholder with interest thereon at the legal rate on judgments until paid, but not exceeding the liabilities of the corporation owed to nonconsenting creditors at the time of the violation and the injury suffered by nonconsenting shareholders, as the case may be. For purposes of determining the value of any noncash property received in a distribution described in the preceding sentence, the shareholder receiving that illegal distribution shall be liable to the corporation for an amount equal to the fair market value of the property at the time of the illegal distribution plus interest thereon from the date of the distribution at the legal rate on judgments until paid, together with all reasonably incurred costs of appraisal or other valuation, if any, of that property, but not exceeding the liabilities of the corporation owed to nonconsenting creditors at the time of the violation and the injury suffered by nonconsenting shareholders, as the case may be.

系上，善意股东依然承担返还义务，只不过以现存利益为限制。其二，权利的上限为"非自愿债权人的债务+非自愿股东的损失"。这一限制的必要性如何，令人费解。

第三，向股东主张返还的权利人，包括公司债权人，也包括§506（b）所授权的股东（派生诉讼）。如果是公司债权人起诉，则行为性质为债权人行使撤销权；如果是股东提起派生诉讼，则行为性质为受损失人行使不当得利返还请求权。

4.1.1.3 BCL §1553

§1553 违法分红与分配的责任

§1553（a）董事。如果董事没有遵照§1712规定的注意和合理依赖的标准，违反本款或者违反公司章程的禁止性规定，对分配投赞成票，则应当与其他投赞成票的董事对公司承担连带责任。承担责任的数额，是实际分配的数额，与本来可以合法分配数额之差额。[1]

§1553（b）董事对股东的追索权。任何被起诉且被认定应当负连带责任的董事，都有权要求获得违法分配且明知其违法的股东，依据其收到的比例返还其出资。[2]

§1553（c）董事对其他董事的追索权。任何被追责的董事，都

---

〔1〕 原文：（a）Directors. ——Except as otherwise provided pursuant to section 1713 (relating to personal liability of directors), a director who votes for or assents to any dividend or other distribution contrary to the provisions of this subpart or contrary to any restrictions contained in the bylaws shall, if he has not complied with the standard provided in or pursuant to section 1712 (relating to standard of care and justifiable reliance), be liable to the corporation, jointly and severally with all other directors so voting or assenting, for the amount of the dividend that is paid or the value of the other distribution in excess of the amount of the dividend or other distribution that could have been made without a violation of the provisions of this subpart or the restrictions in the bylaws.

〔2〕 原文：Any director against whom a claim is asserted under or pursuant to this section for the making of a distribution and who is held liable thereon shall be entitled to contribution from the shareholders who accepted or received any such distribution, knowing the distribution to have been made in violation of this subpart, in proportion to the amounts received by them.

有权要求其他投了赞成票且没有履行信义义务的董事，承担责任。[1]

§1553（d）失权期间。两年。[2]

§1553（e）章程排除无效。本条之规定，不得以章程排除。[3]

评析： MBCA、CGCC、BCL 的规定出现了两种追责模式。

第一种是 CGCC 的"不当得利＋违信责任"模式。第一步，权利人向恶意股东请求返还不当得利。第二步，公司再向违反信义义务的董事，追究违信责任。效果上，这种模式下公司的成本比较高，因为需要两次追索。董事的成本比较低，因为其事实上成为第二顺位义务人，或者"此义务人"，仅仅就股东不能返还之部分承担补充责任。

第二种是 MBCA、BCL 的"违信责任＋不当得利"模式。第一步，公司向违反信义义务、投出赞成票的董事追究其违反信义义务的民事责任，投赞成票的董事对此承担连带责任。第二步，承担了违信责任的董事，以不当得利之债为依据，向获得违法分配的股东请求返还。效果上，这种模式对董事较为不利。

事实上，公司、董事、股东之间的三方法律关系，属于以公司为权利人，以违法分配的董事、获得违法分配股东为义务人的不真正连带债务关系。

---

〔1〕 原文：Any director against whom a claim is asserted under or pursuant to this section shall be entitled to contribution from any other director who voted for or assented to the action upon which the claim is asserted and who did not comply with the standard provided by or pursuant to this subpart for the performance of the duties of directors.

〔2〕 原文：See 42 Pa. C. S. § 5524（5）（relating to two year limitation）.

〔3〕 原文：Except as provided by subsection（a）, this section may not be varied by any provision of the articles.

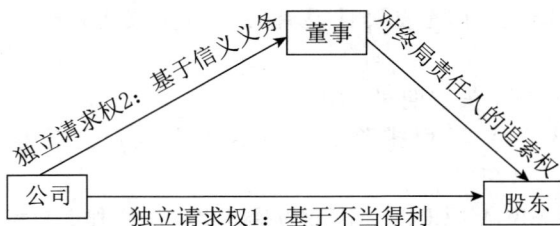

图 12　违法分配行为产生的不真正连带债务关系

民法通说认为，不真正连带之债指数个债务人基于不同原因，分别对同一债务人形成以同一给付为内容的数个债务。其中一个或数个债务人履行债务，则该法律关系消灭。依其法律特征，对违法分配情形讨论如下：

第一，数个责任人分别实施民事不法行为，造成同一权利人的同一损害后果。董事实施的是违反信义义务的侵权行为，股东则是因他人行为获得不当得利。两种行为，造成公司的同一损害后果，损害为违法分配之超额部分。

第二，在救济效果上，数个民事责任具有同一目的，因此权利人只能择一行使救济权，不得分别行使。公司只能在董事违信损害赔偿请求权，和股东不当得利返还请求权中，择一行使，否则将得到重复性的赔偿。

第三，民事责任最终应当归属于"终局责任人"。在此种情形下，获得违法分配的股东为终局责任人。公司如果先向终局责任人的股东主张权利（CGCC 模式），则获得完全赔偿后不得再向董事主张权利，股东不得再内部追偿董事。公司如果先向中间责任人董事主张权利（MBCA、BCL 模式），则获得完全赔偿后不得再向股东主张权利，董事承担责任后可以向股东进行追偿。

不真正连带模式，可以作为一个基准逻辑，用以考察各州之规定。

4.1.1.4 内华达州封闭公司法 §78.300

§78.300 董事对违法分配的责任

§78. 300 （1）除依据本章规定外，董事会不得向股东分配。[1]

§78. 300 （2）除非依据本条第 3 款和内华达州封闭公司法 §78. 138 条之规定，一旦公司发生违法分配，做出决议的董事在 3 年内对公司承担连带责任。在公司解散或破产时，对因分配造成的 公司损失，对公司债权人承担连带责任。[2]

§78. 300 （3）在董事会中对分配提出异议并记录在案的董事， 或者虽未能参加董事会，但于 "learning of action" 中表达异议的董 事，不承担上述责任。[3]

评析： 本法也仅仅规定了董事责任，没有提及股东返还的问题。 David Mace Roberts 与 Rob Pivnick 提出，这里不是绝对的否定，而 是存在一些不确定性。[4] 董事责任体系体现为两重法律关系：其 一，以公司为权利人，以全体过错〔§78. 300 （3）〕董事为义务 人。后者承担连带义务。请求权基础没有明示，但应当是违反信义 义务损害赔偿请求权。其二，以公司债权人为权利人，以全体过错 董事为义务人，后者承担连带责任。行权的前提是公司解散或者破 产。两种法律关系之间并不冲突，因为适用的场景无交集。

---

〔1〕 原文：The directors of a corporation shall not make distributions to stockholders except as provided by this chapter.

〔2〕 原文：Except as otherwise provided in subsection 3 and NRS 78. 138, in case of any violation of the provisions of this section, the directors under whose administration the violation occurred are jointly and severally liable, at any time within 3 years after each violation, to the corporation, and, in the event of its dissolution or insolvency, to its creditors at the time of the violation, or any of them, to the lesser of the full amount of the distribution made or of any loss sustained by the corporation by reason of the distribution to stockholders.

〔3〕 原文：The liability imposed pursuant to subsection 2 does not apply to a director who caused his or her dissent to be entered upon the minutes of the meeting of the directors at the time the action was taken or who was not present at the meeting and caused his or her dissent to be entered on learning of the action.

〔4〕 See David Mace Roberts, Rob Pivnick, "Tale of the Corporate Tape：Delaware, Nevada and Texas", *Baylor Law Review*, Vol. 52, 2000, pp. 45, 67-68.

4.1.1.5 佛州商事公司法 § 607.0834[1]

(1) 对违反公司法或者公司章程作出的公司决议投赞成票的董事，对公司承担民事责任。责任金额为违法分配与合法分配相比，超额之部分。在依据本节所提起的诉讼中，作为董事可以获得的一般性抗辩事由，均可以适用于依据本分节提起的诉讼。

(2) 依据 (1) 分节承担赔偿责任的董事，有权：

(a) 追偿其他对违法分配负有责任的董事；

(b) 追偿明知分配违法而接受分配的股东。

(3) 依据本节所提起民事诉讼的权利，自依据 § 607.06401 (6) 或者 (8) 所规定的分配基准日起算，2 年届满之后受阻。

评析：宏观上，佛州立法采用的是普遍的 MBCA 模式，即"公司向董事主张权利+董事向股东追偿"。细节上，（一）违法分配问题受到商事判断规则的保护；（二）虽然佛州没有明确规定，但从其含义，违法分配董事对公司承担的是连带责任；（三）董事仅能向恶意股东追偿。这意味着：善意股东有权保留违法分配的财产，而该部分义务将分摊在违法董事身上。（四）从字面翻译，第（3）分节规定了对起诉的限制。其一，该规定类似于大陆法系上的"诉讼时效"。其二，假设该限制为诉讼时效，则"自分配基准日"起算并不科学。如前所述，假设决议日与履行日相距 120 日以上，则以履行日为基准日。但事实上，违法分配的错误因子在决议日即已

---

〔1〕 原文：(1) A director who votes for or assents to a distribution made in violation of s. 607. 06401 or the articles of incorporation is personally liable to the corporation for the amount of the distribution that exceeds what could have been distributed without violating s. 607. 06401 or the articles of incorporation if it is established that the director did not perform his or her duties in compliance with s. 607. 0830 . In any proceeding commenced under this section, a director has all of the defenses ordinarily available to a director. (2) A director held liable under subsection (1) for an unlawful distribution is entitled to contribution：(a) From every other director who could be liable under subsection (1) for the unlawful distribution; and (b) From each shareholder for the amount the shareholder accepted knowing the distribution was made in violation of s. 607. 06401 or the articles of incorporation. (3) A proceeding under this section is barred unless it is commenced within 2 years after the date on which the effect of the distribution was measured under s. 607. 06401 (6) or (8) .

生成。因此，应当遵循诉讼时效的一般起算规定，自权利人"知道或者应当知道权利受侵害，且知道义务人"之日起算。

4.1.1.6 华盛顿州商事公司法§23B.08.310

§23B.08.310 非法分配的责任

（1）对违反公司法或者公司章程作出的公司决议投赞成票的董事，对公司承担民事责任。责任金额为违法分配与合法分配相比，超额之部分。在依据本节所提起的诉讼中，作为董事可以获得的一般性抗辩事由，均可以适用于依据本分节提起的诉讼。

（2）依据（1）分节承担赔偿责任的董事，有权：

（a）追偿其他对违法分配负有责任的董事；

（b）追偿明知分配违法而接受分配的股东。

（3）明知分配违法而接受分配的股东，有权就违法超额分配之部分，向公司承担责任。

（4）依据（3）已经承担责任的股东，有权向其他应承担责任之股东追偿。

（5）在以下较早之时点发生后，依据本节所进行之法律程序受阻：

（a）自分配基准日起两年期限届满时；

（b）§23B.14.340 规定的生存期限届满时。

评析：华盛顿州商事公司法将公司对董事的追偿权、对股东的追偿权作并列处理，是目前为止最为明确支持不真正连带责任模式的立法。其对违法分配情境下法律关系的梳理，最为全面和清晰，最值得中国立法借鉴。其他细节要点，与其他立法版本类似，不赘。

4.1.1.7 麻省商事公司法§6.41[1]

§6.41 非法分配的民事责任

（a）对违反公司法或者公司章程作出的公司决议投赞成票的董事，对公司承担民事责任。责任金额为违法分配与合法分配相比，

---

〔1〕 参见 https://malegislature.gov/Laws/GeneralLaws/PartI/TitleXXII/Chapter156D/Section6.41，最后访问日期：2021 年 6 月 1 日。

超额之部分。在依据本节所提起的诉讼中，作为董事可以获得的一般性抗辩事由，均可以适用于依据本分节提起的诉讼。

（b）依据（a）分节承担赔偿责任的董事，有权：

①要求其他对违法分配负有责任的董事分担（contribution）责任；

②追偿（reimbursement）明知分配违法而接受分配的股东；

③在法庭认为合理的情况下，追偿善意股东。

（c）明知分配违法而接受分配的股东，包括接受清算分配的股东，有义务就违法超额分配之部分，向公司承担责任。

（d）略。该分节涉及清算分配。

（e）略。该分节涉及清算分配。

（f）依据本节规定，由公司本人或者其代表提起的诉讼程序被禁止，除非：

①非清算分配的，在分配基准日之后2年内提起诉讼；

②略。该项涉及清算分配。

③略。该项涉及清算分配。

评析：麻省商事公司法规定得细致全面，更甚于华盛顿州。两者的框架是相同的，即确立了不真正连带责任。两者重要的细节性区别在于，麻省把善意股东也纳入被追偿的义务人。董事在承担违信责任后，在法庭允许的情况下，可以向善意股东追偿。一个疑问性的细节在于（c）分节：既然善意股东有可能成为董事追偿的对象，那么（c）分节却未将其纳入公司主张权利的对象，似乎解释不通。这一区分对待似乎并无必然性。

4.1.1.8 爱荷华州商事公司法§490.833[1]

（1）假如权利声索人证明，董事在作出分配决议时未能遵守§490.830规定，则赞成该决议之董事，就违法超额分配之部分，对公司承担民事责任。

---

〔1〕 参见https://codes.findlaw.com/ia/title-xii-business-entities-chs-486-504c/ia-code-sect-490-833.html，最后访问日期：2021年6月1日。

（2）已经依据前一分节承担责任之董事，具有下列权利：

（a）要求其他对违法分配负有责任的董事分担责任；

（b）依照恶意股东获得违法分配的比例，向其追偿。

（3）（a）向董事求偿的诉讼程序受阻，除非诉讼在下列日期之一两年内启动：

①分配基准日。

②无视公司章程的限制，导致违反§490.640（1）之日。

③依据§490.1409（1），向股东分配财产之日。（公司清算）

（b）董事依据本节第（2）分节行使追索权，应当第（1）分节意义上董事的责任之诉获得判决之日起1年内行使。超出该期限的，行使该追索权的诉讼程序终止。

评析：第一，到目前为止，就违法分配的民事责任，出现了三种宏观架构。（1）明确、全面规定公司分别向董事、股东拥有不同的请求权。例子是麻省商事公司法、华盛顿州商事公司法。该模式近似于不真正连带责任。（2）公司有权向董事主张赔偿，董事有权向其他董事、股东追偿。例子是MBCA、BCL。（3）公司有权向股东主张权利。例子是CGCC。从核心架构上，爱荷华州的规定类似于MBCA、BCL的规定。

第二，细节上，爱荷华州的特色在于，第一，强调董事向恶意股东追偿时，是按照其获得违法分配的比例追偿——这意味着，爱荷华州似乎认为恶意股东之间承担的是按份而非连带责任。这对权利人极为不利。第二，爱荷华州针对公司求偿权和董事追索权的"权利限制期间"，是分别规定的，这显然更为科学。第三，爱荷华州针对公司求偿权"限制期间"起算日，采用了"三项日期之一"的个性化规定，本书暂未参透其中缘由。

4.1.1.9 马里兰州公司与协会法§2-322[1]

（a）如果证明董事没有按照§2-405.1的要求履行义务，则董

---

[1] 参见 https://codes.findlaw.com/md/corporations-and-associations/md-code-corps-and-assoc-sect-2-312.html，最后访问日期：2021年6月1日。

事就违反分配超出合法分配的部分，个人向公司承担责任。

（b）已经依据前一分节承担责任之董事，具有下列权利：

①要求其他对违法分配负有责任的董事分担责任；

②要求恶意股东就其获得的违法分配数额内分担。

（c）①本节（a）分节针对董事的诉讼程序，自分配基准日起满 3 年后受阻。

（2）本节（b）分节要求分担的诉讼程序，自（a）分节判决作出之日起满 1 年后受阻。

评析： 马里兰州法与爱荷华州法相同，也是"公司追究董事违信责任+董事追偿"的单一模式。其规则细节并无特殊之处。

4.1.1.10 新泽西州普通公司法 §6-12[1]

（1）除法律对董事规定的其他责任外，对如下行为投赞成票的董事，应当为了公司债权人与股东之利益，对公司承担连带责任。承担责任的数额，应以债权人或者股东所受损失为限：

（a）违法或者违反公司注册证书的限制，实施分配行为；

（b）违法或者违反公司注册证书的限制，购买公司股份；

（c）（d）（e）略（与分配无关）。

（2）依据本节承担赔偿责任的董事，有权请求其他有责董事分担责任。

（3）依据本节承担赔偿责任的董事，有权在承担责任的范围内，

（a）代公司之位，按照股东所获违法分配的比例，向恶意股东追偿；

（b）（c）（d）略（与分配无关）。

（4）假定董事履职符合 §6-14 之规定（商事判断规则），则不产生本节项下之民事责任。

（5）任何依据本节对董事提起的诉讼，须在诉因形成后的 6 年

---

[1] 参见 https://codes.findlaw.com/nj/title-14a-corporations-general/nj-st-sect-14a-6-12.html，最后访问日期：2021 年 6 月 1 日。

内提起。

评析：框架上，新泽西州法同样采取"公司向董事主张权利+董事追偿"模式。细节上，其特色为设置了较长（6年）的诉讼时效。

4.1.1.11 德州商事组织法典§21.316[1]

（a）公司违反本法§21.303之规定分配的，在分配决议上投赞成票的董事，应当对超额分配的部分承担连带责任。

注：§21.303规定，（a）公司不可以违反其注册证书而分配。（b）以下情形公司不得分配，除非公司章程允许：①分配后将丧失偿付能力；②超越分配限制（注：依据§21.301，所谓"分配限制"，在回购或者回赎场合，指净资产；在其他场合，指盈余）。

（b）董事会决议违反法律作出超额分配的，假如在决议日之后，依据§21.303之规定，该超额分配之全部或者部分本可以被允许，则董事对该超额之全部或部分，不承担责任。[2]

（c）如果符合下列条件之一，则投赞成票的董事不承担连带责任：

①以善意且以普通的注意义务（ordinary care）信赖公司财务报告、雇员或者专家意见（此处有大幅简略），或者；

②以善意且以普通的注意义务，至少以账面价值评估公司资产，或者；

③在权衡公司是否有能力依据§11.053、§11.356之规定，充分履行全部义务时，以善意且普通的注意义务，依赖公司财务报告或者其他有关信息。

（d）本节（a）分节所规定的责任，是董事就其违法分配行为，向公司或者公司债权人承担的唯一责任。

---

〔1〕 参见 https：//codes.findlaw.com/tx/business-organizations-code/bus-org-sect-21-316.html，最后访问日期：2021年6月1日。

〔2〕 原文：（b）A director is not liable for all or part of the excess amount if a distribution of that amount would have been permitted by Section 21.303 after the date the director authorized the distribution.

（e）本节以及§21.317和§21.318，并不排除德州商事组织法典第24章或者美国破产法规定的任何责任。

评析： 第一，在法律关系的大框架上，德州法仅仅规定了董事对公司的违信责任。既没有规定公司对股东的不当得利返还请求权，也没有规定董事对股东的追偿权。与其他州相比，其责任体系可谓相当单一。不过，（d）分节似乎也暗示了债权人的请求权。

第二，德州法最大的特色，在于其（b）分节的"超额豁免条款"。其大意为：即便超额分配，只要在决议日之后，该超额分配额度的全部或者一部"本该因合法而被批准"，则董事无须为该全部或一部的超额部分负责。本书推敲后认为，如果翻译大体不错，那么该规定令人费解。解释如下：

基于公司分配决议时的基本面，依照§21.303所设定的"{［不得令公司丧失偿付能力∧］分配额不得超过净资产（回购）∨分配额不得超出盈余（一般）｝"的条件，假设公司最大分配额度为100但是董事会决议分配额度是110，则10属于非法超额分配部分。此时，（b）分节所谓"决议日之后，该超额分配额度的全部或者一部，本该因合法而被批准"，大致可能有两种情形：

可能情形之一：决议时就发生计算错误。依照公司财务状况，本可以分配110，却发生认识错误，误以为是100，结果发生"超额分配"。然而，这种情况根本说不通。因为，此种假想的"违法"并不违法，不符合（b）款的根本前提。同时，它也不符合"在决议日之后（after the date the director authorized the distribution）"的时间状语限制。

可能情形之二：决议时确实发生了违法的超额分配，额度为10。然而，在决议日之后，公司财务状况改善，偿付能力提高、净资产与盈余增加，导致公司超额分配的瑕疵，得到事后的某种"治愈"，进而在法律上溯及性地发生合法的后果。这种情况讲得通，但是法理上存在明显攻讦点。一是，信义义务属于法定义务，违信责任属于一般侵权责任范畴，责任的成立以主观过错为要件。任由事后状况消弭责任，忽视主观过错要件，似有不妥。二是，如果允许公司决议之后的变化，溯及性地影响公司决议的合法性，即公司分配时违法，但事后公司财务情况改善，则决议变得合法；公司分配时合法，但事后公司财务状况恶化，则决议变得违法。责任判断过于仰仗随机性，甚至留下事后操纵的空间，既无必要，也不合理。

因此，德州商事组织法典§21.316（b）之深意，似乎难以领会。

第三，本节另一特色在于（d）分节之规定，其谓（a）节所规定的董事责任，是董事在非法分配中的唯一责任。据 Curtis W. Huff 解读，这意味着（d）分节否认了支持此处董事责任的其他解释，例如董事对公司债权人的信义义务，以及违反《统一反欺诈转移法》产生的侵权责任。[1]

4.1.1.12 弗吉尼亚州股份公司法§13.1-692[2]

a. 如果权利声索者证明董事没有按照§13.1-690的要求履行义务，则对违法分配决议投出赞成票的董事，就违反分配超出合法分配的部分，向公司或者公司债权人，承担个人责任。

b. 已经承担 A 分节之责任的董事，取得下述权利：

①要求其他有责董事，分摊责任；

②要求明知分配违法而接受分配的股东，依照其所接受分配的比例而承担责任。

c. A 分节所规定之向董事的请求权，自权利人能够行使权利起算，诉讼时效 2 年。

d. B 分节所规定之董事的请求权，自 A 分节诉讼完结之日起算，诉讼时效 1 年。

评析：弗吉尼亚州的规定从主流。大处，其采用"公司向董事求偿+董事追偿"的常见结构。此前未提及的小处是：董事无论是

---

[1] See Curtis W. Huff, Byron F. Egan, "Choice of State of Incorporation——Texas Versus Delaware: Is It Now Time to Rethink Traditional Notions?", *SMV Law Review*, Vol. 54, No. 1, 2001, p. 9, pp. 20-22.

[2] 参见 https://codes.findlaw.com/va/title-13-1-corporations/va-code-sect-13-1-692.html，最后访问日期：2021 年 6 月 5 日。

向其他有责董事，还是向恶意股东的追偿权，都是按份权利，即后者拥有"份额抗辩权"。因此，董事的行权成本实际相当可观，处于不利地位。

4.1.1.13 佐治亚州商事公司法§14-2-832[1]

（a）如果证明董事没有依照§14-2-830之规定履行职责，那么违反§14-2-640之分配，或者违反公司章程之分配投赞成票的董事，应当超额分配之部分，对公司承担个人责任。在依据本法提起的任何诉讼程序中，董事均可援用作为董事通常的抗辩权。

（b）已经承担前一分节之责任的董事，取得下述权利：

①要求其他有责董事，分摊责任；

②向其他恶意股东追偿。

（c）权利人依据本节主张权利的诉讼时效为2年。起算日期为依据§14-2-640（e）或者（g）分节，测度分配影响之日（分配基准日）。

评析：第一，框架上，佐治亚州采用"公司向董事追究民事责任+董事向其他董事、恶意股东追偿"的主流模式。第二，细节上：（1）董事向其他恶意股东的追偿，没有"依据其所受让分配金额比例"的限制，地位稍稍有利；（2）一切因非法分配这一法律事实而引发的权利，其诉讼时效均为2年，起算点均为分配基准日。这与佛州等规定相同。就其精细度不足之处，前文已有所讨论。

4.1.1.14 北卡罗来纳州商事公司法§55-8-33[2]

（a）如果证明董事没有依照§55-8-30之规定履行职责，那么违反§55-6-40之分配，或者违反公司章程之分配投赞成票的董事，应当超额分配之部分，对公司承担个人责任。在依据本法提起的任何诉讼程序中，董事均可援用作为董事通常的抗辩权。

（b）已经承担前一分节之责任的董事，取得下述权利：

---

〔1〕 参见https://codes.findlaw.com/ga/title-14-corporations-partnerships-and-associations/ga-code-sect-14-2-832.html，最后访问日期：2021年6月5日。

〔2〕 参见https://codes.findlaw.com/nc/chapter-55-north-carolina-business-corporation-act/nc-gen-st-sect-55-8-33.html，最后访问日期：2021年6月5日。

①要求其他有责董事，分摊责任；

②向其他恶意股东追偿。

（c）权利人依据本节主张权利的诉讼时效为 2 年。起算日期为依据 §55-6-40（e）或者（g）分节，测度分配影响之日。

评析：北卡罗来纳州之规定，与佐治亚州几乎完全相同。不赞。

4.1.1.15 密歇根州商事公司法 §551

§551 董事在公司行为中的责任；获得分配之股东的责任

（1）为了保护公司与公司债权人之利益，在下列公司行为中，投赞成票的董事对公司承担连带责任。董事的赔偿范围是公司的债权人或者股东受到的损失，但以非法行为超出合法支付或者分配的差额为限：

（a）违反法律或者公司章程，分红或者分配。

（b）（略，因其规定的是公司清算之分配）

（c）（略，因其规定的是向公司内部人提供贷款）

（2）如果董事遵从 §541（a）之规定，则不承担前一分节之责任。

［注］§541（a）之规定，为密歇根州商事公司法"商事判断规则"。其（1）分节规定：董事或者高级管理人员履职时，应当（a）善意；（b）秉持一个普通谨慎人在同等职位、状况下的注意；（c）理性地相信其行为符合公司最佳利益。其（2）分节规定：董事、高级管理人员履职时，有权利依赖法定类别之专家所提供的信息、观点与建议。其（3）分节规定了（2）分节的一个例外，即假如董事、高级管理人员明知上述信息、观点与建议不合理，则其无权依赖之。其第（4）分节规定了追究董事违信责任的诉讼时效。

（3）接受分配之股东，如果明知该分配违法或者违反章程，则应就其获得超额分配之部分，向公司承担责任。

评析：密歇根州商事公司法在分配规制一节就特立独行，本节亦然。从其表述来看，该法并不支持"公司向董事求偿+董事向恶意股东追偿"模式，而是设置了公司两项看似并列的请求权，一是向董事的违信损害赔偿请求权，二是向恶意股东的不当得利返还请求权。疑问是，公司能分别或者同时主张这两项请求权吗？如上所述，本书持否定看法。公司不宜获得重复赔偿。依大陆法系法理，此时的法律关系最接近不真正连带责任关系。公司可以择一起诉董事或者恶意股东，也可以将两者作为共同被告，同时起诉之。

4.1.1.16 科罗拉多州商事公司法§7-108-403[1]

（a）如果董事没有依照§7-108-401之规定履行职责，那么违反§7-106-401之分配，或者违反公司章程之分配投赞成票的董事，应当超额分配之部分，对公司承担个人责任。在依据本法提起的任何诉讼程序中，董事均可援用作为董事通常的抗辩权。

（b）已经承担前一分节之责任的董事，取得下述权利：

①要求其他有责董事分摊责任；

②要求明知分配违反§7-106-401或者公司章程的恶意股东，分摊责任。

评析：科罗拉多州规则在框架上是常见的"公司对董事追责+董事追偿"。细节表述上亦较为普通。

4.1.1.17 明尼苏达州商事公司法§302A.557、559[2]

§557 股东在非法分配中的责任

（1）责任 公司违反§302A.551违法分配的，受到分配之股东应当向公司、公司的资产接管人、负责公司清算事务的人承担责任；或者依据§302A.559向董事承担责任。股东仅以自己获得的超额分配之部分，承担上述民事责任。

（2）诉讼时效 依据本节提起的诉讼，应当自分配之日起2年之内实施。

§559 董事在非法分配中的责任

（1）除其他任何责任外，出席董事会而投票赞成，或者并未投

---

〔1〕 参见 https://codes.findlaw.com/co/title-7-corporations-and-associations/co-rev-st-sect-7-108-403.html，最后访问日期：2021年6月5日。

〔2〕 参见 https://codes.findlaw.com/mn/business-social-and-charitable-organizations-ch-300-323a/#!tid=NAC03 CC006DC011 DBABE7DFDD201A0E32，最后访问日期：2021年6月5日。

票反对违法、违反章程之分配决议的董事，应当对公司、公司财产接管人、清算人，就非法超额分配之部分，承担连带责任。

（2）对股东的追偿权 依据前一分节受到起诉之董事，有权要求获得非法分配之股东，依其获得分配的份额比例，承担赔偿责任。

（3）对其他董事的追偿权 依据前一分节受到起诉之董事，有权要求其他有责董事承担按份责任（may compel pro rata contribution from them）。

（4）诉讼时效 以上诉讼需在分配之日起2年内提起。

评析： 明尼苏达州规则对董事、股东的责任分开规定，结构最为清晰，可能是中国立法借鉴的最佳版本。同样地，本书认为这里依然是不真正连带的结构。在细节上，明尼苏达州规则的一个重大特色是，所有股东，而非仅限于恶意股东，应当承担返还责任。这一安排更符合不当得利法理。

4.1.1.18 康涅狄格州商事公司法§33-757[1]

A. 如果证明董事没有依法履行职责，那么对违反法律或者公司章程之分配投赞成票的董事，应当就超额分配之部分，对公司承担个人责任。在依据本法提起的任何诉讼程序中，董事均可援用作为董事通常的抗辩权。

B. 已经承担前一分节之责任的董事，取得下述权利：

（a）要求其他有责董事分摊责任；

（b）向明知分配违法或者违反公司章程的恶意股东追偿。

C. 就本节所规定之强制程序：

（a）上述A分节的诉讼时效为2年，起算时点为：

①§33-687（e）或者（g）规定的分配基准日；

②公司无视注册证书之限制，导致违反§33-687（a）之日；

③公司依据§33-887b（a）向股东实际分配财产之日；

---

〔1〕 参见 https://codes.findlaw.com/ct/title-33-corporations/ct-gen-st-sect-33-757.html，最后访问日期：2021年6月5日。

（b）上述 B 分节的诉讼时效为 1 年，起算时点为 A 分节诉讼完成之日。

D. 就本节而言，董事在下列情况下应被视为投票赞成分配，即该董事出席董事会议并表决时，没有投出反对票；或者该董事依据 §33-749 之规定作出同意的表示。

评析： 康涅狄格州规则在框架上依然是"公司向董事追究违信责任+董事向其他董事与恶意股东追偿"的主流配置。细节上，本州规则有两项特色。第一，对诉讼时效的规定较细。不过，C（1）之下，A 与 B 固然呈现并列关系，但是与 C 的关系却不明晰。第二，详细规定了何谓赞成之董事。大略是说，只要没有明确表示反对的董事，都大体属于赞同之董事。这与内华达州封闭公司法 §78.300（3）的界定异曲同工。整体上，两州对赞成董事的界定较广，这一点对董事不利。至于为何如此，则属于价值判断问题。

4.1.1.19 北达科他州商事公司法 §10-19.1-94 与 1-95[1]

§1-94 非法分配下的股东责任

（1）知道或者应当知道违法分配事实之股东，应向公司、财产接管人、清算管理人、§10-19.1-95 规定之董事承担民事责任。责任额度以其收到的超额之分配部分为限。

（2）上述针对股东所主张之权利，受 2 年诉讼时效限制，自分配之日起算。

§1-95 非法分配下的董事责任

（1）除其他任何责任之外，出席并投出赞成票或者未投反对票的董事，除非 §10-19.1-51 禁止其投票或者书面同意，应当对公司、公司接管人、清算负责人，在超额分配的限度内，承担连带责任。

（2）被诉之董事，有权要求收到违法分配之股东，按照分配比

---

〔1〕 参见 https://codes.findlaw.com/nd/title-10-corporations/#!tid=N7AE74BC0276D11DDB8ED9147227D3279，最后访问日期：2021 年 6 月 5 日。

例分摊责任。

（3）被诉之董事，有权要求其他有责董事，承担按份责任。

（4）本节之权利受2年诉讼时效限制，自分配之日起算。

评析：框架上，北达科他州规则与明尼苏达州规则相同，是"不真正连带关系"构建最清晰者。细节上，其特点有：第一，对有责董事的界定较为详细，即投赞成票与没有投反对票之董事，除去因§10-19.1-51规定的因关联关系回避表决之董事。这一点更为精细、科学。第二，不区分请求权的类别，一律配置以2年诉讼时效，且均以分配日为起算日。第三，在定义恶意股东时，加入价值判断维度，表述为"知道或者应当知道"。

4.1.1.20 阿拉斯加州公司法§10.06.378与480[1]

§10.06.378 受到违法分配之股东的责任；对股东的诉讼

（a）明知分配违法而受让财产的恶意股东，为保护公司债权人或者优先股东之利益，有义务在后者以公司名义提起的诉讼中，向公司承担责任。赔偿额为所受让之非法利益，加算同期银行法定利息。

（b）下列情形可以公司名义起诉：

①如果公司的债权形成于分配之前，且债权人不同意分配，则一个或多个公司债权人有权向受分配之恶意股东提起诉讼；

②如果公司分配前业已发行优先股，且优先股股东不同意分配，则一个或多个优先股股东有权向恶意股东提起诉讼。

（c）本节被诉之股东有权请求其他有责股东分担责任，无论后者是否同为该诉讼之被告。

（d）本节不影响股东依据其他法律可能承担之责任。

§10.06.480 董事责任及其向其他董事、股东的追偿

（a）除非遵守§10.06.450（b），否则董事在下列情形中承担责任：

---

[1] 参见 https://codes.findlaw.com/ak/title-10-corporations-and-associations/#!tid=N3A9D9CD04D1611DDB409AB1D1ED27E00，最后访问日期：2021年6月5日。

①对违法分配投赞成票之董事，应在超额分配范围内，对公司承担连带责任；

②略（涉及公司清算）

③略（涉及公司借贷）

（b）被（a）分节所追责之董事，有权向恶意股东按照其获得非法分配的比例追偿。

（c）被（a）分节所追责之董事，有权向其他有责董事追偿。

评析：阿拉斯加州规则中，关于董事责任及其追偿权的规定，与主流一致。其特色体现在股东责任的规定，即§10.06.378中。要点是：一是，具有起诉资格的人是公司债权人、优先股股东。二是，必须以公司的名义。三是，被告为明知分配为非法的恶意股东。此种权利与合同法上的债权人撤销权类似，但有重大差异。差异在于，撤销权须债权人以自己名义为之，而此种权利却是以公司名义为之。

阿拉斯加州规则将违法分配责任体系进一步充实。该体系本来是三方主体，即公司、董事、普通股股东。在公司债权人、优先股股东获得类似撤销权的权利之后，体系充实为下图（见图13）。

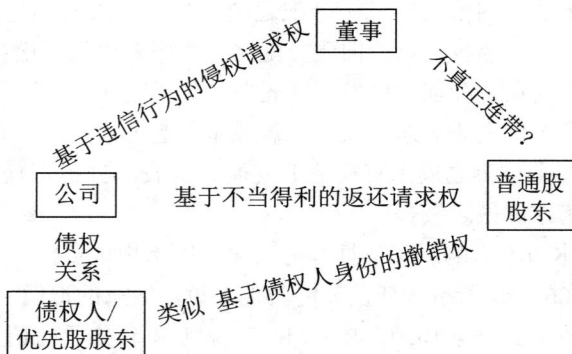

图13 公司违法分配责任体系草图

4.1.1.21 肯塔基州商事公司法 §271B.8-330[1]

（1）如果证明董事没有依法履行职责，那么对违反法律或者公司章程之分配投赞成票的董事，应当就超额分配之部分，对公司承担个人责任。在依据本法提起的任何诉讼程序中，董事均可援用作为董事通常的抗辩权。

（2）已经承担前一分节之责任的董事，取得下述权利：

（a）要求其他有责董事分摊责任；

（b）向明知分配违法或者违反公司章程的恶意股东追偿。

（3）本节所规定之强制程序，诉讼时效为2年，起算点为分配基准日。

评析：肯塔基州规定从主流。

4.1.1.22 华盛顿哥伦比亚特区商事公司法 §29-306.32[2]

（a）如果证明董事没有依法履行职责，那么对违反法律或者公司章程之分配投赞成票的董事，应当就超额分配之部分，对公司承担个人责任。在依据本法提起的任何诉讼程序中，董事均可援用作为董事通常的抗辩权。

（b）已经承担前一分节之责任的董事，取得下述权利：

（1）要求其他有责董事分摊责任；

（2）向恶意股东，按其获得的非法分配之比例追偿。

（c）分节（a）所规定权利之诉讼时效为2年，起算点为：

（1）§29-304.60（e）或（g）所规定的分配基准日；

（2）因违反公司章程限制而违反§29-304.60（a）之日；

（3）依据§29-312.09（a），向股东分配财产之日。

（d）分节（b）董事追偿权的诉讼时效，为（a）中诉讼终结之日起1年。

评析：华盛顿哥伦比亚特区之规定无独创之处。

---

［1］ 参见 https://codes.findlaw.com/ky/title-xxiii-private-corporations-and-associations/ky-rev-st-sect-271b-8-330.html，最后访问日期：2021年6月5日。

［2］ 参见 https://codes.findlaw.com/dc/division-v-local-business-affairs/dc-code-sect-29-306-32.html，最后访问日期：2021年6月5日。

4.1.1.23 怀俄明州商事公司法 §17-16-833 [1]

A. 如果证明董事没有依法履行职责，那么对违反法律或者公司章程之分配投赞成票的董事，应当就超额分配之部分，对公司承担个人责任。

B. 被 A 分节追责之董事有权：

(1) 请求其他有责董事分摊责任；

(2) 请求恶意股东就其所获分配的比例，分摊责任。

C. (i) 分节 (a) 所规定权利之诉讼时效为 2 年，起算点为：

(a) §17-16-640 (e) 或者 (g) 规定的分配基准日；

(b) 因违反公司章程限制而违反 §17-16-640 (a) 之日；

(c) 依据 §17-16-1409 (a)，向股东分配财产之日。

(ii) 分节 (b) 董事追偿权的诉讼时效，为 (a) 中诉讼终结之日起 1 年。

评析： 怀俄明州规则没有明显异于其他州的特色。

4.1.1.24 内布拉斯加州标准商事公司法 §21-2-104 [2]

A. 假如权利人证明董事作出分配决议时违反公司法相关规定，则董事应就违法超额分配之部分，对公司承担责任。

B. 被 A 分节追责之董事有权：

(1) 请求其他有责董事分摊责任；

(2) 请求恶意股东就其所获分配的比例，分摊责任。

C. (1) 分节 A 所规定权利之诉讼时效为 2 年，起算点为：

(a) 分配基准日；(b) 因违反公司章程限制而违反 §21-252 (a) 之日；(c) 依据 §21-2-192，向股东分配财产之日。

(2) 分节 (b) 董事追偿权的诉讼时效，为 (a) 中诉讼终结之日起 1 年。

评析： 内布拉斯加州规则从主流，无值得评析之处。

---

〔1〕 参见 https://codes.findlaw.com/wy/title-17-corporations-partnerships-and-associations/wy-st-sect-17-16-833.html，最后访问日期：2021 年 6 月 6 日。

〔2〕 参见 https://codes.findlaw.com/ne/chapter-21-corporations-and-other-companies/ne-rev-st-sect-21-2-104.html，最后访问日期：2021 年 6 月 6 日。

4.1.1.25 新罕布什尔州商事公司法 §293-A：8.33 [1]

8.33 节 董事对违法分配的责任

A. 假如权利人证明董事作出分配决议时违反公司法相关规定，则董事应就违法超额分配之部分，对公司承担责任。

B. 被 A 分节追责之董事有权：

（1）请求其他有责董事分摊责任；

（2）请求恶意股东就其所获分配的比例，分摊责任。

C. （1）分节（a）所规定权利之诉讼时效为 2 年，起算点为：

（a）分配基准日；（b）因违反公司章程限制而致违法之日；（c）向股东分配财产之日。

（2）分节（b）董事追偿权的诉讼时效，为（a）中诉讼终结之日起 1 年。

评析：新罕布什尔州规则从主流，无特殊之处。

4.1.1.26 南达科他州商事公司法 §47-1A-883 [2]

§47-1A-883 董事对违法分配的责任

假如权利人证明董事作出分配决议时违反公司法相关规定，则董事应就违法超额分配之部分，对公司承担责任。追究董事责任的诉讼时效为 2 年，起算日期为：

（1）依据 §47-1A-640.2 或者 §640.4 确定的分配基准日；

（2）违反公司章程，导致违反 §47-1A-640 之日，或者；

（3）依据 §47-1A-1409 之规定，向股东分配财产之日。

§47-1A-833.1 分摊或追偿权，以及诉讼时效

已经承担 §47-1A-833 规定之责任的董事，有权：（1）向其他有责董事追偿，以及；（2）向恶意股东依其获得分配的比例追偿。

本节规定之董事追偿权，诉讼时效为 1 年，自前节诉讼终结之日起算。

---

〔1〕 参见 https://law.justia.com/codes/new-hampshire/2014/title-xxvii/chapter-293-a/section-293-a-8.33/，最后访问日期：2021 年 6 月 6 日。

〔2〕 参见 https://law.justia.com/codes/new-hampshire/2014/title-xxvii/chapter-293-a/section-293-a-8.33/，最后访问日期：2021 年 6 月 6 日。

评析： 南达科他州规则无特别之处。

4.1.1.27 夏威夷州商事公司法§414-223[1]

（a）如果证明董事没有依法履行职责，那么对违反法律或者公司章程之分配投赞成票的董事，应当就超额分配之部分，对公司承担个人责任。在依据本法提起的任何诉讼程序中，董事均可援用作为董事通常的抗辩权。

（b）已经承担前一分节之责任的董事，取得下述权利：

①要求其他有责董事分摊责任；②向恶意股东就其超额分配追偿。

（c）本节所规定的权利，诉讼时效为2年，自§414-111（e）或者（g）规定的分配基准日起算。

（d）略（涉及联邦住房政策问题，无关）

评析： 夏威夷州商事公司法无重大特殊之处。只是有一处细节可以辨析。夏威夷州、华盛顿哥伦比亚特区的法律规定，董事向恶意股东追偿时，是就其所获得的分配追偿（for the amount the shareholder accepted）。相比之下，更多的州则规定，此种追偿是"按照每个股东所获得的违法分配的比例进行追偿"（recoupment from each shareholder of the pro-rata portion of the amount of the unlawful distribution the shareholder accepted）。两种表述的差异是显而易见的。

第一种表述，即夏威夷州、华盛顿哥伦比亚特区版本是说，董事有权就恶意股东获得的全部分配额度，即"合法分配部分+超额违法分配部分"，进行追偿。这一制度安排令人费解，不甚合理。董事向恶意股东的追偿，其法理依据或者请求权基础，似乎最接近于不真正连带责任中，中间责任人对终局责任人的追偿权。则追偿的金额自然是董事承担的责任金额。该金额为公司的损失，即超额分配之部分。由此，赋予董事就分配的全额进行追偿，难以讲通。

第二种表述，即多数州的表述，大体含义是仅能就违法分配部

---

[1] 参见 https://codes.findlaw.com/hi/division-2-business/hi-rev-st-sect-414-223.html，最后访问日期：2021年6月6日。

分追偿，但语法令人费解。表述为就超额部分追偿足矣，为何还要加上"比例"（the pro-rata portion of the amount）？比例，是 X/Y 的除数，自然有两种可能：其一，就某个股东而言，是其非法分配部分/该股东受让的全部分配。假如是这样，那制造这种比例显然毫无意义，多此一举。其二，就全体股东而言，指某个股东的非法分配部分/全部的非法分配部分。假如是这样，此处的比例倒是可以讲通。

实际上，似乎无需提及"比例"。因为法律无非是要说，董事的追偿范围，限于恶意股东获得的非法分配的部分。立法之所提"比例"，是为了计算具体哪些部分属于非法分配。那这里自然有两种方法：其一，利用"股东 X 的非法分配/公司全部的非法分配＝股东 X 的持股比例"计算；其二，利用"股东 X 的非法分配/全部所获分配＝公司全部的非法分配/公司全部的分配"。不过，立法没必要涉及具体计算的事项。

4.1.1.28 俄勒冈州封闭公司法 § 60.367[1]

（1）除非董事履职时遵守 § 60.357，则对违反法律或者公司章程作出分配的决议，投出赞成票，或者表示同意的董事，就违法超额分配之部分，对公司承担责任。

（2）就前款承担责任的董事，有权：

（a）向其他有责董事追偿；（b）向恶意股东就其获得的非法分配追偿。

评析：俄勒冈州封闭公司法的规则简明，且从主流。

4.1.1.29 威斯康星州商事公司法 § 180.0833[2]

（1）如果证明董事没有依照 § 180.0828（1）之规定履行职责，那么违反 § 180.0640 之分配，或者违反公司章程之分配投赞成票的董事，应当就超额分配之部分，对公司承担个人责任。在依据本法提起的任何诉讼程序中，董事均可援用作为董事通常的抗辩权。

---

〔1〕 参见 https://codes.findlaw.com/or/title - 7 - corporations - and - partnerships/or-rev-st-sect-60-367.html，最后访问日期：2021 年 6 月 9 日。

〔2〕 参见 https://codes.findlaw.com/wi/corporations-ch-180-to-188/wi-st-180-0833.html，最后访问日期：2021 年 6 月 9 日。

（2）就前款承担责任的董事，有权：

（a）向其他有责董事追偿；（b）向恶意股东就其获得的非法分配追偿。

（3）以上权利，诉讼时效为 2 年，自分配基准日起算。

评析： 威斯康星州规则从主流。

4.1.1.30 田纳西州营利商事公司法 §48-18-302[1]

（a）如果证明董事没有依照 §48-18-301 之规定履行职责，那么违反 §48-16-401 之分配，或者违反公司章程之分配投赞成票的董事，应当就超额分配之部分，对公司承担个人责任。在依据本法提起的任何诉讼程序中，董事均可援用作为董事通常的抗辩权。

（b）就前款承担责任的董事，有权：

①向其他有责董事追偿；②向恶意股东就其获得的非法分配追偿。

（c）以上权利，诉讼时效为 2 年，自 §48-16-401 规定的分配基准日起算。

评析： 田纳西州规则从主流，无显著特色。

4.1.1.31 印第安纳州商事公司法 §23-1-35-4[2]

（a）董事对违反本章 1（e）之规定或者违反章程之规定的分配决议投赞成票，或者表示同意的，应当就超额分配之部分，对公司承担责任。

（b）就前款承担责任的董事，有权：

①向其他有责董事追偿；②向任何股东就其获得的非法分配追偿。

评析： 印第安纳州规则从主流。其主要特色在于，董事追偿权的义务人为获得违法分配的全体股东，而不限于恶意股东。结合 Paul J. Galanti 的讲解可知：第一，起草者不同意 MBCA 的理念，而

---

〔1〕 参见 https://codes. findlaw. com/tn/title-48-corporations-and-associations/tn-code-sect-48-18-302. html，最后访问日期：2021 年 6 月 9 日。

〔2〕 参见 https://codes. findlaw. com/in/title-23-business-and-other-associations/in-code-sect-23-1-35-4. html，最后访问日期：2021 年 6 月 11 日。

是认为，股东获得的分配本身就是非法的，其不应当仅仅因为善意就获得对这些财产的权利。第二，依据本法，有权向善意股东追责的是董事。公司无权要求善意股东返还财产。这一点与大陆法系的不当得利不同。第三，事实上，由于印第安纳州商事公司法在很多时候令董事的责任得以豁免，获得不当得利的股东大概率可以保留这份"意外之财"。[1]

Paul J. Galanti 还解释说，印第安纳州商事公司法中的"同意（assent）"一词是令人迷惑的，且并没有任何规范性文件来解释该词的含义。通常认为，该词指批准或者核准董事会执行委员会做出的分红决定。[2]

Paul J. Galanti 另指出，印第安纳州的董事责任规则似乎过于简略。最大的问题是，并不清楚谁有权且有动机，主动发起诉讼追究董事责任。首先，公司当然有权追责。但是，如果实施非法分配的董事仍然在职，那么公司的追责是几乎不可能的。其次，股东当然有权提起派生诉讼来追责。但是，考虑到有责董事有权向股东进行追偿，那么股东发起派生诉讼的动力也就大为减少了。最后，依据判例，法院通常不支持债权人直接向公司董事追责，除非此种权利由公司法明文规定。而印第安纳州法恰恰没有规定。[3]

4.1.1.32 路易斯安那州商事公司法 §1−833[4]

A. 如果证明董事没有依法履行职责，那么对违反法律或者公司

---

〔1〕 See Paul J. Galanti, *Business Organizations*, Thomson Reuters, 2020, https://1−next−westlaw−com. zdt. 80599. net/ Document/ I74f011be35f911da9cbec375d603e62d/View/FullText. html, 最后访问日期：2021 年 6 月 15 日。

〔2〕 See Paul J. Galanti, *Business Organizations*, Thomson Reuters, 2020, https://1−next−westlaw−com. zdt. 80599. net /Document/ I74f011be35f911da9cbec375d603e62d/View/FullText. html, 最后访问日期：2021 年 6 月 15 日。

〔3〕 See Paul J. Galanti, *Business Organizations*, Thomson Reuters, 2020, https://1− next − westlaw − com. zdt. 80599. net /Document/ I74f011be35f911da9cbec375d603e62d/View/FullText. html, 最后访问日期：2021 年 6 月 15 日。

〔4〕 参见 https://codes. findlaw. com/la/revised−statutes/la−rev−stat−tit−12−sect−1−833. html, 最后访问日期：2021 年 6 月 11 日。

章程之分配投赞成票的董事，应当就超额分配之部分，对公司承担个人责任。

B. 就前款承担责任的董事，有权（1）向其他有责董事追偿；（2）向任何股东按照其获得非法分配的比例追偿。

C. A 分节所规定权利之诉讼时效为 2 年，起算点为：（1）分配基准日；（2）因违反公司章程限制而违反 §1-640（E）或者（G）之日；（3）依据 §12：1-640（A），向股东分配财产之日。

D. B 分节所规定权利之诉讼时效为 1 年，自 A 分节诉讼终结之日起算。

评析：路易斯安那州法的特别之处是，任何获得非法分配的股东包括善意股东，都将成为追索权的对象。其他规定，基本从俗。

值得一提的是，Richard P. Wolfe 在点评路易斯安那州法时认为，833 节的实际效果将是：无论是否恶意，股东对分配负有主要责任；如果不承担责任，则故意或过失授权分配的董事负有次要责任。[1]

该表述有一定道理。本书的理解是：主要责任和次要责任是多数人责任结构下"补充责任"的特征。但此处，获得非法分配的股东与过错董事同为责任人，却显然不是补充责任的关系，而大体近似于不真正连带责任。即非法分配这一侵权行为，同时产生公司对董事的侵权请求权和公司对股东的不当得利返还请求权。在外部，公司可以就两种请求权选择其一。在内部，过错董事属于中间责任人，股东属于终局责任人。董事承担责任的，有权在内部向终局责任人的股东进行追偿。

4.1.1.33 阿拉巴马州商事公司法 §10A-2-8.33[2]

（a）除非董事履职时遵守 §60.357，则对违反法律或者公司章

---

〔1〕 See Richard P. Wolfe, "The Fiduciary Duty of Directors and Officers Under the Louisiana Business Corporation Act of 2014", *Loyola Law Review*, Vol. 60, 2014, pp. 523、572-576.

〔2〕 参见 https://codes.findlaw.com/al/title-10a-alabama-business-and-nonprofit-entities-code/al-code-sect-10a-2-8-33.html，最后访问日期：2021 年 6 月 11 日。

程作出分配的决议，投出赞成票，或者表示同意的董事，就违法超额分配之部分，对公司承担责任。

（b）就前款承担责任的董事，有权：

①向其他有责董事追偿；②向恶意股东就其获得的非法分配追偿。

（c）本节规定之权利，诉讼时效为 3 年，自分配基准日起算。

评析：阿拉巴马州规则从俗。特色为 3 年诉讼时效。

4.1.1.34 犹他州修订商事公司法 § 16-10a-842 [1]

（1）如果证明董事没有依照 § 48-18-301 之规定履行职责，那么违反 § 48-16-401 之分配，或者违反公司章程之分配投赞成票的董事，应当就超额分配之部分，对公司承担个人责任。在依据本法提起的任何诉讼程序中，董事均可援用作为董事通常的抗辩权。

（2）就前款承担责任的董事，有权：

（a）向其他有责董事追偿；

（b）向恶意股东就其获得的非法分配部分追偿。此部分的计算方式为该股东获得之全部分配乘以某个系数。该系数为公司全部的超额违法分配，占到公司此次分配总额的百分比。

（3）以上诸权利，受 2 年诉讼时效限制，起算时间为 § 16-10a-640（5）或者（7）规定的分配基准日。

评析：犹他州规则的主架构从主流。有趣的是一处细节。犹他州把单个恶意股东承担责任金额的算法，作了具体的规定。就此，三个从简到繁的版本出现了：（1）较简版本，为部分州所采用。其典型表述为：董事有权就（恶意）股东所获得之超额分配部分，进行追偿（for the amount the shareholder accepted）。（2）中间版本，为部分州所采用。其典型表述为：董事有权按照（恶意）股东所获取的违法分配之比例，进行追偿（for the pro-rata portion of the amount of the unlawful distribution the shareholder received）。（3）较繁版本，

---

〔1〕 参见 https://codes.findlaw.com/ut/title-16-corporations/ut-code-sect-16-10a-842.html，最后访问日期：2021 年 6 月 11 日。

为个别州所采用。如犹他州。不赘。

本书认为，三种表述其实是等效的。被追偿股东承担责任的数额，都是其获得的违法分配之部分。仅仅就该部分如何计算，形成详略不同的版本。如前所述，该部分有两种具体计算方式：

方式一：责任金额＝该股东获得的分配额×$\dfrac{\text{公司超额分配部分}}{\text{公司此次分配总额}}$

方式二：责任金额＝公司超额分配部分×该股东持股比例

由此可见，犹他州的具体计算规则，是方式一。本书认为，详略版本都可以接受。从立法论上可以计较的问题是：立法没有必要明确规定一种计算方式。本书看不到显著的必要性。

4.1.1.35 新墨西哥州商事公司法§53-11-46[1]

A. 在其他责任之外，除非董事履职时遵守本法规定的董事义务，则任何对违法分配投票赞成或表示同意的董事，应就超额分配之部分，对公司承担责任。

B. 任何被依据 A 分节起诉追责之董事，有权向恶意股东就其获得的超额分配追偿。

C. 任何被依据 A 分节起诉追责之董事，有权向其他有责董事追偿。

评析：新墨西哥州规则从主流，无特殊之处。甚至没有规定诉讼时效。

4.1.1.36 蒙大拿州商事公司法§35-14-832[2]

（1）如果权利人证明董事违反§35-14-830，对违法或者违章之分配投赞成票或表示同意，则应就超额分配部分对公司承担责任。

（2）就前款承担责任的董事，有权：（a）向其他有责董事追偿；（b）向恶意股东就其获得的非法分配部分，按比例追偿。

（3）（a）第（1）分节所规定权利之诉讼时效为 2 年，起算点为：

---

〔1〕 参见 https://codes. findlaw. com/nm/chapter-53-corporations/nm-st-sect-53-11-46. html，最后访问日期：2021 年 6 月 11 日。

〔2〕 参见 https://codes. findlaw. com/mt/title-35-corporations-partnerships-and-as-sociations/mt-code-ann-sect-35 -14-832. html，最后访问日期：2021 年 6 月 11 日。

①分配基准日；②因违反公司章程限制而违反§35-14-640（5）或者（7）之日；③依据§35-14-640（1），向股东分配财产之日。

（b）第（2）分节所规定权利之诉讼时效为1年，自A分节诉讼终结之日起算。

评析：蒙大拿州规则从主流，无特殊之处。

4.1.1.37 亚利桑那州公司法§10-833[1]

A. 违反本法规定，对违法或者违章之分配投赞成票或表示同意之董事，则应就超额分配部分对公司承担责任。

B. 任何出席董事会之董事，都被推定为赞同董事会作出的违法分配决议。除非：第一，会议记录中，收录有其表达的异议。第二，在休会前，其向会议秘书提交书面的异议声明。第三，在休会后、下一公司营业日下午5：00之前，通过挂号信或者保证邮件（certified mail）向会议秘书提交异议声明。上述法律推定程序，不适用于在董事会中投出赞成票的股东。

C. 就前款承担责任的董事，有权：（1）向其他有责董事追偿；（2）向恶意股东就其获得的非法分配部分追偿。

D. 上述权利诉讼时效为4年，自§10-640（e）或（c）规定的分配基准日起算。

评析：责任关系架构上，亚利桑那州规则从主流，都是"董事违信责任+董事追偿权"。该州特色有二。第一，统一诉讼时效为4年。第二，给出了有责董事的甄别机制。其体系是：（1）投赞成票之董事，终局性有责。（2）会议上表达异议并被记录在案者，无责。（3）休会前向会议秘书提交书面异议者，无责。（4）休会后特定时间内，以特定邮寄方式，向会议秘书提交书面异议者，无责。

该规则已然较细，但尚有不能覆盖的情形：第一，如果会议上表达异议，又投出赞成票，即同时具备（1）和（2），应作如何评价？本书认为，此时应认定有责。即投赞成票属于最正式且最终的

---

[1] 参见https://codes.findlaw.com/az/title-10-corporations-and-associations/az-rev-st-sect-10-833.html，最后访问日期：2021年6月11日。

意思表示，足以令会议中的异议发言失效。第二，如果会议上投弃权票，则如何认定？本书认为，此时应当看是否有（2）（3）（4）一类情事，如果没有，依然有责。第三，如果投出反对票，是否有责？本书认为，当然无责。"出罪举重以明轻"。被会议记录的异议发言尚且有免责效果，反对票更应免责。第四，如果会议上发表反对表示，但未被记录在案，如何判断责任？本书认为：先看是否投出赞成票或反对票。前者确定有责，后者确定无责。如果投出弃权票或未投票，则应转换为举证问题。

亚利桑那州立律师协会商法分会公司法修订委员会，于 1995 年发布公司法修订官方评论。其针对 §10-833 的论述要点是：第一，本节参考 MBCA §8.33，将董事产生非法分配责任标准简化、同一化。该标准即 §10-640 规定的新的分配测试标准，以及 §10-830 规定的针对董事行为的一般准则。第二，本节虽然没有专门提及，董事可以"善意"为抗辩事由，但 §10-830（d）中提及的善意抗辩作为一般原则，在此依然适用。第二，亚利桑那州公司法与 MBCA 有两方面差异。一方面，它保留了旧法关于董事异议记录的规定。MBCA 则没有类似规定。另一方面，它保留了旧法关于对董事提起诉讼的四年限制，而非采用 MBCA 的两年规定。[1]

4.1.1.38 阿肯色州商事公司法 §4-27-833 [2]

（a）除非董事履行职务时遵守 §4-27-830 之规定，否则对非法分配投赞成票或者表示同意之董事，应当就超额分配之部分，对公司承担责任。

（b）就前一分节承担责任的董事，有权：①向其他有责董事追偿；②向恶意股东就其获得的非法分配部分追偿。

---

〔1〕 See Terence W. Thompson, John L. Hay, James P. O'sullivan, Robert A. Royal, Thomas J. McDonald, Arizona Corporate Practice 2004 Edition, Volume 6, Thomson Reuters, 2004, https://1-next-westlaw-com. s12133. top/Document/Icbb900373b5c11da9a9fb430beb7e262/View/FullText. html, 最后访问日期：2021 年 1 月 27 日。

〔2〕 参见 https://codes. findlaw. com/ar/title-4-business-and-commercial-law/ar-code-sect-4-27-833. html，最后访问日期：2021 年 6 月 12 日。

评析： 阿肯色州规则从主流，无需讨论。

4.1.1.39 西弗吉尼亚州商事公司法 §31D-8-833 [1]

（a）如果证明董事没有依法履行职责，那么对违反法律或者公司章程之分配投赞成票的董事，应当就超额分配之部分，对公司承担个人责任。

（b）就前一分节承担责任的董事，有权：①向其他有责董事追偿；②向恶意股东按照比例，就其获得的非法分配部分追偿。

（c）（a）分节所规定权利之诉讼时效为 2 年，起算点为：①分配基准日；②因违反公司章程限制而违反 §640（e）或者（g）之日；③依据（a），向股东分配财产之日。

（2）（b）分节所规定权利之诉讼时效为 1 年，自（a）分节诉讼终结之日起算。

评析： 西弗吉尼亚州法从主流。

4.1.1.40 爱达荷州商事公司法 §30-29-832 [2]

除援引的条文序号外，该州规则与西弗吉尼亚州完全一致。

4.1.1.41 密西西比州商事公司法 §79-4-8.33 [3]

同上，该州规则与西弗吉尼亚州、爱达荷州完全一致。值得一提的是，密西西比法学院助理教授 Martin Edwards 评论说，第一，依据本节，公司资产估值可以不拘泥于财务报表，这给公司不景气时的分配留下一些操作余地。第二，依据本节提起的诉讼，在密西西比州几乎没有发生过。[4]

---

〔1〕 参见 https://codes.findlaw.com/wv/chapter-31d-west-virginia-business-corpo-ration-act/wv-code-sect-31d-8-833.html，最后访问日期：2021 年 6 月 12 日。

〔2〕 参见 https://codes.findlaw.com/id/title-30-corporations/id-st-sect-30-29-832.html，最后访问日期：2021 年 6 月 12 日。

〔3〕 参见 https://codes.findlaw.com/ms/title-79-corporations-associations-and-partnerships/ms-code-sect-79-4-8-33.html，最后访问日期：2021 年 6 月 12 日。

〔4〕 See Jeffrey Jackson, Mary Miller, Donald Campbell, *Encyclopedia of Mississippi Law*, Thomson Reuters, 2020, https://1-next-westlaw-com.zdt.80599.net/Document/I40220d5565f411daa5cbf6271ac4c1df/View/FullText.html，最后访问日期：2021 年 6 月 15 日。

4.1.1.42 南卡罗来纳州商事公司法§33-8-330[1]

南卡罗来纳州规则基本同前文印第安纳州规则。不赘。

4.1.1.43 佛蒙特州商事公司法§8.33[2]

佛蒙特州规则与前述田纳西州、阿拉巴马州规则基本一致，只是诉讼时效为6年。

4.1.1.44 缅因州商事公司法§833[3]

该州规则与西弗吉尼亚州、蒙大拿州等州规则基本一致。不赘。

4.1.2 未采用大分配概念的法域

事实上，以是否采用大分配概念为标准，区分不同的责任架构配置，未必有明确异议。大分配概念的采用，大概率影响分配限制规则，但未必影响责任规则。但既然全书以"大分配"概念为核心，便一以贯之。

4.1.2.1 DGCL§172、§174

§172. 董事会或委员会成员在分红或股票回购方面的责任

董事或者董事会指派的某委员会成员，在确定公司资产、负债、净利润等赖以决定公司分配是否合理的数据时，如果善意地信赖了公司记录，善意地依赖了来自管理层、雇员、董事会下属委员会成员，或者其他具有相应专业水平和职业经验而被公允选任的任何人的信息、意见、报告、陈述，那么此人应当受到充分保护。

§174. 董事违法支付红利或回购的责任；免责；责任分担；代位权

（a）在任董事如果因故意或过失违反本章§160或§173，进行违法分配或回购，应当在违法行为发生之日起6年内对公司承担连带责任。如果公司清算或破产，上述董事还应在非法分配或回购支出的本金加利息范围内，向公司债权人承担责任。以下两种情况免责：

---

〔1〕 参见 https://law.justia.com/codes/south-carolina/2019/title-33/chapter-8/section-33-8-330/，最后访问日期：2021年6月12日。

〔2〕 参见 https://codes.findlaw.com/vt/title-11-a-vermont-business-corporations/vt-st-tit-11a-sect-8-33.html，最后访问日期：2021年6月12日。

〔3〕 参见 https://codes.findlaw.com/me/title-13-c-maine-business-corporation-act/me-rev-st-tit-13-c-sect-833.html，最后访问日期：2021年6月12日。

第一，董事未出席会议，未参与决议；第二，董事在表示时投出反对票，并于会议中或会后立即将反对意见记录于董事会议记录簿。

（b）对上述董事责任的追究得到支持的，该董事有权利要求其他对分红、回购、回赎等违法行为同样投了赞成票的董事，分担该责任。

（c）任何因违法分配而被追究上述责任的董事，获得代公司向股东追索的代位权。该代位权的条件是：①董事承担了民事责任后，在该承担范围内行使之。②股东明知该分配违反法律。③依照股东取得分配数额的比例，向股东分别追索。

评析：DGCL 的框架与其他州大同小异，同样采取"董事违信责任+董事追偿权"模式。其细节上的特点有二。

第一，界定了董事免责的条件。（1）未出席会议且未参与表决。（2）投出反对票，且会中、会后将反对意见记录于会议记录。言下之意：其一，出席会议，但未参与表决，或者投弃权票，不免责。其二，投出反对票，但是反对意见未体现于会议记录的，不免责。前者与其他州大体一致。后者防范的可能是这样一种可能：某董事在发言阶段赞同分配，但投票时投出反对票。但是，该规定似过于苛刻。

第二，DGCL 将董事追索权称为"代位权"（subrogation）。《元照英美法词典》对"right of subrogation"的解释是：指一人替代另一人的地位并拥有与原当事人同样的权利。[1]可见，此处的代位权

---

〔1〕 该辞书对"subrogation"的解释是：指由一人取代另一人的地位而对第三人依法请求给付或主张权利、要求补救或担保等。在债权债务关系中，若某人代为偿付债务，则其取代债权人的地位，可以对债务人行使债权人的一切权利，与其未代为偿付时原债权人对债务人的权利相同。代位通常发生于建筑合同、保险合同、保证以及流通票据法中。保险中的代位，如某人已投保的船舶因他人过错而致撞毁，则其可从保险人处取得保险金而恢复船舶价值，从而由保险人代位行使船舶所有权人的权利，以向造成船舶毁损者提起诉讼。代位是衡平法上的一种制度设计，以使债或义务能最终清偿，而又使偿付债务者不致显失公平。代位分为两种，即协商代位（或称合同代位）（conventional subrogation）与法定代位（legal subrogation），前者是通过债权人与第三人的行为而明示的代位，后者则是由于法律实施而产生的代位或默示的代位，例如保证人的代位。

是相当宽泛的、商法意义上的代位权，当与作为债的保全异议上的债权人代位权，存在严格区别。

4.1.2.2 纽约州商事公司法 §719[1]

（a）对下列公司行为投赞成票或者作出赞同表示的董事，为了公司债权人或者股东的利益，应当在相应诉讼中，就公司债权人或者股东受到的损失，对公司承担连带责任：

①违反 §510（a）或者（b）的公司分红、分配；②③④⑤略。（与分配无关）

（b）出席董事会或者委员会会议的董事被推定为同意公司行为，除非：第一，董事的异议被会议记录在案；第二，董事于休会前，将书面异议提交给会议秘书；第三，董事于休会后，迅即将异议以挂号信方式寄给会议秘书。上述例外，不适用于投赞成票的董事。

没有出席董事会或者委员会的董事，推定同意公司行为，除非该董事在知悉公司决议之后的合理期间内，向会议秘书挂号信邮寄异议，或者将该异议与会议记录一并提交。

（c）依据（a）分节承担责任之董事，有权向其他有责董事追偿。

（d）①依据（a）分节承担责任之董事，取得向恶意股东的代位求偿权。②③④略。（与分配无关）

（e）董事如果依据 §717（a）履职，则不承担上述责任。

（f）本节不影响法律对董事施加的其他任何责任。

评析：纽约州商事公司法与 DGCL 相仿。第一，其对有责董事的范围作了精确界定。第二，其延续了董事对股东"代位求偿权"的说法。但是，严格来说，"代位权"是否成立是存疑的。依据判例法法理，代位权取得的法律事实，是权利人代为偿付债务。但是，董事对公司承担责任，其性质并非"代为偿付（不当得利返还之）

---

〔1〕 参见 https://codes.findlaw.com/ny/business-corporation-law/bsc-sect-719.html，最后访问日期：2021 年 6 月 12 日。

债务"，而是承担独立的、法定的违信责任。

此外，（a）节的表述值得推敲。一方面，其规定董事责任的相对权利人是公司。另一方面，其规定董事责任产生的根源是保护公司债权人、股东之利益，而且责任的数额是公司债权人、股东受到的损失。这似乎有违法律关系相对性原理。通常的结构应为：第一，如果以公司为相对人，那么"董事–公司"之间，董事责任的产生是基于董事违反了对公司的信义义务，赔偿数额应当是公司的损失。第二，如果以公司债权人为相对人，那么"董事–公司债权人"之间，董事责任的产生是基于董事侵害了债权人对公司的债权，构成第三人侵害债权，赔偿数额应当是债权受到的损害。但是，纽约州规则似乎将两者杂糅起来。

4.1.2.3 伊利诺伊州商事公司法§65[1]

§65 特定情形下的董事责任

（a）在其他责任之外，董事在下列场景下承担责任：

①董事对违反§9.10而作出的分配决议投赞成票的，应当就违法分配部分对公司承担连带责任。②③略。（与分配无关）

（b）出席董事会的董事被推定为同意公司行为，除非：第一，董事的异议被会议记录在案；第二，董事于休会前，将书面异议提交给会议秘书；第三，董事于休会后，迅即将异议以挂号邮件或者保证邮件方式，寄给会议秘书。上述例外，不适用于投赞成票的董事。

（c）假如董事善意地信赖资产负债表或损益表，且负责公司财务的总裁或高级管理人员向其表示两表是正确的，或者独立公共会计师、独立公共注册会计师证实两表属实，则董事对违反§9.10作出的分配不承担责任。

（d）任何董事承担责任后，都有权向其他有责董事追偿，亦有权向股东追偿。

评析：与纽约州基本类似。特色是把董事履职遵守"商事判断

---

[1] 参见 https://codes.findlaw.com/il/chapter-805-business-organizations/il-st-sect-805-5-8-65.html，最后访问日期：2021年6月12日。

规则"这一免责事由,写入违法分配责任条款。这一点无关紧要。

4.1.2.4 俄亥俄州商事公司法§1701.95[1]

A.(1)除其他责任外,董事对系列事项投票赞成或者作出赞成表示的,应当对公司承担连带责任:(a)公司违反法律或者公司章程进行分红、股票回购、回赎。(b)(c)略。

(2)(a)董事承担责任的金额范围,是超出合法分配的范围。该范围不得超过以下两部分数额之和:第一,假如公司在丧失偿付能力时实施分配,该数额的分配将影响公司债权人利益(in excess of the amount that would inure to the benefit of the creditors of the corporation if it was insolvent at the time of the payment or distribution);或者说,有合理的理由相信,该部分金额的分配将令公司丧失偿付能力。第二,基于侵犯其他类别股东的权利而作出的分配。(高度存疑。)(b)(c)略。无关。

B.(1)董事对分红作出决策时,如果同时符合两个条件,则无责任。第一,董事善意地信赖公司财务报告。此报告是由负责公司财务的高级管理人员提供,或者由公共会计师、公共会计师机构所认证。第二,董事在判断资产价值时,善意地信赖会计报表的账面价值,或者遵从其个人认为合理的会计与商业实践。(2)略。无关。

C.出席董事会或者委员会,且没有投出反对票的股东,被推定为投票赞成董事会决议。除非,该董事的书面异议在会议期间,或者在休会后的合理期间内,被递交至董事会秘书或者公司秘书,而记录在案。

D.恶意股东就其收到的超额分配部分,对公司承担责任。

E.依据衡平原则,任何依据本节被起诉追责之董事,有权向其他有责董事追偿。任何被追责或者被确认为有责的董事,有权向恶意股东追偿。承担责任的股东,也有权向其他有责股东按其获得的分配比例追偿。

---

[1] 参见 https://codes.findlaw.com/oh/title-xvii-corporations-partnerships/oh-rev-code-sect-1701-95.html,最后访问日期:2021年6月12日。

F. A（1）（a）或者（b）中权利的诉讼时效为 2 年。

G. 本节不影响本条未获支付的债权人行使该债权人在法律上本应享有的权利。

H. 涉及公司事务管理事项上，公司未能遵守与董事会或股东会议有关的程式，不应被视为倾向于确定股东对公司义务负有责任的法律事实。

评析：俄亥俄州商事公司法的与众不同之处，在于额外设置了一个董事责任限额。但是，本书对此比较费解。因为限额设定的逻辑，似乎是违法分配对公司债权人以及未获得分配的其他股东，造成的总损失（见 B 分节）。但这里有三点说不通：

（1）公司对董事求偿的基础，是董事违反信义义务行为给公司造成的损失。公司的损失，与公司债权人+其他股东（尤其是优先股股东）的总损失，在性质、数量上都不同。而且，在违信责任的框架下，以其他人的损失限制公司的损失，违反了法律关系相对性原理。

（2）B 分节所描述的限额（amount）有一个条件状语的限制，即"公司在支付或者分配的时候处于资不抵债状态"（if it was insolvent at the time of the payment or distribution）。可问题在于，公司处于这样的状态，是根本没办法分配的。第三点也与此有关。

（3）B 分节的逻辑似乎是，董事的一般责任数额是超额分配部分，同时，以"公司债权人+其他股东（猜测尤其是优先股股东）的利益损失"为上限，锁定董事的责任。可问题在于，对公司债权人、优先股股东利益的考虑，业已先在地体现于前述"超额部分"，也就是公司分配的条件中。此处再考虑一次，没有看出存在显著的必要。

因此，B 分节虽是俄亥俄州的特色规定，但令人费解。

4.1.2.5 密苏里州商事公司法 § 351.345[1]

除其他法律责任外，明知而宣布并支付股息的董事，应当对公

---

[1] 参见 https://codes. findlaw. com/mo/title-xxiii-corporations-associations-and-partnerships/mo-rev-st-351- 345. html，最后访问日期：2012 年 6 月 12 日。

司的既存债务，以及此类董事今后在职期间产生的公司债务，承担连带责任。除非，董事依据§351.210与§351.220履行职务，或者依据本章相关规定减少设定资本、清算。董事承担的责任，不超过分红的数额。董事在董事会决议时缺席、表示反对，或者向公司秘书书面提交反对意见的，不承担前述责任。董事作出决策前，善意地信赖公司会计账簿，或者公司高管提供的关于公司财务状况的报告，或者与公司分红、分配有关的任何相关事实的，亦受到保护。

　　评析：密苏里州规则从框架与风格上近于 DGCL，远于 MBCA。其内容别具一格，把董事责任混合地、浓缩地规定在一个自然段，事实上是一句话中。至于其内容上就更具独特性：

　　（1）密苏里州独创性地要求，有责董事应当对公司现有债务，及其履职期间的未来债务，承担连带责任，而且无追偿权，对董事义务的规定堪称最严。

表30　密苏里州与其他多数州对董事责任的规定

	密苏里州	其他多数州
董事责任数额	对公司现有、履职期间将产生的债务承担连带责任	就超额分配部分承担责任
董事责任限额	以全部分红数额为限	以超额分配部分为限
董事追偿权	无	有

　　（2）密苏里州要求有责董事必须具有"故意或明知"（knowingly）。第一，这一限定的必要性似乎不显著。因为，董事故意才承担责任，那么过失包括重大过失董事自然不承担责任。这有何必要呢？第二，难以证明，徒增滋扰。

　　（3）可能是立法者考虑到对董事责任的基本面规定过于严格，因此把缺席董事置入可以豁免之列，也显著简化了表达异议的程序。但是，本书认为，密苏里州规则不该严格的过严，不该宽松的又过宽。就后者而言，第一，缺席董事即可无条件豁免，这显然给了董事逃避决策责任的机会。第二，对于董事书面向公司秘书提交异议的时间不加限制，也有明显不妥之处。

密苏里州规则，恐怕不是理想的借鉴样本。

4.1.2.6 俄克拉何马州公司法§18-433[1]

§18-433 非法股息-董事责任

如果公司处于偿付不能或者分红后即将偿付不能，则对公司成员或者非成员宣布并支付股息的董事，应当对公司现有债务以及该类董事履职期间的公司未来债务，承担连带责任。任何董事可凭下述行为免责，即在股息支付或者分派之前，向公司秘书以及公司总部所在郡的书记员提交书面异议声明。

评析：俄克拉何马州规则基本类似密苏里州。其细节性特色在于：其一，还强调对非成员的非法"分红"。但从逻辑上，公司向非成员转移资产已经不属于"分配"。其二，董事免责条件。一是仅有提交书面异议声明一种途径，二是提交的对象还包括公权力机关。这一规定似乎颇具地方特色。

4.1.2.7 罗德岛州商事公司法§18-433[2]

该州规则与纽约州、伊利诺伊州基本相似。不赘。

4.1.3 小结

各州法总共出现了四类民事责任。表31依据大陆法系权利本位的习惯，将民事责任法律关系转换为权利关系，梳理如下。

第一类权利人是公司。实体权利有两项：一是，公司有权向违反法定义务之董事，主张损害赔偿请求权。权利人是公司，责任人是有责董事。（Com vs. D）二是，公司有权向获得非法分配之恶意股东，主张返还请求权。（Com vs. S）上述两项权利之主体，也可能是与公司地位类似的公司资产接管人、公司清算事务负责人。

第二类权利人是董事。实体权利有两项：一是，被公司追偿之

---

〔1〕 参见 https://law.justia.com/codes/oklahoma/2014/title-18/section-18-433/，最后访问日期：2021年6月12日。

〔2〕 参见 https://codes.findlaw.com/ri/title-7-corporations-associations-and-partnerships/ri-gen-laws-sect-7-1-2-811.html，最后访问日期：2021年6月12日。

董事，基于连带责任关系，有权向其他未被追责之董事，主张内部追偿权。（D vs. D）二是，被公司追偿的董事，基于法律规定，有权向获得非法分配的恶意股东，主张返还请求权。（D vs. S）

第三类权利人是公司债权人。实体权利有两项。一是，在公司解散、偿付不能等法定场合，债权人有权就公司非法分配之部分，向董事主张赔偿请求权。二是，向恶意股东主张上述请求权。上述两项权利之主体，也可能是与债权人地位类似的优先股股东。

第四类权利人是股东。实体权利有一项，即公司、董事追索之股东，有权基于连带责任法律关系，向其他未被追索之股东，进行内部追偿。

表 31　分配责任体系中的权利类型与频次

立法	权利人：公司		权利人：董事		权利人：债权人		股东
	Com vs. D	Com vs. S	D vs. D	D vs. S	Cre vs. D	Cre vs. S	S vs. S
MBCA	√		√	√			
加州	√	√	√	√	派生	同左	
宾州	√		√	√			
内华达州	√				√		
佛州	√		√				
华盛顿州	√		√	√			√
麻省	√	√	√	√[1]			
爱荷华州	√		√	√			
马里兰州	√		√	√			
新泽西州	√		√	√			
德州	√				√		

〔1〕 麻省规定，承担返还责任的股东不限于恶意股东，还包括善意股东。该细节不在表中列示。

立法	权利人：公司		权利人：董事		权利人：债权人		股东
	Com vs. D	Com vs. S	D vs. D	D vs. S	Cre vs. D	Cre vs. S	S vs. S
弗吉尼亚州	√		√	√			
佐治亚州	√		√	√			
北卡罗来纳州	√		√	√			
密歇根州	√	√					
科罗拉多州	√		√	√			
明尼苏达州	√[1]	√	√	√			
康涅狄格州	√		√	√			
北达科他州	√	√	√	√			
阿拉斯加州	√	√	√	√			√
肯塔基州	√		√	√			
华盛顿哥伦比亚特区	√		√	√			
怀俄明州	√		√	√			
内布拉斯加州	√		√	√			
新罕布什尔州	√		√	√			
南达科他州	√		√	√			
夏威夷州	√		√	√			
俄勒冈州	√		√	√			
威斯康星州	√		√	√			
田纳西州	√		√	√			

〔1〕 明尼苏达州规定，就非法分配向有责董事主张权利的主题，不仅是公司，还包括公司的资产接管人、负责公司清算事务的人。该细节不在表中列示。

立法	权利人：公司		权利人：董事		权利人：债权人		股东
	Com vs. D	Com vs. S	D vs. D	D vs. S	Cre vs. D	Cre vs. S	S vs. S
印第安纳州	√		√	√			
路易斯安那州	√		√	√			
阿拉巴马州	√		√	√			
犹他州	√		√	√			
新墨西哥州	√		√	√			
蒙大拿州	√		√	√			
亚利桑那州	√		√	√			
阿肯色州	√		√	√			
西弗吉尼亚州	√		√	√			
爱达荷州	√		√	√			
密西西比州	√		√	√			
南卡罗来纳州	√		√	√			
佛蒙特州	√		√	√			
缅因州	√		√	√			
特拉华州	√		√	√			
纽约州	√		√	√			
伊利诺伊州	√		√	√			
俄亥俄州	√	√	√	√			√
密苏里州					√		
俄克拉何马州					√		
罗德岛州	√		√	√			
总计	49	7	46	46	4	0	3

上表反映的信息，首先是各类权利的出现频率。第一，高频权利有公司对董事的违信损害赔偿请求权（49）、董事对其他有责董事的内部追偿权（46）、董事对恶意股东的追偿权（46）。其中，前两项权利高频理所当然。公司对董事的权利是美国非法分配责任体系的核心。该体系因此可称为董事责任体系。董事对其他有责董事的内部追偿权，也是基于连带责任关系的理所当然的设计。第二，低频权利包括公司对股东的返还请求权（7）、债权人向董事或者股东的直索权（4）、股东之间基于连带责任关系的内部追偿权(3)三项。后两类权利低频理所当然。债权人直索权，受制于"董事对债权人信义义务"理论的局限。连带责任股东之间的内部追偿权，是理所当然之事，是否明确规定并不重要。第三，频次异常的是两项权利。董事对恶意股东的追偿权并不重要，理应低频。公司对恶意股东的返还请求权是重要权利，理应高频。

上表还反映了各州立法承认哪些权利组合。有两种模式应用最广。模式一："公司对董事的侵权请求权+董事对其他董事、恶意股东的追偿权"。采用者有 40 个州，占比 78.4%。模式二："公司对董事、股东的两种竞合的请求权+董事对其他董事、恶意股东的追偿权"。采用者有 5 个州，占比 9.8%。如上所述，假如公司对恶意股东的返还请求权受到重视，模式二才应当是最为普遍的。

4.2 法条分析

4.2.1 违法分配引发的民事责任体系

以违法分配为民事法律事实，将引发民事责任法律关系。由于违法分配的影响波及公司、董事、普通股东，甚至公司债权人、公司特别股东等多方利益，因此上述民事责任关系往往形成体系。

4.2.1.1 模式一：违信责任（+追偿权）+股东返还责任

一、概述

此种模式有三项要点。第一，违法分配董事对公司承担基于违反信义义务的民事责任。第二，获得违法超额分配的股东，通常是恶意股东，对公司承担基于不当得利的返还责任。第三，已承担责任的董事对其他有责董事以及恶意股东享有追偿权。采用此种模式的有华盛顿州、麻省、明尼苏达州、北达科他州、俄亥俄州、密歇根州、阿拉斯加州，共计7州。

此种模式的特征在于责任体系全面、完整。在宏观架构上，公司享有指向董事、股东的两项平行的求偿权。对公司承担责任后的董事，（1）基于连带责任内部关系享有向其他有责董事的追偿权，并且（2）享有向获得违法分配财产之股东的追偿权。该体系似乎接近大陆法系上的"不真正连带"责任体系。不过，James D. Cox 介绍说，董事与股东同时负有责任的，权利人可以在同一诉讼中分别追究两者的责任。[1]具体如何，还有待进一步研究。

值得一提，密歇根州、阿拉斯加州规则有特殊性，属于该模式的变种。前者没有规定董事追偿权。后者增加规定，在公司与股东之间的不当得利返还求偿权关系中，公司债权人、其他没有获得分配的股东，有权以公司名义起诉恶意股东。

关于追偿权，第一，据 Richard A. Booth 介绍，实践中董事向股东追偿的案件相当有限。[2]第二，被起诉的董事有权向其他有责董事追偿。不过，实践中不是必须等到前诉完成之后，才能追偿。依据 CGCC § 2701（e）等规定，如果公司、债权人仅起诉部分董事，

---

[1] See James D. Cox , Thomas Lee Hazen, *Treatise on the Law of Corporations* , 3d, Practitioner Treatise Series, Thmson Reuters, https：//1 - next - westlaw - com. xjpgl. 80599. net/Document/I03a5c0db1db711e0ac17de5fec67f83b/View/FullText. html，最后访问 2021 年 6 月 11 日。

[2] See Richard A. Booth, *Financing the Corporation*, Clark Boardman Callaghan, 1993, https：//1-next-westlaw-com. xjpgl. 80599. net/Document/ I76f14065e8bf 11d99 aa98 ccf0 bea6ee7 /View/FullText. html，最后访问日期：2021 年 6 月 11 日。

则被告董事有权请求法院将其他有责董事，一并列入（implead）同诉的共同被告人。[1]不过，又有文献澄清说，"implead"是一个误导性的用词。加州真正的做法是：如果在同一诉讼中寻求对其他董事的救济，适当的程序是交叉起诉，[2]要求赔偿。也就是说，被起诉的董事如果想行使追偿权，既可以在同一诉讼中以交叉起诉的方式为之，也可以在本诉结束后，另外提起独立的另诉来实现。

二、两项请求权的关系

在非法分配场合，公司拥有两项当然的请求权：第一，公司对董事的赔偿请求权，本质上是侵权请求权，是因董事违反信义义务及法律规定而作出非法分配决议的行为，而产生。第二，公司对恶意股东的返还请求权，本质上是不当得利返还请求权，是因部分股东没有法律上的原因而获得非法分配之利益，而产生。一个有趣的现象是，美国各州承认公司对股东享有返还请求权的共5个，加上变种也只有7个。可是，指向股东的返还请求权，本应是公司当然的权利。

美国州法多拒绝承认返还请求权，可能缘于该请求权与公司对董事赔偿请求权的关系不甚明晰。立法者或许担心，由于两种请求权功能重叠，允许同时行使两种权利，公司将得到重复的赔偿或补

---

〔1〕 See C. Hugh Friedman, James F. Fotenos, Evridiki Vicki Dallas, *California Practice Guide*, *Corporations*, Encino, CA, The Rutter Group, 2020, https://1 - next - westlaw - com. zdt. 80599. net/Document/I202b8412046c11e59 bb0fe43afc7eda1/View/FullText. html, 最后访问日期：2021年6月15日。

〔2〕 所谓"交叉起诉"，据《元照英美法词典》解释，指本诉被告向本诉当事人以外的第三人因与本诉标的有关的事项提起诉讼的诉状。另据在线法律词典 law. com 的解释，"交叉起诉（cross-complaint）"指，在原告对被告提出损害赔偿，或者请求法院的其他命令后，被告可以对原告或者第三方提出书面起诉，只要主题与原诉有关。被告提出的起诉就被称为交叉起诉。被告被称为交叉原告，被诉一方被称为交叉被告。交叉被告有义务对交叉原告给出答复。如果交叉被告是原诉原告，那么可以通过邮寄的方式送达给原告的律师。如果交叉被告是第三方，则必须亲自向第三方送达交叉起诉书，并由法院书记员发出新的传票。然后，交叉被告必须提交答案或其他回应。这些被称为诉状，必须仔细起草（通常由律师起草），以适当说明索赔的事实和法律依据，并包含对损害赔偿或其他救济的请求。

偿利益。不过，美国州法的做法似乎值得商榷。避免公司重复获益的合理办法，并不是否认公司向股东的返还请求权，而是承认返还请求权，同时厘清该权利与公司对董事侵权请求权的关系。

可以肯定，该两项权利的关系，不属于请求权多元基础现象。它既不是请求权竞合，也不是请求权聚合。所谓请求权多元基础，指同一法律事实，满足多项请求权基础的构成要件。包括规范排斥竞合、规范择一竞合、请求权竞合、请求权聚合，共四类情况。[1]请求权多元基础现象，必须满足两个前提条件，第一，多元请求权关系，必须由同一项法律事实引起。第二，只有单一的权利人和单一的义务人。非法分配情形不满足上述条件。一方面，非法分配场合，公司的两项请求权，是由董事的非法决议行为、股东对财产的受领，共计两项法律事实引起的。另一方面，公司的两项请求权，指向董事、股东两种义务人，而不是单一义务人。因此，此处不属于多元请求权的三种竞合，或者聚合，进而不能适用其择一或者共用等权利行使规则。

非法分配情形，类似于"不真正义务"现象。这一法律关系体系的肇因，是彼此之间无意思联络或者主观故意（否则为共同侵权行为）的两个以上当事人，分别对相对人实施侵权、违约等民事不法行为，导致相对人发生同一损害。不真正义务关系，分对内、对外两个层面。对外，即"权利人-义务人"之间。权利人基于数个不同的法律事实，对数个不同的义务人，分别享有请求权。数个请求权内容相同或近似，功能上重合。为避免权利人重复获利，只能择一行使。对内，即数个义务人之间。此时，一个不法行为往往是其他不法行为的根源。该不法行为人为终局责任人，其他主体终局上并无责任。因此，如果终局责任人被权利人主张权利，法律关系消灭；如果非终局责任人被主张权利，则有权向终局责任人进行内部追偿。这一类型的法律关系组合，民法学似乎没有在权利角度命名，而是在责任角度称其不真正责任关系。例如产品责任关系：

---

〔1〕 参见朱庆育：《民法总论》，北京大学出版社 2016 年版，第 566~568 页。

消费者因商品缺陷造成人身、财产损害的，可以向销售者要求赔偿，也可以向生产者要求赔偿。属于生产者责任的，销售者赔偿后，有权向生产者追偿。属于销售者责任的，生产者赔偿后，有权向销售者追偿。(《中华人民共和国消费者权益保护法》第 40 条 2 款)

不真正责任关系，与非法分配场合下董事、恶意股东的关系，在"权利人-义务人"的外部关系上，高度近似。而在义务人之间的内部关系上，则略有不同。第一，不真正责任关系中，所有义务人承担义务，均因其实施了某种不法行为。而此处，股东并未实施民法不法行为。第二，不真正责任关系中，积极主动实施不法行为的人，也是终局责任人。两种角色是合一的。例如，生产瑕疵产品造成消费者损害的，生产者为终局责任人。而此处，积极主动实施不法行为的人是董事，而承担"终局责任"的主题却是股东。整体而言，尽管种属关系不完全成立，还是可以使用不真正义务的理论框架，解释公司非法分配责任。

从不当得利角度观察，非法分配情形，属于因第三人行为产生的非给付型不当得利。不过，当前法律与学说似乎并未明确：权利人对第三人的请求权，与不当得利返还请求权是何关系。司法判决上有此类案型。但是，从中提取不出法官的相关立场（见表 32）。

表 32　因第三人原因发生的非给付型不当得利

案号与案型	事实	判决
（2015）泽民初字第 982 号；不当得利纠纷[1]	原告为公司。被告为原告的务工人员。由于财务人员的疏忽，原告误向被告多发放 7700 元工资。原告请求被告返还。	*没有与正文主题匹配的判决表述。完全不涉及原告两种请求权选择的问题。

---

[1] 福建省土木建设实业有限公司山西第一分公司诉祁政伟不当得利案一审民事判决书，（2015）泽民初字第 982 号。

案号与案型	事实	判决
（2016）琼97民终84号；债权人代位权纠纷〔1〕	原告为村小组。被告甲是村小组负责人。被告乙是村民。甲利用职务之便，擅自将村小组资金借给乙。原告要求甲乙承担返还资金之连带责任。	甲虽然从原告村小组集体账户提取该20万元借给乙，但其没有实际占用该笔款项，不应承担返还义务。
（2017）豫1402民初577号〔2〕；不当得利纠纷	原告向被告依约租赁门面房一间。原告支付了全部租金。合同履行期间，第三人以房东之名阻挠原告对房屋的使用。原告通知被告后，被告未能解决。原告遂向被告主张返还不能使用房屋期间的一个月租金。	本案因第三人主张权利而致原、被告发生纠纷。原告和第三人可能存在侵权等关系；原被告是合同关系。依据何种法律关系向谁主张权利，是原告的选择权，而非由被告指定。
（2017）黔0121民初492号；不当得利纠纷〔3〕	原告为公司。被告为银行。原告委托第三人到银行履行转账手续。因第三人过错，误将款项转入案外人账户。第三人当即向银行说明情况，但银行拒绝更改，并用该款项支付了案外人拖欠的信用额度。原告向银行主张不当得利返还。	*没有与正文主题匹配的判决表述。

〔1〕 符国良、儋州市那大镇那恁村委会爱图村民小组、李永波债权人代位权纠纷案的民事判决书，（2016）琼97民终84号。

〔2〕 张明祥与杨敏房屋租赁合同纠纷一审民事判决书，（2017）豫1402民初577号。

〔3〕 开阳县新鑫建材装饰中心与中国工商银行股份有限公司开阳支行、兰序梅不当得利纠纷一审民事判决书，（2017）黔0121民初492号。

案号与案型	事实	判决
（2018）川 1623 民初 1673 号；侵权纠纷〔1〕	原告为公司。被告甲是公司职工；被告乙是公司股东。甲擅自将公司销售款，直接交给乙。公司对甲、乙提起侵权之诉，要求承担返还货款之连带责任。	本院在立案时案由定性为不当得利纠纷，与审理查明的事实不符，本院将案由变更为侵权责任纠纷。
（2019）鄂 0902 民初 3644 号；不当得利纠纷	原告为自然人，委托被告甲到被告乙医疗保障局处办理医疗报销。医疗保障局将报销款汇入被告甲的账户。原告要求甲乙共同给付医疗报销费用。	甲擅自将医疗保险报销费用支付给乙，其过错行为与原告的损失存在因果关系，与乙构成共同侵权，承担连带责任。
（2021）桂 03 民终 692 号；不当得利纠纷〔2〕	原告与第三人是夫妻关系。被告系第三人与前妻所生儿子。第三人隐瞒原告，向被告转款 30 297 元作为大学期间的费用，后又转款 5 万元。原告请求被告返还上述款项的本金及利息。	*没有与正文主题匹配的判决表述。

从表 32 可得以下结论：

第一，个别判例明示：原告有权就两项请求权择一行使。例如，（2017）豫 1402 民初 577 号。

第二，在因第三人行为发生的非给付型不当得利案件中，原告通常选择起诉不当得利人。没有检索到单独起诉第三人的任何案件。其原因包括：其一，诉讼成本低。针对第三人的侵权之诉中，原告

---

〔1〕 广元市德宇矿业有限公司与王良栋、祝启友侵权责任纠纷一审民事判决书，（2018）川 1623 民初 1673 号。

〔2〕 唐秀娟、刘月萍不当得利纠纷二审民事判决书，（2021）桂 03 民终 692 号。

需要证明被告过错。而不当得利之诉中，原告无需证明被告具有过错，诉讼成本较低。尽管诉讼利益的上限也相应降低了，因为当损失大于不当得利时，原告只能追回被告的获益，甚至现有利益（善意）。其二，有时，不当得利人可能具有较高的偿付能力。例如（2017）黔 0121 民初 492 号中，不当得利人为银行。其三，有时，第三人与原告有利益的一致性。例如（2021）桂 03 民终 692 号中，原告与第三人是现任夫妻关系。原告向其主张赔偿，并无任何实益。

第三，有些判决将被告、第三人的行为认定为共同侵权。例如（2019）鄂 0902 民初 3644 号、（2018）川 1623 民初 1673 号。这是合理的。同一项法律关系，可能既构成侵权之债，又可能构成不当得利之债。此时，依照布洛克斯、梅迪库斯的请求权基础排序理论，将之认定为侵权之债是适当的。[1] 只是侵权责任不能解决此类型一切案例。在当事人不知情、无过错之时，不当得利制度仍有适用余地。

小结：非法分配情形，公司分别指向董事、股东的两种请求权，高度近似于"不真正义务"关系体系。两种请求权只能择一行使，否则公司将得到重复赔偿。公司指向董事的请求权为侵权请求权。公司指向股东的请求权，在股东恶意时，宜定性为侵权请求权。此时，恶意股东与董事的关系，类似于无意思联络的数人侵权。由于每个行为都足以造成公司的全部损失，故两者承担连带责任。在股东善意时，该请求权为不当得利返还请求权。

善意股东与董事之间的追偿关系，学说、上述司法判决都没有明确涉及。本书认为，两者不具备"终局责任人-非终局责任人"的明晰关系。因此，不真正连带责任关系内部的追偿机制，不宜直接适用于此。第一，没有疑问的是，股东向公司返还不当得利后，无权向董事追偿。因为股东本来就没有损失。第二，董事向公司履行赔偿义务后，立法者是否允许其向股东追偿，法理上均无不可。美国州法普遍允许追偿，体现了立法者减轻董事责任的意图。

4.2.1.2 模式二：违信责任+追偿权

该模式指董事就违法分配之差额向公司承担责任；承担责任之

---

[1] 参见朱庆育：《民法总论》，北京大学出版社 2016 年版，第 564～567 页。

董事有权向其他有责董事、获得分配的股东进行追偿。其特点是，没有就公司与获得分配之股东之间的法律关系作出规制。采用此模式的有 MBCA、宾州、内华达、佛州、爱荷华、马里兰、新泽西、佐治亚、北卡罗来纳、科罗拉多、康涅狄格、肯塔基、哥伦比亚、怀俄明、内布拉斯加、新罕布什尔、南达科他、夏威夷、俄勒冈、威斯康星、田纳西、印第安纳、路易斯安那、阿拉巴马、犹他、新墨西哥、蒙大拿、亚利桑那、阿肯色、西弗吉尼亚、爱达荷、密西西比、南卡罗来纳、佛蒙特、缅因、伊利诺伊、罗德岛。

模式二存在三类变种。其一，弗吉尼亚州规则中，董事违信责任的相对权利人除了公司，还有公司债权人。其二，DGCL 下，董事在公司清算、破产这一特定情形时，要向公司债权人承担责任。其三，纽约州规则下，已承担责任的董事对股东的权利，称为"代位求偿权"。

美国私法不存在民法总则、债法总则，公司向股东行使不当得利返还请求权缺乏法条依据。因此，可以理解为美国主流公司法，不支持公司向股东直接追偿。这样一来，相比模式一，模式二中董事地位相对不利，股东地位相对有利。

4.2.1.3 模式三：单纯的股东返还责任

该模式仅规范了公司与股东之间的不当得利返还责任关系。该模式要求股东，往往是恶意股东以自己非法所得为限，对公司承担责任。采用该模式的仅有加州。该州特别规定公司债权人、其他未获得分配的股东，有代为主张的权利。

单纯的股东返还责任，并不是彻底否认董事违信责任。它只不过是不把董事在违法分配时的责任定位为一种特殊的、值得单独规定的责任类型。在此场合下，公司向董事追究违信责任仍有余地，其规范基础是一般性的董事注意义务。

4.2.1.4 模式四：单纯的董事违信责任

该模式仅仅规定了公司与董事之间，基于董事违信行为产生的民事责任；而并没有规定公司对股东的返还请求权。此模式的采用者仅有德州。此种董事责任的性质，被认为是一种侵权责任，而非

违约责任。〔1〕

4.2.1.5 模式五：单纯的董事对公司债权人的连带责任

该模式完全脱离了董事对公司信义义务的框架，转而以董事对公司债权人的信义义务为基础，令违法董事就公司现有和该董事未来任职期间债务，与公司承担连带责任。该模式下，董事承担责任不以超额分配部分为限，也没有追偿权，堪称对董事的最严模式。其本质是一种"惩罚性民事赔偿"。据 Matthew G. Dore 介绍，这种惩罚性赔偿是一种旧式规则。一些州曾经采用，而今已放弃。例如爱荷华州。〔2〕前文显示，目前该模式的采行者仅有密苏里州、俄克拉何马州两州。

4.2.1.6 小结

民事责任体系关节虽多，要点只有两处：第一，公司对股东、董事的请求权；第二，债权人的权利主体地位。

公司作为权利人，董事、股东作为义务人，呈现"单一权利人-多数义务人"结构。董事和股东有四种可能的关系：按份义务关系、连带义务关系、补充义务关系，不真正连带义务关系。首先，按份义务明显不当，因为无论是董事的侵权行为还是股东的不当获利，都足以造成公司的全部损失。其次，连带义务明显不当，因为董事和股东（尤其是外部股东）之间一般没有意思联络或者共同故意。再其次，补充义务理论上可以，但不甚妥当，因为承担补充义务的多数义务人之间往往具有特殊关系，如"非法人组织-投资人""债务人——般保证人"之间。最后，不真正义务关系似乎相对贴切。

美国州法欠清晰。MBCA 等多数州法采用前文所谓"模式二"，即"董事违信责任+董事向股东追偿权"，甚至根本没有提及公司向

---

〔1〕 See William meade Fletcher, *Cyclopedia of the Law of Corporations*, Volume 1, RareBooksClub. Com, 2020, https://1-next-westlaw-com. zdt. 80599. net /Document/Ia713db663a6311d98fda8225aecac63f/View/FullText. html，最后访问日期：2021 年 6 月 15 日。

〔2〕 See Matthew G. Dore, *Business Organizations*, West Group Publishing, 2020, https://1-next-westlaw-com. zdt. 80599. net/ Document/I67309265b9d511daaef3cf03ff0f60f7/View/FullText. html，最后访问日期：2021 年 6 月 15 日。

股东的返还请求权。

其他国家的公司法则更清晰一些，多是补充责任关系。例如，1993 年新西兰《公司法》把两项请求权定位成主次关系。换言之，董事是股东的补充责任人。该法规定，其一，在发生非法分配后，公司应当首先向股东主张返还分配财产。对非法分配事实不知情的股东、因信赖分配而采取积极行动的股东、其他将因返还而处于不公平境地的股东，可以免于返还义务。其二，公司就股东不能完全返还之差额部分，有权向投出赞成票的董事请求补充赔偿。该差额的造成，一是来源于上述三类股东返还义务之豁免，二是来源于股东下落不明或无力偿还。[1]又如，2007 年南非《公司法》§48 (2)(b)(ii)也规定了补充责任关系，即公司只能先向股东追偿，就不能清偿部分才能向董事追偿。[2]

非法分配机制的另一项框架性要点，是债权人的地位。债权人可能有两类权利：较强的权利是独立的请求权；较弱的权利是代为主张的权利，类似于派生诉权。承认前一类权利的，仅德州、内华达州、密苏里州、俄克拉何马州四州。并且，独立请求权指向的责任人，仅限于董事。承认后一类权利的，也仅俄亥俄州、阿拉斯加州、华盛顿州三州。由此可见，美国州法抑制债权人、保护董事的意图较明显。这一做法未必值得中国公司法借鉴。其一，效果上，债权人比公司本身更有动力追究过错董事。其二，理论上，至少在公司濒临丧失偿付能力、破产时，董事与公司债权人特殊的信义义务关系，可以成立。

4.2.2 董事的免责事由

董事的哪些行为可以令其免于承担对公司承担连带责任，部分立法给出界定，但规定又不尽一致。几乎共通的规则是，董事在履职时只要遵守了董事法定的信义义务，即可免责。这符合董事信义

〔1〕 See Christopher I. Haynes, "The Solvency Test: A New Era in Directorial Responsibility", *Auckland University Law Review*, Vol. 8, 1996, pp. 126-141.

〔2〕 See Richard Jooste, "The Maintenance of Capital and the Companies Bill 2007", *South African Law Journal*, Vol. 124, No. 4, 2007, pp. 710-733.

义务规则的本旨：该义务并非董事的负担，而是董事行为的免责事由。而其他基于出席、投票的具体事由则不尽一致。

表 33　董事的免责事由

	会上提出异议并记录在案	未参会但以法定方式表达异议	出席并投反对票	休会前向会议秘书交书面异议	休会后以法定方式向会议秘书寄送异议声明	未出席会议
内华达	√	√				
明尼苏达			√			
北达科他			√			
亚利桑那	√			√	√	
特拉华			√			√
纽约	√	√		√	√	
伊利诺伊	√			√	√	
俄亥俄	√		√		√	
密苏里			√			√
俄克拉何马				√	√	
罗德岛	√			√	√	
总计	6	2	5	6	6	2

表 33 表明，绝大多数州的立场相当严格：不出席、出席后不作表示、出席后投出弃权票，不足以豁免董事责任。书面的否定性意思表示，包括投反对票、将反对的书面异议以法定程式提交给会议秘书，几乎是免责的必要条件。具体讨论如下：

第一，关于出席或者不出席的效力。一方面，多数立法规定，对出席董事会、相关委员会而又没有投反对票的董事采取推定同意的法律拟制策略——将出席而未投反对票的董事会推定为同意或者反对，从法理上均无不可，只不过是在公司（原告）与董事（被告）之间分配举证义务而已。另一方面，对于未出席之股东，多数立法不予涉及，特拉华州、密苏里州两州规定推定其为有责董事。两州的立法意图似乎在于避免如下情况：某董事为规避风险计，虽然保持整体的董事会高出勤率，却总是在决定公司重大事项，尤其是涉及董事责任的重大事项上，选择性地请假以规避风险。此种设计在法理上自无不可。只是，针对董事选择性逃会的规制，是采用此种推定责任策略还是采用其他措施，各自的有效性和费效比如何，其间的权衡较难实证，不是三言两语能够说清。

第二，关于投赞成票、反对票的效力。其一，有些州立法明确规定，投出赞成票意味着董事确定、不可推翻地承担责任。这是合乎常识的策略。否则，董事可以一方面投出赞成票推动议案通过，另一方面通过提交异议声明等手段免去自身责任。其二，多数州规定出席并投出反对票的董事确定豁免责任；少数州则未提及。这也是合乎常识的规定。投出反对票是最正式、最明确的表达反对非法分配议案的意思表示，如果投出反对票都不足以免责，遑论其他方式。总之，本书赞成一种扼要同时符合常理的结论：投出赞成票意味着确定性、终局性的赞成意思表示，该董事有责；投出反对票意味着确定性、终局性的反对表示，该董事无责。

或有的疑问在于：假设董事确实投出了反对票，但是（1）在会议讨论过程中（甚至全程、反复、明确）表达了赞同的意思表示并记录在案，或者（2）在会后迅即以正式的邮寄方式、书面形式，向会议秘书提交同意声明，则该董事是否有责任？本书认为，上述两种情况是程序而非实体问题。就情况（1），自应认为无论在公司程式的要式性上还是在时序的先后上，投票的意思表示均在效力上高于，且业已推翻了先前会议讨论时的表达，应视为董事终局性的否认分配的意思表示，无责任。就情况（2），自应考察会后做出的意思表示推翻表决时投票的表示，是否存在法律或者公司章程上的依据。通常而言不应允许，因为它会令董事会议形式形同虚设，徒增滋扰。总之，上述存疑的两种情况下：其一，实际是董事先后做出的两种内容相反的意思表示以谁为准的问题，属于程序和形式问题。其二，仍以投票为准，更符合常识与法理。

第三，关于不投票或者投弃权票的法律效力。多数州的规则是，出席董事仅仅不投票或者投弃权票本身，不足以构成免责事由。如欲免责，必须辅之以其他法律事实，通常是会议中或者会议结束后的短暂、法定期间内，向会议秘书提交书面异议声明。这一通行规则显然合理。假如不投票或者投弃权票的董事无责任，则董事有可能在容易被追责的公司重大事项表决时，一律采取不发表明确意见的避险策略。

4.2.3 董事的赔偿数额

Ronald J. Colombo 总结说，董事的赔偿数额因州而异：在有些州，该数额为非法超额分配的额度，即公司实际分配数额减去公司法允许分配的最高数额；在另一些州，该数额被限定在公司债权人或者股东因非法分配遭受的损失范围内。[1] James D. Cox 和 Thomas Lee Hazen 也介绍说，将董事的赔偿数额界定为非法分配部分，属于早期立法模式，肇始于纽约州，目前仍有不少州采用。不过，现代公司法出现了两种新规定。第一，包括纽约州在内的一些州采取更加宽松的规定，使用"公司或者公司的非自愿债权人、非自愿股东因非法分配遭受的损失"，对"非法分配额度"作进一步限制。第二，一些州规定，董事在非法分配的范围内，对当时存在的所有公司债务，以及随后在资不抵债期间产生的所有债务承担责任。[2] 就第二点，Cox 和 Hazen 此处的逻辑似乎有些偏差。责任内容和责任数额是两码事，也就是说，董事对哪些债务承担责任和承担多少数

---

〔1〕 See Ronald J. Colombo, *Law of Corporate Officers and Directors: Rights, Duties and Liabilities*, Thomson Reuters, 2020, https://1 - next - westlaw - com. xjpgl. 80599. net/Document/I58d2c3516b7811e0b567e19c43ca770c/ View/FullText. html，最后访问日期：2021年6月11日。

〔2〕 See James D. Cox and Thomas Lee Hazen, Treatise on the Law of Corporations, https://1 - next - westlaw - com. xjpgl. 8059 9. net/Document/I03a5c0db1db711e0ac17de5fec67f83b/ View/FullText. html，最后访问日期：2021年6月11日。

额的责任是两码事。因此，董事赔偿数额只有两种模式：一种是超额模式，即赔偿非法分配之超过合法分配部分，大多数州采用；一种是侵益模式，即赔偿非法分配对公司债权人、优先股股东利益侵害的损失，仅有加州、纽约州、俄亥俄州等少数采用。

针对这两种模式，本书有两点理解：

第一，侵益模式是成立的，但不是无条件成立。董事违法分配在法律性质上属于违反信义义务的侵权行为。超额模式下，公司被默认为信义义务关系的权利人。董事向公司赔偿其损失，即违法超额分配部分，理所当然。侵益模式下，公司债权人、有限股东被默认为信义义务关系的权利人——在公司资不抵债或者丧失偿付能力的场合，公司债权人和董事之间确实可以建立起特殊的信义关系。董事向权利人赔偿其遭受的损失也顺理成章。只不过，在一些州法的框架下，公司作为权利人向董事主张损害赔偿权利时，董事赔偿数额却以侵益模式来计算，这就发生了错位。

第二，侵益模式在美国本身也存在争议。核心争议在于：什么是损失？如果公司非法分配后没有陷入偿付不能，那么董事是否应当对公司债权人、优先股股东承担责任？

支持性观点是新泽西州 Appleton v. American Malting Co. （1903）一案。判决认为，表面上，由于公司并未丧失偿付能力，故债权人没有实际损失；由于股东尚且保留有非法分配之财产，故更没有实际损失。然而，一方面，非法分配的股息误导了股东，可能诱使潜在的权益性投资者做出错误决策。另一方面，它损害了未来债权人信赖未减损的资本保证金的权利。因此，本案指出，不论现有股东、债权人有无遭受实际损失，被告美国麦芽公司的董事都应当对非法分配承担民事责任。

否定者，如新泽西州另一案件 Fleisher v. West Jersey Sec. Co.（1914）。其则援引新泽西州法之规定，"在公司解散或者丧失偿付能力时，董事向公司及其债权人承担责任"，并解释说，法院无法确定有偿付能力的公司的任何损失，除非证明个别股东存在损失。同理，麻省 Spiegel v. Beacon Participations, Inc. （1937）也拒绝做出责任认定，理由是该公司并未因非法分配而资不抵债，而且不需要原告要求的这笔钱来支付债权人。此外有理由认为，支持有偿付能力的公司向董事追偿，无异于向股东支付了两倍的款项——一份是非法分配所得，另一份是胜诉所得。[1]

4.2.4 公司债权人的法律地位

据 4.2.1 所提炼的 5 种模式，公司违法分配法律关系的主要、常见的民事主体是公司、董事、股东三方。其两两之间的法律关系是：第一，公司与董事之间存在违反信义义务的赔偿请求权关系。第二，公司与股东之间存在不当得利返还请求权关系。董事与股东之间存在追偿权关系。至于此种追偿权的性质，本书认为接近于不真正连带责任下，中间责任人对终局责任人的内部追偿权。也可以理解为仅适用于此场景的法定追偿权。

一般而言，公司债权人（以及与其地位类似的优先股股东）追究违法分配的动机，甚至强于公司。但是，债权人直接追究董事责任的渠道是有限的。公司法上一般有两种渠道：第一，法律承认债权人具有派生诉权。第二，公司法承认特定情况下董事对债权人直接承担信义义务。在本章所述的州法上，债权人共出现四种法律角色，辨析如下：

表 34　公司债权人在违法分配责任体系中的法律地位

角　色	具体规则
角色 1. 代为求偿权利人	法律所授权的公司债权人，有权以公司名义，对获得违反分配之股东提起诉讼，请求其赔偿（加州、阿拉斯加）。

----

〔1〕　See James D. Cox, Thomas Lee Hazen, Treatise on the Law of Corporations, 3d, Practictioner Freaties Series, Thomson Reuters, 2020, https://1-next-westlaw-com. xjpgl. 80599. net/Document/I03a5c0d81db711e0ac17de5fec67f83b/View/ FullText. html, 最后访问日期：2021 年 6 月 11 日。

续表

角　色	具体规则
角色 2. 作为违法分配的受害人，以其损失限制相关义务人的赔偿额	董事对公司承担责任的数额，应以债权人或者股东所受损失为限（新泽西、密歇根）。 公司对获得违法分配之股东的索赔额，不得超过公司违法分配时，公司对非自愿债权人的债务加上非自愿股东受到的损失（加州）。 非法分配之董事，应就公司债权人或者股东受到的损失，对公司承担连带责任（纽约）。
角色 3. 信义义务的权利人	对违法分配有责任的董事，应向公司或者公司债权人承担个人责任（弗吉尼亚）。
角色 4. 法定连带责任中的权利人	如果公司清算或破产，上述董事还应在非法分配或回购支出的本金加利息范围内，向公司债权人承担责任。（特拉华） 非法分配之董事应当对公司既存债务，以及此类董事今后在职期间产生的公司债务，承担连带责任（密苏里、俄克拉何马）

据表 34，值得讨论的几个要点如下：

第一，角色 1 中"代为求偿权"的法律性质。从法律性质上，该权利最接近公司派生诉权。同时，该权利与两个名称相近的权利即债权人代位权、保险人代位权截然不同。其一，此处的代为求偿权与合同法上的代位权差异明显。其表现在，合同代位权的权利人须以自己名义行使权利，而此处的代为求偿权的权利人是以他人的名义行使权利。其二，此处的代为求偿权与保险法上的保险人代位权也有明显差异。其表现在，保险法上的代位权人，是原法律关系中的债务人；而此处的代为求偿权的权利人则是原法律关系中的债权人。

第二，公司债权人出现的第二处典型场景，是以其损失，作为董事向公司承担责任的数额上限。如前所述，本书认为该规定有商榷空间。

其一，角色 2 的安排似乎是错位的：一方面在公司与董事之间建构民事责任关系，另一方面又以第三人的损失辅助确定赔偿额。正常方式是：假如确定是以公司作为求偿权利人，则遵循民事责任的完全赔偿原理，自然应当以公司的损失为赔偿额；至于他人的损失应非所问。假如确定要以公司债权人的损失作为赔偿数额，则遵循民事法律关系相对性原理，自然应当在公司债权人与董事之间建构明确的法律关系，以此为请求权基础。

其二，"债权人的损失"作为限制条件，大概率是废话。一是，假如债权人的损失就是超额分配部分，那完全没必要以此限制董事的损害赔偿。二是，假如债权人的损失指公司分配后不能清偿债务的部分，考虑到多数立法已经在分配测试部分引入"偿付能力部分"，则"超额部分"已经内在地考虑了"不能清偿"的概念，则此种限制也属多余。

第三，弗吉尼亚州股份公司法要求董事直接向公司债权人承担信义义务，是一种可行的制度设计。经典的公司法学说上，董事负有信义义务的对象是公司以及股东。董事对作为利益相关者的公司债权人是否负有信义义务，理论、立法、司法上均有争议。[1]法理上，一种切中要害的支持性理由在于：公司在丧失偿债能力或者资不抵债的情况下，债权人面临的风险已经最大化，实际成为公司的资产所有者。同时，董事及股东基于从事冒险性事业以求扭亏为盈的动机，却往往容易滥用优势地位，不当处理公司财产，损害公司债权人利益。[2]换言之，"董事对公司、股东负有信义义务"，应当作实质而非形式上的解释。信托权利人除了公司之外，应当是具体场景下公司利益真正的剩余索取权人。

法理和共识是：一般而言，公司债权人不是董事的信托权利人，两者之间不存在法律关系。但是，当公司债权人成为实质上的公司所有者或者剩余索取权人时，尤其指公司在不能偿付债务的场合，

---

〔1〕 参见施天涛：《公司法论》，法律出版社 2018 年版，第 413~419 页。

〔2〕 参见陈洁：《论董事对公司债权人的民事责任》，载邹海林、陈洁主编：《公司资本制度的现代化》，社会科学文献出版社 2014 年版，第 155 页。

董事与公司债权人之间的信义义务法律关系，例外地、临时地成立。其要件包括：（1）债权人的利益受到侵害。往往发生在公司不能清偿债务、破产等场合（DGCL）。（2）董事以决议行为或者其他行为，实施非法行为。例如，董事未尽催缴股东出资的义务〔《最高人民法院关于适用〈中华人民共和国公司法〉若干问题的规定（三）》第13条，增资〕、董事会通过非法超额分配决议、董事会通过非法关联交易决议等。（3）公司损失与董事行为之间存在因果关系。

值得一提的是，学界通常以"间接"来形容和定性董事与债权人之间的关系。即（1）董事与债权人的损失之间具有间接的因果关系，董事与公司的损失之间才具有直接的因果关系；（2）董事对债权人承担的是一种"间接责任"，董事对公司承担的才是"直接责任"。[1]这种说法存在调整空间。

其一，所谓"间接责任"（indirect liability）并非一种规范的、广为接受的民商法学术语。首先，《元照英美法词典》中并未收录"indirect liability"之词条。其他词典虽收录，但仅附以"间接责任、间接负债"，没有展开解释。其次，在多数人责任领域，没有"直接责任"或者"间接责任"之说。通常将多数人责任分为按份责任、连带责任、补充责任。最后，"间接责任"不仅不能解决问题，而且搅浑视听。"间接责任"一说看似颇具学术气息，却制造了毫无必要的滋扰，如民事责任按照何种标准定性为直接责任和间接责任？间接责任的构成要件是什么？如何具体承担"间接责任"？

其二，"间接责任"的说法，架空和损害了因果关系要件，无限制地扩张责任人。依据通说的界定：所谓董事的直接责任是指，在公司丧失偿债能力或资不抵债时应对公司债权人承担的责任，或者不履行法定清算义务应对公司债权人承担的责任。所谓的董事间接责任是指，在一般情况下，因董事过错导致公司利益受损，间接

---

〔1〕 参见陈洁：《论董事对公司债权人的民事责任》，载邹海林、陈洁主编：《公司资本制度的现代化》，社会科学文献出版社2014年版，第155页。

危及公司债权人利益，而应对债权人承担的责任。上述定义不合逻辑。董事对债权人承担责任，应仅限于所谓"直接责任"场合；在所谓"间接责任"场合，董事根本没有责任。例如，甲对乙实施侵权、违约等民事不法行为，显然会影响到乙之全体利害相关人丙的实际利益。此时，除非法律例外、个别另有规定，甲对丙根本不承担民事责任，而不是承担所谓"间接责任"。

无疑，董事的任意违法行为只要给公司造成损失的，均会实际影响公司债权人利益。但是，由于董事和公司债权人之间一般没有法律关系，因此前者对后者无责，而不是承担所谓"间接责任"。只有在董事违法行为造成公司丧失偿付能力的场合，董事才对公司债权人有责，因为此时董事与公司债权人例外地、临时地、个别地建立起信义义务关系。其理由如上所述，因为董事仅对公司和公司所有人承担信义义务，此时公司债权人恰好取代股东，成为公司事实意义上的剩余索取权人。

非法分配的场合，是令董事无条件向公司债权人承担违信责任，还是只在公司丧失偿付能力、资不抵债或者破产时才承担违信责任，有两种不同的立法例。（1）密苏里州、俄克拉何马州似采取无条件模式。其规定，"非法分配之董事应当对公司既存债务，以及此类董事今后在职期间产生的公司债务，承担连带责任。"（2）特拉华州采取有条件模式，其规定，"如果公司清算或破产，上述董事还应在非法分配或回购支出的本金加利息范围内，向公司债权人承担责任。"

本书认为，特拉华州的有条件模式固然稳妥，但密苏里州、俄克拉何马州的无条件模式也不为过。理由是，公司非法超额分配是特殊情形。一方面，从法理上，各种的分配规制条件中，几乎全部包含了分配不得令公司资不抵债、盈余为负、丧失偿付能力等类似要求。超额分配本身已经包含了直接侵害公司债权人利益、令其从"利益相关人"升级为"剩余索取权人"的意思，自然建立起董事与公司债权人之间的信义义务法律关系的桥梁。另一方面，从事实上，过度分配问题必定多发于公司偿付能力不足之时。因为，假如公司偿付能力充分、经营正常，股东大概率不会产生过度分配、伤害公司流动性和营利机能的动机。例如神田秀树指出，日本上市公司很少出现顶格大量分配利润的事情。因此，在公司偿付能力不足、资不抵债情形下，公司进入准破产状态，此时"公司内部人-公司债权人"冲突已经上升到主要矛盾，保护公司债权人成为首要的任务。

4.2.5 股东的恶意与返还责任

股东是另一类违法分配责任的主体。多数州法在董事与股东之间建立起追偿权法律关系；少数州法在公司和股东之间建立起返还请求权法律关系。同时，各州几乎无一例外要求，承担民事责任的股东限于恶意股东，即对违法分配知情或者应当知情的股东。仅麻省、印第安纳州等个别州做出特殊规定：法庭认为合理的，善意股东也可以成为追偿的对象。美国州法通常将善意股东隔离至被追索人之外的规定，颇为有趣。假如在大陆法系，非法超额分配行为作为法律事实，将在公司与获得分配股东之间引发不当得利之债的关系。作为不当得利者的股东，无论善意还是恶意，均应负返还义务；只不过善意股东的返还数额仅以现存利益为限。

美国普通法与各州成文法，就股东主观状态与法律责任的问题似乎存在根本性立场分歧。州法的主流立场是不追究善意股东。第一，MBCA 起草人的理由是，如果管理公司事务的董事在宣布股息或分配时违反了法定注意义务，并且由于他们的错误而对公司承担了相当于非法分配之股息金额的责任，则无辜股东不应受到处罚。[1]多数美国州法也采用 MBCA 的做法。第二，美国最高法院的判例和其他一些判例，从"信托基金理论"角度出发，论证善意股东的不可追责性。例如，McDonald v. Williams 一案中，法官指出：具有偿付能力的公司的财产，不是公司债权人的信托基金。因此，当一个持续经营中且具有偿付能力的公司宣布支付股息，善意股东有权保有分配财产而不被权利人追索，即使公司此后丧失偿付能力。又如，其

---

〔1〕 See Paul J. *Galanti*, *Business Organizations*, Thomson Reuters, 2020, https://1-next-westlaw-com. zdt. 80599. net /Document/ I74f011be35f911da9cbec375d603e62d/View/FullText. html，最后访问日期：2021 年 6 月 15 日。

他一些判决也指出，引发债权人对收取非法股息之索赔的事由，应当在分红前就已经发生。因此，破产托管人应当证明，在公司分红时至少有一名未付债权人的存在（才能证明股东的恶意，并向其追偿）。[1]

然而，美国普通法则持相反立场，认为无论受分配股东是否知悉分配时的公司状况，均应返还分配财产。[2]新近立法与判例也有追责善意股东的趋势。第一，印第安纳州商事公司法起草者认为，非法分配本就是股东无权获得的分配。股东不应当仅仅因为善意，就有权保留不当得利。这接近大陆法系上处理不当得利的思路。第二，一些判例提出了若干支持追责的理由。如第一种解释是，善意股东是无偿赠与的受赠人，其对赠与标的物的权利劣后于公司债权人的推定信托[3]权利。反对者认为，股东不是一般的受赠人，而是投资回报的受益人。第二种解释是将对善意股东的分配视为欺诈性转移，令其无效。反对者认为，欺诈性转移规则并非总能完美适用，尤其是在优先股股东的情况下。优先股股东和债权人，本就难以区分。

保护善意股东，另有不利之处。"善意推定"是横跨法系的通用法理。董事仅仅有权追偿恶意股东，意味着其承担相当繁重的证明义务。为了减轻其义务，加州的 Gray v. Sutherland（1954）甚至采

---

〔1〕 See James D. Cox, Thomas Lee Hazen, *Treatise on the Law of Corporations* 3d, Practitioner Treatise Series, Thmson Reuters, 2020, https://1-next-westlaw-com. xjpgl. 80599. net/Document/I03a5c0db1db711e0ac17de5fec67f83b/View/ FullText. html, 最后访问日期：2021 年 6 月 11 日。

〔2〕 See Paul J. *Galanti*, *Business Organizations*, Thomson Reuters, 2020, https://1-next-westlaw-com. zdt. 80599. net /Document/ I74f011be35f911da9cbec375d603e62d/View/ FullText. html, 最后访问日期：2021 年 6 月 15 日。

〔3〕《元照英美法词典》对"推定信托"的解释是：指法律根据当事人的某些行为以及衡平原则而推定产生的信托关系，以阻止不法行为人从其不法获得的财产上不当得利。如违反他人意愿或滥用其信任，以实际或推定的欺诈、胁迫或各种违法、不公正、阴谋、隐瞒手段获得在公平和诚信情况下本不应该获得并享有的权利。法律推定此类行为违反信托关系。参见薛波主编：《元照英美法词典》，北京大学出版社 2018 年版，第 305 页。

用"恶意推定"的办法，推定参与公司日常管理的股东和控股股东知情。[1]但这样也有问题。其一，董事本来就是控股股东和执业股东的实际上的利益代言人，允许其内部争利的规则，大概率会落空。其二，有文献指出，上述推定会给依据股份买断协议而退出公司的股东——通常是因退休或者继承等事项——带来额外风险。因为一旦此项买断（减资）被认定为非法分配，则原股东应当承担民事责任。这就加重了公司在实施此类买断计划之前的财务审查义务，也可能通过征得债权人、有限股东同意的方式规避风险。[2]

折中说、综合平衡说、具体问题具体分析说也一直存在。第一，1928 年的 Wood v. National City Bank 一案，美国第二巡回法院持一种"分情况讨论"的观点。其认为，无辜（善意）股东是否承担民事责任，应当基于"信托基金理论"，[3]视非法分配造成的损害实况，区分讨论。如果非法分配仅仅损害到公司资本，则善意股东不应当承担责任；如果非法分配已经使公司陷入偿付不能，则善意股东承担责任。[4]第二，学者 Cox 评论说，决定善意股东是否承担责任的理论基础，既不是信托基金理论，也不是欺诈性转移理论，而是强制

---

〔1〕 See C. Hugh Friedman, James F. Fotenos, Evridiki Vicki Dallas, California Practice Guide--Corporations, Encino, CA, The Rutter Group, 2021, https://1-next-westlaw-com. zdt. 80599. net/Document/I202b8412046c11e59 bb0fe43afc7eda1/View/FullText. html, 最后访问日期：2021 年 6 月 15 日。

〔2〕 See C. Hugh Friedman, James F. Fotenos, Evridiki Vicki Dallas, California Practice Guide--Corporations, Encino, CA, The Rutter Group, 2021, https://1-next-westlaw-com. zdt. 80599. net/Document/I202b8412046c11e59 bb0fe43afc7eda1/View/FullText. html, 最后访问日期：2021 年 6 月 15 日。

〔3〕 《元照英美法词典》对"信托基金理论"（trust fund doctrine）的解释是：公司的财产首先应用作偿还债务的基金。若其资产全部转让给他人，并告以公司收讫，再无余款可供偿债，则受让人就受让财产应对公司原有债务承担清偿责任，即衡平法上的保证。据此规则，若破产公司的资产在未偿还债务之前已在股东之间进行了分配，则每一股东依其所获金额对债权人负有偿债义务。

〔4〕 See Barbara Black, Corporate Dividends and Stock Repurchases, December 2020 Update, https://1-next-westlaw-com. xjpgl. 80599. net/Document/I3fa4e69b629d11daad31d9841 58e6572 /View/FullText. html, 最后访问日期：2021 年 6 月 15 日。

执行股息限制政策，以及如何以切实可行政策保护各方利益的问题。

可以参考的是，新西兰走得更远。依据新西兰公司法 §56（1）的规定，股东无需返还非法分配的甚至不止"善意"一种。在下列情况下，股东没有义务交还其获得的非法分配：[1]

第一，股东善意。(the shareholder received the distribution in good faith and without knowledge of the company's failure to satisfy the solvency test)

第二，股东因信赖分配的有效性而改变其法律地位。(the shareholder has altered his or her position in reliance on the validity of the distribution)

第三，将导致不公平的其他事由。(it would be unfair to require repayment in full or at all)

在股东恶意或善意的区分问题上，中国的情况有其特色。

其一，在中国，像美国州法那样区分股东恶意或善意的意义不大。首先，中国公司法上，分配属于公司重大事项，需要由股东会或者股东大会，而非董事会做出决议。对于某次公司分配的违法性，或者程序瑕疵性，股东一般是知情或者应当知情的。其次，中国《公司法》第 211 条也规定，公司违反本法规定向股东分配利润的，股东应当将违反规定分配的利润退还公司。第 211 条要求无条件返还，无所谓善意还是恶意。最后，区分股东的善意或恶意的一项隐含前提是，全体股东都必须获得违法分配。而在中国，更多的情况是个别或者少部分股东通过抽逃出资、减资退出等方式，获得违法分配的财产。而抽逃出资、个别减资的股东一定是知情股东。

本书赞同中国法的无条件返还。因为这符合常识：善意股东因其善意，当然可以享受比恶意股东更优越的地位；但是善意股东无权享受比公司债权人更优越的地位。因为，股东对非法分配的知情与否，本质上是一个内部问题，与债权人无关。

---

〔1〕 See Seppo Villa, "Creditor Protection and the Application of the Solvency and Balance Sheet Tests under the Company Laws of Finland and New Zealand", *Nordic Journal of Commercial Law*, No. 1, 2008, pp. 1-24.

其二，在中国，更有意义和显著的问题是，并没有因出资不实、抽逃出资、非法减资等行为获得非法利益的股东，要不要对债权人承担连带责任或者补充责任。也就是说，是一个"外部股东"要不要承担责任的问题。依据《最高人民法院关于适用〈中华人民共和国公司法〉若干问题的规定（三）》的规定：（1）出资不实场合，发起人对债权人无条件承担连带责任（13.3）；（2）抽逃出资场合，只有协助抽逃的股东对债权人承担连带责任（14.2）。

非法减资场合，没有获得分配的股东是否应就瑕疵减资给债权人造成的损失承担责任，公司法及其司法解释并无明文规定。有判决涉及该问题。

在（2018）津0116民初930号中，甲公司通过决议，其股东A减资退出。但是，就此事项，甲公司仅仅登报公告，未通知债权人乙。乙将甲的股东A和B诉至法院。焦点是：股东B是否对乙承担民事责任。天津滨海新区人民法院认为应当承担，理由是：B应对甲公司重大经营事项予以监管，对公司减资理应审慎关注，并依法作出合法的股东决议，但现其并未提交证据证明其实施过审慎监管义务，仅以对第三人甲公司减资不知情进行抗辩，但第三人办理减资登记至原告乙公司起诉之时已时隔多年，股东的抗辩不知情缺乏说服力，且反映出股东对公司重大经营事项的放任态度，这无异于滥用股东权利协助抽逃出资损害到债权人利益的实际效果，故应当对本案案涉债务承担连带清偿责任。[1]

在（2013）沪一中民四（商）终字第434号中，公司未完整履行通知程序即将注册资本从200万减至20万。债权人要求全体股东就公司债务承担连带责任。其中，焦点在于"挂名股东"张某某是否应对债权人承担责任。上海一中院认为应当承担补充责任，理由在于一系列证据表明，股东张某某对公司减资事宜是知情的。并指出，在公司未对已知债权人进行减资通知时，该情形与股东违法抽

〔1〕 参见上海文盛资产管理股份有限公司与天津市华泰投资咨询服务中心、陈伟民公司减资纠纷一审民事判决书，（2018）津0116民初930号。

逃出资的实质以及对债权人利益受损的影响，在本质上并无不同，并损害公司债权人清偿债权权利。因此，尽管中国法律未具体规定公司不履行减资法定程序导致债权人利益受损时股东的责任，但可比照《公司法》相关原则和规定来加以认定。现由于丙公司减资行为上存在瑕疵，致使减资前形成的公司债权在减资之后清偿不能，丙公司全部股东应在公司减资数额范围内对丙公司债务不能清偿部分承担补充赔偿责任。

就此，评论如下：首先，股东承担的责任是补充责任还是连带责任，其实略有争议。如果以出资不实场合其他发起人的责任作类推解释，那应当承担连带责任；如果以抽逃出资场合协助抽逃人的责任作类推解释，就应当承担补充责任。最高人民法院区分配置这两种责任是出于何种考虑不详。但可以肯定（1）连带责任之下，责任人的负担更重。至于配置连带责任机制是否合理、是否过重，属于价值判断问题。（2）承担各种责任虽在实际效果上存在较大差异，但仍然属于细节性规则。框架性规则是股东承不承担责任。承担何种形式的责任倒在其次。其次，两案实际上默认：股东对减资违法性知情与否，还是有法律意义的。前案指出，股东的抗辩不知情缺乏说服力；后案则专门对被告张某某的知情做了大篇幅论证。作反对解释，即不知情可以成为被告的有效抗辩理由。最后，前案更进一步，指出全体股东对公司减资事项负有积极义务而非消极义务，即"监管、审慎关注"。该义务的法律性质为股东对公司、其他股东乃至公司债权人的信义义务。一旦该义务成立，则"不知情"不能再成为股东的免责、减责事由。

4.3 中美比较

非法分配责任含有两项框架性的要点。（1）公司对董事、股东的双重请求权，及其关系。（2）公司债权人能否独立于公司，直接追索前述有责董事、恶意股东。上述两点可作中美规则比较的对象。

4.3.1 公司的请求权

美中共性在于，均明文规定公司对董事的赔偿请求权。美国的主流模式是"董事违信责任+董事的两项追偿权"机制。中国公司法上，其请求权基础是第 211 条，公司违反本法规定向股东分配利润的……给公司造成损失的，股东及负有责任的董事、监事、高级管理人员应当承担赔偿责任，以及第 188 条董事违反信义义务致害的赔偿责任。

中美差异则有三点。第一，美国州法通常不支持公司对股东的返还请求权。而该权利在中国有明确的规范依据，即《公司法》第 211 条前半句，公司违反本法规定向股东分配利润的，股东应当将违反规定分配的利润退还公司。中国的制度更加完整。第二，美国通常支持董事指向股东和其他董事的追偿权。中国公司法对董事对股东的追偿权，无明文规定。不过，至于董事向其他有责董事的追偿权，倒是无妨依据体系解释得出。第三，在规定股东的返还责任时，美国法通常规定仅恶意股东才有返还义务。中国公司法得不出这样的解释。（1）作为特别法，《公司法》第 211 条文义上要求全部股东承担返还责任，不区分善意或恶意；（2）作为一般法，《中华人民共和国民法典》第 986 条要求善意股东并非全然不负返还义务，只是仅仅在现有利益范围内负担此义务。

4.3.2 债权人的请求权

公司债权人在公司偿付不能等特殊场合，是否有独立于公司的实体权利，向过错董事和股东主张权利，是与公司求偿权体系并列的独立设计。美国仅有弗吉尼亚、特拉华、密苏里、俄克拉何马四州支持上述权利。中国公司法也无明文规定。不过，依据《最高人民法院关于适用〈中华人民共和国公司法〉若干问题的规定（三）》第 14 条第 2 款前句，规范对象虽是抽逃出资，却也有整体性类推适用于非法分配的可能性。此句规定是，公司债权人请求抽逃出资的股东在抽逃出资本息范围内对公司债务不能清偿的部分承担补充赔偿责任、协助抽逃出资的其他股东、董事、高级管理人员或者实际控制人对此承担连带责任的，人民法院应予支持。此外，上述第 14 条也显示出区分"内部股东-外部股东"的法理，值得赞同。

4.4 小结

美国州法上的非法分配责任体系，转换为权利本位视角观察，实际是以公司、债权人、董事为权利主体的权利群。第一，公司对董事的赔偿请求权，以及公司对股东的返还请求权。美国法普遍承认前者，明文规定后者的不多。第二，董事对其他有责董事的追偿权，以及对恶意股东的追偿权。美国法普遍承认该两种权利。第三，债权人在公司偿付不能等场合下，指向有责董事、恶意股东的独立请求权。承认债权人这一实体权利的仅有四州。整体上，公司对董事的求偿权+董事对其他董事、恶意股东的追偿权，构成美国的主流模式。该模式以董事为枢纽，体现了董事中心主义的公司法气质。

在上述权利群中，公司的两项请求权具有框架地位。法理上，公司只能择一行使。作为义务人的董事、股东之间的关系，高度近似于不真正连带义务。其中，公司与董事的法律关系，是重中之重，往往出现在非法分配责任一节的第一分节［Sn（a）］。该法律关系有两项要点。（1）免责事由。多数州采用严格尺度：不出席、出席后不作表示、投弃权票，董事仍然有责。几乎只有明确的反对票、符合法定程式的书面异议，才能免责。（2）赔偿范围。多数州认为是非法分配之超过合法分配部分；少数州认为是赔偿非法分配对公司债权人、优先股股东利益侵害的损失。

上述权利群之中，债权人的独立请求权也相当重要。该权利的法理基础在于，公司偿付能力不足、资不抵债时，公司进入准破产状态。此时"公司内部人-公司债权人"冲突上升到主要矛盾，债权人的身份从外部利益相关人，转换为内部的准剩余索取权人。此时，董事例外对债权人也承担信义义务。值得一提的是，中国《最高人民法院关于适用〈中华人民共和国公司法〉若干问题的规定（三）》第13、14条也规定了债权人的直索权。美国各州之所以较少承认债权人独立请求权，原因可能在于：第一，董事对债权人的信义义务虽可以证成，但毕竟不是通说。第二，直接面临公司债权人的追索，可能使董事的职业风险过分加剧。第三，此项权利的作用，相当程度上为反欺诈转移法制所取代。

上述权利群之中，董事对股东的内部追偿权颇具美国特色。该权利是一项"二级权利"，以公司行使对股东的求偿权为前提。值得注意的是，无论是董事对股东的追偿权，还是公司对股东的返还请求权，指向的义务人均仅限于恶意股东；善意股东无返还义务。德国公司法也有类似规定。在私法一般法上，善意股东并非不负返还义务，只是以现有利益为限。美国、德国公司法作出特别规定的原因可能是：第一，善意股东无须返还的制度安排不会排放负外部性，不会使公司、董事处于受损害的境地。公司本就拥有双份的潜在赔偿利益；董事本就是侵权行为人。第二，豁免善意股东，令董事不能轻易从对股东的追偿中弥补损失，可以保持董事违信责任的制度压力。第三，精准区分内部与外部股东，建立"差序格局"的惩罚机制。股东有内部、外部之别。区分股东主观之善恶，将令熟悉公司经营、知悉公司信息的内部股东承受更高风险，与权责一致的法理相符。

Richard A. Booth（2005）指出，美国实务中，涉及董事非法分配责任的诉讼案件不多。这可能是因为法定资本规则使得支付股利过于容易，也可能是因为法院认为适用衡平偿付能力测试过于困难，还可能是因为其他补救措施更简单，潜在原告更熟悉。[1]这一猜测值得赞同。此外还可能有其他因素。例如，在公司内部人实施机会主义、损害债权人的行为类型中，非法分配所占的基础比例本来就不高。相比过度分配这种悍然违法行为，或许内部人更愿意选择欺诈性转移、非公允关联交易等至少具有交易外壳、具有一定抗辩与缠讼空间的方式。又如，也可能是因为董事责任机制具有足够的震慑力，以至于董事投入了足够的审慎。

---

〔1〕 See Booth, Richard A., "Capital Requirements in United States Corporation Law". *U of Maryland Legal Studies Research Paper*, No. 64, 2005, https://ssrn.com/abstract = 864685. 最后访问日期：2019 年 4 月 23 日。

5 结 论

公司是一种股权、债权共生的商业组织。债权融资的可能性，是公司存在的前提之一。所以，公司债权人保护制度，不是公司法随意宕开一笔的别章，而是对自身基础之至为重要的防护。比之英美法系，大陆法系对债权人的保护更为充分、刚性、积极。这属于事实问题，无所谓对错。它取决于特定法系、国家的两种群体利益集团的实力对比、权益性投资与债券性投资的结构占比、文化传统等或明或暗的多元因素。但债权人保护规则在两大法系公司法中，均占有高权重。

债权人之所以愿意提供真金白银却放弃对的公司控制权，根本上在于股东向债权人提供了某种信赖保证。此处的保证不是指担保法语境下符合构成要件的一项具体保证或者担保合同，而是功能意义上的"抽象担保体系"。这种体系不是由一部立法、一项规则提供的，而是跨部门规则自觉合力的产物。其核心是限制股东的投资回报，优先保障债权人的投资回报。例如，其一，民法确认了债权回报模式的合法性，即无论公司经营状况如何，债权人均对借款的本金和利息拥有索取权。其二，会计法也区分权益资本和负债，而大量的细节譬如计提折旧、计提减值损失规则，也客观上有利于债权人。其三，公司法确认，股东的投资回报是意思自治问题。公司决定不予分红，股东无权请求国家暴力机关介入。而投资回报限制链条最重要的一环，正是公司分配制度。

公司分配制度的高度技术性、财务性，决定了它不太适合一步到位的事前设计，而适合迂回演进的事后打磨。因此，分配制度落在判例法系的优势领域。美国公司法的分配制度被他国广为借鉴，有内在原因。美国式分配最为人称道的两点是：第一，洞察到分红、减资、回购、公司承债、公司为股权收购提供财务资助等行为的经济本质，提炼出"大分配"概念，并将其定义为"资产等利益从公司向股东的单向转移"。第二，在法定资本制体系坍缩、盈余测试随之式微之后，美国公司法借鉴破产法，横向引入双重破产测试以填补空白，且效果比较理想。在民事责任方面，美国州法也理出了"董事违信责任+追偿权"的框架，只是未完全厘清权利群体系，个别设计也稍显随手。

公司分配制度的第一项要点是分配的界定。美国法的特色在于，提取出"公司利益向股东外流"的公因式。此举提升了法条的逻辑清晰度和审美水平，提示了回购、减资等行为的财务本质，扫清了统一规制分红派息、回购/回赎、实质减资的障碍。

评析如下：第一，内涵。美国公司法准确提炼了分配的内涵，但并未确认定义的具体构成。公司法意义上的分配，应当具备利益发生单向转移、以股东身份受让、在公司持续经营而非清算中发生，共计三项要素。同时，按比例分配、来源于盈余或者净利润、依照公司程式以分配名义为之、公司单方面负担义务四项特征，是分配的常见伴生性要素，但不是分配的本质要件。第二，外延。分红、回购、减资固然都属于分配，但三者不是严格的并列关系。如果不考虑比例因素，股份回购属于实质减资的一种。因为，股份回购必然导致实质减资；而实质减资未必通过股份回购的方式。分红与回购在产权变动上后果一致，只是在会计上略有不同：回购会减少公司资本。上述区别的重要性，取决于注册资本与法定资本制的重要性。此外，美国法重视区分负债式分配与一般分红，并基于此区分设计分配测试基准日等细节。但这种区别不宜夸大。基准日规则没必要区分设计。

公司分配制度的第二项要点是分配测试。美国法的主要特色，是盈余测试衰落，双重破产测试的流行。其中，偿付能力测试尤其堪称美国分配测试的代名词，其影响力遍及多国。该制度表述简练，无需依赖于一套繁复的人造名词、假定，直接联通债权人保护之本质，与公司估值的商业习惯与会计实践契合。缺点是缺乏统一明确的测试细则，自由裁量空间不可控。评析如下：

第一，整体风格。两大法系分配约束机制各有特色。结构上，大陆法系是个别约束模式，分别规制分红、回购、减资、变相分配等行为；普通法系是统一约束模式。内容上，大陆法系采用事由干预模式（回购），或者债权人干预模式（减资）；普通法系采用财务约束模式（美国），或者法院干预模式（英国）。

第二，三项子测试。偿付能力测试意在预测公司未来一定期间的现金流，能否偿付其届期债务。其要害不是前端的董事决策权，而是后端的董事责任。资产负债表测试，初期与考察净资产无异。后期，随着资产与债务估值方法的开放，该测试与偿付能力测试发生重叠，部分丧失了独立存在的价值。盈余测试的逻辑是无盈余不分配。这与大陆法系的资本维持原则理念相通，甚至相同。受法定资本制衰落的波及，该测试式微。但盈余测试简洁有力，朴素地契合"债权人抽象优先权"理念，本身仍有生命力。

第三，可借鉴性。中国公司法引入偿付能力测试，需要评估偿付能力测试的费效比，以及与法域的匹配度。其一，常识上，制度科学性＊制度可实施性＝常数。假如一项制度主张找不出任何缺点，那一定是一堆废话。偿付能力测试固然与商业、会计实践更为契合。不过，该优势是以制度的可预期性、可操作性、不可操纵性方面的劣势为代价换取的。偿付能力测试的效用之上、下限都比较高。盈余测试的功能较为局限，副作用也不大。中国的制度环境是人为扭曲力大，法律规避效应强，法外操作空间广，潜规则胜于明规则。简单、刚性的盈余测试对中国法而言，倒未必是坏的选择。其二，制度的宽松化与弹性化，通常需要强化违反制度的责任机制，增加追责的司法成本与社会成本。偿付能力测试的弹性会让公司分配更容易。同时，其风险必须由更严的民事责任机制对冲。美国法上，董事分配决策权的扩张，是以其非法分配责任的强化为代价的。中国引入偿付能力测试后，民事追责机制的压力必然增加。需要先测量清楚中国董事履职的合规情况、违反新信义义务的频率、对其追责的成本与实效、民事诉讼负累的压力指数、董事责任机制对非法分配的阻吓效果等数据，再发表议论。

公司分配制度的第三项要点是民事责任。美国州法的主流模式是"董事违信责任+董事追偿权"模式。其特点是，首先，以董事角色作为权利义务的枢纽；其次，普遍不承认公司对股东的返还请求权；最后，普遍不承认公司债权人对董事、股东之独立的求偿权。值得一提的是，至少在 2005 年之前的美国实务中，董事分配责任的涉诉案件不多。学者猜测，这是因为法定资本规则使得支付股利过于容易，或者法院认为适用衡平偿付能力测试过于困难，或者其他补救措施更简单。

评析如下：第一，框架。美国不承认公司对股东的返还请求权自有其道理。在中国，就算公司法不承认，公司的不当得利返还请求权也有民法典上的制度基础。美国对债权人的独立请求权持慎重立场，有其道理。中国公司法承认该权利也无妨：一方面，《最高人民法院关于适用〈中华人民共和国公司法〉若干问题的规定（三）》已经有所铺垫。另一方面，追究违法分配责任的需求，往往发生于公司陷入偿付不能之时。债权人比公司更有起诉动力。第二，细节。美国州法以下制度细节具有合理性，值得借鉴：其一，将未出席、出席未投票、投反对票的董事，视为投赞成票的董事，以避免董事规避投票责任。其二，将公司损失定为超额分配部分，以简化损失证明的难度。其三，假如规定董事对股东的追偿权，将被追偿股东限制为恶意者，以平衡董事与股东之间基于追偿权的利益。同时，在公司对股东的追偿权上，维持中国现行《公司法》第 211 条的规定，即公司可以向全体股东主张权利，无分善意、恶意。

参考文献

一、主要中文专著

1. 朱慈蕴：《公司法原论》，清华大学出版社 2011 年版。
2. 邹海林、陈洁主编：《公司资本制度的现代化》，社会科学文献出版社 2014 年版。
3. 施天涛：《公司法论》，法律出版社 2018 年版。
4. 傅穹：《重思公司资本制原理》，法律出版社 2004 年版。
5. 刘燕：《会计法》，北京大学出版社 2009 年版。
6. 张雪娥：《公司信用内部性保障机制研究——以资本维持原则的考察为基础》，经济日报出版社 2015 年版。
7. 朱锦清：《证券法学》，北京大学出版社 2011 年版。
8. 马永斌：《公司治理之道：控制权争夺与股权激励》，清华大学出版社 2013 年版。
9. 李微等：《别了，雷曼兄弟》，中信出版社 2009 年版。
10. 仇京荣：《公司资本制度中股东与债权人利益平衡问题研究》，中信出版社 2008 年版。
11. 赵旭东等：《公司资本制度改革研究》，法律出版社 2004 年版。
12. 赵树文：《公司资本规制制度研究》，人民出版社 2015 年版。
13. 葛伟军：《公司资本制度和债权人保护的相关法律问题》，法律出版社 2007 年版。
14. 李建伟：《公司资本制度的新发展》，中国政法大学出版社 2015 年版。
15. 沈四宝：《西方国家公司法原理》，法律出版社 2006 年版。
16. 冯果：《现代公司资本制度比较研究》，武汉大学出版社 2000 年版。
17. 王彦明：《公司资本制度的刑法保护》，吉林人民出版社 2005 年版。

18. 袁碧华：《我国公司资本制度改革研究》，中国政法大学出版社 2016 年版。

19. 陈景善：《资本制度现代化与理念的冲突——社会需求与公司法理念博弈》，中国政法大学出版社 2014 年版。

二、主要中文论文

1. 朱慈蕴、皮正德：《公司资本制度的后端改革与偿债能力测试的借鉴》，载《法学研究》2021 年第 1 期。

2. 陈甦：《资本信用与资产信用的学说分析及规范分野》，载《环球法律评论》2015 年第 1 期。

3. 陈甦：《公司法对股票发行价格的规制》，载《法学研究》1994 年第 4 期。

4. ［美］贝利斯·曼宁、詹姆斯·汉克斯：《法律资本制度》，后向东译，载《商事法论集》2007 年第 1 期。

5. 方流芳：《温故知新——谈公司法修改》，载郭锋、王坚主编：《公司法修改纵横谈》，法律出版社 2000 年版。

6. 彭冰：《现行公司资本制度检讨》，载《华东政法学院学报》2005 年第 1 期。

7. 邓峰：《资本约束制度的进化和机制设计——以中美公司的比较为核心》，载《中国法学》2009 年第 1 期。

三、主要英文论文

1. Alicia E. Plerhoples, "Social Enterprise As Commitment: a Roadmap", *Washington University Journal of Law & Policy*, Vol. 48, No. 1, 2015.

2. Andreas Cahn, Capital maintenance in German Company Law, *Working paper series*, *Johann-Wolfgang-Goethe-Universität*, *Institute for Law and Finance*, 2016.

3. Andreas Engert, "Life Without Legal Capital: Lessons from American Law", in Marcus Lutter eds, *Legal Capital in Europe*, *De Gruyter*, 2006.

4. Andreas Haaker, "The Future of European Creditor Protection and Capital Maintenance from a German Perspective", *German Law Journal*, Vol. 13, No. 6, 2012.

5. Barneveld, Jaap, Legal Capital and Creditor Protection-Some Comparative Remarks (March 5, 2012). The European Private Company (Spe): A Critical Analysisof the Eu Draft Statute, D. F. M. M. Zaman, C. W. Schwarz, M. L. Lennarts eds., Intersentia, 2009, https://ssrn.com/abstract = 2016076. 最后访问

日期：2021 年 6 月 25 日。

6. Booth, Richard A. , "Capital Requirements in United States Corporation Law," *U of Maryland Legal Studies Research Paper*, No. 64, 2005, https://ssrn. com/abstract = 864685. 最后访问日期：2019 年 4 月 23 日。

7. Brian R. Cheffins, Steven A. Bank, Harwell Wells, "Shareholder Protection Across Time", *Florida Law Review*, Vol. 68, No. 3, 2016.

8. Carol R. Goforth, "The Rise of the Limited Liability Company: Evidence of a Race between the States, but Heading Where?", *Syracuse Law Review*, Vol. 45, 1995.

9. Christoph Kuhner, "The Future of Creditor Protection Through Capital Maintenance Rules in European Company Law", in Marcus Lutter eds. , *Legal Capital in Europe*, ECFR Special Vol. 1, 2006.

10. Christopher I. Haynes, " The Solvency Test: A New Era in Directorial Responsibility", *Auckland University Law Review*, Vol. 8, 1996.

11. Craig A. Petersona, Norman W. Hawker, " Does Corporate Law Matter? Legal Capital Restrictions on Stock Distributions", *Akron Law Review*, Vol. 31, 1997.

12. Curtis W. Huff, Byron F. Egan, "Choice of State of Incorporation -- Texas Versus Delaware: Is It Now Time to Rethink Traditional Notions?", *SMV Law Reuiew*, Vol. 54, No. 1, 2001,

13. Daniel P. Sullivan, Donald E. Conlon, Crisis and Transition in "Corporate Governance Paradigms: The Role of the Chancery Court of Delaware", *Law and Society Review*, Vol. 31, No. 4, 1997.

14. Engert, Andreas, Life Without Legal Capital: Lessons from American Law, https://ssrn. com/abstract = 882842, 最后访问日期：2021 年 1 月 17 日。

15. Eva Micheler, "Disguised Returns of Capital: an Arm's Length Approach", *The Cambridge Law Journal*, Vol. 69, No. 1, 2010.

16. Ewang, Fritz N. , Regulating Share Capital Transactions and Creditor Protection: A Multi-Faceted Model. Australian Journal of Corporate Law, Vol. 21, No. 2, 2007, https://ssrn. com/abstract = 1028447, 最后访问日期：2021 年 6 月 9 日。

17. Fernando Dias Simões, "Legal capitalrules in Europe: is there still room for creditor protection?", *International Company and Commercial Law Review*, Vol. 24, No. 4, 2013.

18. Gary True, "Survey of Illinois Law": *Corporate Law*, *Southern Illinois University*

Law Journal, Vol. 17, 1993.

19. Gulraze Wakil, Howard Nemiroff, "Dividend Taxation and Stock Returns: Time-Series Analysis of Canada and Comparison with the United States," *Canadian Tax Journal*, Vol. 65, No. 1, 2017.

20. Hargovan, Anil, Timothy M. Todd, "Financial Twilight Re-Appraisal: Ending the Judicially Created Quagmire of Fiduciary Duties to Creditors", *University of Pittsburgh Law Review*, Vol. 78, No. 2, 2016.

21. J. B. Heaton, "Simple Insolvency Detection for Publicly Traded Firms," *Business Lawyer*, Vol. 74, No. 3, 2019.

22. J. B. Heaton, "Solvency Tests", *The Business Lawyer*, Vol. 62, No. 3, 2007.

23. James E. Tucker, "Director and Shareholder Liability for Massachusetts Corporations' Distributions to Shareholders: a Suggestion for Change in Standards of Director Liability", *New England Law Review*, Vol. 28.

24. James J. Hanks Jr. , "Legal Capital and the Model Business Corporation Act: An Essay for Bayless Manning", *Law and Contemporary Problems*, Vol. 74, No. 1, 2011.

25. Jeffrey T. Sheffield, "Whose Earnings and Profits? What Dividend? A Discussion Based on the Dr Pepper-Keurig Transaction", *Tax Lawger*, Vol. 73, No. 2, 2020.

26. Jennifer Payne, "Legal Capital in the UK following the Companies Act 2006", in J. Armour, J. Payne eds. , Rationality in Company Law: Essays in Honour of DD. Prentice 2008.

27. John Kong Shan Ho, "Revisiting the Legal Capital Regime in Modern Company Law", *Journal of Comparative Law*, Vol. 12, No. 1, 2017.

28. John Morey Maurice, "The 1990 Washington Business Corporation Act", *Gonzaga Law Review*, Vol. 25, 1990.

29. Jonathan Rickford, "Legal Approaches to Restricting Distributions to Shareholders: Balance Sheet Tests and Solvency Tests", *European Business Organization Law Review*, Vol. 7, No. 1, 2006.

30. Josef Arminger, "SolvencyTests—An Alternative to the Rules for Capital Maintenance Within the Balance Sheet in the European Union", *Journal of Finance and Risk Perspectives*, Vol. 2, No. 1, 2014.

31. Julie C. Suk, "Transgenerational and Transnational: Giving new Meaning to the Era", *The Harbinger*, Vol. 43, 2019.

32. Kristijan Poljanec, Hana Horak, "Solvency Test as Yardstick for Prudent Dividend Distribution: A Croatian Outlook", *InterEULawEast : journal for the international and european law, economics and market integrations*, Vol. 7, No. 2, 2020.

33. Luca Enriques, Matteo Gatti, "EC Reforms of Corporate Governance and Capital Markets Law: Do They Tackle Insiders' Opportunism?", *Northwestern Journal of International Law & Business*, Vol. 28, No. 1, 2007.

34. Mark D. West, "The Puzzling Divergence of Corporate Law: Evidence and Explanations from Japan and The United States", *University of Pennsylvania Law Review*, Vol. 150, No. 2, 2001.

35. Marsha E. Flora, "Redefining Pennsylvania Corporate Law: Eliminating Corporate Directors'Fiduciary Obligations", *Dickinson Law Review*, Vol. 96, 1992.

36. Meng Seng Wee, "Taking Stock of the Insolvency Tests in Section 254 of the Companies Act", *Singapore Journal of Legal Studies*, No. 2, 2011.

37. Nicola de Luca, "Riduzione del Capitale ed Interessi Protetti un' Analisi Comparatistica", *Rivista di Diritto Civile*, Vol. 56, No. 6, 2010.

38. Paolo Santella, Riccardo Turrini, "Capital Maintenance in the EU: Is the Second Company Law Directive Really That Restrictive"? *European Business Organization Law Review*, Vol. 9, No. 3, 2008.

39. Peter O. Mülbert, "A Synthetic View of Different Concepts of Creditor Protection, or: A High-Level Framework for Corporate Creditor Protection", *European Business Organization Law Review*, Vol. 7, No. 1, 2006.

40. Peterson, Craig A. , Hawker, Norman W. , "Does Corporate Law Matter? Legal Capital Restrictions on Stock Distributions," *Akron Law Review*, Vol. 31, No. 1, 1998.

41. Rafael A. Porrata-Doria Jr. , "The Proposed Pennsylvania Business Corporation Law: a Horse Designed by Committee", *Temple Law Quarterly*, Vol. 59, 1986.

42. Richard Jooste, "The Maintenance of Capital and the Companies Bill 2007", *South African Law Journal*, Vol. 124, No. 4, 2007.

43. Richard P. Wolfe, "The Fiduciary Duty of Directors and Officers Under the Louisiana Business Corporation Act of 2014", *Loyola Law Review*, Vol. 60, 2014.

44. Seppo Villa, "Creditor Protection and the Application of the Solvency and Balance Sheet Tests under the Company Laws of Finland and New Zealand", *Nordic*

Journal of Commercial Law, No. 1, 2008.

45. Stefan Wielenberg, "Investment and Liquidation Incentives under Solvency Tests and Legal Capital", *European Accounting Review*, Vo. l. 22, No. 4, 2013.

46. Thomas J. Bamonte, "The Meaning of the 'Corporate Constituency' Provision of the Illinois Business Corporation Act", *Loyola University Chicago Law Journal*, Vol. 27, No. 1, 1995.

47. Van Der Linde, Kathleen, "The Solvency and Liquidity Approach in the Companies Act 2008", *Journal of South African Law*, Vol. 2009, No. 2, 2009.

48. WEE Meng Seng, "Reforming Capital Maintenance Law: The Companies (Amendment) Act 2005", *Singapore Academy of Law Journal*, Vol. 19, 2007.

49. Wenjing Chen, "Abolition of legal capital requirements under Chinese Company Law 2014 and its potential influence: a comparative study in selected countries", *The Company Lawyer*, Vol. 35, No. 12, 2014.

致　谢

　　衷心感谢博士后导师陈甦教授。本书脱胎于笔者的博士后出站报告。陈老师的著作深湛奇崛，常有神来之笔，瞬间打穿平庸的思想，令那些七拼八凑、绕来绕去而故作矫情的文字黯然失色。心向往之，却只能东施效颦。本书就是一个例子。感谢崔勤之、邹海林、陈洁三位老师指导关心。回忆并致敬商法室宽和洒脱、率直高古的民国风工作氛围。谢谢博后期间的师友。

　　衷心感谢研究生导师朱慈蕴教授。回首个人的职业表现，深感愧对师恩。感谢并怀念王保树老师。感谢汤欣老师和他精彩绝伦的课堂。谢谢研究生期间的师友。

　　谢谢我的供职单位中国人民公安大学。感谢法学院领导资助本丛书。感谢民商法教研室领导前辈关心。

　　感谢中国政法大学出版社魏星老师等。最后谢谢读者，如果有的话。